프랑스혁명과

# 나폴레옹시대의 교육개혁사

프랑스혁명과

# 나폴레옹시대의 교육개혁사

발행일 | 2008년 4월 18일(1판 2쇄)
지은이 | 서정복
펴낸이 | 송용호

펴낸곳 | 충남대학교출판부
등 록 | 대전 사-95호
주 소 | 대전시 유성구 궁동 220
전 화 | (042)821-6045
홈페이지 | http://www.cnupress.cnu.kr
e-mail | cnupress@cnu.kr

ISBN 978-89-7599-236-0 93370
값 18,000원

서 정 복 지음

프랑스혁명과

# 나폴레옹시대의 교육개혁사

충남대학교출판부

# 이 책을 내면서

프랑스혁명을 연구하면서 나는 몇 가지 새롭고 중요한 사실을 발견했는데, 그것들을 세상에 알려야 한다는 역사가의 사명감에서 이 책을 쓰게 되었다. 내가 발견한 것은 첫째, 장 드 비그리(Jean de Viguerie) 교수를 포함하여 다수의 역사가들은 프랑스혁명과 나폴레옹 시대를 분리하지 않고 하나의 연속된 혁명으로 보고 있다는 사실이다. 그 이유는 프랑스혁명에서 추구한 정치개혁과 사회개혁들이 나폴레옹시대까지 계속되었기 때문이다. 그리고 프랑스혁명은 국민의회, 제헌국민의회(Assemblée Nationale Constituante), 입법국민의회(Assemblée Nationale Législave), 국민공회, 500인의회 등 '의회'에 의해 주도되었지만 결국 자유, 평등과 함께 인민주권을 존중하는 프랑스 공화국과 나폴레옹 같은 시민(Citoyen) 황제를 탄생시켰다는 것이다.

둘째, 프랑스혁명은 정치혁명이었지만, 교육개혁을 수반한 혁명이었다. 물론 혁명초기부터 교육개혁을 계획하지는 않았으나 혁명을 거듭하면서 교육개혁의 필요성을 자각했고, 국민공회를 거쳐 나폴레옹 시대에 본격적인 작업이 진행되었던 것을 발견했다. 특히 나폴레옹은 교육개혁을 수반하지 않은 혁명은 성공할 수 없으며, 그 의의를 상실할 수밖에 없다고 생각했다. 그는 교육개혁 의지를 가지고 혁명의 선봉에 섰고 교육개혁 위원회에 참석하여 의견도 개진했다. 따라서 프랑스 혁명은 혁명으로 세상을 바꾼다 해도 준비된 국민이 없다면 새로운 세상은 만들 수 없다는 것을 보여주었고, 아울러 바칼로레아, 사범학교, 교사임용고사 등 교육의 핵심사항들이 모두 이때에 만들어졌다는 사실이다.

셋째, 혁명과정을 파괴와 건설로 볼 때, 프랑스혁명은 가톨릭교회와 수도원을 파괴했지만, 가톨릭 교육정신과 교육방법으로 교육입국을 추진했다는 사실이다. 특히 나폴레옹은 예수회의 교육방법과 교과과정을 도입하

# 이 책을 내면서

였으며, 가톨릭과 프로테스탄트의 양면성을 가진 퐁탄(Fontanes)을 초대 제국대학총장으로 임명했다. 따라서 지금까지 프랑스가 가톨릭 국가일 수밖에 없음을 알 수 있게 했다.

넷째, 프랑스 혁명은 교양과목 위주의 교육체제를 실용주의, 실사구시의 교육체제로 전환시켰다. 물론 내란을 막고, 대불동맹의 집중공격에 대처하기위한 졸속계획으로 시작했으나, 특수전문학교의 설립을 통해 실용주의 교육을 강화했고 점차 체계화된 교육개혁으로 프랑스 산업혁명과 더불어 근대화에 크게 기여했다는 것이다.

다섯째, 그간의 사교육체제를 공교육체제로 전환시켜 '대중교육'의 토대를 마련했다. 그리고 '대중교육'에 여성교육을 포함했고, 성인교육 즉 평생교육을 시작하는 계기를 마련했다는 사실이다.

따라서 필자는 이 책에 대한 이해를 돕기 위해 총 10장의 내용을 제Ⅰ편 프랑스혁명과 교육개혁, 제Ⅱ편 나폴레옹과 교육개혁, 제Ⅲ편 나폴레옹 이후 제국대학과 교육개혁 방향 등 세부분으로 나누었다. 그리고 각 편마다 개요를 첨부했고, 제Ⅰ편은 머리말의 형식으로 앙시앵 레짐시대에도 교육개혁이 이루어졌는지부터 시작했다. 그리고 제Ⅲ편은 마무리 말의 형식으로 나폴레옹 이후 제국대학의 영향에 대해 정리했다.

이 책은 종단, 교회, 혁명정부의 교육에 대한 역학관계를 살피면서 프랑스가 오랜 사교육의 전통을 깨고 공교육으로 전환하는 과정과 거기에서 일어난 진통에 주안을 두었다. 프랑스 혁명과 공화국 건설의 와중에서 혁명지도자들의 교육에 대한 관심과 역할을 자세하고 심도 있게 다루고자 했다. 특히 나폴레옹이 교육개혁과 특수전문교육을 통해 혁명력을 증강하고 애국심을 고취하여 대불동맹국과의 전쟁을 승리로 이끌고, 혁명을 완수하려했던 내용을 흥미 있게 관찰할 수 있게 서술하고자 했다.

# 이 책을 내면서

그리고 소녀들을 포함하여 프랑스 대중교육과 성인교육 즉 평생교육이 실시 되는 과정과 오늘날 우리나라에서도 시행하는 수능고사(바칼로레아), 교사임용시험(아그레제), 지역별 교육의 특성화 등을 비롯해서 실업교육, 고등사범학교의 설립을 통한 교사양성과 교양교육을 강화하는 내용들에 대해 흥미 있게 읽을거리를 제공하려고 노력했다.

따라서 이 책을 통해 프랑스가 민주국가와 근대사로 진입하는 과정을 이해하고, 그 원동력이 어디에서 생겼는지를 살필 수 있을 것이다. 그리고 프랑스 혁명은 정치와 사회개혁은 물론 교육개혁을 통해 프랑스가 실사구시의 사회로 발전하고, 프랑스인의 지성과 전통문화를 형성하는 과정을 좀 더 흥미 있고, 수월하게 파악할 수 있을 것이다. 또한 좀 더 자세히 들여다보면, 오늘날 우리 앞에 산적해 있는 교육문제 해결과 용어통일에 도움이 될 수 있는 내용들이 들어 있음을 어렵지 않게 발견할 수 있을 것이다. 그러나 필자는 이 책에 보다 의미와 역할을 부여하기 위해 겸손한 마음으로 독자들의 준엄한 비판과 격려의 목소리를 반갑게 기다릴 것이다.

필자는 이 책을 <교양과목총서>로 발간하게 된 것에 대해 감사하게 생각하며, 나름대로의 의미를 부여해본다. 그것은 필자가 충남대학교 인문대학장과 교육대학원장의 직무를 수행할 때 한국야쿠르트의 발전기금을 토대로 <교양과목총서>가 발간되기 시작했고, 이제 나 또한 그 중의 한권을 보태게 되었다는 기쁨이다. 끝으로 이 책이 세상의 빛을 보게 해준 여러분들의 노고에 감사드리며, 아울러 충남대학교와 충남대학교출판부, 그리고 인문과학원의 무궁한 발전을 기원한다.

2007년 12월

서 정 복

# 목 차

## 제 I 편 프랑스혁명과 교육개혁


* 개요 ………………………………………………………………… 1

제1장 프랑스혁명 이전에도 교육개혁은 있었는가? ………………… 7

1. 라뮈의 교육개혁시도 … 8
2. 파리 대학과 롤랭 총장의 개혁 … 21
3. 위그노 콜래주에 의한 교육공간의 확대 … 44
4. 가톨릭교에 의한 교육혁신과 교육공간의 확대 … 57

제2장 1789년 프랑스혁명에 교육개혁이 예정되어 있었나? ………… 77

1. 고등교육 기관과 교육의 실태 … 78
2. 새 시대를 위한 교육개혁 사상 … 85
3. 공교육에 의한 평등교육의 추구 … 95

제3장 국민공회시대(1792-1795)의 실용적인 교육개혁과
혁명정신 고취 ………………………………………………… 103

1. 공교육위원회의 출범과 그 목적 … 104
2. 교육개혁안에 대한 논쟁 … 110
3.이공계 전문고등교육기관을 통한 혁명력 증강 … 119
4. 군사학교와 사범학교를 통한 혁명정신 고취 … 125

# 목 차

## 제 II 편 나폴레옹과 교육개혁


* 개요 ………… 135

제4장 통령정부 시대(1799-1804)의 교육실태와 그 대책 ………… 143

1. 교육실태 파악과 대책 … 144
2. 샵탈의 비판과 제안 … 156
3. '1802년 5월1일 법'과 중앙학교의 폐지 … 163

제5장 나폴레옹 시대의 교육정책과 제국대학 ………… 167

1. 제국대학 '교수단'의 조직 … 168
2. 제국대학의 설립과 목적 … 175
3. 제국대학의 구조적 특징과 역할 … 182
4. 제국대학의 기능적 특징과 역할 … 186

제6장 리세, 중등학교, 특수전문학교, 바칼로레아 ………… 191

1. 푸르크루아의 교육개혁안의 입법화 … 192
2. 리세, 중등학교, 특수전문학교 … 197
3. 바칼로레아 … 214

제7장 단과대학의 실태와 그 특성 ………… 223

1. 단과대학의 실태와 구조적 특징 … 224
2. 학위와 대학교수의 자격 … 234
3. 학장과 교수의 역할 … 239
4. 학사조직과 운영 및 재정실태 … 242

# 목 차


제8장 제국대학의 개혁과 시행착오 - '1811년 11월 15일 법령' … 251

1. '1811년 11월 15일 법령'의 제정과 특징 … 252
2. 퐁탄 총장의 교육개혁 … 255
3. '1811년 11월 15일 법령'의 시행착오 … 268


## 제 III 편 나폴레옹 이후 제국대학과 교육개혁 방향


* 개요 ………………………………………………………… 283

제9장 왕정복고와 백일천하에서 제국대학은 어떻게 되었나? …… 287

1. 왕정복고와 제국대학 … 288
2. 백일천하와 제국대학 … 300

제10장 나폴레옹 이후 프랑스 교육개혁 방향은? …………………… 307

1. 제국대학의 변화 … 308
2. 뒤뤼의 교육사상 형성과 특징 … 335
3. 나폴레옹 3세와 뒤뤼의 교육개혁 … 349

별첨 1. 제국대학 조직표 …………………………………… 363

참고문헌 ………………………………………………………… 365

찾아보기 ………………………………………………………… 373

# I편 프랑스혁명과 교육개혁

## * 개요

르네상스 시대부터 생겨난 '교육의 절대적 필요성'에 대한 사고는 18세기 계몽주의 시대와 프랑스혁명을 거치면서 법안으로 확정되었으며, 19세기에 이르는 오랜 정치적 흐름 속에서 구체화되었다. 분명히 프랑스혁명은 정치, 경제, 사회, 종교 개혁과 함께 교육개혁에도 상당한 성과를 거둔 혁명이었다. 그러나 여전히 교육개혁에 대한 내용이 소개되고 있지 않아 프랑스혁명의 내용과 성과에 대한 이해에 아쉬움이 많다. 그것은 프랑스혁명 사가들의 눈길이 아직 교육 분야에까지 미치지 못하고 있는 탓도 있다. 그리고 교육사에 대한 연구자들도 주로 미주지역 위주의 연구에 치중하고 프랑스 쪽에는 소홀히 했기 때문으로 보인다.

교육개혁에 대한 요구가 프랑스혁명 이전에도 일어났지만 그것이 혁명적 충돌로 이어진 것은 거의 없었던 것으로 보인다. 그리고 프랑스혁명이 시작된 1789년에도 교육개혁은 포함되어 있지 않았다. 그러나 프랑스혁명에서 나폴레옹이 패배한 1815년까지 교육은 혁명적 변화를 일으킨 것이 확실하다. 그런데 그것은 뚜렷한 계획에 의해 이루어진 것이 아니었다. 예를 들면, 1789년 전국 삼신분의회 의원들이 베르사유로 가지고간 <진정서>(Cahiers de doléances)에도 15번째 항목에 프랑스인 모두에게 통일된 교육을 하자는데 합의했고, 교육이 국가의 통제를 가볍게 받아야 된다는 내용이 겨우 들어 있었다.

<진정서>는 교육에서 특권계급에 대한 우대보다는 모든 대중에 대한 교육의 확대에 대한 요구가 들어 있었다. 그러나 초등교육을 강요하는 내용도 중등교육을 강화하는 내용도 거의 없었다. 33번째 항목은 여성교육에 대해 언급했지만 특별한 내용은 찾아 볼 수 없다.1)

일반적으로 성직자 대표들이 제출한 <진정서>에는 국가교육에 대한 관심을 보다 많이 보였다. 그러나 그들은 교회에 의한 교육의 통제와 교육목적을 가지고 설립된 수도원 공동체에 더 깊은 관심을 보였다. 이 두 조항에 대해 귀족과 제3신분대표들의 <진정서>에서는 교육문제에 대해 불과 소수만이 교회와 국가에 의한 공동의 통제를 제안하는 성직자와 의견이 일치했다. 다른 것과 같이, 교육 분야에서도 1789년 삼신분의회가 선택한 선거구에서 급진적인 분위기는 제안되지 않았으며, 의원들 사이에 논쟁도 없었다. 그러므로 1789년 8월 26일에 선포된 <인간과 시민의 권리선언>(Déclarations des Droits de l'Hommme et du Citoyen)은 개인의 권리로서든 국가의 의무로서든 교육에 대한 언급을 특별히 하지 않았던 것으로 보인다.2)

---

1) H. C. Barnard, *The French Tradition in Education: Ramus to Mme Necker de Saussure* (Cambridge: Cambridge University Press, 1970, pp. 40-41). 앙시앵 레짐 시대에 여성교육에 관한 기록은 1598년 앙리 4세의 법에 여자이건 남자이건 부모들이 자녀들을 학교에 보내도록 하는 법을 규정했다. 그러나 초등교사의 직을 낮게 평가한 점도 있었지만 빈민계층의 자녀들은 무상교육을 실시할 때도 가정형편이 어려워 학교에 아이들을 보내지 못했다. 하지만 주교좌성당에서 자격증을 받은 남녀교사들은 점점 늘어갔다. 17세기 초 파리에는 70개의 초등학교 중 여학생을 위한 학교는 20개뿐이었으나 17세기 말에는 167개로 늘어났다. 1736년 남자교사가 91명, 여자교사가 170명이나 있었다.

2) Joseph N. Moody, *French Education since Napoleon*(Cyracuse: Syracuse University Press, 1978), p. 8.

따라서 국민의회, 제헌국민의회, 입법국민의회, 국민공회 등 의회에 의해 성취된 교육에 있어서 급진적인 변화가 있었다면, 그것은 대부분 다른 문제들의 부산물이나 외국의 위협 또는 국내의 혼란에 자극받은 것이었다. 혁명정부는 종교단체와 교회학교를 유지해 온 주요원천인 십일조와 '입시세 octroi'의 폐지에 따라 현존하는 교육구조를 잘 정리해야 한다는 필요성을 인식하고 있었다. 그것들은 교육에 대한 최대의 기부를 파괴한 1789년 교회재산의 국유화, 1790년에 제정된 교육할 수 있는 성직자의 수를 감소시킨 성직자공민헌법, 성직자와 모든 교사들에게 요구된 헌법에 대한 충성스러운 서약(1791년), 교회학교뿐만 아니라 모든 종교단체의 폐지(1792년) 등 이었다.

1791년 제헌국민의회는 자유롭게 되어야 하는 시민 모두를 위해 없어서는 안 될 공통된 하나의 교육의 공적 체제를 수립할 수 있는 한 조항을 헌법에 삽입했다. 이 조항은 국가에 의해 제공되는 무상 초등교육의 새로운 원칙을 설립했고, 중등교육에서는 엘리트주의를 지향했다.

입법국민의회(1791-1792년) 시대는 새로운 체계를 위한 상세한 계획들이 입법상의 고려를 위해 제기되었는데 탈레랑(Talleyrand)과 콩도르세(Condorcet)의 교육에 대한 계획들이 가장 의미가 있는 것이었다. 특히 콩도르세는 사립학교들이 국가에 의해 지원받는 공립학교들과 공존해야 한다는 보다 민주적인 교육개혁안을 제시했다. 그렇게 되면 "사립학교들은 공교육의 결점을 고치고 경쟁의식을 통해 교사들의 열성을 유지하게 된다. 교육기관이 모든 시민에게 개방된다면, 국립학교가 적어도 사립학교의 수준으로 향상될 것이다."[3]라는 것이 콩도르세의 생각이었다.

두 사람의 교육계획은 차이점이 많지만, 계층적으로 조직되고 세속의 목적을 위해 국가에 의해 통제되는 국가체제를 위한 교육이 제공된다

---

3) *Ibid.*, p. 9.

는 점에서 유사했다. 따라서 18세기에 제시된 교육계획들은 즉각적인 실현효과를 거둘 수는 없었고 19세기 교육개혁에 반영되었다. 특히 그들 중 대부분은 나폴레옹의 법령에서 구체화된 것을 볼 수 있다.

1793년 국민공회는 대학뿐만 아니라 대부분의 고등교육기관을 탄압했다. 혁명 지도부는 공식적인 학교교육 재 설립의 필요성을 깨달았다. 이 시대에는 대외적인 침략의 위협과 국내의 혼란이 많았지만 교육문제에 대해 활발한 토론이 제기되었다. 많은 의원들이 교육은 인간의 미래를 형성하기 위한 기구가 될 수 있다는 믿음을 가지고 있었다. 대부분의 의원들은 국가는 교육에 대해 책임이 있는 대리인이라는 것에 의견을 같이했다. 그러나 의원들은 교육을 장 자크 루소의 교육론에 따라 특성화 할 것인지 아닌지 또는 정신훈련을 본격적으로 착수할 것인지 아닌지의 문제에 대해 동의하지 않았다. 그리고 교육이 엘리트를 훈련시키거나 문화의 일반적인 수준을 향상시킬 것인지에 대해서도 동의하지 않았다. 또한 의원들은 국가의 교육목적을 지식성장에 둘 것인지 시민권의 발전에 둘 것인지, 교육을 정부의 통제에 둘 것인지 지방당국의 주도권에 맡길 것인지에 대해서도 동의하지 않았다.

하지만 이들 문제에 대한 열띤 토론과정에서 합의된 사실이 있다. 그것은 국가가 공화제를 보호하기 위해, 경제를 개선하기 위해, 인간의 사회적·정치적 복지에 공헌하기 위해 교육정책을 수립해야 한다는 것이었다. 물론 주입식 교육을 강조하는 사람들은 지식의 전달을 배제하거나 반대하지 않았다. 프랑스혁명기간 중 불행한 일 가운데 하나는 18세기 교육사상가들로부터 상당한 지지를 받았던 여성을 위한 교육정책을 찾아보기 힘들다는 것이다.

이미 페늘롱과 같은 사람은 여성교육의 필요성을 주장하고 있었으나[4] 프랑스혁명기간 중 여성교육은 새로운 변화를 계획하지 않았다. 다

---

4) François de Salignac de la Mothe-Fénélon, *De L'Éducation des Filles*(Paris: Editions

만 탈레랑을 비롯한 몇 사람들이 여성도 교육받아야 한다고 주장했다. 탈레랑은 "공립학교에서 가르치는 모든 수업, 특히 가정생활의 미덕을 위해 여성들을 훈련하고 가족을 돌보는데 유용한 기술들을 가르치는 것을 목표로 삼을 것이다"[5]라고 했다. 그러나 프랑스혁명기간 여성학교의 확대는 이루어지지 않았다. 특히 로베스피에르(Maximilien Robespierre)의 몰락과 대외적인 위협으로 인해 발생한 부대상황은 심각한 학교교육의 부재를 더욱 더 절망적으로 악화시켰다. 교육의 재건은 자금, 건물, 교사들의 부족으로 상당히 어려운 지경에 이르렀다.

교육을 위한 자유는 이미 '1793년 12월 19일 부키에(Gabriel Bouquier)법'에 의해 윤곽이 나타났다. 그리고 '1794년 11월 17일 법령'에서 라카날은 선량한 도덕과 시민의 충성심을 구현할 수 있는 시민에게 초등교육을 허용할 것을 촉구했다. 그리고 국민공회의 마지막 해인 1794-1795년에 라카날(Lakanal)이 주도하여 공교육위원회가 교육에서만은 프랑스를 '지독한 야만 국가 state of dreadful barbarism'로 비난하는 일련의 보고서와 법령을 준비하고 구제책을 제안했다.

그 중에서 가장 중요한 것은 5개의 중앙학교(écoles centrales)와 파리에 사범학교 하나를 포함하여 각도에 인구 30만 명을 기준으로 사범학교를 설립한다는 계획이었다. 중앙학교를 설립하는 '1795년 2월 12일 법령'은 엘리트주의를 지향하는 혁명정부의 의지를 다시 한 번 명백하게 확인했다. 중앙학교의 설립은 신분에 의해서 제외된 보통계급의 출신 젊은 시민들을 위해 계획되었다. 동시에 국민공회는 특수화되고 전문화된 많은 학교들을 설립했다. 이러한 모든 것은 '도누 법 Loi Daunou'에서 구체화되었는데, 이 법은 국민공회가 해산되기 전 날인 1795년 10월 25일 통과되었다. 이것은 혁명의 목적을 담은 보다 적절한 성명서이지

---

d'Aujourd'hui, 1777), pp. 1-147.

5) Joseph N. Moody, *French Education since Napoleon*, p.10.

만 보다 이상적인 교육계획에 대한 거부였다. 초등교육은 의무적이지도 자유롭지도 않았다. 중등교육 단계인 중앙학교는 과학교육에 치중하게 되었다. 장학금이 없어지고 수업료가 요구되었으며 학생들은 교육프로그램을 자유롭게 선택했다.

이때까지는 이전의 대학에 대한 이야기는 나오지 않았다. 그것은 아마도 기존의 대학이 혁명과업을 수행하는데 크게 도움이 될 것 같지 않다는 혁명지도부의 판단으로 생각된다. 테르미도르파들은 별도의 연구기관을 창설하고 전문학교를 설립함으로써 프랑스 교육에 대한 기여를 위해 훌륭한 과학자와 학자 단체에 새로운 조직의 기반을 마련해 주었다.

집정정부는 교육정책을 실현하기 위한 과정에서 교사와 도서의 부족, 부모의 반대, 지방당국의 관심부족 등으로 지장을 받고 있었다. 당시 법령이 공직지원자들은 국립학교를 졸업했고 그들의 자녀들도 부모들처럼 국립학교에 다녔거나 다니고 있다는 것을 입증해야 한다는 '1797년 11월 법령'에도 불구하고 사립학교들은 여전히 번창했다. 크게 실망한 것은 중앙학교였다.

1798년까지 97개의 중앙학교가 설립되었지만, 교사의 훈련과 기숙학생들을 위한 설비도 없이 쓸모없는 교육과정을 제공하고 있었다. 1800년 샵탈(Jean-Antoine Chaptal)의 '보고서'는 그들의 실패를 자백했고 나폴레옹의 리세(Lycées)로 대치하기 위한 '1802년 5월 1일 법'에 의해 폐교하라는 압력을 받았다.[6]

---

6) Joseph N. Moody, *French Education since Napoleon,* p. 11.

# 제1장

# 프랑스혁명이전에도 교육개혁은 있었는가?

1. 라뮈의 교육개혁시도
2. 파리 대학과 롤랭 총장의 개혁
3. 위그노 콜래주에 의한 교육공간의 확대
4. 가톨릭교에 의한 교육혁신과 교육공간의 확대

## 1. 라뮈의 교육개혁시도

16세기에 프랑스의 진보적인 지식인들은 이탈리아의 르네상스 정신을 프랑스에 적응시키려고 많은 노력을 했다. 특히 청년들은 새로운 정신 아래 스콜라 철학의 무미건조함에 싫증을 느끼고, 위대한 고전고대의 작품에 경탄하고, 그들의 작품에 심취되었다. 1529년 프랑수아 1세가 콜래주 드 프랑스를 창설하고 각각의 전문분야 강의를 개설하였다. 이때부터 합리적인 개념이 탄생되었다. 따라서 랑송의 말처럼 16세기 프랑스 지성의 발전을 세 시기로 나누어 볼 수 있는데, 제1기인 1535년까지는 휴머니즘과 종교개혁 사상이 혼합된 시기였다. 제2기(1535-1550)는 문예부흥에서 종교개혁이 떨어져 나오며 칼뱅이 라블래(Rablais, 1494-1553)의 우위를 차지했다. 그러나 프랑스에서 휴머니즘은 그 비판정신의 영향 아래 역사, 철학, 정치학, 농학, 자연과학 등에 대한 연구가 활발하게 이루어졌다.

제3기(1550-1580)는 프랑스 문화의 고유영역을 설정하려는 노력이 일어났다. 이탈리아 유행의 완전한 인간을 '교양 있는 신사'(honnête homme)로 추구하면서 몽태뉴(Montaigne, 1533-1592), 말레르브(Malherbe) 등이 선봉이 되어 새로운 프랑스 지성을 창출하고자 하였다.[7)]

프랑스의 문예부흥에 앞장 선 프랑수아 1세 사후 앙리 4세 즉위까지 프랑스는 종교적 · 정치적으로 얼룩진 혼란기였으나 개혁의 기치를 높

---

7) G. Lanson et P. Tuffrau, *Histoire de la Littérature française*(Paris: Classiques Hachette), pp. 102-103.

이 들었던 시기이기도 하였다. 특히 에밀 뒤르켐(Emile Durkeim)이 말한 바와 같이 16세기에는 두 가지의 교육개혁 운동이 있었다. 하나는 라블래에 의해서 나타난 것으로 모든 방향에서 인간 본질 확대의 필요에 의하여, 그 중에도 박학을 추구하는 취미에 의하여, 그리고 아무것도 만족할 수 없는 지식에 대한 갈증에 의하여 나타났다. 다른 하나의 운동은 에라스무스(Erasmus)에 의하여 그 본보기가 보여 진 것인데, 여기에서는 활동범위가 협소하며, 라블래에서 보이는 숭고한 야망이 없었다. 라블래는 인간문화의 모든 원리를 글자문화로 압축하였다. 라블래의 교육사상에서는 인간문화에서 말하고 쓰는 기술은 지식을 위한 창고로 생각하였다. 따라서 교육의 기본 목적은 그리스와 로마의 명작들을 이해하도록 그리고 그것들을 지혜롭게 모방하도록 학생들을 훈련하는데 있었다.[8)]

그러므로 16세기 스콜라적 학문의 아성을 대표하는 모든 기관들은 당시 진보적인 교육을 실시하는 콜래주를 없애고자 파리고등법원에 고발하고, 속인교사들의 신학논쟁을 금지시키고자 안간힘을 썼다. 그러나 프랑스 르네상스를 대표하는 라블래와 몽태뉴를 통하여 프랑스적 지성과 프랑스인의 상이 형성되었는데, 특히 르네상스 교육이념의 특징은 라블래의 『팡타그뤼엘』(Pantagruel, 1532)과 『가르강튀아』(Gargantua, 1535)에서 찾아 볼 수 있다. 라블래는 여기에서 인간에 대한 사랑을 노래하고, 종교에 대한 권위를 부정하며, 중세의 어리석은 교육법을 조롱하면서 새로운 교육을 강조하였다. 몽태뉴는 『수상록』(Essais, 1580)을 통하여 인간의 부조리와 모순을 지적하고 심지어 사투리라도 상관없다는 식으로 프랑스어를 강조하였다. 그리고 그는 “나는 무엇 보다 교사연한 박식을 싫어한다” 라고 하면서 진실한 인간을 추구하였다.

---

8) Emile Durkeim, *The Evolution of Educational Thought*, trans by Peter Collins(London: Routledge and Kegan Paul), p. 202.

이와 같은 16세기 프랑스의 새로운 사상의 태동과 교육개혁의 요구에도 불구하고 아직도 중세적 권위만을 지키려는 구태의연한 파리 대학의 실상에 대하여 통탄하여, 개혁을 강력히 주장하고 나선 사람이 바로 페트뤼스 라뮈였다. 바너드에 의하면, 라뮈는 가난한 학생들의 어려운 생활, 많은 교사들의 태만, 무지, 자격미달, 교양학부 및 다른 상급학부의 빈약한 교육과정, 그리고 쓸모없는 지출과 같은 그 당시 대학에 유행하던 악습을 분명히 보았다. 그는 개혁과 문예부흥의 진정한 화신이었고, 그의 삶은 종교와 교육에서 편협한 보수주의에 대항하는 불굴의 싸움이었다. 그는 그의 신념을 위해 목숨을 바쳤고 그가 주장한 것은 점차 성취되었다.[9] 라뮈가 파리 대학의 여러 가지 문제점들을 지적하고, 그것들을 개혁하기 위하여 목숨을 바쳐 투쟁하였다. 결국 그는 대학 개혁의 선구자이자 실제로 목숨까지 잃은 처참한 희생자가 되었다.

16세기 말 파리 대학의 개혁은 비단 라뮈에 의해서만 제기 된 것은 아니었다. 1557년 라뮈가 속해있는 왕립위원회(Commission Royale)가 대학의 개혁문제들을 조사하기 위해 소집되었다. 그것은 라뮈가 기대했던, 아주 관심 있는 주제들이었다. 그러나 왕립위원회의 교육개혁의지와 노력에도 불구하고 얻은 것은 거의 없었다. 그래도 라뮈는 낙담하지 않았다. 그는 개혁의 주제들에 대하여 계속해서 진지하게 주의를 기울였다. 그는 1562년에 <파리 아카데미의 제도 개혁안>(Procœmium reformandae Parisiensis Academiae ad Regem)이라는 제목으로 교육 개혁안을 발표했다. 여기에서 그는 학생 수는 정체된 반면 대학의 교수 수가 증가했고, 그 결과 가난한 학생들에게 무거운 짐이 되는 수업료와 잡비가 인상되었다고 지적하였다."[10]

파리 대학의 운영체제가 잘못되어 있다는 지적이었다. 대학 수업료와

9) H. C. Barnard, *The French Tradition in Education: Ramus to Mme Necker de Saussure*, pp. 16-17.
10) *Ibid.*, p. 23.

잡비의 인상에 대한 몇 가지 지적 중에는 특히 각종 의식과 사례금에 그 원인이 있다는 것을 밝혔다. 바너드에 의하면, 라뮈가 연회, 양초, 예복, 그리고 보넷 모자와 같은 이런 모든 겉치레를 보고 심히 우려했던 것을 이해할 수 있다.

라뮈는 파리 대학의 교육내용이나 교과 과정에 대한 문제도 지적했다. 그는 교양과정에서 수사학을 공부하고 대학에서 가장 중요시하였던 교과목인 철학을 집중적으로 연구하였다. 16세기 말까지 대학 교양학부의 입장은 아리스토텔레스의 저서가 모든 철학연구의 표준이요 기본으로 주어졌다.[11] 거의 모든 교수들이 불평 없이 그것을 따랐다. 학생들도 대학의 방침에 따라 아리스토텔레스의 저서들을 열심히 읽어야 했다. 그러나 두드러지게 날카로운 지성, 진리탐구에 대한 열정, 그리고 전통의 속박으로부터 벗어나려는 자유의 의지를 가진 라뮈는 다른 학생들과는 달리 아리스토텔레스의 교의에 대하여 회의적이었다.

바너드에 의하면, 라뮈의 목적은 실제를 발견하는 것이지 앞선 철학자의 규정을 따르는 것이 아니었다. 그래서 라뮈는 그의 영감을 소크라테스의 방법 원리를 주로 한 플라톤의 대화편에서 도출해 냈다. 나아가서 그는 대학에서 아리스토텔레스의 저서들을 읽으면서 상당 부분이 엉터리라고 생각했다. 따라서 그는 대담하게 <아리스토텔레스가 말한 것은 무엇이든지 주석을 달아야 한다>(Quacumque ab Aristotele dicta essent commentitia esse)라는 주제를 제안했다.[12]

라뮈는 21세에 이미 아리스토텔레스의 저서들에 대한 정의를 내리고, 그의 청년다운 기백과 충동적인 본성에 의하여 다른 사람들을 설파하는 논쟁으로 뛰어 들고 있었다. 그는 아리스토텔레스에 대한 연구로 교사자격증과 석사학위를 받았다. 그는 스콜라 철학의 신성을 옹호하는

---

11) *Ibid.,* p. 18.
12) *Ibid.,* pp. 18-19.

사람들과 설전을 벌여야했다. 그리고 아리스토텔레스를 거론하는 사람에게 문제점을 증명하지 않고, 진실을 가정하고 이론을 전개하는 오류를 범하는 것으로 설파하였다. 심지어 그는 미사의 성찬에 대해 공개적으로 부정하기까지 했다.

라뮈는 교직을 콜래주 뒤 망스(Collège du Mans)에서 시작하여, 콜래주 아베 마리아(Collège Ave Maria)에서 마무리했다. 그는 콜래주 아베 마리아에서 그의 평생 친구가 될 오메르 탈롱(Omer Talon)을 만났고, 그의 도움으로 공개강의를 시작하였다. 물론 그의 교육방향은 당시 대학에서 사용하는 아리스토텔레스의 방법에 반대되는 것이었다. 탈롱 이외에도 라뮈의 저서와 이론의 가치를 알아보는 진보적인 소수파가 그에게 찬사를 보내고 후원했다.

그러나 당시 국가 이념이나 사회적 정서가 라뮈의 이론을 수용할 수 있게 되어 있지 않았다. 특히 아리스토텔레스학파와 그들을 옹호하는 사람들의 심한 반대에 부딪쳤다. 그에 대한 대부분의 관찰자들은 그를 단순히 '성급한 혁명론자', '자기선전의 열광자', '무모한 사람 un génie hardi', '신진 아마추어 amateur de la nouveauté', '명예욕이 강한 사람 passioné pour la gloire' 등으로 비난하였다. 그리고 후일 파리 대학의 총장이 된 갈랑(Galland) 교수는 라뮈를 심지어 '존속 살해범 parricide'이라고 혹평하였다.[13)]

그런데 더욱 문제가 된 것은 라뮈가 1543년 『논리학』 또는 『변증법』(*Logic or Dialecticae Partitiones*)과 『아리스토텔레스에 대한 비평』(*Aristotelicae Animadversiones*)을 발간한 후부터였다. 그는 자기가 열렬히 숭상했던 소크라테스가 고발당했던 것처럼 파리 대학으로부터 고발당했다. 당시 가톨릭교의 시녀 역할을 충실히 수행하며 중세 대학의 입장을 고수하고 있던 파리 대학은, 그를 종교의 적이고 젊은이들을 타락시키는 사람으로

---

13) *Ibid.,* pp. 19-20.

고발하였다. 왕립위원회는 라뮈를 무분별하고 교만하며 무례한 사람으로 판정하였다. 따라서 라뮈의 책은 폐기되고 콜래주 드 캉브래(Collège de Cambrai)앞에서 불태워졌고, 일부에서는 그를 교수형에 처하려는 시도까지 하고 있었다.

라뮈의 철학 강의는 금지되었다. 그러나 그의 학우였고 앙리 2세의 가정교사였다가 추기경이 된 샤를 드 로랜(Charles de Lorraine)의 보살핌으로 라뮈는 교장의 자격으로 콜래주 드 프레스레(Collège de Presles)를 재조직하도록 허가 받았다. 그는 1547년 앙리 2세의 즉위와 더불어 힘을 얻어, 폐기처분 되었던 책을 다시 발행하고, 그리고 키케로(Cicero)와 퀸틸리아누스(Quintilianus)를 가차 없이 비판하는 2권의 책을 출간하였다. 파리 대학은 이 두 권의 책을 교양학부의 수사학 과정에서 이제까지 아리스토텔레스가 차지했던 위치에 올려놓았다. 그렇다고 라뮈의 위치가 안전하고 그의 주위가 조용해진 것은 아니었다. 자크 샤르팡티에(Jacques Charpentier)와 콜래주 드 봉쿠르의 교사 카르팡테리우스(Carpenterius)는 라뮈의 평생 동안 적이었고 박해자가 되어 그를 괴롭혔다.

라뮈는 갖가지 비판에도 불구하고 흔들리지 않았다. 그는 크레비에가 말했던 것처럼 결코 하찮은 일에 자극을 받아 감정을 일으키는 인물이 아니었다. 그는 증오나 애정에 있어서 중도를 지켰다. 게다가 프랑스에 문예부흥을 일으킨 프랑수아 1세가 설립한 콜래주 루아얄과 콜래주 드 프랑스가 파리 대학으로부터 완전히 독립하여 전통적인 스콜라식 교육과정의 방해를 거의 받지 않고 진보적인 입장을 취하고 있었음으로 많은 힘이 되었다[14]. 프랑수아 1세는 법원에서 발행하는 영장에도 프랑스어를 쓰게 하고, 왕립어학강사(les lecteurs royaux), 콜래주 루아얄, 콜래주 드 프랑스(1530)의 이름으로 교육하는 문화혁신 운동에 직접 개입하였

14) Antoine Léon, *Histoire de l'Enseignement en France*(Paris: Presses Universitaires de France, 1977), p. 30.

다. 그런데 이들 왕립어학강사들은 파리 대학과는 독립적으로 헤브라이어, 그리스어, 라틴어를 가르쳤고, 거기에 오리엔탈리즘, 철학, 의학, 수학 등을 첨부하여 가르쳤다. 파리 대학은 이들의 교활한 경쟁에 대하여 느슨하게 대처했다. 그 싸움은 파리 대학에 콜래주 드 프랑스가 통합되는 1773년까지 계속되었다.

앙투안 레옹의 말과 같이 프랑수아 1세의 통치 말년에 교육 분야에서 가톨릭과 개신교도 사이에 최초의 접합이 이루어졌다.[15] 프랑수아 1세의 통치 말년에 이르러 라뮈의 개혁안이 효과적으로 구현되었던 것이다. 라뮈는 1551년 왕립협회 의장의 취임연설에서 아리스토텔레스의 철학과 대학교육의 개혁에 대한 그의 견해를 설파하였는데 그 때에 청강한 학생이 무려 2,000명 이상이나 되었다. 그의 학문적 역량과 교육개혁에 대한 대중의 관심은 대단하였다.

라뮈는 총명한 진리탐구와 성실한 지식추구가 교육의 바탕이라고 생각하였다. 그리고 수학이 교양과목 중에서 가장 중요한 학문이며 수학이 없으면 철학도 없다고 하면서 수학교육을 강조하였다. 또한 그는 수학이 없다면 사물을 이용하는 법도 경험도 존재하지 않는다고 보고 수학을 제1과목으로 하여 교과과정을 편성하였다. 따라서 교양과정의 1년차에 수학과 더불어 물리학, 윤리학을 반드시 넣도록 하였다. 바너드가 말한 것처럼 라뮈는 철학에 있어서 비판적이고, 귀납적인 방법을 사용하고, 전통적인 교과 과정의 단순화와 더불어 고등분야와 응용분야의 수학연구에 뛰어 났다. 그러나 그의 영향력은 프로테스탄트적 경향에 의해 제한되어 그는 대학에서 인기 없는 사람이 되었고, 결국 1572년 바르텔르미 사건에서 학살되었다.[16]

그러면 라뮈는 콜래주에 대하여 어떤 개혁안을 제시하였는가? 그의

---

15) *Ibid.*

16) H. C. Barnard, *Education and the French Revolution*(Cambridge: University Press, 1969), p. 16.

교육철학은 교육을 명료하게 하고 국가가 책임져야 한다는 것이었다. 부케에 의하면, 라뮈는 콜래주와 담임교사의 수를 줄이고, 교육시간도 단축하며, 교사들에 대한 봉급을 국가에서 지불하여야 한다고 하였다. 그리고 콜래주에서는 문법, 수사학, 논리학 과목을 빼고, 푸르(Fourre)가에 공립철학학교(écoles publique de philosophie)를 세우기를 촉구하였고, 수학을 학문에서 가장 첫 번째로 중요하게 생각했다.

그리고 라뮈는 종종 국가가 교육에 대한 대책이 없음을 비판하였고, 교육개혁의 남용과 법학, 의학, 신학이 파리 대학의 영광을 드높이는 것으로 실행되어야 한다는 것을 강조하였다. 그의 개혁의지는 대부분 성취되었고, 최근 프랑스어의 철자법의 변경에서도 그의 사상이 역시 채택되었다.[17)]

당시 교육개혁가들 중에는 라뮈와 뜻을 같이 한 사람도 적지 않았는데, 그 중에 장 탈팽(Jean Talpin)은 1567년 9월 25일 콜래주 다르쿠르(Collège d'Harcourt)에서 샤를 9세에게 <서한문>(Epître)을 헌정하였다. 부케에 의하면, 그는 여기에서 부유한 학생들에 의해 저질러지는 규율 위반 행위에 대한 강력한 단속과, 장학금을 부유한 학생들보다는 가난한 학생들에게 주자는 내용을 담았다. 그러나 이러한 제안은 라뮈의 것을 계승한 것 이상 되지 않았다.[18)]

불행히도 1562년 라뮈가 제시한 교육개혁계획은 잘못 받아들여졌다. 그것은 스콜라철학에 대항하는 과도한 공격으로 이해되었다. 라뮈의 날카로운 성격이 학생들에게 심한 상처를 주었으며, 이로 인해 학생들의 불만이 터진 것을 그가 이해하지 못했던 것이다.[19)] 따라서 라뮈의 교육

---

17) H.L.Bouquet, *L'Ancien Collège d'Harcourt et le Lycée Saint-Louis*(Paris: Typographie de MM. Delalain Frères, 1801), pp. 220-221. 교양학부는 매년 10월 1일에 시작하여 상급반은 8월말, 나머지 반은 9월 중순에 끝난다. 일과는 오전 4시에 미사, 8시부터 11식가지 오전 학과가 실시되고, 중식 후 5시까지 11시간을 공부하는데 그 중 6시간은 교실에서 5시간은 감독 하에 자습을 한다.

18) *Ibid.,* p. 220.

개혁은 앙리 2세의 서거와 더불어 끝이 났다. 30년간 프랑스를 피바다로 만든 종교전쟁이 시작되었으며, 온 나라가 콩데(Condé)왕자에 의해 주도된 위그노와 기즈 공(Duc de Guise)에 의해 주도된 가톨릭의 두 파로 나뉘어져 싸웠다. 이 싸움의 최초의 행위는 기즈 공이 콩데 왕자를 체포하는 것으로 끝났다. 그 다음은 위그노의 열광자에 의한 기즈 공의 살해로 이어졌다. 이 시기에 라뮈는 신교도 진영에 피신하여 있었다.

1568년 3월 롱쥐모(Longjumeau)의 평화협정에 따라 콜래주 드 프레스레에 다시 돌아왔으나, 대학 내와 국내사정의 악화로 그 곳에 더 이상 머무를 수 없어 왕의 허락을 받아 독일, 스위스 등 신교 국가를 여행하였다. 1568년 여행을 떠나기에 앞서 그는 콜래주 드 프랑스의 수학(산수, 기하학, 음악, 기계공학, 천문학, 지리학 포함)교수직을 만드는데 자신의 모든 재산을 바친다는 유언을 작성하였다. 그는 가는 곳 마다 신교의 옹호자로 환대를 받았다. 하이델베르그의 칼뱅파 교회에서 성체를 받고, 파리 대학이 당대에 자랑할 수 있는 위대한 학자라는 칭송을 들었다. 그리고 프랑스의 플라톤이라고 환대를 받았으며, 독일 신교도 대학에서 교수로 초빙하는 청탁을 여러 번 받았다. 그러나 여행에서 돌아온 라뮈는 할 일이 없어졌다. 대학 내의 광적인 가톨릭파의 영향으로 예수회와 동맹을 맺은 왕이 가톨릭에 기여하지 않은 자는 누구든지 대학교수가 될 수 없다는 법령을 제정했기 때문이었다. 라뮈는 마침내 교수직을 잃었을 뿐만 아니라 1572년 바르텔르미 축일에 일어난 끔직한 학살의 희생자가 되었다. 사람들은 바르텔르미 사건에서 그를 살해하는데 참여했던 학생들을 고발하였다.

바너드는 라뮈를 16세기의 가장 위대한 프랑스의 사상가로 평가하였다. 바너드는 서민적이고 자연스런 언어를 사용하였고, '교양 있는 신사'를 가장 이상적인 사람으로 생각하였던 몽태뉴[20)]와 함께 그를 자유사상

19) *Ibid.*, p. 221.

가로 찬양하였다. 그러나 실리주의자이며 때로는 냉소적이고 다소 경멸적 회의론자인 몽태뉴와 달리 라뮈는 진지하고 열심히 진실을 추구한 사람이며, 무비판적인 독단론에 대항하여 평생을 투쟁한 사람으로서 거짓이라고 생각하는 것과 타협하느니 차라리 목숨을 버리는 사람이었다고 한다. 그의 생애는 소크라테스의 생애와 두드러지게 유사하다. 그는 늘 소크라테스에 대하여 가장 열렬한 찬사를 보낸 사람이었다.[21] 라뮈는 본질적으로 개혁가이고 비평가였다. 그는 학구적인 사람이었기 때문에 몽태뉴보다 대학 밖에서의 영향력은 적었다. 사실 몽태뉴의 매력적인 수필은 자유정신을 널리 퍼뜨리고 전통의 마력을 파괴하는데 그 보다 더욱 큰 몫을 하였다.

이제 라뮈의 교육 사상과 그것의 실천에 대해 정리해 보면, 철학에서는 아리스토텔레스, 종교에서는 교회의 권위에 너무나 많은 무게를 두던 시대에 그는 단호하게 이성의 지배를 주장하고 나섰다. 파리고등법원은 1624년 아리스토텔레스의 교리에 대항하는 논문을 공공연하게 지지하는 세 사람을 지역 재판관할구역으로부터 추방하였다. 뿐만 아니라

---

20) G. Lanson et P. Tuffrau, *Histoire de la Littérature française,* pp. 143-154. 몽태뉴는 우리에게 『수상록』의 저자로 알려졌지만, 교육사상가, 실학주의자, 자연주의자 등으로 분류된다. 그리고 그를 라블래, 프란시스 베이컨, 코메이우스, 로크, 루소와 같은 계열로도 분류한다. 몬로(P. Monroe)도 이에 동의하면서 그를 '사회적 실리주의자 social-realist'규정했다. 그의 『수상록』에는 습관, 인격 등 교육과 관계된 혁신적인 내용을 많이 담고 있어 관심을 끌게 한다. 그는 실리주의자로 "단지 아는 사람보다 아는 것을 행위로 보여 주는 사람은 더 많은 이득을 얻을 수 있다"는 것을 강조했다. 그는 회의주의적이며, 자기희생이나 자비와 같은 기독교 정신에 반대되는 이기주의적 도덕관을 가지고 있었다. 그리고 육체적 징벌의 남용, 무익한 사실이나 추리적인 형식들을 주입하는 것을 어리석은 방법으로 비난하였다. 또한 정신의 도야와 함께 육체의 훈련을 강조하였다. 따라서 후일 살롱 맨의 대명사인 '오네트 옴 honnête homme'을 이상적인 사람으로 생각하였다. 이러한 그의 교육사상은 루소의 『에밀』에서 더욱 발전적으로 표현되었던 것을 볼 수 있다.

21) H. C. Barnard, *Education and the French Revolution*, p. 29.

이들의 논문에 포함되어 있는 주장을 발간 판매 유포하는 것이 모든 사람에게 금지되어 있었다.[22] 이처럼 사상과 출판의 자유가 제약받던 시대에 그는 인간지식의 어떠한 영역에서도 강압적, 독단적 주장을 반대하면서 인간의 마음이 자유로운 가운데 진실을 추구해야 한다고 주장했다. 그는 퇴보한 스콜라 철학의 사소한 변명과 교활함을 무시하고, 모든 예술과 과학을 좀 더 소크라테스식 문답법으로 다룰 것을 제안하였다. 이 방법은 플라톤, 아리스토텔레스, 히포크라테스, 갈레누스(Galenus), 베르길리우스, 호메로스, 키케로, 데모스테네스 등에 의해서 사용된 방법이었다.[23] 그는 철학과 과학에 대하여 똑같이 귀납적이고 비판적인 방법을 적용함으로써 후일 데카르트와 베이컨의 직접적인 선구자가 되었다.

라뮈는 교육과정에서 자연(nature), 체제(system), 실행(practice)의 3단계로 구분하였다. 주로 과학과 예술과 관련된 실제 주제에 대한 연구를 강조했다. 그에 의하면 교양과목을 통하여 가시와 조약돌 같은 인간의 정신을 후퇴시키고 방해하는 모든 것을 제거하고, 지성의 개발과 실행뿐만 아니라 교양과목을 좀 더 편하게 이용할 수 있도록 평평하고 곧은 길을 만드는데 있었다.[24] 따라서 그는 지식의 실제적인 응용을 중요하게 생각하였다. 그러므로 사람들은 그를 공리주의자라는 별명을 붙이기도 했다.

라뮈는 중세에서부터 내려오는 문법, 수사학, 논리학의 3학과(Trivium)와 산술, 기하, 천문학, 음악 등을 공부하는 4학과(Quadrivium)의 교양학부의 교과 과정을 조정했다. 그는 여기에 음악을 없애고 아리스토텔레스의 자연철학, 기상학과 같은 교과목을 넣었다. 그리고 전체 체계에서 가장 중요한 문법과 변증법에 대한 연구를 하였다.

---

22) Voltaire, *Dictionnaire Philosophique, t. 4*(Paris: Garnier Frères, 1879), p. 546.
23) H. C. Barnard, *Education and the French Revolution*, p. 30.
24) *Ibid.,* p. 31.

문법에서 라뮈는 3년 과정을 추천하였으며, 여기에 라틴어와 그리스어를 포함시켰다. 문법과정을 통과한 학생에게 수사학을 연구하도록 하며, 그것을 '말 잘하기 위한 기술 ars bene dicendi'이라고 하였다. 로제 샤르티에 등도 『프랑스의 교육: 16세기부터 17세기까지』에서 16세기 중기에 이르면 그리스어가 콜래주 루아얄 등에서도 활기 있게 강조되었던 것을 볼 수 있다[25]라고 말한 것을 보면 학교에서 그리스어를 강조한 것은 르네상스 이후 나타난 선진적 추세였던 것으로 풀이된다.

교육과정의 다음 단계로 라뮈는 논리학(또는 변증법)에 대한 연구에 비중을 두었다. 그는 진정한 논리학의 법칙을 갖추기 위해서는 학교에서 이러한 규칙을 가르치는 것으로 충분하지 않고, 말하자면 인간의 모든 정신에 관계되는 시, 수사학, 철학 등의 학문으로 실행해 보아야 한다[26] 라고 강조하였다. 그는 파리 대학의 정식 교재로 사용하고 있는 아리스토텔레스의 『오르가논』(Organon)을 건조하고도 다소 무비판적 연구라고 비판하면서 고전적 권위에 구속되지 않으려고 노력하였다. 그는 논리방법론을 수집 분류하고 그것들을 시험했다.

학문의 언어에 있어서 라뮈의 공적은 그의 모국어를 라틴어에 대치시키는 기초를 마련하였던 점이다. 라틴어는 16세기까지 프랑스 뿐만 아니라 전 서유럽의 학교와 대학에서 대화와 교육의 수단이었다. 한 권의 책을 쓸 때에 그것이 영원한 가치를 가지려면 라틴어로 써야 한다는 것이 이제까지의 통념이었다. 예를 들면, 에라스무스는 라틴어 이외에 지방어를 경멸하였다. 스트라스부르의 스투름(Sturm)학교에서는 모국어로 말한 것은 '단지 유혹에 의한 것 non nisi plagis'이라고 하여 속죄를 하게했다. 몽태뉴도 자신의 『수상록』이 불어로 쓰여져 '독자도 없고 오래가지도 않을 운명'이라고 생각하고 있었다.[27] 이와 같은 상황에

25) R .Chartier, M. M, Compère, D.Julia, *L'Éducation en France du XVIe au XVIIIe Siècle*(Paris: SEDES., 1976), p. 157.

26) H. C. Barnard, *Education and the French Revolution*, p. 33.

서 라뮈는 『변증법』을 프랑스어로 써서 프랑스어의 보급과 정화에 크게 기여하였다. 그 책은 교사와 학생간의 대화형식으로 되어 있다. 한쪽에는 그 시대에 사용하는 프랑스어로 썼고, 다른 한쪽에는 그에 의해서 주창된 철자체계로 된 같은 의미의 글이 실려 있다. 그 책은 저자가 채택한 부호들을 설명하는 일람표로 시작한다. 그것들은 모두 30개에 달하며, 모음, 반모음, 유음(liquides), 폐쇄반모음(demivoyelles fermes), 무성음으로 분류하였다.

라뮈는 새로운 시대를 예고한 가장 위대한 대학인이었다. 그는 중세에서부터 노예화 된 인간사상의 속박으로부터 자유로운 인간사상으로의 전환을 강력히 주장했다. 그는 종교개혁가들처럼 초기 그리스도교시대의 자유로 회귀할 것을 원했다. 그는 자유롭고 합리적인 정신을 유지하며, 독재적인 권위에 저항했다. 그에게는 개신교에 대한 부담도 가톨릭만큼 부담되었다. 종교문제에 관한 한 그는 쯔빙글리가 주장한 견해로 기울어졌다. 후일 데카르트와 포르 루아얄파의 선구자가 된, 그의 종교개혁론은 멀리 개신교도 나라들에 퍼져나갔다. 이들 나라에서 라뮈주의(Ramisme)가 교육개혁으로 받아들여졌던 것을 볼 수 있다. 그리고 심지어 가톨릭 국가인 스페인에서 조차도 살라망 지방의 문법학자 상티우스(Sanctius)는 라뮈의 문법에 의하여 저술하였다. 한편 영국의 옥스퍼드 대학도 라뮈주의를 비난하면서도 파리 대학을 모방하였다. 특히 케임브리지와 스코틀랜드 대학에는 많은 라뮈주의자가 있었는데, 케임브리지 출신 밀턴이 1672년 라뮈의 『변증법』의 요약본이라고 할 수 있는 『논리학』에 대한 논문을 출판 한 것으로 보아 대학 교육개혁에 대한 라뮈의 기여도가 컸던 것을 알 수 있다.

---

27) *Ibid.,* p. 34.

## 2. 파리 대학과 롤랭 총장의 개혁

### 1) 17세기의 파리 대학의 변화

지성사적으로 17세기는 3기로 나누어 볼 수가 있다. 제1기는 1660년까지로 정치적 동요, 사회적 혼란 등이 있었지만 모든 것이 조직화되어 이른바 이성을 향해 나아가는 힘이 생기기 시작하였다. 제2기(1660-1690)는 귀족계급의 세력이 추락하는 시기였다. 루이 14세가 국정을 장악하면서 찬란한 번영의 시대를 열었다. 근대적 이성이 고대의 예술과 긴밀하게 결합하고, 모든 힘이 균형을 이루었다. 제3기는 1690년 이후로 데카르트적 합리주의가 뿌리를 내리면서 사회적·정치적·교권적 권위에 대한 부정이 심각하게 일어났다. 이어서 몽테스키외, 볼태르등의 계몽사상가들이 태어나기 시작하였다.[28)]

그러나 파리 대학은 밖에서 보는 것과는 달리 고전적이고 보수적인 면이 없지는 않았다. 그리고 르네상스의 놀라운 진보에도 불구하고 본래의 가치와 사명을 상실한 채 중세의 학문적 방법에 의한 체면에서 17세기까지도 깨어나지 못하고 있었다. 바로 이러한 시기에 롤랭(Charles Rollin, 1661. 1. 30~1741. 9. 14)은 파리 대학의 개혁을 라뮈에 이어 시도했다. 그는 17세기와 18세기에 걸쳐 파리 대학의 개혁을 주도했고 그 후의 개혁에 상당한 영향을 미쳤다. 롤랭은 정치가도, 철학자도, 성직자

---

28) G. Lanson et P. Tuffrau, *Manuel Illustré d'Histoire de la Littérature Française*, pp. 180-181.

도, 문학가도 아니었고, 오로지 교육에 관심을 두고 교수와 총장으로서 대학발전과 교육의 질적 향상에 사심 없이 전념했다.

파리 대학이 예수회(Jésuites)[29]와 오라토리오회 등 다른 교육기관들과의 경쟁을 실감하고 자체개혁의 필요성을 자각하였던 것은 17세기 후반이었다. 17세기에 이르러 정치, 사회, 종교, 학문, 예술 등에 걸쳐 새로운 변화가 일어나는 가운데 파리 대학은 거의 존립의 위기를 맞이하고 있었다. 당시 파리 대학에는 43개의 콜래주들이 있었으나 그들의 기능을 발휘하지 못하고 있었다. 콜래주의 강의실은 마구간으로 개조되고, 그곳에서 군인들이 말들을 부리거나 가축들을 사육하였다. 콜래주의 어떤 건물들은 민란의 시기에 불타버리거나 파괴되었고, 그렇게 남아있던 일부는 대학과는 관련이 없는 사람들에 의해서 점유되었고, 어떤 사람들은 가족들과 함께 콜래주 부속시설물들을 생계의 수단으로 이용하였다. 이러한 요인들이 제거된 것은 앙리 4세(1589-1610)가 즉위하고 1594년 종교전쟁을 마무리하면서였다.

앙리 4세는 학문에 대한 호의적인 입장을 취했다. 그는 콜래주 루아얄의 교수들에게 "나는 교수들에게 지불하기 위한 것이라면, 나의 지출비용을 줄이고 나의 식비를 절감할 용의가 있다."[30]라고 하면서 당시

---

29) Maurice Bayen, *Histoire des Universités*(Paris: Presses Universitaires de France, 1973, pp. 57-58. 에스파냐의 이그나티우스 로욜라에 의해서 1540년에 교황의 인가를 받았다. 종교개혁을 계기로 가톨릭 자체 개혁운동을 하면서 프로테스탄티즘에 대항했으며, 대학에서 일어난 반종교개혁(contre-réforme) 운동에 큰 몫을 하였다. 교황지상권을 재확인하고 철저한 군대식 규율로 프로테스탄트의 공격에 대응하고 이방전교를 목적으로 하였다. 그리고 차세대를 위해 학교를 세워 진보적인 교육을 하였다. 트렌토 종교회의를 주창한 Augsbourg Othon Truchsess가 세운 콜래주 드 딜랭강(Collège de Dillingen)은 1554년 대학으로 승격하였던 것과 같이 콜래주와 대학교육에 적극 힘썼다. 많은 예수회 콜래주들이 프랑스 전역에 세워졌다. 파리에 있는 콜래주 드 클레르몽의 학생 중에는 몰리에르가 배출되었다.

30) H. C. Barnard, "The University of Paris", *The French Tradition in Education,* p. 185.

대학이 재정적으로 어려운 상황에 있음을 실감하고, 대학의 요구사항에 큰 관심을 보였다. 왕의 최대의 과업은 종교적인 평화와 더불어 모든 교육 기관을 회생시켜야 할뿐만 아니라, 어떤 형태로든 개혁을 단행해야 한다는 것이었다.

왕립위원회가 임명되었고, 프랑스의 부르주와 그랑 알모네의 대주교, 르노 드 본(Renauld de Beaune)이 회의를 주재하였다. 대학이 본래는 교회에 소속되어 있었으나 실질적인 지배는 이제 국왕이 해야 한다는 것이었다. 대학평의회가 있었음에도 불구하고 기능을 제대로 발휘하지 못하고 있었다. 왕이 콜래주를 방문한 후 150년 전에 데스투트빌 추기경(Cardinal d'Estouteville)이 작성한 법규들을 국왕이 인준하여 1600년 9월 18일 대학평의회에 넘겨 개혁을 시도하였다. 그리고 대학개혁의 책임을 르 무안 콜래주의 교장 에드몽 리쉐(Edmond Richer)가 맡았다. 개혁의 요지는 대학에 대한 통제를 교회에서 민간기구로 넘기는 것과 학생들의 하숙비가 삭감되며, 신교도 학생은 기숙사생으로 허락되지 못한다는 것이었다. 그리고 사례금을 철저히 금지한다는 것이었다. 그러나 라틴어는 여전히 강조되었다. 윌리암 보이드(William Boyde)에 의하면, 이처럼 앙리 4세가 1600년 파리 대학에 강행했던 개혁들 속에는 물론 라뮈의 사상이 부분적으로 실현되었음이 발견된다.[31]

많은 개혁들이 있었는데, 바너드의 말처럼, 개정법령에 의해 규정된 교과과정은 그것이 비록 가장 대단한 진보라고 생각되는 교양학부에 속해 있었지만, 라뮈 시대의 진보에 비하여 많은 진보를 보이고 있지는 못 했다."[32] 그러나 이 때에 그리스어 교육이 실행되었다는 점에서 라뮈의 노력은 어느 정도 결실을 보게 되었던 것으로 보인다. 그리스어 산문의 작문이 강조되었지만 17세기가 지나면서 대학에서 그리스어의

---

31) William Boyd and Edmund J King, *The History of Western Education*(London: Adam and Charles Black, 1974), p. 225.

32) H. C. Barnard, *The French Tradition in Education,* p. 189.

학습은 쇠퇴되었고 1600년의 개혁에도 불구하고, 교양학부에서 그리스어는 결코 중요하게 다루어지지 않았다. 그러나 예수회 콜래주나 포르루아얄에서는 중요하게 다루어졌다.[33] 그것은 샤를 9세로부터 오를레앙 교단은 1561년, 예수회 교단은 1564년에 파리에서 학교를 설립하고 교육할 수 있는 인가를 취득한 후 파리 대학의 콜래주들 보다 진보적인 교육을 실시했기 때문이다.[34]

대학의 행정은 강화되고 정화되었다. 앙리 4세와 루이 13세(1610~1661)의 통치기에 파리 대학의 교수직은 항상 명망 있는 사람들에 의해서 채워졌다. 라뮈가 1565년 교수들에 대하여 항의하고 비난했던 일들은 이제는 없어졌다. 한편 교과과정은 표면상으로는 거의 변화되지 않았지만 이후 어느 정도 새로운 정신을 찾고 있었다. 스콜라 철학의 방법들이 여전히 강조되었지만 예전만큼 활발하지는 못했다. 라블래에 의해 해석되어지고 라뮈에 의해 옹호되어진 르네상스의 인문주의가 17세기 후반 파리 대학에 스며들었다.[35]

그럼에도 불구하고 1600년의 개혁들은 단지 부분적인 성공만을 거두었다. 우선 개혁으로 파리 대학을 되살리기는 하였으나 다시 기울어지기 시작하였다. 에티엔 파스키에(Etienne Pasquier)는 1600년 파리 대학 개혁 후에 쓴 저술에서 종교전쟁에 의해 유린되기 이전의 파리 대학을 상기하면서 "오 불행이여"라고 했다. 그러나 그는 젊은 시절에 바쳤던 학문의 찬란한 빛은 아니지만 분명히 약간의 불꽃을 발견하였다. 그는 진보의 주된 방해물들이 이미 지적되었던 것을 보았다. 예수회 수사들이 프랑스 전역에 걸쳐 빠르게 퍼져 나갔다. 이름 있는 도시에 예수회 콜래주들이 설립되고 전문 교수진에 의해 정밀한 군대식의 교육이 실

---

33) *Ibid.*, p. 189.

34) Jean de Viguerie, *L'Institution des Enfants : L'Education en France 16~18 Siècle*(Paris: Calmann-Lévy, 1978), p. 73.

35) H. C. Barnard, *The French Tradition in Education,* p. 191.

시되었다.

바너드에 의하면 1627년 단지 파리 지역만 해도 예수회 학교에는 3,595명의 소년들이 있었다. 그리고 윌리암 보이드는 각종의 종교단체 중에 예수회가 콜래주와 대학을 가장 번성시키고 있었으며 대학은 심지어 파리 대학에 심각한 영향을 줄만큼 학생 수가 많았다. 그들은 17세기 중엽 파리 지방 만 하여도 모두 14,000명의 학생들을 가지고 있었고, 17세기 말경에는 대학을 제외하고 콜래주는 모두 612개였다. 프랑스교육에서 그들의 설립취지와 목적은 최고의 힘을 가지게 되었다.[36) 앙투안 레옹(Antoine Léon)에 의하면 여러 교단 중에서 예수회 교단이 프랑스 젊은이들에게 가장 많은 영향력이 있었다. 그것들이 추방되는 순간에도 약 120개의 콜래주를 거느리고 있었다는 것은 17세기에 중요한 의미를 갖는 것이다.[37)]

빌맹(A. F. Villemain)과 대부분의 역사 교사들에 의해 파악된 보고서에 따르면 혁명전야에 2천 5백만 명의 프랑스 인구 중에 학생은 73,000명이었고 562개의 콜래주가 있었으며 그 중에 40,000명이 장학금 수혜자였다. 이들 콜래주들 중 178개는 교단(congrégation)에 소속되어 있었고 384개는 교양학부에 속해 있거나 개별적으로 관리되고 있었다. 또 다른 한편으로 실비(M. A. Silvy)에 의하면 1500년부터 1789년까지 다소 차이는 있지만 900개의 콜래주가 세워졌다.[38)]

파리 대학이 두려워해야 했던 경쟁자들은 예수회 수사들만 아니었다. 오를레앙 콜래주들은 예수회 콜래주들만큼 그 수가 많았던 것은 아니었지만 항상 파리 대학을 위협했다. 포르 루아얄의 학교들은 단명하고 크기 면에서 대수롭지 않았지만 교육에서 새로운 기운을 불어넣고 있었다. 그리고 바르나 비트 수사들(성 바오르 회원들), 베네딕트 수사들, 카르멜

36) William Boyd and Edmund J King, *The History of Western Education,* p. 255.

37) Antoine Léon, *Histoire de l'Enseignement en France*, p. 37.

38) *Ibid.*

파 수사들(Carmelites), 프레몽트레 수도회 수사들(Premonstratensians), 아우구스티누스 수사들(Augustinians), 독트리내르(Doctrinaires) 등이 교육사업을 활발히 전개하였으며 이들 중 몇 몇은 파리 대학 지구에 자신들의 콜래주를 이미 설립하였다.

물론 이러한 학교들이 모두가 예수회 콜래주나 오를레앙 콜래주의 교육체제와 수준에 이른 것은 아니었지만 파리 대학의 콜래주들에 결코 뒤지지 않았다. 1642년 수도원장의 사찰기록에 나타난 것에 의하면 대학의 교과서는 1600년 개혁이후에 실질적으로 개선되었음을 보여준다. 그러나 43개의 콜래주 중에서 겨우 6개만이 예수회 콜래주에 어느 정도 비길 만 하였다. 반면에 교양학부의 교과과정은 여전히 고식적이고 형식적이었다. 수사학과 철학적 형식의 훈련은 이미 무익한 것이 되었다. 비록 마자랭 콜래주의 교수였으며 7번이나 파리 대학의 총장을 역임했고 데카르트 철학을 환영했으며 결국 철학과정에서 공식적으로 수용하도록 적극적으로 추진한 푸샤(Pouchat) 같이 도외시당한 인물이 없었을지라도 데카르트 철학의 영향은 파리 대학의 조합원 즉 교수와 학생들에 의해 강력하게 저항을 받았다.

또 다른 어려움은 대학 평의원(regent)들에게 지불한 봉급으로부터 발생하였다. 그들의 봉급은 관례에 따라 지불되는 사례금(lendi)이 더 이상 증가하지 않았음으로 생활비의 상승에 의해 감소된 것과 같았다. 결국 불만이 팽배했으며 자격미달의 교수진을 만들었다. 파리 대학의 총장 뒤무스티에(Dumoustier)는 1645년 박봉과 사례금의 사회적 문제로 교수들의 모집마저 힘들게 되자 학생들이 교직에 종사하겠다는 약속만 하면 무상교육을 하겠다는 계획서를 제출하였다.

뒤무스티에 총장의 계획은 실패로 끝났다. 왜냐하면 학부모들이 아이들을 진보적인 교육과정으로 운영하면서 무료로 교양교육을 제공하는 예수회 학교로 보내고 싶어 했기 때문이었다.

파리 대학은 이제 종래의 권위와 전통을 지킬 수가 없게 되었다. 파리 대학은 경쟁자들이 보여준 훌륭한 본보기를 모방하였다. 예수회 학교는 물론 아르노(Arnauld)나 랑슬로(Lancelot)[39]와 같은 왕립학교주의자들의 영향력을 받기 시작하였다. 아르노는 <포르 루아얄의 지도원리>(Port Royal Logic)를 편집하면서 <교양과목연구규정>(Règlement des Etudes dans les lettres humaines)을 해설하고, 랑슬로는 라틴어, 그리스어, 이탈리아어, 스페인어를 쉽게 배우기 위한 『신교육방법』에 대한 일련의 책을 저술함으로써 더욱 영향력이 확대되었다.

그러나 예수회에 의해 제공되는 무상교육에 대항하여 이겨낼 수가 없었다. 따라서 17세기 파리 대학은 "지나치게 독서에만 몰두하며, 성직자가 될 운명인 사람들에게만 어울린다"[40] 라고 한 것처럼 거의 활력을 상실하고 전통이라는 무거운 짐을 벗어버리고, 효율적인 교육기관들의 경쟁을 이겨 낼 수가 없었다.

무상교육을 함으로써 인기가 없고 급료가 적은 전공을 선택하게 하는 방법이 교육적으로는 용납이 될 수 없었다. 그러나 특수한 분야를 육성한다는 면에서는 정책적으로 가능한 것이다. 뒤무스티에 총장이 제출한 계획은 특수분야의 장려책과는 거리가 먼 것이었다.

1661년 추기경 마자랭에 의해 마자랭 콜래주 또는 콜래주 데 카트르나시옹(Collège des Quatre-Nations)이 설립되었다. 이 콜래주의 학생들에게는 수업료가 부과되지 않았다. 학생들은 600-1,200명 정도까지 되었다. 그러나 마자랭 콜래주는 많은 콜래주들 가운데 유일하게 무상교육을 하는 콜래주에 불과했고 1719년에서야 비로소 당국과의 협정에 의해 콜래주들이 무상교육을 하였다.[41]

파리 대학의 교육은 여전히 지나치게 독서에만 몰두하는 것이며 성

---

39) H. C. Barnard, *The French Tradition in Education,* p. 192.
40) *Ibid.,* pp. 193-194.
41) *Ibid.,* p. 193.

직자가 될 운명인 사람에게만 어울린다는 비난을 받고 있었다. 반면 예수회 학교들은 승마, 펜싱, 수영, 그리고 그 밖에  다른 남성적인 운동을  가르치는 것은 무가치하다고 생각하지 않았다. 따라서 파리 대학은 다가올 시대를 선도하는 것은 고사하고 당시에 유행하고 있었던 교과목도 무시해 버렸다.

### 2) 롤랭의 제 1차 개혁과 수난

바너드의 말과 같이 17세기말 샤를 롤랭에 의해 대학 개혁을 위한 새로운 길이 열렸다. 롤랭은 이전의 세기에 라뮈가 시작했던 일을 다시 시작했고, 대학에서 영향력 있는 지위에 오른 후에 자신이 주장했던 개혁을 실행에 옮길 수 있는 기회를 얻었다.[42]

1661년 파리에서 태어난 그는 라뮈처럼 미천한 가정출신으로 아버지가 칼 장수였다. 어렸을 때 인정 많은 베네딕트 수도사의 주목을 끌어 블랑 모토(Blanc-Mauteaux)수도원 미사를 돕는 일을 했다. 그 후 롤랭은 파리에 있는 베네딕트 학교의 급사로 일했는데 그 때 선생님 한 분이 롤랭이 공부할 자질을 가졌다는 것을 알고 콜래주 드 플레시(Collège de Plessis)에서 장학금을 받도록 주선하였다. 사실 이 시대는 공부를 하는 사람에게 상당히 호의적이었으므로 롤랭도 그와 같은 덕을 본 것이었다. 그는 당시에 유행하던 신학적 논쟁에 휘말리지 않고 성공만을 추구하면서 교양학부를 제대로 이수하였다. 그 후 소르본(Sorbonne)에서 3년 동안 신학과정을 이수했으면서도 성직자가 될 생각은 하지 않았다. 그는 하나님께서 자신에게 준 것이 교직이라고 생각했다. 1683년 롤랭은 제 2과정의 교수로 임명되었고, 4년 후에 수사학 과정의 교수로 승진했다. 1688년 그는 포르 루아얄의 친구이자 그의 전 스승 에르상(Hersan)에게서 콜래주 드 프랑스의 라틴 웅변교수직을 이어받았다. 그럼에도

---

42) *Ibid.*, p. 196.

불구하고 그는 1693년 은퇴할 때까지 콜래주 드 플레시의 교사직을 사임하지 않았다.

1693년에 은퇴한 롤랭은 집필에 전념하였다. 그러나 불과 1년 만에 그의 모교인 파리 대학의 총장으로 추대되었다. 물론 그가 파리 대학의 총장을 위해 노력한 것은 아니었지만 취임식에서 "여러분이 저에게 기대하는 점들을 노력과 주의 그리고 근면으로써 할 수 있는 한 충실히 수행할 것을 약속합니다"라고 하면서 모교 발전을 위해 최선을 다짐했다.[43] 그는 1693년 그의 오랜 친구 에르상과 함께 포르 루아얄 수도원에서 발견한 르 그랑 아르노(Le grand Arnauld)의 『교양과목연구규정에 대한 회상』(Mémoire sur le Règlement des Etudes dans les lettres humaines)에 있는 자신의 옛날 노트와 그 이외의 다른 사람들의 기록들을 파리 대학의 개혁에 참고하였다.

롤랭은 얀세니즘(Jansénisme)의 종교관과 교육에 대한 의지를 가지고 있었으며, 몇몇 학교들이 예수회의 관행을 모방하면서 개교하는 것을 반대하였다.[44] 그가 얀세니즘에 물들어 있었던 것은 아마도 그것을 일찍이 받아들였던 포르 루아얄의 학교에 다녔기 때문으로 풀이된다. 따라서 그는 얀세니즘으로 결국 핍박의 대상이 되었으며 파리 대학에서도 추방당했다.

롤랭은 무엇보다도 대학의 도덕적 상태를 개혁하려했다. 따라서 그는

---

43) Charles Rollin, *Opuscules de feu M. Rollin,* tome. 2(Paris: 1771), pp.240-241. cf. H. C. Barnard, *The French Tradition in Education*, p. 197 재인용.

44) 얀센은 네덜란드의 루뱅(Louvain)대학교 신학교수로 『성서』와 아우구스티누스를 연구하였다. 가톨릭 교리에 불만을 품고 아우구스티누스의 은총론을 중심으로 하는 교의를 열었다. 프랑스의 생시랑(1581-1643)에 의해 포르 루아얄 수녀원에서 강하게 받아들여졌다. 포르 루아얄에는 이미 데카르트주의가 받아들여져 있었다. 1649년 예수회의 고발로 교황청에서 이단의 선고를 받고 프랑스에서는 부르봉왕조로부터 박해를 받았다.(Maurice Bayen, *Histoire des Universités*, pp. 59-60.)

매일 『성서』 한 구절이 학생들에게 해설되어져야 한다는 것을 강조하였다. 그는 라뮈처럼 프랑스어, 운문과 산문, 그리스어 교육을 강조하고 문학사를 위한 정규적이고 엄격한 교육을 실시했다. 프랑스어 교육의 강조는 이미 16세기 초반 프랑수아 1세의 문화개혁운동의 일환에 의해 장려하되 법원의 영장을 프랑스어로 기록하게 하였고, 왕립교사 그리고 콜래주 루아얄의 교사, 또한 콜래주 드 프랑스의 교사들에 의해 프랑스어가 교육되면서 활성화 되었다.[45)]

한편 롤랭은 파리 대학의 총장 직권으로 콜래주에 대한 체계적인 감사를 한 후에 교육과정, 규율, 행정, 의복에 대한 개혁을 단행했다.[46)] 그의 지시가 어느 정도 실행되었는지에 대한 구체적인 내용은 별도의 연구가 있어야 하지만 1696년 그가 파리 대학의 총장직에 있을 때까지 계속해서 개혁이 추진되었다.

은퇴한 롤랭은 연구와 문학활동에 남은여생을 바치려고 하였으나 콜래주 드 보배(Collège de Beauvais)의 교장직 제의를 거절할 수가 없었다. 콜래주 드 보배는 학생도 적었고 규율이 없었지만 교장직이 한적한 자리는 아니었다. 다행히 콜래주 학생들이 자유분방한 것은 아니어서 학생들에 대한 문제는 별로 없었다. 장 드 비그리(Jean de Viguerie) 교수에 의하면, 일반적으로 콜래주의 학생들은 수도원에서처럼 혁대가 매달린 통일된 교복을 입었다. 교복의 색은 콜래주마다 다양했다. 그러나 17세기에 이르러서 교복은 장학생과 기숙사의 학생들의 전유물이 되었다. 파리에 있는 콜래주 드 보배의 장학생들은 1666년까지 그들의 교복을 입었는데, 그 색은 푸른색이나 보라색이었다. 1666년 파리고등법원이 교복을 검은 색으로 결정한 것이 앙시앵 레짐 말기까지 계속되었다. 그리고 1789년 프랑스혁명 때까지 파리의 모든 콜래주의 장학생들은 모

---

45) Antoine Léon, *Histoire de l'Enseignement en France*, p. 30.
46) H. C. Barnard, *The French Tradition in Education*, p. 199.

두 교복을 입었다.[47] 그러므로 롤랭이 개혁한 규율은 학생보다는 학교의 행정에 대한 것이 더욱 많은 것 같다.

롤랭이 교장이 되면서 규율도 잡히고 많은 것들이 개선되었다. 롤랭은 콜래주 드 보배에서 중요한 몇 가지 개혁을 추진하였다. 그는 풀어진 규율들을 바로 잡았을 뿐만 아니라 매주 참모회의를 실시함으로써 한층 효율적으로 행정업무를 처리하였다. 그는 자신의 학생시절을 회상하면서 돈이 없어서 파리 대학에 입학하는데 곤란을 겪는 학생들을 적극적으로 도왔다. 그의 장학금을 받았던 학생들 중에 가장 두드러졌던 학생은 파리 대학을 평가하는 데 빼놓을 수 없는 역사가인 크레비에(Crevier)였다.[48]

롤랭은 포르 루아얄의 교육 방식을 콜래주 드 보배에 도입함으로써 프랑스어에 대한 연구를 하게 하였다. 그리고 이러한 목적을 성취하고자 아르노와 랑슬로(Lancelot)의 『일반문법』(*Grammaire Générale*)을 추천하였다.

한편 롤랭은 얀세니스트와 상당히 깊은 관계를 맺고 있었는데 그것은 단지 교육문제에 국한된 관계가 아니었다. 원래 신앙심이 깊고 금욕적인 롤랭은 얀세니즘의 비판적 원리에 대단히 호감을 가지고 있었다. 비록 포르 루아얄이 10년 동안 미약하나마 주도권을 잡고 있었을 동안 교회의 평화는 표면적으로 휴전상태에 있었다. 그러나 1679년 포르 루아얄에 대한 박해와 그들이 제휴했던 얀세니즘의 이데올로지에 대한 공세가 다시 한 번 개시되었다. 절대왕정에 도전하는 어떤 것이든 증오했던 왕실과 <관구장의 서한들>(Lettres provinciales)에 대하여 결코 잊어버리거나 용납하지 않았던 예수회 사이의 성스럽지 못한 동맹은 불행한 포르 루아얄에 대하여 격렬하고 무자비한 전쟁을 벌이게 하였다.

---

47) Jean de Viguerie, *L'Institution des Enfants : L'Education en France 16-18 Siècle*, p. 225.
48) H. C. Barnard, *The French Tradition in Education*, p. 199.

1709년 포르 루아얄 데 샹(Port-Royal des Champs)의 나이든 수녀들은 그들의 교단이 500년 동안 지켜온 대수도원에서 쫓겨났고 얼마 있지 않아 예수회들은 그들이 살았던 건물을 적개심으로 파괴하였다. 얀세니스트 자체의 사망증서가 발부되어야 한다는 의견이 1713년 로마 교황청에서 나왔다. 그 해 교황 클레멘스(Clemens) 11세는 <우니게니투스(Unigenitus) 교서>를 맹렬히 공격하였는데, 그 교서에서 얀세니스트의 옹호자인 케넬(Quesnel)이 쓴 『신약성서의 주석』에 대한 101개의 제안은 경건한 사람에 대한 허위, 험담, 비난, 공격이며, 교회와 국가에 대한 망신이며 치명적이고 유해한 것이고 이교도의 선동적이며 경건하지 못하고 협의가 있는 것으로서 문책 받았다.

많은 얀세니스트들이 이미 네덜란드로 이주했으나 온갖 조치에도 불구하고 이들의 움직임은 여전히 프랑스에서 계속되었다. 비록 얀세니스트의 지지자들이 높고 영향력 있는 자리에 앉았을지 몰라도 많은 위험이 있었다.

이와 같은 상황에서 롤랭은 공공연하게 스스로 인기 없는 당파의 사람으로 보였으나 라뮈와 마찬가지로 박해의 두려움 때문에 개종할 마음은 없었다. 그는 얀세니스트의 지도자인 케넬과 교신하였다. 이러한 교신들이 기관에 포착되었고, 얼마 동안 바스티유에 투옥될 위험에 빠져 있었다. 또한 그는 1707년 얀세니스트임을 고백한 두 사람을 콜래주 드 보배에서 참모로 임용되었었다는 것이 그를 더욱 압박하였다.[49] 마침내 롤랭은 1712년 강제로 교장직에서 쫓겨났다. 그러나 그는 콜래주 드 루아얄에서 라틴어 교수로 강의를 담당할 수가 있었다.

박해에도 불구하고 롤랭은 자신이 보살펴야 하는 사람들에 대한 특별한 애정을 가지고 있었다. 콜래주 드 보배의 학생들이 국왕에게 보낸 두 개의 탄원서가 남아 있는 데 그것은 첫째 롤랭이 콜래주를 효과적

49) *Ibid.*, p. 200.

으로 친근감 있게 경영했다는 그들의 인식을 명확하게 기술한 것과 롤랭이 교장으로서 그의 직위를 유지해야 한다며 겸손하게 간청한 것이었다. 심지어 박해로 인하여 롤랭이 더 이상 학교에 나가지 못한 이후에도 그들의 애정은 여전히 식지 않았다. 학생들이 1713년 1월 롤랭의 생일에 라틴어로 된 축 시를 보냈던 것으로 보아 그에 대한 지속적인 존경과 사임에 대한 아쉬움을 계속 표현한 것으로 보인다.

여기에서 궁금한 것은 롤랭이 그렇게 사랑했던 학생들과 학교에서 물러나올 수 있었던 것에 대해 어느 정도의 강압을 받았는지 알 수 없다. 왜냐하면 그가 콜래주에서 강제 퇴임한 후에 그다지 어려움을 겪지 않았기 때문이다. 퇴임 후 그는 자신이 구입했던 집에서 재차 자리를 잡고 문학활동을 하였다. 또한 파리 대학의 관리들이 이전의 교장에게 자문을 받기 위해 종종 큰 정원으로 꾸며진 롤랭의 작은 집을 방문하였던 것을 보면 롤랭의 행동에 별다른 제재가 없었던 것으로 보여 진다. 그리고 롤랭이 콜래주 드 보배에서 쫓겨나고 그 후임에 샤를 코팽(Charles Coffin)이 교장으로 있었는데 그도 역시 얀세니스트였으며 롤랭과 같은 종교적 배경을 가지고 있었다. 1715년 루이 14세가 서거하였을 때 우니게니투스에 대항하는 반동이 섭정 필립 오를레앙 공의 후원 하에 시작되었다. 예수회들의 금욕에 대해 프랑스교회의 동정주의 자들은 국가와 교회의 가장 영향력 있는 자리에 임명되었고 소르본은 공식적으로 우니게니투스 교서의 수용을 폐지했고, 등제부에서 그것에 대한 기록을 삭제하였다. 그러므로 롤랭이 교장직에서 쫓겨나 명예가 실추된 것도 당시의 상황이 그로 하여금 일시적으로 불행하게 만들었다는 것을 알 수 있다.

### 3) 롤랭의 제2차 개혁

롤랭은 1715년 파리 대학 프랑스 학부의 학감(proctor)에 임명되었다. 그가 다시 관직에 임용된 것은 재임기간에 파리 대학이나 콜래주 드 보배를 위해 열심히 일을 했던 것과 학생들의 청원이 반영된 것으로 보인다. 그러나 그보다 더 중요한 것은 오래 전에 라뮈에 의해 주장되었고 롤랭에 의해 제창하였던 대학개혁안이 1719년부터 단행되었다는 것이다.

이때부터 '전과정개설 콜래주'(Collège de plein exercice)들이 모든 학생들에게 개방되었고 수업을 무상으로 제공하였다. 따라서 파리 대학은 이제부터 다른 콜래주와 경쟁할 수 있는 보다 나은 채비를 한 셈이 되었다. 이러한 조치는 파리 대학이 가지고 있던 이전의 우편권을 포기함으로써 가능했다. 이에 대한 대가로 평의원들은 국고에서 임금을 받았으며 추가적인 어떤 임금을 받는 것이 금지되었다. 그리하여 파리 대학은 자신들의 요구를 강력히 주장하는 변덕스런 학부모들로부터 독립하였다. 그러므로 돈이 없는 학생의 모든 시련을 알고 있었던 롤랭이 이러한 개혁을 기뻐하며 환영했다는 것, 그리고 그가 '왕의 장녀'인 파리 대학에 대한 감사를 왕에게 표현하는 가장 적절한 대표자로서 인정받고 있었다는 것을 실감할 수 있다.

롤랭은 관운이 있었다. 다음 해인 1716년에 그는 파리 대학의 총장에 재선되어 10월 10일부터 직무를 수행하였다. 그러나 12월 11일 그는 여전히 얀세니즘에 대한 식을 줄 모르는 열정을 가지고 있다고 분별없이 말했다. 당시 얀세니즘은 8년 전 만큼은 평판이 나쁘지 않았지만 그러한 롤랭의 행위를 당국이 묵과할 시기는 아니었다. 드디어 루이 15세의 봉인장이 대학의 관리들에게 전달되었고, 롤랭을 면직시킨 다음 보다 온건한 총장을 선출하도록 하였다. 12월 16일 롤랭의 후임으로 코팽이 선임되었다.

그러면 롤랭이 파리 대학에 재임할 당시 어느 정도 열성적으로 개혁을 단행하였을까? 그는 교수와 총창의 업무를 수행하면서 교육개혁과 행정쇄신에 정력을 다 바쳤다. 그리고 나머지 시간들은 자유롭게 오직 저술활동으로 일생을 마쳤다. 따라서 그는 마지막 총장직 말년과 1741년 죽을 때까지 21년 동안 대학 개혁을 위한 저술에 전념하였다. 그는 이 시기를 "하나님이 나에게 마련해준 평온한 시기"라고 말하고 아낌없이 교육개혁에 헌신하였다.

그러나 얀세니스트들에 대한 논쟁이 계속되었고, 예수회와 교황지상권론자들이 다시 승리를 거둠에 따라 롤랭도 그들의 공격을 피할 수가 없었다. 하지만 롤랭은 외부의 격해지는 혼란 속에서도 파리의 은신처에서 계속 저술에 전념했다. 얼마간 작업을 계속하던 롤랭은 말년에 이르러서는 이전의 활력을 상실하고 얀세니즘의 덕도 상실하였다. 1741년 그는 중병으로 쓰러졌고 더 이상 작업을 할 수 없게 되었으며, 9월 14일 그는 80세의 일기로 생애를 마쳤다.

바너드가 밝힌 바와 같이, 롤랭의 신학적 견해에 대한 동시대인들의 반감이 너무나 거세어서 과거에 행해졌고 오늘 날에도 행해지고 있는 어떤 찬사나 추모사도 그의 장례식에서는 행해지지 않았다. 하지만 롤랭의 명성에 경의를 표하는 뒤늦은 시도가 루이 16세에 의해 이루어졌고, 루이 16세는 소르본 대학(현재 파리4대학)에 그의 상을 세웠다. 그의 초상화는 또한 소르본 대학의 현관 상층부를 장식하고 있다.[50] 그의 명성은 생전보다 사후에 더욱 크게 남아 있다.

그의 순수하고 열성적인 신앙심은 무수한 기독교적 사랑의 실천으로 나타났다. 그는 결코 부유한 생활을 하지 않았다. 물론 1년 수입이 단지 3,000리브르에 불과하여 재정상태가 양호한 편이 아니었으며 유산도 없었지만 생활방식이 검소했고 작은 것에 만족하였다. 게다가 그는 성

50) *Ibid.*, p. 203.

직록으로 징수되어진 연금을 받으려 하지 않았음으로 일반 서민들과 별로 다른 생활을 하지 않았다.

따라서 롤랭은 그의 비천한 출신에 대하여 숨기려 하지도 부끄러워 하지도 않았다. 오히려 그는 가난한 학생들을 이해했고 그들을 도왔으며 때로는 자신의 아버지가 칼 장수였다는 것을 서슴없이 학생들에게 말하였다. 그렇다고 상류층이나 고귀한 집안에 대한 위축감과 경멸감도 가지지 않았다. 그러면서도 그는 가문의 고결함과 집안의 전통에 대한 존경을 해야 한다는 생각을 하고 있었다. 귀족에 대하여도 존경심을 가지고 정의를 표해야 하며 귀족들이 국가에 끼친 지대한 공헌에 대하여도 추도해야 하며, 귀족들을 존경하는 것만으로 충분히 변제할 수 없고 후대에까지 계속되어져야만 한다고 생각하였다.[51] 바너드가 논평한 바와 같이 그가 비록 뛰어난 인물로서 파리 대학 개혁에 큰 몫을 하였을지라도 당시의 시대적 상황을 완전히 초월하지는 못하였다. 그리고 그는 인류 진보의 역사에 있어서 이전에 라뮈가 차지하고 있던 필적할 만한 위치에 서지는 못하였다.[52] 그것은 그가 라뮈처럼 정열적이며 선견지명이 있는 개혁가는 아니었으며, 다만 악습에 분개하고 진실과 정의가 지배하는 더 나은 세계를 그리워했기 때문이다.[53].

그러나 롤랭은 냉혹하지 않았고 가르치는 데는 엄격했다. 그는 온건한 학자였으며 교육의 궁극적 목적이 학생들의 지적인 만족감보다는 정신적인 만족감에 있다는 것을 알고 교육하였다. 롤랭이 죽었을 때 브레쉴레 주르댕(Bréchillet-Jourdain)은 “공교육에 있어서 언제나 빛나고 있던 가장 밝은 빛들 중에 있던 하나가 꺼졌다”고 하였다. 그것은 파리 대학의 교양학부의 기록부에 기재될 만한 가치가 있는 것으로 파리 대학에 있는 롤랭의 비문이다. 롤랭은 살아 있는 동안 젊은이들이 훌륭한

---

51) *Ibid.,* p. 204.
52) *Ibid.,* pp. 204-205.
53) *Ibid.,* p. 204.

예술과 좋은 관습들을 인식하게 하는 일에 때로는 생생한 목소리로서 때로는 불멸의 저술로서 자신의 모든 정열을 바쳤다. 유럽의 모든 민족에 의해 기꺼이 받아들여졌고 만장일치의 박수갈채에 의해 인정된 그 사실은 그 자신의 생애 속에서 분명히 드러나 있다.[54]

롤랭은 교사가 가져야 할 교육 목표를 지식·인성·종교심의 개발에 두었다. 이들 중에 그는 종교교육을 가장 으뜸으로 생각하였으며, 지식과 인성교육이 종교교육에 기여하도록 해야 한다는 그의 주장은 고전적·전통적 사고의 차원이 아니라 새로운 교육과 새로운 세계관을 형성하는 차원의 교육개혁의 의지로 보여 진다.

#### 4) 『교육에 대한 논고』에 의한 개혁

롤랭의 저서들 중에 특히 『정신과 마음을 위한 순수문학의 교육과 연구방법』(*De la Manière d'Enseigner et d'Etudier les Belles-Lettres par Rapport à l'Esprit et au Cœur*)을 『교육에 대한 논고』(*Traité des Etudes*)라고도 한다. 모두 4권으로 그의 개혁사상을 잘 나타내고 있으며 당시 교사들의 눈길을 끌었던 책이다. 이 책은 그의 말년에 저술된 것으로 개인적인 회고록이라 특별한 가치를 부여할 만하다. 게다가 저자 자신의 오랜 교육경험을 집약하였으며 파리 대학 교수와 총장으로 재직하였을 당시 가장 진보적인 교사들에 의해 제시되었던 교육의 모습들을 보여주고 있다. 롤랭 자신도 이러한 점을 인식하고 있었다.

"이 저서에서 내가 의도한 바는 학습에 대한 새로운 방안을 제시하고, 새로운 규정이나 젊은이들을 가르치는 새로운 교수법을 제안하는 것이 아니라, 단지 파리 대학에서 실제로 행했던 훈련을 내가 나의 선

---

54) Bréchillet-Jourdain(Charles-Marie-Gabriel), *Histoire de l'Université de Paris au XVII et au XVIII Siècle*(Paris: 1866), p. 376. cf. H. C. Barnard, *The French Tradition in Education*, p. 205. 재인용.

생님들에 의해서 그것이 행하여 졌던 것을 본 대로, 내가 그들의 발자취를 따라 그러한 활동을 수행하려 한 대로 설명하고자 한다. 내가 과감하게 사건을 밝히려는 몇몇 사항들, 즉 프랑스어를 체계적으로 학습해야 할 필요성, 그리고 역사 시간을 좀 더 늘려야 할 필요성을 제외하고 나는 이 책의 나머지 부분은 파리 대학의 콜래주들에서 과거에 오랫동안 실행된 것만을 성실하게 재현하려고 한다."[55]

그러나 롤랭의 『교육에 대한 논고』가 모든 콜래주에서 활용된 것은 아니다. 랑슬로나 아르노와 같은 교육자들이 콜래주의 교장들로서 이미 얀세니즘과 그 교육내용에 공감하고 있었으므로 그 영향력이 플레시스, 나바르, 카트르 나시옹, 보배 등의 콜래주에 이미 침투되어 있었다. 그러나 파리 대학의 보수적 성향은 라뮈시대 이후에도 크게 달라진 것 없이 그대로 있었다. 그러므로 롤랭의 저서는 주로 파리 대학의 콜래주들에 한정되어 적용되었던 것이다. 이 책이 발간되자마자 보급되었으므로 18세기 프랑스에서 루소 다음으로 영향력이 있었다. 『교육에 대한 논고』는 교직을 막 시작한 콜래주의 학급담임교사들을 위해 쓰여 진 것이었음으로 이 책에는 교수방법과 학급경영에 필요한 일상적인 실례들이 자세히 설명되어 있어 현직 교사들에게 인기가 있었다. 물론 이러한 책들은 오늘날에는 새로운 것이 아니다. 그러나 롤랭 시대에는 결코 일반적인 책이 아니었으므로 1766년 이후 최근까지도 재판을 거듭했던 것으로 보인다.

롤랭은 이 책에서 귀족가문의 자제들에 대한 적절한 교육의 중요성을 인식했지만 그는 모든 계층의 자제들에 대한 교육을 실현하고자 하였던 것이 특징이다. 따라서 그는 "젊은이는 나라의 새싹과 같다."라고 말하고 교육의 목적을 '훌륭한 기독교인'(bons chrétiens), '훌륭한 아버

---

55) Charles Rolllin, *Opuscules de feu M. Rollin,* tome. 2(Paris: 1771), p. 79. cf. H. C. Barnard, *The French Tradition in Education,* p. 206. 재인용.

지'(bons pères), '훌륭한 시민'(bons citoyens)을 양성하는 것이라고 주장했다. 그리고 앙리 4세의 교육개혁안에 따라 롤랭은 교사가 추구해야 할 교육의 목적을 '지식, 인성, 종교심' 등 세 가지로 분류하고 이 중에 종교교육을 가장 으뜸으로 생각하면서 지식과 인성교육은 종교교육에 기여해야 한다는 입장이었다.[56]

책의 목차를 보면 첫 번째 권은 언어학, 두 번째 권은 시, 세 번째와 네 번째 권은 수사학, 다섯 번째 권은 역사, 여섯 번째 권은 철학, 마지막 권은 콜래주의 행정에 대한 내용을 다루고 있어 독자가 필요한 부분을 쉽게 찾아 볼 수 있게 하였다.

롤랭은 프랑스어가 광범위하게 사용되지 않으며 필수적이지 않아서 프랑스 인이 모국어를 포기한다면 이는 애국심이 결여된 것이라고까지 주장함으로써 설득력을 갖게 되었다. 따라서 포르 루아얄리스트와 오라토리오 수도사들이 그것을 실천했으며, 1694년 공인된 『프랑스어 사전』 편찬, 산문과 운문 등의 프랑스문학의 개화에서 그 결과가 나타났다. 뿐만 아니라 1713년 위트레흐트(Utrecht) 조약이후 전 유럽에 걸쳐 외교적 용어와 법정용어로서의 라틴어 대신 프랑스어가 채택되는 원동력이 되었던 것으로 보인다. 루이 레오의 지적과 같이, "18세기 초 라틴어는 외교어로서 그의 전권을 상실했으며, 18세기 이래 라틴어는 그 권위를 상실하였다."[57] 그리고 "프랑스어의 교육적 가치는 라틴어의 그것에 비하여 우월하다."[58] 그러나 프랑스인들이 라틴어로 된 문화권에 젖어 프랑스어의 멋, 품위, 논리성, 정확성, 세련미 등을 몰라보고 있었다.

그리고 벨르도 1685년부터 <문인공화국 신문>(Les Nouvelles de la République des Lettres)에서 "이제부터 프랑스어는 전 유럽인들의 통신

---

56) H. C. Barnard, *The French Tradition in Education*, p. 207.

57) Louis Réau, *L'Europe Français au Siècle des Lumières*(Paris: Editions Albin Michel, 1971), p. 20.

58) *Ibid.*, p. 29.

수단이 되었다"[59]라고 한 것을 보더라도 프랑스어가 유럽의 공용어로 된 것도 롤랭에 의해 파리 대학의 콜래주들에서 프랑스어를 국어로 사용하게 하면서부터였다는 것을 확인할 수 있다. 그러나 그가 라틴어나 그리스어 등의 고전어를 소외시킨 것은 결코 아니었다. 그는 단지 프랑스어를 통해 라틴어와 그리스어가 학습되어져야 한다는 것이었다. 따라서 고전은 롤랭의 시대에도 이전과 다름없이 중등교육과 대학교육에서 동일하게 교육의 기본으로 하고 있었다. 그러나 그리스어는 앙리 4세의 법령과 롤랭의 찬사에도 불구하고 이 과목에 대한 학습은 교양학부에서 오랜 기간 동안 수행되지 못하였다. 1683년부터 롤랭이 대학에서 그리스어를 강의했고 이에 대한 열정이 대단했던 것이 널리 소문이 났지만 대학에서 이 과목이 확대되고 강조되었던 적이 거의 없었다. 롤랭은 그리스 문학에서 호메로스를 좋아했다. 그리고 『신약성서』의 올바른 이해를 위해 그리스어의 학습을 강조하였다.

그러나 롤랭은 종교와 고전에 대한 학습의 조화가 어렵다는 것을 발견하였다. 그리하여 그는 악의 없는 이교도 작가들에게서 도덕적 교훈을 이끌어 내고자 노력하고 과거에 학자들이 선호하였던 고대의 신화를 기독교의 진리에 접목하는 해석을 하였던 것이다. 이어서 그는 학생들이 매일 『성서』, 특히 『신약성서』의 한 구절을 공부하도록 강조하였으며 법령화하였다.

롤랭은 역사학습을 강조하였다. 앙리 4세의 교육개혁안과 파리 대학의 교과과정에는 이런 주제가 포함되어 있지 않았지만 포르 루아얄리스트와 오라토리앙들 사이에 역사학습의 중요성이 강조되었다. 그리고 보쉬에(Jacques Bénigne Bossuet, 1627-1704)[60]도 롤랭의 『교육에 대한 논

---

59) Albert Soboul, G. Lemarchand, M. Fogel, *Le Siècle des Lumières,* tome. 1(Paris: P. U. F., 1977), p. 597.

60) 보쉬에와 롤랭 두 사람이 교육에서 역사를 강조한 공통된 의지를 여기에서 자세히 밝히는 것은 간단하지는 않지만 1671년부터 도펀의 사부가 되었던

고』를 강조하였다. 롤랭은 일반 시민에 대한 역사학습의 중요성을 인식하였다. 그리하여 하위과정 3개 학년들은 『성서』에 대한 역사를 학습하게 했다. 3학년은 고전 신화와 고사를 전공하고 2학년은 그리스의 역사, 수사학, 건국부터 제정 말기까지의 로마의 역사를 배웠다. 한편 철학을 학습하는 1학년은 로마제국의 역사를 세밀하게 다루는 것으로 하였다.[61)]

그러면 프랑스사에 대하여 롤랭은 어떤 생각을 가지고 있었는가. 롤랭은 프랑스사를 소홀히 했다하여 여러 차례 비난을 받은 것으로 보여진다. 비록 롤랭이 프랑스사를 교육현장에서 강조하지 않았다 하더라도 항상 프랑스사의 중요성을 염두에 두고 있었던 것으로 보인다. "나는 학교 교육 과정에서 프랑스 역사를 학습할 시간적 여유를 찾기란 불가능하다고 생각한다. 그러나 나는 이 과목이 고려할 필요가 없는 것으로까지 생각했던 것으로는 보지 않았으며, 언급할 필요도 없이 나는 그것이 사람들에게 극히 유용함에도 불구하고 많은 사람들에 의해 소홀히 여겨지고 있는 것에 대해 유감스럽게 생각하고 있다. 만일 우리가 학생들에게 프랑스사를 교육할 시간적 여유가 없다면 어떻게 해서라도 학생들에게 프랑스사에 대한 흥미를 불어넣어 주어야 하며, 그들이 시간이 있을 때에는 프랑스사에 대해 열의를 가지고 공부할 수 있도록 만들어야 한다."[62)]

---

보쉬에가 역사에 대하여 중요성을 갖게 된 것은 자기제자가 배운 모든 지식을 모으기 위해 1678년 『세계사』를 저술한데 있다. 제1부는 천지창조에서부터 고대 로마제국의 종말과 샤를마뉴의 즉위까지 담고, 제2부는 프랑스인에 의해 세워진 새로운 제국이후를 담으려 했다. 비록 그가 제2부를 쓰지는 못했지만 프랑스의 역사와 프랑스어를 교육해야 한다고 강조하였던 점이 롤랭과 유사하다. 보쉬에는 또한 1678년 자기 제자를 위해 역사에서 끌어낸 정치학 하나를 쓰려했다. 그리하여 그는 『성서에서 발취한 정치학』(*Politique tiré Propres Paroles de l'Ecriture sainte*)을 쓰기 시작했으나 완성하지는 못하였다.

61) H. C. Barnard, *The French Tradition in Education*, p. 211.

62) *Ibid.*, pp. 211-212.

또한 그가 1730년과 1738년 『고대사』(*Histoire Ancienne*) 13권을 쓰고, 78세에 『로마사』(*Histoire Romaine*)를 쓰기 시작하여 죽는 해인 1741년까지 그의 제자 크레비에와 함께 8권을 완성했다는 사실로도 역사학에 대한 그의 관심을 짐작할 수 있다. 『고대사』는 이집트 인, 카르타고 인, 바빌로니아 인, 메디아 인, 페르시아 인, 그리스 인 등 고대세계의 민족들의 역사에 대하여 전반적으로 다루고 있다. 『로마사』는 그로티우스가 『그리스의 역사』를 쓸 때처럼 특별한 목적을 가지고 썼다. 그것은 로마 인들의 전체적인 발자취가 오직 예수의 재림을 위한 준비였으며, 예수의 재림이 임박한 것과 기독교의 전파를 가능하게 하는 데에 있어서 그것이 실질적인 목적을 어떻게 충족시켰는지를 보여주기 위한 것이었다. 롤랭의 역사서는 독자들의 호평을 받거나 새로운 방법을 제시한 것으로 평가된 바는 없다. 그러나 투키디데스와 비교되어 '역사의 페늘롱 Fénelon de l'histoire'이라는 별칭이 그에게 붙어 있다. 그리고 몽테스키외는 롤랭에 대하여 "한 정직한 사람이 역사를 통해 대중을 노래했다. 그가 바로 '프랑스의 꿀벌 l'abeille de la France'이다" 라고 하며 찬사를 보냈다.

한편 철학에 대한 그의 입장은 사상의 자유를 위한 것은 아니었다. 역사와 마찬가지로 철학은 도덕화 되어야 하고 만일 철학이 철학자들을 진실한 믿음으로 이끌어 내지 못하고 계시에 의해서 이미 결정된 종교의 진리들에 대한 이해를 내포하지 못한다면, 철학은 헛되고 무익하며 위험스런 학문이라고 하였다. 따라서 그는 도덕적인 철학에 크게 비중을 두고 있었다. 그러니까 철학의 가장 본질적인 결실은 인간에게 신, 신의 권능, 그리고 신의 지혜의 위대함에 대한 인식을 불러일으키게 하고 인간으로 하여금 신의 은총에 대해 감사하고 어디서나 신에게 찬양과 감사함을 부여하기 위한 명분을 발견할 수 있게 한다는 것이었다.

결론적으로 롤랭의 역사서들과 마찬가지로 『교육에 대한 논고』의 영향력은 프랑스 교육개혁사에서 매우 큰 영향력을 가지고 있었다. 그가 파리 대학의 중세적 틀을 깨고 근대적 학생중심의 대학운영을 하였다는 것이 특기할 만하다. 총장과 교수로서 교육개혁을 단행한 그의 열정과 용기, 교육목표와 추진력을 높이 평가하면서 퇴임 후에 남긴 많은 저서들이 교육과 대학개혁의 참고서와 같이 활용되었던 것으로 보아 파리 대학은 물론 오늘날 여러 나라의 대학에서 그의 교육이념을 찾을 수 있을 것 같다. 그리고 빌맹은 "교육문제에 있어서 롤랭 이후 어떠한 진보도 이루어지지 않았다"라고 말했으며, 니소르(Nisord)는 『프랑스 문학사』*(Histoire de la littérature française)*에서 1861년으로 거슬러 올라가면서 교육에 대한 문제들을 보면, 롤랭의 『교육에 대한 논고』는 유일한 교과서라고 말한 것을 다시 한 번 상기 할 필요가 있다.

## 3. 위그노 콜래주에 의한 교육공간의 확대

### 1) 위그노 콜래주의 설립과 교육이념

프랑스 교육은 16세기에 일어난 종교개혁이라고 부르는 '종교 혁명 révolution religieuse'과 더불어 새로운 단계에 들어섰다. 종교개혁이 가져온 궁극적인 결과는 모든 지역에 학교교육체제 수립과 추가로 교육의 주도권이 교회에서 국가로 이관되는 큰 변화를 일으키게 되었다.[63)]

사람들은 당시 "천성(가문)은 교육을 능가 한다 La nature passe nourriture"라는 말에 집착해서 안 된다는 것을 깨달았다. 이처럼 사람들이 교육의 기능을 제대로 인식하지 못하고 있었다는 것을 깨닫기 시작한 16세기부터 교육과 교육방법에 대한 개혁의식이 일어나기 시작했다. 따라서 비그리(Jean de Viguerie) 교수의 말과 같이 앙시앵 레짐 시대에 출판된 교육학 논문은 무려 100편을 헤아릴 정도로 많이 나왔다. 사실 신학, 정치와 함께 교육은 오랫동안 프랑스사람들의 관심을 끌었던 주제였던 것이다.[64)]

프랑스에서 칼뱅주의자들의 활동은 1559년 프랑수아 2세(재위 1559-1560)가 왕위에 올랐을 때 절정기가 되었으며, 또한 이 무렵부터 위그노 학교들이 많이 설립되었다. 사실 1559년 프로테스탄트 교회의 첫 번째 회의가 파리에서 열렸을 때, 프랑스에는 이미 72개의 프로테스탄트

---

63) William Boyd & Edmund. J King, *The History of Western Education*, p. 183.

64) Jean de Viguerie, *L'Insttution des Enfants: l'éducation en France 16e-18e Siècle*, pp. 8-9.

교회가 있었고, 2년 후에는 교회가 2,150개로 증가했다.[65] 바로 이 때부터 프랑스에서는 프로테스탄트 교육이 활기를 띄게 되었다. 곳곳에서 아이들은 칼뱅의 『교리문답』을 통하여 종교교육을 받고, 그것들을 모두 암기했다. 이 프로테스탄트 『교리문답』에 덧붙여 장차 학생들을 위그노 콜래주에 보내기 위해 소학교의 교과과정에는 읽기, 쓰기, 기본적인 산수, 그리고 노래가 포함되었다. 이런 종류의 학교들은 대개 지방 의회와 땅을 가진 영주로부터 후원을 받았다. 아동의 수가 적을 경우 두 개의 성에 있는 아이들을 모두 한 학교에서 함께 교육받도록 했다. 위그노들이 침투한 지역에서의 교육은 대개 강제적일 수밖에 없었다. 그것은 교육이 개신교를 전파하는 의무를 지고 있었기 때문이었다. 따라서 학교를 유지하는 어려움도 많았다. 종종 지방 성직자들이 교장 직을 맡았고 졸업생들의 도움을 받아 학교가 운영되었다. 게다가 지방성직자가 교장 직을 수행할 경우에는 가톨릭의 '장학관 écolâtre'을 대리하는 지방 교구의회의 승인을 받아야 했음으로 어려움이 많았다.[66]

그러나 1541년에 생트 푸아, 다음해 오비니와 모에서 칼뱅파의 집회 조직이 만들어진 후, 앙리 2세(재위 1547-1559)와 그의 아들이  칼뱅주의에 대한 탄압을 하였지만, 위그노들을 약화시키기보다는 오히려 활기를 불어 넣어 주기도 했다. 그것은 왕의 두 혈족인 나바르 왕 부르봉 공과 콩데 공, 그리고 몽모랑시의 조카인 콜리니(Coligny) 제독 등 대 영주들이 개신교도들의 편에 섰기 때문이었다. 그리고 이와 때를 같이하여 1550-60년에는 스위스와 독일에서 100여명의 목사들이 프랑스에 들어와 청중들의 반향을 불러일으켰다.

프랑스에서 콜래주의 설립은 일반적으로 두 가지 경우에 따라 이루어졌다. 하나는 시 당국이나 지방영주에 의해 설립되는 경우이었고, 다

65) H.C. Barnard, *The French Tradition in Education*, p. 80.
66) *Ibid.*, pp. 82-83.

른 하나는 위그노 종단에 의해 설립되는 경우였다.

당시 콜래주들의 대부분은 시당국에 의해 설립되었지만 때로는 지방 영주가 그의 영지 안에 설립한 경우도 있었다. 이 때 제네바의 콜래주를 모델로 프랑스에 설립된 최초의 학교는 콜래주 드 샤티옹 쉬르 루앙(Châtillon-sur-Loing)이었다. 그것은 콜리니 제독의 후원에 의해 시작되었다.[67] 이처럼 위그노 콜래주들이 설립될 수 있었던 것은 메디치가 출신의 섭정 여왕 카트린과, 그녀를 돕는 미쉘 드 로피탈(Michel de l'Hôpital) 등이 가톨릭과 칼뱅주의자들 사이에 평화를 정착시키기 위해, 그리고 그녀의 아들 샤를 9세(재위 1560-1574)를 무사하게 왕위에 앉히고 새로운 시대를 열기위한 노력의 결과로 볼 수 있다.

샤를 9세의 모후 카트린은 섭정을 하면서 1561부터 투옥된 개신교도들을 석방시키고 처형을 중지시켰으며 개신교도와의 화해에 진력했다. 그 결과 1562년 1월 칙령으로 개신교도들에게 대도시 밖의 일정한 장소에서 예배드리는 것이 허락되면서 위그노 학교의 설립도 그 만큼 수월해졌다. 16세기만 하더라도 프랑스에서 루터주의 콜래주는 콜래주 드 님에 불과했는데 칼뱅주의 콜래주는 20개 이상 설립되었던 것으로 보아 루터주의 보다는 칼뱅주의의 학교들이 훨씬 많았다.[68] 그것은 물론 독일과 프랑스라는 두 사람의 국적 차이도 있었겠지만 일반적으로 루터보다는 "부는 하나님의 은총이고 직업은 하나님의 소명"이라는 등의 칼뱅의 교리가 보다 프랑스에서 설득력과 실천력을 가졌기 때문이었던 것 같다.

그러나 칼뱅주의자들의 활동은 가톨릭이 강한 파리지역을 피해 리옹, 파리분지, 센 강과 론 강 계곡, 대서양 연안의 항구들, 가스콘뉴, 랑그

---

67) *Ibid.*, p. 81.

68) Hebert Lüthy, *From Calvin to Rousseau: Tradition and Modernity in Socio-Political Thought from the Reformation to the French Revolution*(New York: Basic Books, Inc, 1970), p. 57.

독 지방을 따라 확대 될 수밖에 없었다. 칼뱅주의자들은 장인, 법률가, 의사, 소귀족 등 도시의 식자층과 농민들이 많았다. 때로는 가톨릭에 충실했던 도시의 교육받지 못한 프롤레타리아들도 칼뱅주의자로 많이 참여했다. 그리고 부르봉 공 앙투안, 콩데 공, 콜리니 등 대귀족들이 개종한 예도 있었다. 따라서 칼뱅주의가 번성할 때에는 프랑스 왕국의 4분의 1내지 5분의 1이 칼뱅주의자들이었다. 바로 이 시기에 제네바에서는 '위그노 huguenot'라는 말이 생겨났다

칼뱅의 교육관은 어디에나 종교적 측면이 두드러지지만, 그는 또한 세속교육의 필요성도 인정하였음으로 사람들에게 비교적 쉽게 수용되었다. 우선 그의 스승 마튀랭 코르디에(Mathurin Cordier)와 함께 집필한 『초등학교에 대한 전망』(*Prospection dee Écoles rpimaires*)에서도 나타나지만, 칼뱅은 비록 하나님의 말씀을 최우선으로 여기기는 해도 훌륭한 교육을 거부하지 않았다. 하나님의 말씀은 참으로 모든 학문의 초석이지만, '교양과목 liberal arts'은 하나님의 말씀을 완전히 이해하는데 도움이 되므로 결코 소홀히 다룰 것이 아니라는 것을 강조함으로 많은 추종자를 얻었다. 그는 교육이 일반 행정을 뒷받침하고 교회를 보호하며 사람들 사이에 인간미를 유지하는 데 필요하다고 강조했다. 또한 그는 모국어와 실용 산수 공부를 위해 충분한 배려를 했고 문법의 철저한 기초훈련을 강조했다.[69] 게다가 교양과목과 좋은 교육은 하나님 말씀을 아는데 아주 도움이 된다. 따라서 학교나 학사는 교회나 국가에서 하나님을 섬기기에 적합한 사람들을 제공하는데 필요하다는 것을 강조했다.[70]

그러나 칼뱅의 교육은 양금희의 지적과 같이 인간의 이성과 잠재능력을 키워서 완성에 이르도록 한다는 인문주의적인 교육의 핵심과는 거리가 있었다. 그의 교육개념은 그의 신학적인 인간이해에 바탕을 둔

---

69) William Boyd, *The History of Western Education*, pp. 198-199.
70) H.C. Barnard, *The French Tradition in Education*, p. 76.

것이다. 타락한 인간을 하나님과 바른 관계 안으로 인도해 들이고, 나아가서 교화의 과정에 있는 인간을 계속적으로 더 성숙하게 함으로써 예수 그리스도의 인격과 성품에 이르도록 하는 구원을 위한 교육이었다. 따라서 교육의 주체는 인간자신이 아니라 인간에 대한 하나님의 은혜였으며 하나님의 은혜만이 인간과 그 교육을 완전하게 할 수 있다는 것이었다. 그러므로 칼뱅의 교육사상은 형식적으로는 인문주의의 교육사상과 일치하지만 내용적으로는 분명히 인문주의로부터 분리되었다. 이는 루터의 교육사상에서도 볼 수 있는 현상으로, 본질적으로 종교개혁가와 인문주의자의 인간에 대한 이해차이에서 생기는 필연의 결과라고 풀이하는 것이 좋을 것 같다. 그러나 이 두 종교 개혁가는 중세적 교육방법으로부터의 탈출이라는 면에서 공통점을 가지고 있었다.

그리고 또 하나의 차이는 루터의 교육사상은 '가정'과 '학교'가 '교회'와 나란히 독자적인 교육의 특징을 띈 중요한 교육의 장으로서의 의미를 갖고 있고, 나아가서 일반적인 교육적 관점을 자신의 기독교 교육의 영역 안에 포함시키고 있다. 그러나 칼뱅의 경우는 '교회'가 교육의 최고권위를 갖는다. 물론 그도 가정에서의 교육과 학교에서의 교육을 말하고는 있으나, '가정을 통한 교회교육', '학교를 통한 교회교육'이 그의 교육 사상이었다.71)

따라서 프랑스에서 설립된 위그노 콜래주들은 칼뱅의 제네바 학교를 모델로 설립되었으며, 그 중에도 데오도르 베자가 교장으로 있었던 콜래주의 영향을 가장 많이 받았다. 베자가 교장으로 있던 이 콜래주는 1559년 6월에 개교했으며, 학생은 600명이었고, 그 다음해에는 1,200명으로 증가 되었다. 이 콜래주에서는 월, 화, 목, 금요일에 강의를 했다. 여름에는 6시, 겨울에는 7시에 시작하여 9시까지 수업을 하고 각자 집에 돌아갔다. 그리고 이들은 11-12시까지 음악 수업을 받았으며 교회

---

71) 양금희, 「존 칼빈」『위대한 교육사상가들』I, 교육과학사, 1996 pp. 436-437.

예배의 찬양을 이끌기도 했다.[72)]

1562년에서 1571년 방돔(Vendôme)의 한 위그노 학교에서는 헤브라이어 교수를 유치하고 있었으며 1563년에는 프랑스 영역 밖이었는데도 불구하고 콜래주 드 메츠가 칼뱅주의 교육의 기초 위에 설립되었다. 그 후 1596년 14번째 위그노 총회가 개최될 때에는 무려 30여개의 콜래주들이 제네바 모형으로 설립되었으며, 1607년 18번째 총회가 라 로쉘(La Rochelle)에서 개최될 때에는 신학생들을 위한 충분한 시설까지 마련하였다.

칼뱅주의는 루터주의보다 당시 사회와 부르주아 시민계층에 호응을 받고 있었기 때문에 프랑스에서는 다분히 칼뱅주의 학교가 수적인 면에 있어서 루터주의 학교를 앞질러 프랑스 각지에 분포되어 있었다. 그러나 전통적인 가톨릭 국가인 프랑스에서 루터든 칼뱅이든 프로테스탄트의 종단이나 그들의 학교를 설립한다는 것은 사실 모험이었다. 그런데도 17세기에 이르러서 프로테스탄트에 대한 온갖 박해에 따른 콜래주 설립의 저지와 '불관용'을 극복하면서 칼뱅주의는 샤티옹, 몽타그리, 스당, 오르테즈, 오랑주 등에 위그노 단과대학까지 설립함으로써 교육 발전은 물론 프랑스 지성사에도 큰 역할을 하게 되었다.

위그노들은 종교개혁을 할 때부터 신앙의 전파를 위해 젊은이들에게 자신들의 종교적 교의를 기초로 한 교육에 대한 확실한 신념을 가지고 있었음으로 개신교의 전파는 자연히 교육이념을 수반하여 확대할 수 있었다. 그들은 박해가 아주 심했을 때조차, 예배가 금지되고 사제들이 추방되었을 때조차, 자금이 떨어지고 교사들이 부족할 때에 조차 교육사업에 대한 관심을 결코 버리지 않았다. 그들은 개혁 교회의 성직에서 봉사할 합당한 성직자를 양성하기 위해서 학교교육을 절대적으로 필요

72) Jean Boisset, *Histoire du Protestantisime: Que sais-je? no, 427*(Paris: P.U.F., 1970), p. 60.

로 했고, 학교의 건립과 유지가 그들 사업의 근본적인 부분이 되어야 한다는 신조를 가지고 있었으며 이것이 그들의 성공의 열쇠가 되어[73] 오늘날까지 계속되고 있다.

### 2) 위그노 콜래주의 확산과 교육공간의 확대

샤를9세가 내린, '1월 칙령'(Edit de Janvier)의 공포와 더불어 프로테스탄트들은 입지가 다소 유리해졌으나 한 달 후 기즈(Guise) 공이 샹파뉴의 베시에 있는 한 건물에서 예배드리고 있는 위그노들을 무장공격함으로써 구교와 신교 양 파간의 전쟁이 일어났다. 위그노는 영국 엘리자베스 여왕에게 군대와 돈을 원조 받았고, 가톨릭은 스페인의 필리페 2세의 후원을 받았다. 두 파의 싸움이 심각한 지경에 이르렀으나 1563년 개신교들에게 신앙의 자유를 인정하는 14개조의 앙부아즈 칙령(Edit d'Amboise)[74]으로 사태가 겨우 진정되었다. 프랑스에는 4년 간의 평화가 보장되었고 위그노들은 공공의 예배와 신앙의 자유를 상당히 보장 받았다. 바로 이 시기에 위그노 소학교들이 더욱 증대되었으며, 이를 바탕으로 미래의 목사 훈련을 위해 몇 개의 콜래주들이 설립되었다. 그리고 푸아시 회담(1561년 9-11월)에서 프랑스 전역에 확산된 위그노 교회를 위해 4,000-6,000명가량의 목사들이 필요하다는 것을 인식함으로써 콜래주 설립에 박차를 가하게 되었다.[75] 따라서 1610년에 16개 교구에 32개 위그노 콜래주가 설립되었던 것이었다.

---

73) H.C. Barnard, *The French Tradition in Education*, p. 73.

74) 이 칙령은 왕비, 부르봉 추기경, 콩데 공작, 부르디옹 원수 등의 자문을 받아 작성된 것으로 프로테스탄트들에게 신앙의 자유를 인정한다는 14개의 조항으로 되어있다. 그러나 신분에 관계없이 신앙과 의식의 자유를 부여한다는 것 이외에, 종교의식은 영주의 허가를 받아야 하며, 관할재판소 내에 예배장소지정 등과 같은 제한규정이 많았다.

75) H.C. Barnard, *The French Tradition in Education*, p. 83.

1) 일 드 프랑스 지방 - 클레르몽 쉬르 보부아지(Clermont-sur-Beauvoisis) 콜래주(1609).
2) 노르망디 지방 - 알랑송 콜래주.
3) 베리 지방 - 제르고 또는 자르고(1609), 샤티옹 쉬르 루앙, 몽타르지(1571?) 등의 콜래주.
4) 앙주 지방 - 투르, 방돔(1562), 소뮈르(1596), 루댕(1597년전) 등의 콜래주.
5) 브르고뉴 지방 - 퐁 드 벨르, 페이 드 젝스 등의 콜래주.
6) 부르타뉴 지방 - 비트레 콜래주.
7) 푸아투 지방 - 니오르 콜래주.
8) 생통주 지방 - 라 로쉘(1570), 라 로쉬후코(1582년전), 멜 등의 콜래주.
9) 기엔 지방 - 베르제락(1610년경), 네락 등의 콜래주.
10) 오트 랑그독 지방 - 몽토방(1597), 카스트르(1596), 퓌이로랑 등의 콜래주.
11) 바 랑그독 지방 - 베지에, 님(Nîmes, 1539), 몽펠리에 등의 콜래주.
12) 세벤 지방 - 앙뒤즈 콜래주.
13) 프로방스 지방 - 위그노 콜래주가 없음.
14) 도피네 지방 - 앙브랭, 디(1604), 오랑주(1573) 등의 콜래주.
15) 비바래 지방 - 프리바스(1605), 오베나스, 아노내 등의 콜래주.
16) 베아른 지방 - 오르테즈 콜래주(1566).[76]

위그노 콜래주는 1539년 바 랑그독에 콜래주 드 님이 설립된 후 1610년 기엔에 콜래주 드 베르제락이 설립될 때까지 약 70년 동안에 설립되었다. 그리고 프랑스의 영토 확장으로 1643년과 1659년 각각 편입된

76) *Ibid.*, p. 298.

콜래주 드 메츠(1563)와 콜래주 드 스당(1575), 그리고 콜래주 드 몽벨리아르 등 3개의 콜래주를 합하여 모두 35개의 콜래주가 설립되었다. 그러나 여기에서 궁금한 것은, 바 랑그 독에 설립한 콜래주 드 님이 루터주의에 의해 설립한 콜래주였는데, 바너드가 위그노 콜래주로 분류한 것이다.

그러면 콜래주 드 님이 언제부터 어떻게 루터주의의 콜래주에서 위그노 콜래주로 전향되었을까? 아니면 분류가 잘못 된 것일까? 바너드에 의하면, 프랑스에 칼뱅주의가 확산되자마자 콜래주 드 님의 교육체제와 성격이 바뀌었으며, 격동하는 많은 변화를 거치면서 가장 크고 번성한 콜래주들 중의 하나가 되었다. 그리고 학생들도 프랑스뿐만 아니라 심지어 홀란드와 독일로부터 몰려왔다는 것이다.77) 그러나 앙리 4세 이후 낭트칙령 철폐와 더불어 프로테스탄트에 대한 탄압으로 콜래주 드 님은 1644년 문을 닫았고 건물은 예수회에 넘겨졌다.78)

위그노 콜래주의 설립역사를 자세히 보면, 1539년에 설립된 콜래주 드 님를 제외하고 모든 위그노 콜래주가 1560년대 이후에 설립된 것을 알 수 있다. 따라서 칼뱅이 1538년에서 1541년까지 3년 동안 스트라스부르에 머물면서 프랑스 난민들을 위한 교회를 담임하며 프로테스탄트 정신이 강한 콜래주 드 슈투름(Sturm)에서 나이든 학생들에게 신학을 가르치는 기간은 아니었다. 오히려 그가 1556년 프로테스탄티즘의 성향이 짙은 슈투름의 학교를 다시 방문하고 돌아와 교육계획을 1559년 『아카데미 조례』에 담아 출판했던 이후였다. 그리고 그의 교육이념을 반영시켜 1558-1563년에 설립한 제네바 대학 이후의 시대였다. 또한 1564년 칼뱅이 사망한 이후 프랑스에 위그노 콜래주가 설립되었다는 것을 말해준다. 따라서 칼뱅은 프랑스에 위그노 콜래주가 설립되는데 직접 관

---

77) *Ibid.*, p. 81.
78) *Ibid.*, pp. 103-104.

여하지는 못했을지라도, 그의 추종자들에 의해 종교개혁 사상과 더불어 교육사상과 교육방법이 콜래주 설립과 교육의 고무적인 모델로 원용되었던 것이다.

그러나 콜래주의 설립은 오래 지속될 수는 없었다. 그것은 앙리 4세가 죽은 1610년 이후 프랑스 내에서는 위그노 콜래주는 설립되지 않았기 때문이다. 여러 가지 이유가 있겠지만 그것은 첫째, 17세기 초 위그노 종단에 대한 박해와 직결되었던 것으로 풀이된다. 둘째, 1563년부터 2세기 동안 콜래주 드 클레르몽과 콜래주 드 루이 르 그랑 등과 같은 예수회 콜래주들이 설립되어 점차 교육의 주도권을 잡았기 때문이었다.[79] 1627년 예수회 콜래주 학생들은 파리 12,565명, 툴루즈 6,940명, 샹파뉴 5,578명이나 되었으며 1640년대에는 예수회 학생 수가 더욱 증가했다.[80]

다만 콜래주 드 메츠, 콜래주 드 스당, 콜래주 드 몽벨리아르 등은 프랑스 국경밖에 있었음으로 1685년 루이 14세의 낭트 칙령 폐지 후에도 살아남을 수가 있었다. 몽벨리아르는 스위스와 접경지대로 동경 6-8도와 북위 46-48도 지역에 위치해 있으며 1793년까지도 프랑스의 영토가 되지못한 지역이었다.[81] 그러므로 프랑스 왕권이 미치지 않는 곳을 제외하고는 설령 위그노 콜래주가 17세기 이후에도 존속했다하더라도 프랑스 내에서의 학교설립에는 별다른 영향력을 행사할 수 없었던 것으로 풀이된다.

실비(M.A. Silvy)의 말과 같이 1500-1789년 콜래주는 다소 차이는 있지만 모두 900개정도 설립되었다. 하지만 1610년 이후 위그노 콜래주의

---

79) Gustave Dupont-Ferrier, *Du Collège au Lycée Louis -Le- Grand, 1568-1920*(Paris: E. De Boccard, Éditeur), p. 22.

80) François de Dainville, *L'Éducation des Jésuites, XVIe-XVIIIe Siècles*(Paris: Les Éditions de Minuit), pp. 220-221.

81) H.C. Barnard, *The French Tradition in Education*, pp. 298-299.

설립이 중단되었고, 또한 1762년부터 2년간 예수회가 추방되면서 콜래주들이 폐교 또는 오라토리오 콜래주에 합병되어 콜래주는 현격하게 줄어들었다.[82] 따라서 빌맹의 말과 같이 혁명전야에 2천 5백만 명의 인구 중 학생은 73,000명이었고 콜래주는 562개였으며, 이들 중 178개교가 종단에 소속되었다. 게다가 1661년까지 파리 대학 콜래주도 45개밖에 되지 않았던 것을 볼 때 위그노 콜래주가 프랑스 교육에서 차지했던 비율은 적지 않았던 것으로 평가된다.[83]

그러나 교육사에서 보면 위그노 콜래주의 탄압과 예수회의 추방은 프랑스 교육발달에 상당한 저해를 가져왔던 것이 사실이나 왕권 강화와 더불어 교회의 수중에 있던 교육을 국가 관리로 전환하는 중요한 계기가 되기도 했다. 이와 같은 현상은 프랑스혁명에서 더욱 확실하게 나타났다. 다시 말하면, 교육이 국가 관리로 전향되면서 공교육이 실시되었던 것이다.

칼뱅의 영향력은 스위스는 물론 프랑스에서도 지속적으로 확산되었는데, 그의 『교리문답서』는 교회에서 뿐만 아니라 학교에서도 학생들의 탐독서가 되었으며, 심지어 예수회의 교육에도 간접적으로 상당한 영향을 주었던 것을 볼 수 있다. 예를 들면, 예수회 출신인 에드몽 오제(Edmond Auger)가 콜래주 드 파미에(Pamiers)의 교사로 재직하고 있을 때, 학생들이 칼뱅의 『교리문답서』를 가지고 있는 것을 보고 깜짝 놀랐다. 이에 자극받은 그는 그것을 참고로 1563년 시대의 오류에 대한 젊은이들의 교육을 위해 『교리문답서와 그리스도교의 교리 개요』(Catéchisme et Sommaire de la Doctrine chrétienne)를 발간했다. 그는 칼뱅 추종자들의 논

82) P. Adolphe Perraud, *L'Oratoire de France au XVIIe et au XIXe Siècle*(Paris: Charles Douniol Libraire-Éditeur, 1865), pp. 236-237. 예수회의 추방은 교단간의 경쟁과 더불어 특히 파리 대학과의 경쟁에서 밀려나게 되었으며, 그에 따른 콜래주의 폐교과정에서 건물들을 오라토리오회 학교에 자진하여 인계했던 것이다.

83) Antoine Léon, *Histoire de L'Enseignement en France*, p. 37.

리들을 하나하나 반박하면서 자신의 학생들을 이해시켰다. 그가 저술한 이 책은 바로 가톨릭 최초의 『교리문답서』가 되었다. 칼뱅의 『교리문답서』처럼 그것도 아이들을 위해 저술되었던 것이었다.[84] 그러므로 교육적인 면에서 볼 때, 가톨릭에서는 칼뱅의 『교리문답서』에서 교육방법을 긍정적인 방법으로든 부정적인 방법으로든 차용했다고 볼 수 있다. 따라서 비그리 교수의 말처럼 칼뱅은 직접 가톨릭교도들을 가르치지는 않았지만 가톨릭 교육방법의 스승이 되었음을 부인할 수 없다.

프로테스탄트들과 마찬가지로 가톨릭교도들 가운데 개혁주의자들은 교리문답이 성인들에게도 필요하다는 것을 인식했다. 아이들을 위해 마련되었던 『교리문답서』는 연령의 제한 없이 모든 사람들을 교육하는 방법으로 사용되었다. 16세기 말과 17세기 초 프랑스에서 가장 많이 보급된 두 『교리문답서』는 1574년 생 피에르 카니시우스(Saint Pierre Canisius)의 『교리문답서』와 『사제 교리문답서』(Catéchisme des Curés)라는 제목으로 되어 있는 1566년 트렌토 종교회의의 『교리문답서』이었는데, 이것들은 개별적인 형태로 아이들에게 전달되지 않았다. 그것은 사제들이 모든 계층의 연령들에게 종교교육을 하는데 사용했던 교사용 도서였다.[85] 그러므로 공개적이든 비공개적이든 칼뱅의 『교리문답서』가 17세기나 그 후에도 여전히 학생들 사이에서 읽혀지고 있었던 것으로 생각된다.

칼뱅이 제네바에서 수립한 교육원리는 칼뱅의 교회정부 형태와 교리의 추종자가 있는 모든 나라로 계속해서 퍼져나갔다. 당시 교육 그 자체는 인문주의적이고 그리스도교적인 것이었다. 프랑스, 독일, 베네룩스 삼국, 스코틀랜드 및 영국 등지에서 제네바 콜래주에 유학한 학생들이 귀국하여 교회개혁과 정치혁명에 참여함으로써 칼뱅주의가 실현되었던 것이다.[86] 그리고 프랑스의 위그노, 홀란드의 고이센, 영국의 청교도,

84) Jean de Viguerie, *L'Institutions des Enfants: L'éducation en France, 16e-18e* Siècle, p. 44.
85) *Ibid.*, p. 44.
86) Fred Graham, 김영배 역, 『건설적인 혁명가 칼빈』(생명의 말씀사, 1995) p. 229.

스코틀랜드의 장로교 등 각국에서 형성된 종파에서 제네바 대학의 체제를 각각 상이한 방식으로 수용하여 성공을 거두면서 칼뱅주의는 종교와 마찬가지로 교육에 있어서도 강력한 영향력을 가지게 되었다. 심지어 교회나 국가에서 압도적인 지위를 확립하지 못한 나라에서도 칼뱅주의는 여전히 교육발전에 상당한 영향을 미쳤다. 프랑스 내의 위그노 종단 산하에 설립된 수많은 초등학교와 32개의 콜래주 그리고 샤티옹과 스당 등 8개 대학들은 이미 다른 나라 대학의 모델이 되었으며, 특히 이 중 8개의 대학들은 한때 유럽대학으로부터 수월성을 인정받았다.

영국의 경우 영국국교의 반대에도 불구하고 청교도주의는 엘리자베스 여왕 시대 마지막 몇 년 동안은 옥스퍼드와 케임브리지를 석권하고 있었으며, 그 후에도 영국국민의 교육적 삶 전체에 무시할 수 없는 세력을 가지고 오늘에 이르고 있다.[87)]

87) William Boyd, *The History of Western Education*, p. 200.

## 4. 가톨릭교에 의한 교육혁신과 교육공간의 확대

### 1) 예수회의 콜래주와 교육적 특징

예수회는 에스파냐의 이그나티우스 로욜라(Ignatius Loyola, 1491-1556)가 창립한 성직수도회로 그 기원은 1534년까지 소급된다. '영성수련'에 의한 인격완성, 종교, 교육, 문화사업 등을 목표로 한다. 반동종교개혁운동을 하는 교단으로 가톨릭 부흥운동의 선봉이 되었다. 예수회는 1762년에 부르봉 왕가와 충돌했고 1764년까지 프랑스에서 모두 추방된 바 있으나, 처음부터 수백 개의 콜래주와 대학을 경영했다. 오늘날에도 한국(1943년) 등 100여개 국가에 교단이 진출해 있으며, 60년 서강대학, 62년 광주 대건신학교 등 해외 교육사업을 활발하게 전개하고 있다. 따라서 예수회의 교육정책과 교육에 대한 기여는 역사적으로도 높이 평가되고 있다.

예수회의 교육 사업은 1540년 에스파냐의 이그나티우스 로욜라가 교황 바울 3세로부터 종단의 설립인가를 받으면서 추진되었다. 그것은 처음에 '예수의 이름으로 만든 군대조직'으로 출발했다. 그러므로 처음에는 교육도 지식의 전파도 예수회의 사명은 아니었다. 다만 신앙의 전파와 영혼의 구원이 그들의 목표였다. 그것은 설교, 선교, 정신활동, 고해, 자선사업 등을 통해 가능한 것으로 생각했다. 이러한 것들 중 자선사업은 아이들과 문맹자들의 교리교육을 하는 것으로 되어 있다.[88]

---

88) Marie-Madeleine Compère, *Du Collège au Lycée*(1500-1850) (Paris: Édition Gallimard,

처음 예수회 콜래주들은 '중세장학생 콜래주 collèges médiévaux de boursiers'와 비슷했다. 그것들은 신학교(séminaire)와 기숙학교(internats)들이었는데 대학촌에 있었고 교단에 들어가기를 원하는 젊은이들에게만 개방되어있었다. 그곳에서는 미래의 예수회 회원이 될 학생들이 학생 공동체(communauté d'étudiants)를 구성했고, 종교수련 이외에도 학습과 토론회를 개최했다. 또한 그들은 대학교수 등 외부의 강의를 들으면서 진로를 준비했다.

프랑스에서는 메신(Mésine)에 제롬 나달 신부(Père Jérome Nadal)가 1548년에 세운 것이 가장 첫 번째 예수회 콜래주다. 콜래주의 운영과 교과과정은 이미 만들어진 예수회 학교제도를 모방했다.[89] 예수회가 프랑스에 콜래주를 설립한 것은 프랑스 교육사에서 가장 큰 사건이 되었다. 처음 예수회가 파리에 창립되는 데는 상당한 어려움이 있었다. 그것은 프랑스가 반 에스파냐 정책을 취하고 있었기 때문이었다. 그래서 한 그룹의 예수회 초심자들은 콜래주 뒤 트레조리에(Tresorier)에서 숙소를 찾았다. 그들은 다음해 기욤 뒤프라(Guillaume Duprat)가 1550년 숙소를 제공할 때까지 콜래주 데 롱바르(Lombards)로 이주해 있었다. 그곳은 예수회 초심자들에게 클레르몽(Clermont) 주교처럼 수도하는데 긴장을 완화해 주고, 프랑스 군주정의 반 에스파냐 정책으로 인해 부단히 감내하는 염려를 놓을 수 있는 곳이었다.[90]

프랑스에서 예수회 콜래주들은 1563년에서 본격적으로 설립되기 시작해서 1762년까지 2세기 동안 지속되었다.[91] 예수회는 가장 경계심이 많은 도시에서도, 왕족과 대귀족의 곁에서도, 심지어 왕의 주위에서도 뿌리를 내렸다. 그들은 끊임없이 수도원과 콜래주를 지어 그 수를 늘여

---

1985) p. 49.

89) *Ibid*.

90) *Ibid*., p. 50.

91) Gustave Dupont-Ferrier, *Du Collège de au Lycée Louis-Le Grand*(1568-1920), p. 1.

나갔으며 그들이 거둔 엄청난 성공은 다른 수도회들의 활동을 무색하게 했다.

그러면 예수회가 교육 사업에서 성공한 이유는 무엇이었나. 뒤비(George Duby)가 그의 『프랑스 문명사』에서 말한 바와 같이 첫째 17세기 초부터 앙리 4세가 보여준 것과 같은 당국의 지원 그리고 콜레주에서 교육신부들은 인문주의자들이 남겨준 고대유산들을 과감하게 기독교화 했기 때문이었다.[92]

둘째 중세 가톨릭처럼 지나치게 엄격하지 않은 샤를 페로의 신앙지도법의 도움이 있었기 때문이다. 즉 복음서는 부자들에 대해 너무 가혹한 말을 하여 상업에서 돈을 번 선량한 부르주아들이 불안한 마음을 떨칠 수가 없었는데 이제 예수회는 부자들이 좋은 음식이나 의복과 주택의 사치로 인해 신 앞에서 죄인이 되는 것이 아니라 가난한 자들에 대한 냉혹함으로 인해 죄인이 되는 것이라는 가르침으로 많은 유산계층들의 호응을 얻었다.

셋째 예수회는 종교생활에 대한 새로운 관념의 조형적 표현을 했다. '수정된 주일예배 의식'으로 보기에 좋고 즐겁게 예배를 드리게 했다. 우선 밝은 조명, 도리아식이나 코린트식의 원주에 받쳐진 높은 박공들의 중첩, 대리석과 금, 회화로 교회의 내부를 장식했다. 교회음악에 세속적인 곡들을 도입했고 성체강복식은 오페라 식으로 행해졌으며 여가수들을 주역으로 등장하게 했다. 그들은 종교생활을 즐겁고 매력적인 것으로 이끌었다.

넷째 예수회 사람들은 대개 세속의 삶과 학문 그리고 직업의식이 강하고 적극적이었다. 그들은 각종 아카데미와 철학 논쟁에 다른 어느 누구보다 열심히 참여했을 뿐만 아니라 소르본 대학에서도 강력한 세력

---

92) Georges Duby, Robert Mandrou, *Histoire de la Civilisation Française XVIIe-XXe Siècle*(Paris: Armand, 1976), p. 26.

을 형성하고 있었다. 그리고 부르주아지와 귀족으로 구성되어 있어 하층민의 불만을 사기도 했지만 창설 100주년에는 프랑스 왕국에서 다른 종단의 추종을 불허할 만큼 교세와 콜래주가 확장되었다.93)

전체적으로 보면, 2세기 동안 예수회 콜래주의 역사는 5단계의 과정 속에서 발전했다. 1단계(1563-1594)는 콜래주 드 클레르몽(Collège de Clermont)과 콜래주 드 루이 르 그랑(Collège de Louis-Le-Grand)94) 등이 설립되는 초창기였다. 제2단계(1595-1618)는 예수회가 추방되었던 시기이다. 제3단계(1618-1682)는 왕의 공식적인 후원을 받는 기간이었다. 그리고 제4단계(1682-1761)도 역시 왕의 공식적인 후원을 받는 시기였다. 제5단계(1761-1762)는 예수회가 다시 추방되는 시기였다.95)

예수회는 콜래주를 설립하는데 세 가지 원칙을 적용했다. 그들은 첫째, 가톨릭 동맹에 속해 총애를 받고 있는 문예학술 옹호자, 주교, 귀족들이 사는 마을의 콜래주를 선택했다. 따라서 콜래주 드 비용(Collège de Billon, 1556)과 콜래주 드 모리악(Collège de Mauriac, 1560)은 클레르몽 주교의 덕택으로 설립되어 각각 740명과 400명의 학생들 입학시켰으며,96) 파미에에서 예수회 콜래주들이 1559년-1562년 사이에 유지될 수 있었고, 콜래주 드 베르댕(1570)이 설립된 것은 로랜 추기경과 가까운 고위 성직자들의 후원 덕분이었다. 그리고 투르농(Tournon) 추기경은 1561년 그의 콜래주를 예수회에 개방했고, 아르마냑 추기경은 그가 주

---

93) *Ibid.*, pp. 26-27.

94) 1789년 이전 왕실 당국자들의 관심과 이후 프랑스혁명정부의 관심덕분에 루이 르 그랑은 가장 기록이 잘된 18세기의 학교들 중의 하나로 남아있다. 그러나 안타깝게도 현존하는 학생들의 편지나 자서전적인 회고록은 없으며, 거의 대개 학교의 규정, 계획안, 보고서들이 남아있다(R. R. Palmer, *The School of the French Revolution: A documentary history of The College of Louis-Le-Grand and its director, Jean-François Champagne*,(New Jersey:Princeton University Presss, 1975) p. 10).

95) Gustave Dupont-Ferrier, *Du Collège de au Lycée Louis-Le Grand(1568-1920)*, tome 1 p. 507.

96) François de Dainville, *L'Éducation des Jésuites, XVIe-XVIIIe Siècles,* pp. 199-120.

교로 있었던 곳에서 콜래주 드 로데(Rodez, 1562)를 개방함으로써 예수회 콜래주의 성격을 갖게 되었다.

둘째는, 예수회가 그들과 경쟁해야 되는 콜래주들을 인수하거나 또는 이미 개교된 콜래주들로 만족해야 했던 것이다. 이 경우에 속한 것은 툴루즈(1567), 보르도(1572), 부르주(1575), 디종(1581), 루앙(1593)에 설립된 콜래주들이었다. 예외적인 것이 하나 있다면 콜래주 드 트리니티였다. 예수회가 거기에 입주한 것은 리옹 시(1565)에서 제의한 것으로 오제 신부(Père Edmond Auger)의 노련한 수완 그리고 가톨릭 신자들의 협조에 의해 마을에서 신속히 결의되었기 때문이었다.

셋째는, 자신들이 관여하기 원치 않거나, 관여할 수 없는 콜래주들을 다른 수도회나 교단에 맡기는 것이었다. 그것은 예수회 정책에 일치하지 않거나 보조금을 충분히 받지 못하는 경우였다. 그러한 예로 1624년 콜래주 드 툴롱은 예수회의 제안으로 오라토리오 콜래주에 위탁되었다. 그것은 1611년 피에르 드 베륄이 설립한 수도회가 1618년 리옴(Riom)에 가장 먼저 설립한 콜래주였기 때문이었다.[97]

1585년부터는 예수회가 상부의 권고나 압력에 의하지 않고, 가톨릭교의 권위가 통용되는 도시의 요구에 의해서 콜래주를 설립했다. 퓌(1588), 오슈(1590), 아강(1591), 페리그외(1591), 리모주(1598), 베지에(1599) 등 프랑스 남부 도시의 예수회 콜래주들은 바로 그러한 예로 설립되었다. 그 결과 당시 예수회는 20개의 콜래주를 소유하게 되었다. 그러나 1593년 콜래주 드 클레르몽의 학생이었던 장 샤텔(Jean Châtel)의 왕에 대한 반역 음모가 드러나 예수회 콜래주는 어려움을 당했다. 그 사건은 예수회의 추방령을 작성한 고등법원의 예수회 콜래주 설립 반대에 불을 질렀다.

이러한 상황에서도 단지 툴루즈 고등법원만은 그곳에 있는 7개의 예

---

97) Marie-Madeleine Compère, *Du Collège au Lycée(1500-18(50)*, p. 60.

수회 콜래주를 그대로 유지 시켰다. 그러나 앙리 4세의 낭트칙령이 발표된 1598년에서 1620년까지 매년 43,000에퀴(ecus)를 프로테스탄트 교회가 기금으로 지급받았기 때문에 상대적으로 예수회 콜래주는 재정이 결핍되어 활기를 되찾기 어렵게 되었다. 게다가 루이 13세는 '연보금 deniers'을 예수회 콜래주들에서만 충당한다는 칙령을 내림으로 다시금 콜래주들은 수난을 당해야 했다.[98]

예수회 콜래주들 중 콜래주 드 클레르몽과 루이 르 그랑이 가장 모범적이었다. 1564년 콜래주 드 클레르몽이 설립된 것처럼 예수회에 의해 콜래주 드 루이 르 그랑은 설립되었다. 예수회 콜래주들은 설립 초부터 인기가 좋았다. 학생과 학부형들은 물론 오라토리오회와 같은 다른 종단에서도 예수회의 교육방침을 선호했다. 오라토리오회는 쥐이(Juilley)와 같은 아카데미를 설립하고 연극을 상연할 때 예수회의 양식을 하나의 모델로 이용했다.

예수회 콜래주의 학생들 중 파리에는 1577-1583년 사이에 기숙생은 300명에서 400명, 그리고 500명까지 증가되었으며, 여기에 통학생을 포함하여 모두 학생들이 1,200-1,300명에 이르렀다. 1592년 파리가 함락되었을 때 기숙생은 700명이었고, 1620-1700년은 2,000명, 또한 1762-1771년 사이에도 2,000명의 학생들을 수용하고 있었다.[99]

그러나 예수회에 대한 박해의 시작과 함께 클레르몽의 주교 기욤 뒤프라에 의해 설립된 콜래주 드 클레르몽과 루이 르 그랑은 교황의 인가 후에도 계속 폐교의 위협을 받았다. 특히 루이 14세에 의해 1682년부터 여러 번 폐교의 위협을 받았다. 폐교의 위협은 루이 14세 이전에는 샤를 9세(재위 1560-1574) 시대인 1564년, 앙리 4세(재위 1589-1610) 시대인 1594년, 루이 13세(재위 1610-1643) 시대인 1625년과 1643년이었

---

98) *Ibid.*, p. 52.

99) Gustave Dupont-Ferrier, *Du Collège de Clermont au Lycée Louis-Le -Grand(1563-1920)*, tome 1, p. 22.

다. 심지어 앙리 4세와 루이 13세 통치기간인 1595-1618년 사이 25년간은 실제적으로 문을 닫는 등 수난의 역사가 계속되었다. 그리고 루이 15세(1715-1774) 시대인 1718년과 1757년에도 폐교 위협을 받았으며, 그 중 에 1762년에는 콜래주 드 루이 르 그랑은 완전히 폐교되었고, 그 이름만 파리 대학의 한 콜래주로 사용되었다.

1762년에 취해진 조치에 의해 예수회 콜래주들이 폐교되어 1764년까지 예수회가 프랑스에서 완전히 축출되었는데, 다른 가톨릭 국가에서도 그와 같은 현상이 일어났다. 그들이 축출될 때, 다른 어떤 종단에서 경영하는 콜래주 보다 많은 120개(또는 150개)의 콜래주를 소유하고 있었다.[100) ]당시 콜래주들이 가지고 있던 많은 건물, 시설, 재산을 여러 지역의 행정기관에 넘겨졌다. 이러한 현상은 파리는 물론 얀세니스트들이 많았던 샹파뉴, 상스, 랭스, 트루아, 샬롱, 부르고뉴 등에서 더욱 심했다.[101)] 파리에 남은 유일한 예수회 콜래주는 이름뿐인 콜래주 드 루이 르 그랑 이었다.

얀세니즘은 네덜란드의 신학자 얀센이 주장한 교의를 따르는 자들이었다. 프랑스에는 생시랑(1581-1643)에 의해 포르 루아얄 수녀원에서 받아들였다. 그러나 1649년 예수회가 얀세니즘의 명제가 이단적임을 들어 고발하자 교황이 이단으로 규정했다. 예수회가 축출될 때 얀세니스트들은 열성적이었다. 파리 대학은 예수회 교단을 축출한 이후, 콜래주 드 루이 르 그랑에 공직들을 임명했고, '전과정개설 콜래주'가 아닌 콜래주들을 콜래주 드 루이 르 그랑에 통합시켰다. 그래서 파리 대학에 의해 실시된 중등교육은 몇 개 안되었던 '전과정개설 콜래주'에 집결되었다. 따라서 프랑스 대혁명 시대에 이르러 파리 대학의 콜래주 체제는 사라졌고 영원히 소생되지 않았다.[102)]

---

100) Antoine Léon, *Histoire de L'Enseignement en France: Que sais-je?*, p. 36.
101) François de Dainville, *L'Éducation des Jésuites, XVIe-XVIIIe Siècles*, p. 99.
102) H. C. Barnard, *The French Tradition in Education*, p. 287.

파머의 지적과 같이 예수회의 축출은 지식집단의 총체적인 사상운동과 교육에 대한 위대한 글의 출판을 동반하게 되었다. 그것들은 루소의 『에밀』, 라 샬로태(La Chalotais)의 『국민교육론』, 가르니에의 『시민교육』 등이었다. 이들 중 샬로테는 루소와는 달리 비판적이었으며, 1763년 그의 저서에서 처음으로 '국민교육 education nationale'이라는 말을 사용했다. 그것은 '애국이나 애국자'와 같은 의미로 이해되었다. 그는 학교에서 사제나 수도사를 거부하며 속인교사를 요구했다.[103] 국민교육에 대한 이념은 30년간 큰 반향을 일으켰고 온건 또는 극단적인 방법으로 광범위하게 확산되어 프랑스혁명 첫해에 고조되었다. 그것은 1790년 샹파뉴(J. F. Champagne)의 '공교육 éducation publique' 계획에 의해 국민의회에 제출된 바 있다.

교육에 대한 저술과 출판의 물결은 파리 대학 콜래주의 교육개혁을 부추겼다. 예수회가 축출된 후 취해진 첫 번째 조치는 루이 르 그랑을 파리 대학 교양학부의 '전과정개설 콜래주'로 만드는 것이었다. 그리고 파리 대학의 나머지 작은 콜래주들의 기금과 장학금을 이전 예수회의 콜래주의 것과 합쳤다. 재산분배에서 혼란이 있었고 약간의 부정이 있었지만 새로운 행정부서에서 원만히 처리했다. 루이 르 그랑에서 모든 것이 가르쳐졌으며 모든 학생들은 평등하게 대우받았다.[104]

결국 예수회 콜래주는 프랑스혁명정부가 세운 루이 르 그랑에 통합됨으로 자취를 감추게 되었으나 그들이 남긴 교육정신과 방법은 나폴레옹 시대를 거처 프랑스 교육의 전통 속에 살아 오늘에 이르고 있다.

한편 학교설립은 심지어 성체 공동체(Compagnie du Saint-Sacrement)와 같은 불확실한 조직들에게도 개방되어 있었다. 이 회의 회원인 샤를 데미아(Charles Démia)는 학교설립에 앞서 1666년 <빈민층의 어린이들을

---

103) R. R. Palmer, *The School of the French Revolution: A documentary history of The College of Louis-Le-Grand and its director, Jean-François Champagne*, p. 23.

104) *Ibid.*, p.24.

위한 기독교 학교의 필요성과 유용성에 관해 리옹시장, 행정관, 주요주민들에게 보내는 <진정서>에서 빈민층 어린이들을 위해 '공립학교 école publique'의 필요성, 현실적 유용성을 설파했다. 그는 리옹에 첫 번째 학교를 세웠고 또한 루앙과 파리에서는 라살(La Salle)이 학교설립에 주로 관여했다. 라살은 예수회의 비밀조직인 성모마리아 숭배단원 아아스(Aas)와 연계하여 학교 설립을 추진했다.

## 2) 오라토리오회 콜래주와 예수회의 추방

원래 오라토리오회는 1552년 로마에서 네리(Saint Philip Neri, 1515-1595)의 지도로 결성되었으며, 1557년 교황 그레고리우스 13세의 인가 후 각국에 전파되었다. 기도와 사목에 헌신하기 위해 공동생활하는 가톨릭교구사제회였다. 프랑스 오라토리오회는 1611년 피에르 베륄에 의해 파리에서 창립되어 성직자 양성, 청소년 교육, 신학 및 성가 발전에 기여했다. 프랑스의 오라토리오회는 6명의 사제들이 공동생활을 하고자 생 자크가의 프티 부르봉(Petit-Bourbon)이라고 부르는 작은 방에서 1611년 11월 11일 결성했다. 구성원은 모두 6명이었는데 그중 피에르 드 베륄(Pierre de Bérulle)이 대표가 되었고, 나머지는 신학 박사 장 방스(Jean Bence)와 자크 가스토(Jacques Gastaud), 프랑수아 부르구앙(François Bourgoing), 폴 메테조(Paul Métézeau), 그리고 보몽의 신부 가롱(M. Garon) 등 이었다.

그들의 목적은 가톨릭국가인 프랑스에서 진정한 사제가 되고 성직자의 신성함을 재건하기 위해 일하는 것이었다. 1613년 5월 10일 교황 바울 5세로부터 프랑스의 우리 주 예수 그리스도 오라토리오회(Congrégation de l'Oratoire de Notre Seigneur Jésus-Christ en France)로 인가를 받고, 1612년 1월 2일 고등법원에 등록된 것이 인정되어 1613년 9월 4일 파리에서 건립 허가장을 받았다.[105] 이 후 100년간 프랑스에서 종단을 구축하고 학교를 세워 교육발전에 기여했다.

베륄이 프랑스 오라토리오회의 대표가 되었을 지라도 에스파냐의 성 테레사(Saint Theresa)에 의해 설립된 카르멜회를 프랑스에 도입하느라 1611년까지 오라토리오회의 사업에 전념할 수 없었다. 오라토리오회는 성 필립 네리가 이미 로마에 설립했던 이탈리아의 오라토리오회를 거의 모방했기 때문에 사실 프랑스에서의 독창성은 없었다. 오라토리오회는 다른 종단에 비해 자유분방하고, 자신들의 영적 삶을 증진시키며, 이웃들에게 자선을 베푸는 사제와 재속 사제들로 구성되었다. 그들은 본래 성직의 전형을 위한 일종의 신학교의 연합을 계획했다.106)

베륄은 오라토리오회의 대표가 되면서 힘써 기도하고, 회개하며, 겸손·침묵·자선 생활을 오랫동안 하면서 필요성을 다른 사람에 전파했다. 당시 베륄은 리슐리외의 위에 설 수 있는 영향력을 가지고 있었다. 그는 신부단과 딱딱하지 않으면서도 엄격하고, 과장이 없으면서 신비적이고, 그리고 경건하게 교제했다. 베륄의 정신은 신속히 확산되었고, 그가 죽은 1629년에는 44개의 오라토리오 교구가 프랑스에 설립 될 정도로 교세가 확장되었다. 물론 처음에는 어려움이 있었으나 앙리 4세의 집권과 더불어 종교적·도덕적 부흥이 일어났고 루이 13세 치하에서도 그 영향을 받아 오라토리오회 콜래주는 중단 없이 성장했다.107)

그러나 베륄은 처음에는 위그노회나 예수회와는 달리 교육사업에 적극적이지 못했었다. 심지어 예수회가 추방되어 있는 동안에도 그는 콜래주의 설립을 서두르지 않았다. 예수회가 프랑스에 돌아와 자신들의 교구 곁에 그들의 콜래주들을 설립하는 것을 보고 베륄은 야비하다는 생각을 했지만, 콜래주의 설립은 계속 보류하고 있었다. 베륄이 그와

105) Paul Lallemand, *Histoire de L'Éducation dans L'Ancien Oratoire de France*(Genève: Slatkine-Megariotis Reprints, 1975), p. 20.

106) H. C. Barnard, *The French Tradition in Education*, p. 150.

107) Paul Lallemand, *Histoire de L'Éducation dans L'Ancien Oratoire de France*, p. 21.

같은 태도를 취한 것은 콜래주의 중요성을 인식했지만, 교육과 교육방법에서 예수회와 경쟁하는 것은 무리라고 생각했기 때문이었다. 바로 그 때 교황 바울 5세가 베륄을 프랑스에 진정한 교육을 제공할 큰 인물로 인정하고 콜래주 설립을 설득하자 그가 교황의 높은 권위에 못 이겨 오라토리오 콜래주를 설립하기 시작했다.

가장 먼저 오라토리오회에 콜래주의 건립을 요청한 것은 루앙의 대주교 주아외즈 추기경(cardinal de Joyeuse)이었다. 그는 베륄에게 이전에 루앙에다 콜래주 데 봉 앙팡(Collège des Bons-Enfants)을 설립해 달라고 요청했다가 거절당하고 1614년 다시 디에프(Dieppe)에 오라토리오회 콜래주 설립을 요청한 것이다. 디에프에 콜래주를 설립할 때도 그곳의 주지사 빌레 우당(Villers Houdan)이 반대하여 순조롭게 진행되지 못했다. 그러나 그곳 주민들이 강력하게 오라토리오회를 원했고, 주아외즈 추기경이 베륄을 환영했으므로 가장 먼저 프랑스에서 오라토리오회 콜래주를 설립하게 되었다.[108)]

오라토리오회 콜래주들은 1610년 프랑스 교회의 규정에 따라 신학교에 입학하고자 하는 학생들을 모집했다. 입학생들은 적어도 서자가 아니며, 12세 미만이어야 하고 지적 학습을 할 수 있는 능력을 보여주어야 했다. 형편이 어려운 학생은 무상교육을 받을 수 있었다. 학생들은 4시에 기상하여 미사에 참석했으며, 레크리에이션 시간 외에 동료와 말하지 못했고, 라틴어만 사용해야 했다. 만약 프랑스어로 말을 했다면 어린 학생을 제외하고 모두 '회초리 벌'을 받아야 했다.[109)].

오라토리오회 콜래주들은 1614년부터 1716년 사이에 모두 36개교가 설립되었다.

---

108) *Ibid.*, p. 23.
109) H.C. Barnard, *The French Tradition in Education*, pp. 147-148.

—··—··—··—··—··—

디에프(1614), 랑그르(1616), 리옹(Riom, 1618), 포레(1619), 앙제(1619), 프롱티냥(1619), 페제나스(1619), 주아외즈(1620), 방돔(1623), 르망(1624), 몽브리송(1624), 본(Beaune, 1624), 소뮈르(1624), 낭트(1625), 마르세유(1625), 툴롱(1625), 에피아(1627), 콩동(1628), 불로뉴(1629), 그라스(1629), 트루아(1630), 보르도(1639), 쥐이이(Juilly, 1639), 살랭(1641), 루앙(1642), 클레르몽(1644), 뤼밀리(Rumilly, 1653), 부르그 상 앙데올(1654), 이에르(Hyères, 1635), 프로뱅(Provins, 1676), 수아송(1676) 악드(1676), 폴리니(1685), 생 마르탱 드 미제레(1705), 라 시오타(1707), 니오르(1716).

—··—··—··—··—··—

오라트리오회는 콜래주들을 설립하여 프랑스의 교육발전을 도모하는 한편 프랑스의 정국안정에도 기여했다. 첫째, 루이 13세 집권초기와 마리 드 메디치의 섭정기간 프랑스 국내·외사정이 매우 혼란스러웠을 때, 베륄이 앙굴렘 협약(1619)을 중재함으로써 루이 13세와 모후 사이에 공식적인 화해를 하게 했다. 둘째, 베륄이 추기경이 된 다음 왕실의 신임을 얻어 1630년 생토노레(Saint-Honoré) 가에 있는 오라토리오 성당을 '왕실 성당'으로 격상시키고 종단도 크게 번영시켰다.

오라토리오회가 프랑스에서 교육사업을 활발하게 전개한 것은 17세기 초에서 18세기 초까지로 약 100년간이었다. 일반적으로 당시 도시에서는 오라토리오회 콜래주보다 예수회 콜래주를 선호했지만 리옹, 페제나스, 몽브리송, 본, 소뮈르 등과 같이 오라토리오회의 교구가 있는 시당국은 오라토리오회에 직접 콜래주의 관리자를 요청하거나 콜래주 경영에 드는 비용을 부담해주는 경우도 있었다.[110] 앙제대학에 있던 콜래주 당주는 1619년 경영권을 양도받은 첫 번째 경우이고, 그 후 보르도 대학 안에 있던 콜래주 드 기엔은 1631년에 시당국으로부터 양도받는

110) *Ibid.*, pp. 54-155.

대표적인 오라토리오회 콜래주들이었다.

그러나 앙제 대학처럼 오라토리오회 콜래주의 학생들의 입학을 거부하는 사태도 발생하여 모든 것이 순조롭게 되지는 않았던 것으로 보인다. 오라토리오회 콜래주의 설립에서 가장 어려웠던 것은 오라토리오회가 가톨릭이었는데도 불구하고 예수회로부터 방해를 가장 많이 받는 것이었다. 왜냐하면 예수회는 교육, 인기 등에서 자신들과의 경쟁자들을 결코 그대로 두지 않았는데, 특히 오라토리오회의 사업에 대해서 그러했기 때문이다.[111] 그것은 후일 마치 파리 대학이 예수회 콜래주를 경쟁대상으로 생각하고 가톨릭교의 전파보다 교양과목에 치중한다는 구실로 추방한 것과 유사한 형태의 보복이었다.

오라토리오회 콜래주는 앞의 장에서 살펴본 바와 같이 파리 대학과 고등법원에 의해 예수회가 추방된 후 발전했다. 오라토리오회는 예수회가 프랑스에서 추방된 후에 콜래주 드 리옹(1763), 콜래주 드 투르농(1776), 콜래주 드 아라스(1777), 콜래주 드 베튄(1777), 콜래주 드 투르(1778), 콜래주 다강(1781), 콜래주 도탱(1786) 등 7개의 예수회 콜래주들을 계속 인수하여 더욱 활발하게 교육사업을 전개했다.[112] 그 결과 18세기에 이르러 오라토리오회는 모두 43개의 콜래주를 운영하게 되었다. 그러므로 파리 대학에 소속된 콜래주들을 능가할 정도로 오라토리오회 콜래주들은 18세기 프랑스 교육계에서 차지하는 비중이 컸다.

한편 프랑스의 동쪽 국경지대에 있는 쥐밀리는 원래 사부아(Savoy)에 속해 있다가 1630년 루이 13세에 의해 정복되었다. 그것은 오라토리오회가 콜래주를 설립하기 23년 전이었다. 사부아는 1713년 위트레흐트 조약에 의해 빅토르 아메되스 공(Duke, Victor Amedeus)에게 반환되었다. 그 후 1740년 쥐밀리에서의 오라토리오회 콜래주는 그의 손자 샤를 임

---

111) Gabriel Compayré, *Histoire Critique des Doctrine de L'Éducation en France depuis le seixième Siècle*, tome I, (Paris: Editions Hachette, 1880) p. 113.

112) H.C. Barnard, *The French Tradition in Education*, pp. 300-301.

마누엘 3세(Charles-Emmanuel III)에 의해 폐지되었다.

바너드의 말과 같이 오라토리오회 콜래주들은 17세기 초반부터 프랑스 성직자들 사이에 만연되었던 교리에 대한 무지와 악행에 대항하기 위한 시도로서 설립되어 그 사명을 충실히 이행했다. 데카르트주의가 예수회와 파리 대학의 신학부에서 그렇게도 거부되었는데도 불구하고 오라토리오회의 교육은 데카르트의 영향과 포르 루아얄의 방법에 많은 영향을 받고 있었던 것이 특징이다.113) 데카르트주의가 파리 대학과 예수회로부터 인신공격을 받은 것은 데카르트가 선량한 가톨릭 신자가 아니어서가 아니었다. 그는 죽을 때까지도 진실한 가톨릭 신자였다. 그의 방법적 대담성과 마찬가지로 모두가 체계적인 엄격성이 결국 소심한 신앙심을 가진 사람들을 혼란스럽게 만들었기 때문이다. 예수회는 그가 죽을 때까지 그의 저작들을 예수회학교로부터 멀리했다. 그러나 그의 사후에 사정은 달라졌다.114)

오라토리오회 콜래주는 포르 루아얄회처럼 성직수임 후보자들에 대한 훈련을 소홀히 하지 않았으며, 곧바로 프랑스 교수회의 교육체계를 따랐다. 그리고 예수회와 베네딕트회처럼 틀림없이 종교적이었지만 성직을 열망하는 학생들에게 폭넓은 교육을 제공했다.115)

1789년 프랑스혁명이 발발했을 때 오라토리오회는 진보적인 사상으로 개방되어 있었다. 따라서 1791년 1월 오라토리오회 101명의 성직자들은 '새로운 성직자'로 분류되었다. 그러나 1792년 8월 10일 법령으로 세속모임이 금지되자 오라토리오회도 제외시킬 수는 없었다. 해산당시 오라토리오회는 30개의 콜래주와 6개의 신학교를 포함하여 71개의 다

---

113) Gabriel Compayré, *Histoire Critique des Doctrine de L'Éducation en France depuis le seixième Siècle*, tome I, p. 210.

114) Georges Duby, Robert Mandrou, *Histoire de la Civilisation Française XVIIe-XXe Siècle*, p. 32.

115) H. C. Barnard, *The French Tradition in Education*, pp. 148-149.

양한 종류의 교육단체들을 운영하고 있었다. 결국 프랑스혁명은 성직자 공민법에 선서하지 않은 성직자들로 구성된 종단과 종단의 콜래주를 인정할 수 없었던 것이다.

그 밖에 1684년 크리스찬 형제학교의 설립자인 라살의 학교는 파리, 랭스, 트루아(Troyes)로부터 아비뇽, 그르노블, 마르세유까지 확대되면서 1679년부터 1718년까지 거의 일 년을 기준으로 설립되었다. 비록 프랑스가 개척한 캐나다의 몬트리올에 세워진 학교는 성공하지 못했다 할지라도 18세기 말까지도 교육공간의 확대에 크게 기여했다.[116] 라살의 학교는 1790년까지 무려 125개의 학교와 약 1천명의 교사와 3만 6천명의 학생들을 가지고 있었으며 기술교육에 크게 공헌했다.

프랑스혁명 이전 일반적으로 왕권은 시 당국과 종교재단 사이에서 이루어지는 학교설립 문제에 거의 개입하지 않고 있었다. 국가가 직접적으로 학교설립에 통제하지 않자 시민과 종단들이 학교설립을 활발하게 추진했다. 그것은 오라토리오회, 예수회, 위그노회 등에서의 학교설립으로 증명되었다.[117] 특히 파리 교구 사람들의 진취적인 교육열은 초등학교를 설립하는 기초를 수립했는데, 그것은 18세기 후기 마담 네케르 드 소쉬르(Madame Necker de Saussure, 1766-1841)에게서도 나타났다.

고등교육은 왕립군사학교(1751), 르아브르 해군사관학교(1773), 토목학교(1773, 시민기술자들을 위한), 그리고 고등광업학교(1778)들과 같이 국가가 새롭게 지지하는 전문학교에 상당한 배려를 했다. 이들 공교육기관을 제외하고도 비록 종교인을 직원으로 두어 국가에 의해 학교들을 직접 지배하였으나 그것의 운영은 이른바 '법인화가 된 학교'처럼 성직자의 손에 맡겨지거나 협회에 맡겨지고 기부금이나 자선에 의해 유지되었던 것이 특징이다. 국가는 고등학교에 적절한 규칙을 명령했으나

---

116) Henry Phillips, *Church and Culture in Seventeenth-Century France*(Cambridge: Cambridge University Press, 1977), pp. 76-77.

117) H. C. Barnard, *The French Tradition in Education*, pp. 285-301.

사실상 자율적이었다. 사실 '체제'에 대한 가장 가까운 접근은 특정한 종교회에 의지하는 학교와의 상호관계에 의해 이루어졌다.[118)]

첫째, 브로크리스(Brockliss)에 의하면, 학교는 권력의 절대주의적 원리에 고취된 법관들과 성직자들을 배제시키면서 프롱드난 이전에는 일반적인 동의를 모으지 못했던 법의 군주적인 개념을 만들어내고 지지하는데 중추적 역할을 했다. 콜래주와 대학은 문화교환의 주요한 수단들을 조성했다. 따라서 프랑스혁명 이전에 지식계급의 몇몇 구성원들을 제외하고 어느 누구도 그들의 학창시절의 문화적 유산을 거부하는 것은 불가능하게 했다.[119)] 학교는 커리큘럼의 모든 측면을 통해서 국가가 요구하는 엘리트 교육을  효과적으로 수행하려했다. 이 커리큘럼 속에는 학생들이 올바르게 성장하는 길이 마련되어 있었다. 엘리트가 되는 길은 학생들이 부모, 교회 그리고 무엇보다도 신성하게 조직된 권위에 복종하는데 있다는 믿음을 가지게 하는 것이었다. 따라서 학교에서는 수업 중에도 세속권력에 대한 견해를 되풀이 하는 것이 상례였다.

둘째, 랍(Rabb)에 의하면, 학교는 외부로부터 온 사회질서를 연결시키고자 했다. 그것은 학교가 더 이상 교회와 같은 목적을 가질 수 없게 되었다는 것이다. 17세기와 달리 18세기에는 세속적 공간과 종교적 공간이 서로에게 도움이 되어야만 한다는 사실이 당연한 것처럼 생각한 지난날의 경우와는 거리가 멀게 되었다.[120)] 사실 우리가 처한 현대에서도 또 다른 교육에 대한 견해가 가능할 것이다. 바로 그것은 '교양 있는 엘리트 cultivated élite'들 가운데에 속하는 사람들이 특히 종교의 정통성과 관련된 문제에서 견해 차이를 보였던 것을 나타내고 있다.

셋째, 코어스(A. C. Kors)에 의하면, 무신론에 대한 그의 논의에서 분명하게 설명한 것과 같이, 교회는 교육에서 담당하는 엄청난 결과를 통

118) Joseph N. Moody, *French Education since Napoleon*, p. 4.
119) Henry Phillips, *Church and Culture in Seventeenth-Century France*, p. 84.
120) *Ibid.*, pp. 84-85.

제할 수 없었다. 그리고 받아들인 문화와 신조에 동의하지 않는 사람들은 이미 받아들인 문화와 신조에 의해 형성되어 있었던 사람들이다. 사실 리슐리외도 그러한 것을 두려워한 바 있었는데, 귀족계급 이외의 '사회적 엘리트 social élite' 교육은 '하나의 양날의 칼'을 만들어 냈다.[121] 이들 '사회적 엘리트'는 자신들은 물론 자신들이 살고 있는 종교, 사회, 정치의 부당성을 발견했다.

이것들은 앙시앵 레짐시대 교육의 성과였다. 프로테스탄트 바르베락(Barbeyrac)에 의하면, 일을 할 필요가 없는 부유한 사람들은 지식과 학문이 그들의 게으름을 치유하는 것이 되었다. 이들에게 있어 지식의 추구는 권태는 물론 범죄와 방탕으로부터 자신을 지키고 신용과 영예를 갖게 했다.[122] 지식을 추구한 젊은이들은 자신의 의식과 행동뿐만 아니라 종교, 사회, 정치, 문화, 교육에 대한 새로운 이상향을 생각하게 되었다. 헨리 필립(Henry Phillips)에 의하면, 콜래주의 기숙학생들이 최소한 번화한 길가에서 떨어져 있었고, 사회적으로 무질서와 요소가 있었다 할지라도, 학교가 유랑하거나 걸식하는 아이들을 수용하여 교육함으로써 빈민구제원의 역할을 했다.

한편 프로테스탄트 교육 목적을 가진 학교는 교육에서 정통 가톨릭의 신앙심을 근절시키려 했을지라도, 단순한 규율을 가진 실천적 도덕성의 사회화를 통해 사회적 행동을 정상화 시키려 했던 유익한 사고방식을 구체화시켰다. 결국 교육의 필요성은 종교의 필요성을 뛰어넘었다.

샤르티에(Chartier)에 의하면 콜래주 학생들의 20%가 상위 그룹의 영세농민 자제였고, 3분의 1은 직공들의 자제였다.[123] 1710년대의 교육실

---

121) A. C, Kors, *Atheism in France*, 1650-1729, vol. 1 (Princeton: Princeton University Press, 1990), P.288. cf, Henry Phillips, *Church and Culture in Seventeenth-Century France*, p. 85. 재인용.

122) Henry Phillips, *Church and Culture in Seventeenth-Century France*, p. 78.

123) Joseph N. Moody, *French Education since Napoleon*, p. 4.

태를 보면, 청소년들을 교육하는 콜래주에서 종단들이 차지한 비율은 상당했다. 예수회 117명, 오라토리오 수도회 72명, 라자리스트회 78명, 그리고 독트리내르회 48명의 신부가 자신들의 교단학교에서 학생들을 교육했다. 특히 1750-1765년 사이에 5년마다 개최된 4번의 프랑스 성직자 집회에서 교구학교의 설립을 강조함으로써 교육공간이 크게 확대되었다. 교구학교는 주로 소학교와 자선학교들이 많았다. 그러한 결과 18세기 말에 이르러서는 교구들의 75%에 초등학교들이 설립되었다.

따라서 그레베(René Grevet)의 연구에 의하면, 1690년 경 대체로 40-43%의 어린이가 학교에 다녔으며, 1815년 경 학생 수는 전체 어린이의 53-55%에 달했다. 그리고 문자 해독율도 꾸준히 성장했다. 1686-1690년 남자 25%, 여자 10%였던 문자 해독율이 1786-1790년에는 남자 47%, 여자 27%로 증가 했고, 1871-1875년에는 남자 75%, 여자 61%로 증가했다. 물론 지역에 따라 차이가 많은 곳도 있었다. 혜택을 받고 있던 북동부에는 1680년대 초에도 신랑의 3분의 2와 신부의 2분의 1이 혼인증명서에 직접 서명할 수 있을 정도로 많은 사람들이 문맹에서 벗어나 있었다.[124)]

종단에서 세운 학교들이 늘어나 18세기 후반 우르슐라회(Ursulines)는 300개의 학교건물을 가지고 있었고, 생 피에르 푸리에(Saint Pierre Fourier)에 의해 설립된 노트르담 교단은 교육공간의 확대에 큰 역할을 했다. 텐(Taine)에 의하면, 1790년 프랑스에 약 3만 7천명의 수녀들이 있었으며, 그들 중 상당수가 여러 교육단체에 소속되어 있었다.[125)] 프랑스 북동부에서 오라토리오회는 성 프랑수아 드 폴 회 수도사회(Minimes)와 개

124) R. Grevet, Ecole pouvoirs et Société fin XVIIIe Siècle-1815(Lille: Press de Charles de Gaule, 1991), p.8. 이영림, 「17세기 후반 아동교육론」『역사학보』 164호, 역사학회, 1999, p. 272.

125) Taine, *Les Origines de la France Contemporaine*, 6 vols(Paris: 1876-1894), 1,chap 2, 서정복 역 『프랑스혁명과 교육개혁』(삼지원, 1996), p. 13. 재인용.

혁된 아우구스티누스 교단과 같은 참사수도회(Chanoines) 그리고 다른 것들을 포함하여 12개의 교육기관을 가지고 있었다. 또한 교단들은 랭스, 메츠(Metz), 그리고 퐁 아 무송(Pont-à-Mousson)과 같은 도시에서 교육기관의 확충을 위해 경쟁했다.

프랑스혁명 직전 프랑스에는 콜래주가 562개교에 학생은 72,474명이나 되었으며 이들 중 절반이상이 장학금을 받았다. 그러나 각각 다양한 기원과 기능을 가지고 있어 수준이 동일하지 않았다. 이들 중 178개교는 '單式서원에 의한 수도회'에 의해, 그리고 384개교는 개인이나 교양학부에 의해 관리되었다. 콜래주 전체의 3분의 1이 교회와 수도원에 속해 있었다. 그들 중 대부분은 완전한 '교과과정'을 제공하지는 못했다. 단지 181개교만 '전과정개설콜래주' 였다. 그리고 208개의 콜래주는 2년간의 철학과정이 설치되어 있지 않았다. 또한 180개교는 2년 또는 3년의 교육연한 밖에 제공하지 못하고 있었다.[126] 그러므로 비록 교육공간이 확대되었다 하더라도 완전한 교육은 되지 못했다.

달리 당시 가장 찬양 받는 여성교육기관은 의심할 여지없이 생 시르에 있던 마담 드 맹트농(Madame de Maintenon)의 학교이었는데, 그곳은 가난한 귀족의 딸 250명에게 개방되었으며 100%가 귀족이었다. 이 학교는 1686년부터 1793년 군사학교로 전환될 때까지 약 100여 년간 3천1백 61명의 졸업생을 배출했다. 그러나 그곳에서 제공된 교육프로그램은 심지어 페늘롱(Fénelon)과 같은 계몽된 사람도 여성교육에 대하여 매우 많은 한계를 가지고 있었다는 것을 보여주었다.

이외에도 1768년 파리 고등법원에 제출된 롤랭의 <보고서>, 1775년 튀르고의 <회고록> 등이 모두 교육개혁에 대한 나름대로의 이론을 제시한 글들이다. 그런데 프랑스혁명 이전에 제시된 교육론의 공통적인 특징은 국가의 통제 아래에서 '속인교육'이 이루어져야 한다는 것이었

---

126) Claude. Lelièvre, *Histoire des Institutions Scolaires(1789-1989)*(Paris: Nathn) p. 33.

다. 그러나 보수적인 입장에 있던 교회나 대학은 그들의 주장을 수용하지 않고 오히려 교권의 지배로 복귀하는 경향이 짙게 나타났다. 물론 이러한 경향은 1789년 프랑스혁명으로 새로운 교육계획을 하게 되고, 국민교육이 강조될 때까지 계속되었다.

# 제2장

# 1789년 프랑스혁명에 교육개혁이 예정되어 있었나?

1. 고등교육 기관과 교육의 실태
2. 새 시대를 위한 교육개혁 사상
3. 공교육에 의한 평등교육 추구

## 1. 고등교육 기관과 교육의 실태

1789년 프랑스혁명 전 프랑스에서는 초등학교에서 대학에 이르기까지 모든 부문에 있어 교육에 대한 시설이 대체적으로 부족하지 않았다. 그러나 모든 부문에 걸쳐 개혁이 필요했던 것을 사람들은 느끼고 있었던 것은 사실이다. 르메네스트렐(Charles Lemenestrel)의 말과 같이 "앙시앵 레짐 시대에는 교회가 대학, 콜래주, 기타 교육기관의 영혼이자 생명이었다."[127)]

프랑스혁명 전 특히 문제되는 것은 대학이었다. 왜냐하면, 대부분의 대학들은 여전히 전통에 얽매어 진보적이지 못하였으며 다가오는 세기를 선도하려는 뚜렷한 움직임이 거의 없었기 때문이었다. 물론 신앙심이 깊고 무적의 프랑스와 나바르의 왕이던 앙리 4세의 의지에 의해 1600년 파리 대학이 개혁을 시도하였던 사실이 있었고, 루이 14세 시대에도 대학의 개혁은 이루어졌다. 그러나 그러한 개혁들이 진보를 위한 개혁이라기보다는 절대왕정의 체제와 가톨릭교회의 역량강화에 역점을 두었기 때문에 사회개혁에 바탕을 둔 미래 지향적인 개혁이었다고 볼 수가 없다.

프랑스에는 1751년 툴루즈 대학에 카오르 대학(Université de Cahors)을 병합하기 이전까지 24개의 대학이 있었던 것으로 집계된다. 그들 중 9

---

127) Charles Lemenestrel, *L'Instruction en France : date-t-elle de la Révolution?*(Paris: Librairie Honoré Champion, 1912), p. 235.

개 대학은 13·4세기까지 거슬러 올라가는 역사를 가지고 있으며 아리스토텔레스 철학과 로마법의 부활로 탄생한 대학이었다. 파리 대학이 모든 대학 중에서 가장 먼저 세워졌다(1200~1210년). 그리고 파리 대학을 모델로 하여 몽펠리에 대학과 툴루즈 대학이 설립되었다. 몽펠리에 대학은 그 당시로서는 왕국의 밖에 위치했던 것으로 1220년 남 프랑스 몽펠리에서 의과대학으로 시작되었다. 또한 툴루즈 대학은 교황의 요청에 의해 툴루즈 백작이 창립한 교황의 대학이었다. 당시 이단의 활동이 팽배한 지역을 보다 효과적으로 제압하기 위해 이 대학을 세웠다. 처음 도미니코회에 의해 관리되었으며 신학교육의 중심이 되었으며 1360년 교황의 칙서에 의해 신학학위가 수여되어 파리 대학이 독점하여 수여하던 신학학위의 특권이 파기되었다. 툴루즈대학은 파리에서 금지된 아리스토텔레스의 자연철학도 자유롭게 강의되었으며, 오늘날까지도 법과 대학으로서 명성이 나있다.

14세기에는 아비뇽 대학(1303년)을 필두로 하여 카오르 대학(1331년), 오를레앙 대학(1337년), 그르노불 대학(1339), 페르피냥(Perpignan) 대학(1349년), 앙제 대학(1364), 오랑주 대학(1365년)이 잇달아 설립되었다. 이들 중 앙제대학은 1080년 에콜 당제(École d'Angers)로 시작하여 1356년 대학의 이름을 붙이게 되었다. 그러나 샤를 5세로부터 1364년 독립된 앙제 대학으로 인정을 받았다. 다른 대학들도 이와 유사한 경력들을 가지고 있다. 앙제 대학과 오를레앙 대학은 스트라이크로 말미암아 파리 대학들 중에서 일종의 분립된 대학들이다. 카오르 대학은 제3대 아비뇽 교황 요한네스 22세(Joannes XXII)가 그의 출생지에 1331년 선물로 준 대학이다. 페르피냥 대학은 아라곤 왕에 의해서 1349년에 건립되었다.[128] 이때까지는 교황이 대학 설립에 직·간접으로 영향력을 행사했다.

128) Roger Chartier, Marie-Madeleine Compère, Dominique Julia, *L'Education en Frane du XVI au XVIII Siècle*(Paris: Société d'Edition d'Enseignement Supérieur, 1976), p. 249.

15세기에는 엑스 대학(1409), 돌 대학(1422), 푸아티에 대학(1433년), 캉 대학(1432), 보르도 대학(1441년), 발랑스 대학(1452), 낭트 대학(1460), 부르주 대학(1464) 등 8개의 대학이 설립되었다. 이들은 왕자들의 특혜와 국가의 지원을 받으며 국가공무원을 양성하는 대학으로 설립되었다. 이들 중 캉 대학과 보르도 대학은 샤를 2세(Charles Ⅱ)가 주재한 푸아티에 대학에 대항하여 경쟁적으로 세워졌다.

16세기 이후부터 대학은 더욱 교권보다는 왕권을 가까이 하는 경향을 나타냈다. 교황도 종교적 분열을 알고 있었지만 왕권이 강화되면서 각 교파의 전파자들은 힘을 잃었다. 따라서 대학도 종교의 시녀에서 벗어나 시민권의 영역으로 들어왔다. 스트라스부르 대학(1538)은 독일의 종교개혁의 기금으로 세워졌고, 앙리 2세(1547-1559) 때 랭스 대학(1548)과 샤를9세(1550-1574) 때 두애 대학(1563)이 건립되었다. 그러므로 16세기 프랑스에서 설립한 대학은 2개 밖에 되지 않았다.

그리고 17세기에는 단 한 개의 대학도 설립되지 않았다. 여러 가지 이유가 있었겠지만, 왕의 대학설립 의지가 부족했고, 전쟁, 기근, 페스트의 창궐로 인해 대학설립에 힘을 쓸 여유가 없었던 것으로 풀이된다. 다만 17세기에는 대학의 통합이 이루어졌는데, 돌 대학(1564)은 1691년 브장송 대학에 이관되었다. 그리고 1768년 낭시 대학에 두애 대학(1563), 퐁타무송(Pont-à-Mousson) 대학(1573)이 이관되었다.[129]

18세기에 이르러 디종 대학(1722), 포 대학(1722), 렌느 대학(1735) 등 3개의 대학이 설립되었다. 그리고 대학에 다소의 변화가 있었다. 1681년 스트라스부르의 가톨릭 대학과 1722년 포 대학은 예수회의 콜래주로 인정되었고, 디종 대학(1722)은 그 때까지 어떤 법학교육도 생각하지 않고 있던 부르고뉴 고등법원의 간섭을 받게 되었다. 그런데 이들 세 개의 대학 중에 디종 대학만이 법학대학으로 축소되었고 포 대학은

129) *Ibid.*, p. 250.

1777년까지 신학부도, 그리고 의학부도 없었다. 스트라스부르 대학은 의학부도 법학부도 없었다. 그러니까 앙시앵 레짐 시대에서 대학의 실태는 '진보로부터의 탈락'이라는 말보다는 건립된 성과가 부족했다라고 말해야 할 것 같다.[130)]

대학은 중세의 산물이라고 말한 것을 실감하듯 파리 대학을 비롯하여 13세기부터 설립된 프랑스의 대학들은 15세기까지 모두 16개나 되었다. 그러나 문물이 융성하게 발달된 것으로 평가되는 16세기부터 18세기 까지는 겨우 6개의 대학만이 설립된 것으로 조사되었다.

바너드에 의하면, 프랑스혁명이 일어난 1789년에 프랑스에는 21개의 대학들이 있었으며 이들 대학에는 신학부 18, 법학부 20, 의학부 18개가 있었다. 교수들은 일반적으로 전통에 의해 제약을 받고 진보와 연구에 반목하며 현재의 발전에 손을 대지 않는다는 비판을 받았다. 학비 또한 과중해지는 경향이 있었는데 특히 교육이 상당히 이론적이던 의학부에서 그러하였다. 의학부는 사람들이 기대하는 만큼의 환자를 치료할 능력도 없었고, 신뢰도 받지 못하고 있었다. 가장 인기있는 학부는 법학부였는데, 그것은 공무원이 되는 길이 준비되어 있기 때문이었다.[131)] 프랑스혁명이 일어나기 전까지 법학이 가장 인기 있고 수적으로도 많았다. 그것은 1789년 5월 1일 루이 16세가 삼신분의회(Etats Généraux)를 소집했을 때 성직자 대표 300명, 귀족 대표 291명, 제3신분 대표 610명이었는데 제3신분 대표들 중에도 무려 360명 이상이 법률가였다는 사실로도 법학부가 얼마나 인기있는 학부였다는 것을 알 수 있다. 뿐만 아니라 1788-1789년에 파리 대학에서만 563명이 법률학위를 받았다는 사실은 대학교육이 순수학문보다는 취직이나 출세위주로 되었다는 것을 곧 말해주는 것이다.[132)]

---

130) *Ibid.*

131) H. C. Barnard, *Education and The French Revolution,* pp. 12-13.

132) *Ibid.*, p. 13.

혁명직전에는 프랑스에는 21개의 대학이 있었다. 이들 중에 18개의 대학에 교양과정이 설치되어 있었다. 이 시기 교양학부가 설치된 대학들은 실제로는 오늘날 중등교육의 수준에 해당되는 내용의 교육을 하였고 보통 18세에 끝나는 6~8년의 교육과정을 준비했다. 그리고 교양과정을 끝마친 학생들은 이전과 마찬가지로 신학, 의학, 법학 등 진정한 대학과정에 입학할 수 있었다.

그러나 로버트 비네리(Robert Vignery)의 지적과 같이, 대학에서 신학은 수세기 전부터 이어져 온 특권적 지위를 가지고 있었던 반면 과학은 여전히 소홀히 취급되고 있었다. 각 대학은 학문적인 범위를 뛰어 넘어 물리학, 화학, 그리고 다른 자연과학의 발전에 대하여 무관심했고, 물질적이고 지적인 재원의 대부분을 신학자, 법률가, 의사 등을 양성하는데 배정되었다.[133] 전통적인 학부에서조차 변화되는 세상에 민감하지 못하고 구태의연한 권위의식으로 안일무사한 생각에 사로잡혀 있었다. 그렇기 때문에 진급을 위한 시험도 대부분 형식적이었고 교수들은 무능력한 조교들에게 과제물 처리, 강의 등 자신의 교육적 의무를  맡기고 오랫동안 자리를 떠나있기가 일쑤였다. 이와 같은 대학과 교수들의 안일무사가 반세기 이래 군주들의 통치기간 대학의 교육기능과 그 위신을 현저하게 추락시키었다.

또한 1719년 이후 대학의 수업료는 무료였으나 파리 대학의 경우 1764년 대학의 재조정으로 단과 대학 수가 10개로 줄어 학생이 불과 5천명이었다. 데카르트의 비판과 18세기 초에 롤랭 총장에 의해 시작된 교육개혁에도 불구하고 교육과정은 여전히 시대에 뒤져있었고 전통적이였다. 대학의 마지막 2년 동안의 교육과정은 철학과 논리학을 앵무새처럼 반복하는 것이었다. 역사, 지리, 수학, 과학 등은 프랑스의 남녀학

---

133) Robert J. Vignery, *The French Revolution and Schools: Educational Policies of the Mountain 1792-1794*(Wisconsin: The State Historical Society of Wisconsin, 1965), pp. 10-11.

생 모두에게 보편적인 관심의 대상이었음에도 불구하고 대학은 이를 경시하고 있었다. 그러므로 대학생들이 매우 무지한 상태로 교양학부를 마치는 것에 대해 학생들은 물론 학부모들까지 우려했던 것은 의심의 여지가 없다. 1789년 파리 대학의 철학부 학생들이 라틴어 대신 프랑스어 교육을 요구하는 탄원서를 제출했으나 거절당했던 것으로 보아 여전히 고전적인 교육과정에 얽매어 있었던 것이 확실하다.[134)]

퐁테이(Félix Ponteil)가 말한 것처럼, 18세기까지 파리 대학은 교회의 특성을 보존하고 있었다. 콜래주들은 수도원과 비슷했다. 학생들은 제복을 입고 성직자의 소양을 가졌다. 왕들은 대학의 환심을 사려고 애를 썼다. 대학은 1798년 앙리 4세의 동상을 세웠다. 총장은 3개월의 임기로 하되 재선될 수 있었고 상당한 특권을 행사하였다. 총장을 둘러치고 있었던 광채는 대학의 쇠퇴와 함께 빛을 잃었다. 총장은 교직원을 임명하고, 대학의 법령을 인준하며, 대학의 재판, 총회, 검열위원회를 주재하였다. 총장의 권한은 왕과, 성 즈느비애브와 노트르담의 두 사무국장의 권위인정에 의해서 좌우되었다."[135)]

학생들은 여전히 네 개의 '국가군'(nations)으로 분류되었다. 학생들은 일단 교양학부 과정을 이수하고, 그들 중에 문학사의 학위를 얻은 학생들은 전문연구를 수행하기 위해서 신학, 법학, 의학 등의 이른바 상급학부에 등록했다. 원래 콜래주들은 고위 성직자, 왕자, 귀족, 부자들이 가난한 학생 또는 장학생들을 받아들이고 그리고 이들이 공부하는 동안 숙소와 식사용 주방기구들을 무료로 제공하기 위해서 세워진 주거지형태의 교육공간으로 시작되었으나 점차 '공부하는 센터'(centres d'études)가 되었다. 장학생과 기숙생들은 콜래주에서 특별강의가 허가되었는데, 그것들은 유익하고 수준있는 강의로 인정되어 일반 학생들과 통학생들에

---

134) *Ibid.*, pp. 11-12.

135) Félix Ponteil, *Histoire de L'Enseignement en France 1789-1965*(Paris: SIREY, 1966, pp. 20-21.

게도 허가되었다.[136]

프랑스혁명 직전 파리 대학의 주요 경쟁 대학은 콜래주 루아얄 즉, 콜래주 드 프랑스였다. 이 학교는 독립적이었기 때문에 처음부터 스콜라적 전통에 의해서 방해를 적게 받았다. 해가 갈수록 교수 수가 증가되었으며 1788년에는 19명이나 되었다. 이들은 단순히 희랍어, 그리스어, 라틴어, 동양어와 프랑스 문학에 관련된 교수들이었을 뿐만 아니라 물리학, 화학, 역사와 의학, 법학 등의 다양한 분야의 전공 교수들이었다.

한편 실제적인 전문교육은 72개의 전문화된 연구소에서 실시하였다. 그 전문교육은 군사학, 공학, 수로학, 광업학, 산파학, 수의학, 음악, 미술 등의 분야였다. 그리고 농아들을 위한 단과 대학도 있었다. 대학이외의 고등교육을 실시한 것은 '아카데미 Académies'에 의해 제공된 교육이었다. 여기에서 문학, 과학, 예술 등, 단일 전공이나 주제의 연구와 토론이 이루어졌다. 이들 아카데미에서는 토론회를 개최하였고 논문집과 회보를 발간하였으며 대학에서 소홀히 하고 있던 분야의 학습을 장려하였다. 이러한 아카데미는 프랑스혁명이 일어날 때에는 모두 50개나 되었다. 프랑스 왕정에서는 콜래주 드 프랑스 교수들의 봉급 그리고 파리에 있는 자르댕 데 플랑트(Jardin des Plantes, 식물원)와 연구소의 경비만 부담하였다. 일반적으로 교육에는 보조금이 없었다고 해도 과언이 아니다. 그리하여 대학의 운영은 주로 수업료와 기부금에 의존했다. 이 시대 국가는 육군과 해군 또는 그 밖에 다른 전문직을 위한 특수학교를 마련하고 유지하는데 역점을 두었다.

---

136) *Ibid.*, p. 21.

## 2. 새 시대를 위한 교육개혁 사상

프랑스혁명은 성격으로 보나 성취된 결과로 보나 분명히 그것은 정치적 혁명이었다. 그러나 자세히 보면 프랑스혁명은 정치, 사회뿐만 아니라 경제, 종교, 교육 등 각 분야에 걸친 근대적 혁명이었다. 일찍이 크레인 브린톤(Crane Brinton)이 "프랑스혁명은 특권소수에 항거하여 자유의 이름 하에 수행된 대중혁명이었고 또한 성공을 거둔 혁명"137) 이었다고 했다. 따라서 프랑스혁명은 앙시앵 레짐의 교육체계를 허물지 않고 성공할 수 없었으며 설령 혁명이 이루어 졌다 하더라도 근대적인 교육개혁 없이 프랑스가 근대적인 민주국가로 성장할 수 없었다.

그러나 1789년 8월 26일에 선언된 <인간과 시민의 권리선언>에도 국가의 의무로서든 개인의 권리로서든 교육에 대한 특별한 언급을 하지 않았다. 다만 1791년 9월 3일과 4일에 "공교육제도가 세워져야 하며 그것은 모든 시민에게 공통의 것이고 모든 사람에게 필요한 교육에 관한 한 무료이다."라는 조항이 추가되었다.138) 그러므로 프랑스혁명에서 교육개혁이 실질적으로 이루어진 것은 입법국민의회를 거쳐 국민공회 시대에 이르러 본격적으로 되었던 것으로 보여진다. 그렇다고 교육의 문제성에 대하여 무관심했던 것으로 보여 지지는 않는다. 오히려 교육개혁에 대한 문제는 혁명 이전부터 끊임없이 제기되어 온 문제이기 때

---

137) Crane Brinton, *Anatomy of Revolution*(New Jersey: Prentice-Hall. Inc., 1960), p. 22
138) H. C. Barnard, *Education and The French Revolution,* p. 58.

문에 혁명 추진자들의 관심 밖의 일로 될 수는 없었다.

아르츠(Frederick B. Artz)의 말과 같이, 프랑스는 19세기에도 새로운 교육론의 창출보다는 대부분 18세기 계몽사상가들의 교육론을 인용하거나 행함으로써 교육발전의 성과를 이룩하였다.[139] 사실 19세기에 프랑스 공화주의자들은 프랑스혁명의 유산을 강조하기 위해 기초교육과 공립학교에 대한 매우 격렬한 토론을 전개했다. 그들은 앙시앵 레짐 시대에 이루어진 것은 별로 없으며, 모든 것은 1789년에 시작되었다고 했다. 그리고 어떤 것이 있었다면, 그것은 교회의 수중에 있었던 학교가 독립되었다는 것이었다. 학교는 '교육문명의 전령사 porteuse des lumières de l'instruction'이자 공화주의자가 되었는데, 1789년이나 1793년에 출생했다[140] 라고 한다.

프랑스혁명이 발발하면서부터 교육개혁가들은 교회가 국가의 교육적 욕구를 충족시키지 못했고 충족시킬 수도 없다고 더욱 강력히 주장했다. 그들은 당시의 교육에 대한 원칙들을 거부하였다. 그들은 성직자들이 그리스도교 교육을 주요한 사명으로 삼아 힘쓰지 않았기 때문에 교육체제로부터 교회는 그 지배적인 지위를 박탈당해야 한다는 결론을 내렸다. 그리고 대부분의 반 교권 개혁주의자들은 교회를 대신하여 국가가 교육에 대한 관심을 가져야 한다는 것을 강조했다.

그러나 프랑스혁명이 일어난 1789년 루이 16세의 명에 따라 왕에게 제출된 <진정서> 522개중 단지 137개만이 교육에 대한 국가의 개입을 주장했다. 그것은 대부분의 사람들이 국가가 교육에 개입하는 것을 원치 않는다는 것을 증명한 것이었다. 따라서 교육에 대한 교회나 국가의 지원은 필요하나 통제에서는 벗어나야 한다는 것을 의미하는 것이었

139) Frederick B. Artz, *The Development of Technical Education in France*, 1500-1850, (Massachusetts: The M.I.T Press, 1966) p. 61.

140) François Furet et Jacques Ozouf, *Lire et écrire: l'alphabétisatiion des française de Calvin à Jules Ferry*(Paris: Les Éditions de Minuit, 1980), p. 9.

다.[141]

무려 175년 만에 전국 삼신분의회가 1789년 소집되는 기간 교회의 권력을 제거하고 종교적인 체제하에서 벗어나려는 일련의 정치, 종교, 경제적이 사건들이 시작되면서 교회는 교육에 대한 전통적 권리를 포기할 수밖에 없었다. 그러나 자의든 타의든 교회가 교육에 대한 권리를 포기함으로써 교육은 막대한 타격을 받아야 했다. 예를 들면 1789년 12월 2일 제헌국민의회는 교회의 재산을 몰수하였는데, 그것은 교육에 대한 막대한 타격이었다. 왜냐하면 학교의 수입원이 교회였기 때문이었다. 그리고 한 달이 채 못되어 1790년 1월 15일 모든 종단이 핍박을 당함으로써 대학은 상처를 더욱 깊게 받았다.[142] 게다가 십일조의 강제적 징수권의 박탈로 교회에 연관된 많은 학교들이 문을 닫는 수난으로 교육발전도 교육의 개혁도 생각할 여유를 갖지 못했다.

따라서 국민의회와 제헌국민의회 시대에는 교육개혁에 대한 문제를 검토할 만한 여유를 갖지 못했고, 다만 콜래주 드 루이 르 그랑을 위한 학교의 시설비로 38,000리브르로 산정되는 막대한 돈을 지출하였다.[143]

그래도 제헌국민의회 시대에는 몇몇 사람들에 의해 교육개혁안들이 제출되기 시작했다. 그들 중 오드랭(Audrein)의 것은 1790년에 써서 1791년에 출판되었고, 샹파뉴(J. F. Champagne)[144]와 그의 두 명의 동료, 그리

141) Robert J. Vignery, *The French Revolution and Schools: Educational Policies of the Mountain 1792-1794*, p. 19.

142) Charles Lemenestrel, *L'Instruction en France : date-t-elle de la Révolution?*, p. 235.

143) Fèlix Ponteil, *Histoire de l'Enseignement en France*, p. 51.

144) 샹파뉴는 교사이자 교육가로서 잘 알려진 인물이다. 그는 반세기동안을 대학에서 보냈는데, 우선 장학생으로서, 그다음은 교사로서, 프랑스혁명기에는 교장으로서, 그리고 마지막으로는 나폴레옹시대에는 제국리세의 학교장 등을 역임하였다. 그는 1793년 상퀼로트들과 통했거나 적어도 혁명위원회의 한 사람이었다. 그러나 그는 본질적으로 실용주의자였고, 교육개혁을 선호했으며 무엇보다 정치적 소용돌이 속에서도 그의 콜래주를 유지하는데 관심을 가지고 있었다.

고 친구인 게루(Guéroult)의 형제들에 의해서 작성된 교육개혁안은 출판되지는 못했지만, 1790년 10월 의회에 제출되었다.145)

샹파뉴가 수사본을 가지고 있었다고 하는 사실은 그가 수정을 한 것으로서 그가 내용을 결정할 때 셋 중에 가장 영향력이 있었다는 것을 암시한다. 그러나 다른 두 명도 대단한 사람들이었다. 1790년대 그들은 모두 나이가 40대였으며, 모두 파리의 콜래주들에서 여러 해 동안 강의를 했다. 형 게루는 후일 리세 샤를마뉴의 교장, 제국대학의 평의원, 고등사범학교의 교장을 역임했다. 아우 게루는 공포정치 시대 경찰이었으나 그 다음 리세 나폴레옹의 교수가 되었고, 1816년 사망할 때까지 콜래주 드 프랑스의 교수로 재직했다.

샹파뉴 팀에 의해 작성된 교육계획안은 제헌국민의회에서 교육 자료의 일부로 다루어졌으며, 그것은 1791년 9월 교육에 대한 <탈레랑(Talleyrand)의 보고서>나타나게 되었다. 그리고 그 수사본은 후일 입법국민의회에 제출되었고 나아가 공교육위원회에 넘겨지기까지 했다. 뿐만 아니라 그것은 1792년 4월 공교육을 위한 <콩도르세의 보고서>를 위한 귀중한 자료가 되었다. 샹파뉴와 게루 형제들의 교육계획이 유명한 이들의 보고서에 어떤 특별한 영향력을 행사했다는 것은 말할 수 없지만, 그들의 여러 가지 아이디어가 서로 다르지 않았다. 당시 탈레랑과 콩도르세는 사회적·지적 서클에서 활동했지만, 그 안에 콜래주의 교수들은 좀처럼 나타나지 않았다.146)

그러나 탈레랑과 콩도르세는 각각 자신들이 작성한 콜래주의 교육체제가 여러 교사들에게 수용될 수 있어야 한다는 것을 생각했다. 탈레랑 팀의 몇몇 사람들이 샹파뉴와 게루 형제들의 책을 가지고 작업했다는 것은 증거가 충분하다. 그것들은 파리 콜래주들 내의 학문토론, 초등학

---

145) R. R. Palmer, *The School of the French Revolution: A documentary history of The College of Louis-Le-Grand and its director*, p. 237.

146) *Ibid.*

교에 대한 내용 등에 많이 들어있다. 그리고 더욱 확실한 것은 탈레랑이 40년 후에 그가 자신의 『회상록』을 쓸 때 교육개혁에 대해 라부아지에(Lavoisier), 라플라스, 라그랑주, 몽주, 콩도르세, 라 아르프(La Harpe), 비크 다지르(Vicq d'Azyr) 등과 상담했다는 것을 서술한 것이다.[147] 그러나 입법국민의회 시대를 개막하는 '1791년 헌법'에서는 "모든 사람에게 코뮌의 공교육이 신설되고 조직되며 필수 불가결한 부분에 대하여는 무상으로 교육되어야 한다."[148]는 것이 제1조에 규정됨으로써 차츰 교육문제가 활발하게 제기되었다. 그리고 미라보, 탈레랑, 콩도르세, 라카날, 르플르티에, 로베스피에르, 바래르(Bertrand Barère), 롬, 부키에 등 많은 사람들이 교육문제를 해결하고 혁명을 성과 있게 수행할 수 있다고 생각하는 교육개혁안을 제시하였다.

1791년 3월과 4월에 첨가된 교육법과 관련해서 공교육위원회가 결성되고 위원들이 임명되었는데 탈레랑이 위원회를 대표하여 보고서를 제출하였다.[149] 탈레랑이 제출한 「공교육에 대한 보고서」(Rapport sur l'Instruction publique)에 대해 열띤 토의가 9월 10일, 11일, 19일에 있었으나 제헌국민의회가 종료되므로 새로운 의회가 시작될 때까지 연기하자는 안이 제기되었다. 그러나 탈레랑은 "모든 곳의 대학들은 휴교상태이며 콜래주에는 교육도 교사도 학생도 없다. 10월 이전에 상황을 올바로 되돌려

147) *Ibid.*, p. 238.

148) Maurice Bayen, *Histoire des Université*, p. 65.

149) G. Hippeau, *L'Instruction Publique en France Pendant La Révolution*(Paris: Librairie Académique, DiDier et Cie, Librairies-Editeurs, 1881). pp. 33-184. 탈레랑은 파리에서 1754년 2월 2일 귀족가문에서 출생하였다. 유아기에 사고를 당하여 안짱다리가 되었기 때문에 부모는 아들의 신체적인 면을 고려하여 성직의 길로 권고하였다. 그는 26세에 의회에서 선출하는 의장이 되어 프랑스 전역의 교육현황을 파악하는 임무를 수행하였다. 그 후 오탱(Autun)의 주교로 1791년 1월 20일까지 재직하였다. 그는 고위성직자의 특권을 포기하지 않으면서 1790년 7월 14일 혁명 1주년 기념 '연맹축제'(fête de la fédération)를 주관하였다. 그는 미라보의 두터운 신임을 입고 있었다.

놓을 필요가 있다."[150]라고 하였으나 제헌국민의회는 <탈레랑의 보고서>에 대한 아무런 행동도 취하지 않았다.

<탈레랑의 보고서>도 미라보의 것과 같이 수사학적 설득력은 물론 없었다. 몇 가지 특징은 옛날의 교육방법은 너무나 수도원적이고 이성에 기초를 두고 있지 않다는 것이다. 공화국에서의 법은 일반의지의 표현이다. 따라서 법을 무책임하고 잘못된 공격으로부터 안전하게 보호하기 위해서는 교육과 계몽에 의해 무장된 '공공의 이성 raison publique'이 계속해서 개인의 권리침해를 막아주고 억제해야할 필요가 있다고 하였다.[151]

탈레랑은 교육체계를 초등, 중등, 고등의 3단계로 분류하고 고등교육으로 보다 소수의 엘리트를 양성하기 위해 각 주마다 하나씩 있는 고등교육시설을 그 이상의 전문적 교육을 제공할 수 있도록 하고자했다. 그러나 그의 고등교육체계는 모든 사람에게 초등과 중등교육처럼 무상교육을 전제로 하지는 않았다. 누구든지 전문적인 교육을 받을 수는 있지만 모두에게 무상교육을 하자는 것은 아니었다.

탈레랑은 전문적 훈련을 필요로 하는 직업들과 그 훈련에서 실수가 사회에 심각하게 영향을 미칠 교회의 성직, 법의 집행, 외과수술 업무, 군사기술 업무 등에는 다양한 과정을 제공하도록 하였다. 그의 <보고서>의 대부분은 사실 이들을 위한 제도에 대하여 주로 다루는 것으로 되었다. 그는 신학교 설립을 제의했는데, 그것은 가톨릭교회의 성직수임후보자들을 위한 신학교였다. 그는 신학교가 주교 통제권 아래에 있어야 하고 도시에 세울 것을 제의하고 학생들에게 신앙과 종교문제 뿐만 아니라 교구를 관리하는 의무와 설교하는 기술을 가르치는 것이 중요하다는 것을 주장했다.

150) H. C. Barnard, *Education and The French Revolution,* p. 69.
151) *Ibid.*, p. 69.

탈레랑은 기초과학을 중시하고 그것을 의과대학에서 치료하는 기술을 발전시키는데 활용하도록 하였다. 그에 의하면, 의과대학의 목적은 실제적인 병의 치료이므로 모든 학생들이 충분한 진료경험을 할 수 있도록 부속병원과 결연을 맺어야 한다. 그리고 의과대학생에게는 자격시험을 엄격히 실시해야 하지만, 의사들의 권위는 자격증에 의해서가 아니라 병을 치유하는 의술에 의해서 판단해야 한다는 것이었다. 또한 사람은 의과대학에 다니지 않고서도 의사로 인정받을 수 있어야 하며 자격이 없어도 의과대학에 다닐 수 있어야 한다고 주장했다.[152)]

한편 탈레랑은 새로운 혁명정부는 결국 새로운 법률체계를 의미하는 것으로 기본적인 교육을 헌법에 규정된 공민법과 헌법에서 발전되어 나온 법령에 의해서 실시해야 한다는 것을 강조하였다. 그는 상위법을 적용할 경우 지방자치단체의 법은 때로는 무시될 수 있다고 하였다. 그는 미래의 변호사는 법적 소송절차의 형식에 익숙해야 하며 그 과정을 너무 엄격하게 조직해서는 안 되지만 의과대학처럼 자격시험에 의해 후보자의 능력을 보증해야한다고 하였다. 그리고 프랑스에는 10개의 법과 대학이면 국가의 필요를 충족시키는 데 충분하다고 하였다.

그리고 탈레랑은 루이 14세 시대의 군사학교를 모델로 삼아 군사기술 업무를 증진시키려했던 것이 그의 <보고서>에서 발견된다.[153)] 당시 프랑스에는 23개의 사단이 있었는데 그는 각각의 사단에 군사전문학교를 설립할 것을 제의하였다. 군사전문학교의 교육과정은 4년으로 하고 14-16세에 달하는 지방학교 출신들로 입학이 허가되도록 하였다. 교육은 군사적 주제 뿐만 아니라 지리, 역사, 헌법에 대한 것과 함께 영어, 독일어, 제도, 전술응용수학 등을 포함하였다. 훈련은 사회적·정치적 도덕성, 애국심, 자유에 대한 사랑 그리고 규율을 주입하는 것으로 되

---

152) *Ibid.*, p. 75.

153) Vallet de Viriville, *Histoire de L'Instruction Publique*(Paris: 1849), pp. 265-267. H. C. Barnard, *Education and The French Revolution,* p. 75. 재인용.

었으며, 자유로운 시민, 복종하는 군인 그리고 훌륭한 지도자가 될 사람을 훈련하는 것을 목표로 하였다.

그리고 23개의 군사전문학교 이외에 릴(Lille), 메츠, 스트라스부르, 브장송, 그르노블, 페르피냥 등의 국경지대에 특수전문학교를 세우도록 하였다. 이들 학교는 군사교육의 실질적인 면에 주안을 두고 특별장학금으로 운영하며 각 주가 선발하여 보낸 후보들을 입학시키고 전직군인의 아들에게 입학의 우선권을 주었다. 이처럼 군사교육을 강화하도록 한 것은 루이 16세의 바렌 탈출사건과 '필니츠 선언'에 이은 오스트리아와 프로이센과의 전쟁위험과 국내의 반란을 해결하는 장기적인 대책이라고 풀이된다. 따라서 올리비에 드보(Olivier Devaux)의 말처럼 탈레랑이 그의 교육계획에서 강조하였던 덕목은 윤리(morale)와 애국심(civisme)이었던 것으로 풀이된다.[154)]

탈레랑은 대학에 준하는 고등교육시설을 생각하였다. 따라서 그는 미라보의 국립고등학교와 같이 일종의 '솔로몬의 집'이 될 수 있는 국립연구소(Institut national)를 생각하였다. 그는 과학과 예술에 대한 고등교육을 강조하고 파리에 있는 도서관, 실험실, 미술관, 박물관 등의 시설을 강화하였다. 특히 그는 83개의 각 주에 도서관이 설치될 필요성을 강조하고 각각의 도서관에 교회재산의 국유화를 선언했던 1789년 11월 2일의 칙령에 의해 침탈당하거나 파괴되었던 수도원의 장서들을 비치할 것을 요구하였다. 그리고 당시 이용할 수 있는 책 4백 19만 4천 4백 12권을 파괴하지 말고 잘 정리하여 활용할 것을 제안했다.[155)] 탈레랑의

---

154) Olivier Devaux, *La Pique et la Plume*(Toulouse: Eché, 1988), p. 97.

155) E. and J. de Goncourt, *Histoire de la Société Française pendant la Révolution*, pp. 367-371. http://www.leboucher.com/vous/_accueille.html?goncourt/revolution.html~centregc 물론 일부 책들은 가치가 없는 것도 있으며 또 어떤 것은 복사본이 있어 책의 수가 두 배로 계산된 경우도 있지만 도서관에는 정선된 책이 보관되어야 하며 해마다 책을 추가하도록 해야 하고 기존의 왕립도서관은 그대로 유지해야지 '개조하거나 파괴하는 것은 어리석은 일'이라고 하여 혁명으로 시대

교육개혁계획은 진보적인 것으로서 18세기 후반 계몽사상가들에 의해 작성된 것처럼 당시의 대학 또는 콜래주 드 프랑스의 교육목적과 교육과정에 대한 흥미로운 부분들이 많이 있다.

탈레랑의 교육계획안은 제헌국민의회가 해산하던 날 자코뱅 클럽이 이를 채택하였고, 개혁안은 비판을 받지 않았다. 그러나 1년이 지난 1792년 12월 19일 몽그리(Montgery) 여교사가 교육에 대한 <<진정서>>를 국민공회에서 낭독하면서 탈레랑이 여성교육을 소홀히 하였음을 비난하였다. 그녀는 탈레랑은 남성교육에 관한 작품을 제출한 바 있었다. 그런데 여성은 항상 잊혀 진 존재로 있어야 하나요라고 하면서 아쉬운 질문을 했다. 그리고 자신이 대답하기를 옛날에 수도원과 같은 집에서 아가씨들은 단지 읽기나 쓰기를 배우지 못하였을 뿐, 역시 훌륭한 일꾼이 되었고 그리고 특히 지혜와 덕성으로 국가의 명예를 고양하는 훌륭한 어머니가 되었다[156] 라고 하면서 여성들의 교육적 가치와 가정, 사회에서의 역할이 대단했음을 강조하였다.

한편 1791년 4월 2일 밤에 갑자기 사망한 미라보(Comte de Mirabeau)[157]는 교육개혁을 추진하지 못했지만, 의회에 제출하기 위해 작성한 "공교육에 관한 논문"(Travail sur l'Education Publique)에서 프랑스혁명이전의

---

가 변하고 사회가 변해도 책은 시대나 저자의 위치와 관계없이 소중하게 보존되어야 함을 강조하였다(H. C. Barnard, *Education and The French Revolution*, p. 77).

156) F. A. Aulard, *La Société des Jacobins*, t. Ⅳ(Paris: Maison Quantin, 1892), p. 602. "19 Décembre, 1792".

157) 피카르디 지방의 리브몽(Ribemont)에서 1743년 9월 17일 아버지가 기병대장인 귀족가문에서 출생하였다. 그러나 그가 태어난지 35일 만에 아버지가 오스트리아 계승전쟁에서 전사하였음으로 외로운 유년시절을 보냈다. 랭스의 예수회 학교를 거쳐 파리의 콜래주 드 나바르를 졸업하였다. 과학과 수학에 특출하였다. 1765년 「적분에 관한 연구」(Essai sur Calcul intégral)로 아카데미에서 수상하였다. 그는 파스칼의 『팡세』를 편집하고 볼태르, 라 아르프, 달랑베르 등과 가까웠으며 레피나스양의 살롱, 엘베시우스 부인의 살롱에 자주 드나들면서 당대의 문인들과 교제하고 미래의 혁명가들과 교분을 맺었다.

계몽사상가들이 교육체계에 대하여 비판하였던 것에 찬사를 보내면서 중등교육과 고등교육에 역점을 두었던 것을 볼 수 있다. 미라보의 "공교육에 관한 논문"은 카바니(J. G. Cabanis)에 의해 출판되었다. 미라보는 자연권에 기초한 인권의 회복에 의해 사회를 개조할 필요성을 강조하면서 이것을 달성하는 가장 좋은 방법이 바로 공교육제도라고 주장했다. 그리고 그는 앙시앵 레짐 시대의 콜래주의 교육체제에 호감을 가지고 있었다. 따라서 콜래주 드 프랑스와 유사한 것으로 공립중학교에 대한 계획을 수립하였다. 여기에서 그는 프랑스의 젊은 엘리트들을 교육하고자 각 지방에서 1백 명의 학생들을 선발하여 교육하는 영재교육안을 제시하였다. 그리고 그는 언어 교육에도 관심이 많았다. 그러나 그는 죽은 언어교육에 대한 계획을 결코 원한 것이 아니라 살아 있는 언어, 즉 실용언어를 교육해야 한다는 것을 강조했다.

미라보의 교육론의 특징은 "교육은 국가와 교회의 간섭으로부터 완전히 자유로워야 한다."[158]라는 것이 특색이다. 그가 사망이후 카바니는 대중교육의 일반적 조직, 대중·군대의 축제, 리세나 대학의 설립, 프랑스 왕권계승자에 대한 교육을 다루었다. 탈레랑과 미라보의 교육개혁계획이 완전 일치는 되지 않지만 교회주도의 교육체제에서 탈피하며 교육의 자유와 자율성을 인정해야 한다는 것이 특징이었다.

158) Robert J. Vignery, *The French Revolution and Schools: Educational Policies of the Mountain 1792-1794*, p. 21.

## 3. 공교육에 의한 평등교육의 추구

재산권의 행사범위로 자격을 규정하여 선출된 745명을 의원으로 한 입법국민의회시대는 1791년 10월 1일부터 개회되었다. 입법국민의회는 입헌군주제를 옹호하는 푀양(Feuillants), 온건한 공화주의자들인 지롱댕(Girondins), 로베스피에르에 의해서 영도된 과격론자들인 자코뱅(Jacobins)들로 구성되었다. 입법국민의회는 국내・외의 긴장과 의견의 불일치로 불과 1년밖에 지속할 수 없었지만 교육개혁의 의지만은 실행하고자 하였던 면이 엿보인다. 입법국민의회는 제헌국민의회에 제출되었던 탈레랑의 교육개혁안을 실현하지는 못하였으나 1791년 10월 14일 콩도르세(Condorcet)를 의장으로 하는 공교육위원회를 조직함으로써 프랑스혁명에서 교육개혁문제를 본격적으로 다루게 되었다.[159)]

콩도르세는 1791년 공교육의 본질과 목적, 어린이를 위한 보통교육에 대하여, 성인을 위한 보통교육에 대하여, 직업교육에 대하여, 과학교육에 대하여 등 공교육에 대한 5편의 논문을 출간하였다.[160)] 그는 1792년 4월 20일과 21일 공교육위원회의 명의로 된 상세하고 광범위한 교육계획으로 평가되는 <공교육의 일반적 조직에 대한 법령의 계획과 보고

---

159) Louis Grimaud, *Histoire de la Liberté d'Enseignement en France*, tome 2(Paris: Grenoble, 1944), p. 81.

160) Condorcet, *Ecrits sur L'Instruction Publique; volume premier, Cinq Mémoires sur L'Instruction Publique*, texte présenté, annoté et commenté par Charles Coutel et Catherine Kintzler(Paris: Les Classiques De La Republique, 1989), pp. 1-295.

서>(Rapport et Projet de Décret sur l'Organisation Générale de l'Instruction Publique)를 의회에서 낭독하였다. 그는 민주주의에 특히 필요한 것이 교육이라고 강조하고 교육을 받지 못한 대중은 권리를 알지 못하며 자신들의 정치적 의무를 수행할 수 없는 사람들이라고 하였다. 그는 진정한 자유와 정치적 평등을 실현하려면 국가의 교육체계가 강화되어야 함을 그의 <보고서>의 전문에서 강조하였다.

"모든 인류 개개인의 욕구를 충족시키고 복지를 보장하며 권리를 깨달아 실행케 하고 의무를 이해하고 수행하도록 할 수단을 마련하기 위해, 각자에게 자신의 기술을 완성하고 자연으로부터 받은 모든 재능을 활용하고 발전시킬 수 있는 권리로 사회적 기능을 다 하는 능력을 보장하기 위해, 그리고 시민들 사이에 '분배의 평등 une égalité de fait'을 수립하고 법에 의해 '정치적 평등'을 실질적으로 실현하기 위해, 그러한 것이 국민교육의 첫째 목적이 되어야 하며 그러한 견해에 따라 국민교육은 국가를 위해 의무로 되어야 한다."[161]

그는 진정한 사회적 자유와 정치적 평등을 실현하기 위하여 국민교육의 필요성을 강조하고 교육을 국가가 주도할 것을 요구하였다. 첫 번째 논문에서 콩도르세는 어째서 사회가 구성원들에게 공교육을 제공해야 하는 가에 대한 대답으로 그는 이 문제를 푸는 열쇠는 평등이라고 하였다. 그는 교육상의 불평등은 독재를 낳는 씨앗으로 생각했다. 지난날은 무지하여 소수의 사람들에게만 권력이 집중되어 있었으며 일반적으로 의사나 성직자들보다는 무력적 영향력이 큰 전사들이 권력을 장악하였다. 한편 고대 이집트나 인도는 자연의 비밀이나 종교상의 신비스러움에 사로잡혀 독재의 유혹에서 자유롭지 못하였다. 유럽인들은 당장에는 그럴 염려가 없지만 안심할 바는 못 된다. 사람이 자신의 권리

161) Condorcet, *Rapport et Projet de Décret sur L'Organisation Générale de L'Instruction Publique*, éd., par Compayré(Paris: Librairie Hachette, 1883), pp. 1-2.

나 이익을 스스로 지키지 못하면 언제든지 독재의 유혹이 찾아오기 때문이다. 주어진 권리와 이익을 지키지 못하는 현상은 본질적으로 교육상의 불평등에서 비롯된다. 따라서 사회는 누구에게나 평등하게 교육을 제공해야 하며 공교육이 그 대안이라고 하였다.[162]

콩도르세는 모든 사람들에게 공교육이 필요하다는 것을 역설하고 "공교육은 시민들에 대한 사회의 의무이다"[163] 라고 하였다. 그리고 그는 사람들이 다양한 직업을 가질 수 있도록 사회가 공교육을 평등하게 해야 할 것을 주장했다. 그는 직업에 전념하는 사람들에게 보다 평등을 유지 시켜주기 위한 방법을 생각하였다. 그는 인간이 종사하는 다양한 직업은 공동사회의 복지에 기여한다. 그리고 사람들에게 있어 각자의 취미와 능력은 일자리를 얻을 수 있게 취업의 길을 열어 주는데, 그것이 바로 '실질적인 평등 égalité réelle'을 위해서 유익한 것이다. 그러나 공교육을 실패하면 가난하게 되거나 아주 빗나가게 된다. 그렇지 않으면 무능하게 되고, 그 때부터 종속된다고 하여 공교육의 중요성을 강조하였다.[164]

중요한 것은 이러한 콩도르세의 교육개혁안이 후일 르플르티에, 라카날 등의 교육개혁안에서 다시 강조되었으며, 그것이 정부에 의해 추진되어야 한다는 것이었다. 평등을 교육의 신조로 하는 콩도르세의 공교육 사상은 사실 사회구성원간의 평등을 위해 정부가 마련해야 하는 기본적인 교육계획이자 최선의 방책이라 해도 과언이 아니다. 또한 그의 교육계획은 체력, 지성, 도덕성을 증진시키며 인류의 보편적이고 점진

162) Condorcet, "Mémoires sur l'Instruction Publique", *Oeuvres de Condorcet*, t. 7(Paris, Firmin Didot Frères, 1847), pp. 169-172. *Procés-Verbaux du Comitè d'Instruction Publique de la Convention Nationale*, tome premier, publiéss et annotés par M. J. Guillaume (Paris: Imprmerie Nationale, MDCCCXCL), p. 609.

163) Condorcet, *Ecrits sur l'Instruction Publique: Cinq Mémoires sur l'Instruction Publique*, p. 35.

164) *Ibid*., p. 39.

적인 개선에 공헌하는 것이 바로 모든 사회교육이 지향해야 할 궁극적 목적이어야 한다고 하여 교육을 사회발전의 원동력으로 생각한 것이 특징이다.

스트워트(Stewart)가 말한 것처럼 콩도르세의 교육에 관한 보고서는 자유와 평등이라는 혁명의 원리를 내포하고 있으며 과학에 대한 강조, 교육의 중요성을 증진시키는 데 있어서의 이상주의와 낙관주의, 성인교육에 대한 선견지명, 능력위주라는 혁명철학의 반영, 남·여 공학의 성격, 신체훈련에 대한 관심, 시민권 그리고 균형 있는 교육과정 등을 주요골자로 하였던 점이 돋보인다.[165)]

대학교육에 해당되는 콩도르세의 교육개혁 대상기관은 연구소였다. 그는 전국에 110개의 연구소를 계획하였다. 그 내용을 보면 61개 주에 각 각 하나씩, 19개 주에 각각 둘씩, 2개 주에는 각 각 3개씩, 파리에는 5개의 연구소를 설립하는 것으로 하였다. 그리고 이들 연구소에서는 시민들에게 필요한 농업기술, 군사학, 그리고 심지어 일반 개업의가 필요로 하는 기초의학, 산파학, 수의학 등을 가르치도록 하였다. 또한 각 연구소에는 자체의 도서관, 박물관, 식물원 등을 갖추고 관리자로 하여금 돌보도록 하였다. 뿐만 아니라 중등학교 교사들이 연구소에서 훈련을 받게 될 것이며 이미 중등학교에서 교육을 받은 초등학교의 교사들도 연구소에서 전문적인 직업훈련과정을 거치게 하였다.[166)] 그러므로 연구소는 각 지역 초·중등학교 교사들의 재교육이나 연수기관으로 활용하는 안을 제시한 것이었다.

연구소에서의 교육의 특성은 이전 교양학부와 예수회 학교의 전통적이고 스콜라적 교육과정을 강력히 반대하였다. 그는 문학, 문법, 역사 정치학, 철학 등 논리적 지식과 완전한 지식을 얻을 수 있는 학문을 강

---

165) Stewart, *A Documentary Survey of the French Revolution*(New York: The Macmillan Company, 1951), p. 346.

166) H. C. Barnard, *Education and The French Revolution,* p. 87.

조하면서 "아직도 자연과학에 대해 전체적으로 무지한 상태에 있다"167) 라고 지적하였다. 그리고 과학은 편견과 마음의 편협함을 없애주며 인생의 모든 여정에서 유용한 것이라고 강조하고, 당시 유럽에 과학을 선호하는 지성적 운동이 있는데 그것이 바로 사회질서를 개선할 수 있는 열쇠라고 하였다. 그는 당시 과학, 철학, 정치학에 대한 저서가 번역되지 않은 것이 없는데 콜래주에서 라틴어 학습에 6년을 소비하는 것은 무리라고 하며 앙시앵 레짐의 교육체제에서 탈피할 것을 촉구하였다.

콩도르세에 의하면, 연구소에서 한 학생은 동시에 4개의 강좌를 이수할 수 있게 하였다. 그리고 총명한 학생은 5년 동안에 전체의 교과과정을 이수할 수 있게 하였고 다소 처지는 학생은 자신이 특별히 관심 있는 분야에만 전념하도록 하였다. 또한 연구소는 수비대가 주둔하고 있는 소도시에서는 군사학에 특별히 관심을 두고 항구도시에서는 항해에 대한 교육과정을 준비하도록 하여 오늘날 우리사회에서도 볼 수 있는 대학의 지역별 특성화나 연구소의 특성화를 추진하게 하였던 것이다. 아울러 연구소의 윤리교육은 이성에 기초를 두며 종교교육을 배제하는 것으로 하여 혁명시대의 국가교육의 특성을 선도하고 있다.168)

콩도르세의 교육계획의 또 하나의 특징은 사회가 재능 있는 사람들에게 용기를 주어야 하며 장기적인 안목을 가지고 지식인들의 대화를 촉진시켜야 한다는 것이다. 그는 "계몽사상가들의 회상록, 정기적인 출판물 등에 의해서 바로 모든 발명, 관찰, 실험, 사물에 대한 간단한 시각, 연구계획들이 쏟아져 나오고 유지된다"169)는 것을 강조하였다. 그리고 그는 다수의 계몽사상가들이 노예와 주인이라는 불평등을 기반으로 하여 계속 논리를 전개한 모순성을 지적하고 경제적인 측면에서 평등

---

167) *Ibid.*, p. 87.

168) *Ibid.*, p. 89.

169) Condorcet, *Ecrits sur l'Instruction Publique: Cinq Mémoires sur l'Instruction Publique*, p. 230.

사회를 건설하기 위해서는 직업이 필요하다고 하였다.

그러면 직업교육을 누가 제공할 것인가. 그는 직업교육도 공교육으로 계획되어야 하며 사회가 그 책임을 져야한다고 하였다. 따라서 그는 사회의 질서를 유지하기 위한 원리들은 철학적·윤리적인 것 뿐만 아니라 과학적·기술적인 것이 중요하다고 강조하면서 인간사회의 진보를 위해 기술자와 학자들의 역할의 중요성을 강조하였다. 그러므로 콩도르세는 다른 사람들과 달리 고등교육과 엘리트교육, 즉 대학교육을 강조하였던 것이다.

엘리트교육을 실시하기 위해 콩도르세는 리세를 생각했다. 리세는 역시 대학 수준으로 프랑스에 모두 9개의 리세를 각 지역에 설립하되, 그중 하나는 파리에 위치하는 것으로 하였다. 콩도르세는 리세교육의 목표를 다음과 같이 세웠다. "모든 종류의 지식이 가장 완전한 정도까지 교육될 것이다. 여기에서는 지적 문화를 이루고 지적 능력의 완성을 인생의 중요 목적으로 하는 학자들과 과학자들 중 하나, 그 이상을 깊이 연구해야만 성공할 수 있는 직업들 가운데 하나를 선택하는 학자들이 훈련받게 될 것이다. 연구소의 교사들은 리세에서 훈련받게 될 것이다."[170] 콩도르세는 리세에서 전문교육을 실시함으로써 연구소보다도 더 높은 수준의 고등교육을 담당할 지도자를 양성하는 기관으로서의 역할을 생각하였다

그러나 1792년 4월 콩도르세가 입법국민의회에 교육개혁에 대한 보고서를 제출한 날은 프랑스가 오스트리아에 대해 전쟁을 선포한 날이었다. 의원들의 마음에는 국민교육도 중요하지만 우선은 전쟁에 관한 일이 중요했음으로 콩도르세가 제출한 교육계획은 불행하게도 크게 반향을 일으키지 못하였다. 다시 말하면 국가적 위기상황으로 보아 콩도르세의 교육계획은 단기적인 효과보다는 장기적인 효과에 기대를 걸어

---

170) H. C. Barnard, *Education and The French Revolution,* p. 90.

야 했다. 게다가 1792년 6월 6일 의회가 십일조와 수입세의 중지로 인해 수입원을 상실한 중등학교와 대학 교수들을 지원하기 위한 예산으로 총 십만 프랑을 가결하였다. 그러나 그것은 양동이에 작은 물방울을 떨어드리는 것에 불과하였다. 국민교육은 침체의 늪에서 빠져 나오기가 힘들었다. 그뿐만이 아니라 8월 18일 입법국민의회는 "진정으로 자유로운 국가는 그 속에 어떠한 유사한 단체도 허락하지 말아야 하며 공교육에 공헌하고 국가로부터 상을 받을 만한 단체조차도 허락하지 말아야 한다"는 이유에서 모든 기존 성직자 단체들과 집회는 그것이 종교적이든 세속적이든 완전히 폐지되어야 한다는 법령을 제정함으로써 혁명의 열기 속에 교육은 일단 자유와 자율을 상실하였다.[171)]

당시 제정된 '성직자 공민법'은 원래 성직자들로 하여금 선서를 하게 하고, 선서한 성직자들만이 국가에서 임명장과 봉급을 주도록 했다. 그러나 그것은 즉시 교직에도 적용되었다. '성직자 공민법'의 거부는 중등학교 교사들 뿐만 아니라 대학 교수들까지도 괴로움을 주게 되었다. 그 법에 선서를 하지 않은 교수들은 교단을 떠나야 했다. 161명의 파리 대학 교수들 중 단지 41명만이 공민서약을 했다. 공민서약을 하지 않은 교수들은 모두 교수직을 박탈당하는 치명적인 타격을 입었다. 초등학교 교사들은 중등학교나 대학의 교수들만큼 심각한 타격은 적었으나 서약에 대한 공포와 괴로움의 파장은 마찬가지였다.

그러한 현상은 일찍이 영국에서 청교도 혁명기간에 나타났던 바가 있다. 국왕파들은 의회가 대학을 마비시키고 학문을 파괴시키려한다고 비난하였다. 의회는 대학을 마비시키는 것을 원치 않았지만 대학의 아르미니안주의자들을 제거함으로써 혁명기의 영국의 대학도 프랑스의 대학들처럼 수난을 당하였다. 다만 맨체스터 백작(Manchester)이 케임브리지 대학의 국왕파들을 대거 추방하면서도 "대학을 해체하기보다 이

171) *Ibid.*, p. 97.

를 개혁하는 것이 바람직하다"는 판단에 따라 다소 수난이 완화되었다. 그리고 의회는 군에 대학의 기물을 파괴하지 않도록 특별한 명령을 내렸으며 대학의 구성원들에게 징집을 면제하는 특혜도 베풀었던 사례가 있었으나 프랑스가 이러한 것을 참고했다는 명백한 근거를 아직 찾을 수는 없다. 결론적으로 프랑스혁명초기 교육계의 실제적인 변화는 없었다고 해도 과언이 아니다. 그리고 입법국민의회시대까지도 초등학교를 제외하고 대학에서는 특기할 만한 대학에 대한 논의나 실질적인 개혁은 거의 없었다. 게다가 콩도르세의 교육계획은 탈레랑의 교육계획을 능가할 수 없었을 뿐만 아니라 시기적으로도 국민공회시대가 개막하려는 때였음으로 입법화되지 못하고 다음 시기로 넘기는 아쉬움이 있었다. 그러나 국민공회시대의 교육개혁이 콩도르세의 교육개혁안을 기초로 이루어졌다는 사실에 기대를 걸어야 할 것 같다.

# 제3장

# 국민공회 시대(1792-1795년)의 실용적인 교육개혁과 혁명정신 고취

1. 공교육위원회의 출범과 그 목적
2. 교육개혁안에 대한 논쟁
3. 이공계 전문고등교육기관을 통한 혁명력 증강
4. 군사학교와 사범학교를 통한 혁명정신의 고취

## 1. 공교육위원회의 출범과 그 목적

국민공회는 1792년 9월 21일에 출범하였다. 국민공회시대가 개막된 후 3년 간은 산악파와 지롱드파와의 분쟁, 왕의 재판과 처형, 내란과 대외전쟁, 정치범들의 대량학살과 공포정치 등 프랑스혁명의 전 기간을 통하여 가장 격렬했던 시기였다. 특히 1794년 7월 28일 테르미도르에 의한 막시밀리앙 로베스피에르의 실각과 그의 처형 때까지 프랑스는 공포와 혼란의 정국이었으므로, 이때에 체계적이거나 대대적인 교육개혁을 하기가 힘들었다. 그러나 교육문제에 지속적인 관심을 두고 있던 국민공회는 사무총장 시에예스(Abbé Sieyès)로 하여금 1792년 10월 13일 국유지위원 24명, 회계감사위원 15명, 분배위원 23명과 더불어 선출된 24명으로 구성된 공교육위원회(Le Commité d'Instruction Publique)를 조직하였다.

당시 공교육위원들은 콩도르세, 피에르(Prieur Pierre), 아르보가스트(Arbogast), 쉐니에(Chenier. Marie-Joseph), 에로 드 세쉘(Hérault de Séchelles), 고르사스(Gorsas), 랑쥐내(Lanjuinais), 롬(Romme), 랑테나스(Lanthenas), 시에예스, 바래르, 뒤소(Dussaulx), 샤세(Chasset), 루이 세바스티앙 메르시에(Louis-Sébastien Mercier), 다비드(David. Jacques Louis), 샤를 빌레트(Charles Villette), 뒤랑 드 마이안(Durand de Maillane), 르키니오(Lequinio), 루 파지악(Roux Fasillac), 라보 포미에(Rabaut Pomier), 클로드 포쉐(Claude Fauchet), 보댕 데 아르단(Baudin des Ardennes), 키네트(Quinette), 레오나르 부르동

(Léonard Bourdon) 등이었다.[172)]

공교육위원회의 위원장은 수학자이자 바랭주의 의원인 아르보가스트였다. 공교육위원회를 임명할 때 24명의 구성원 중 절반은 적어도 교수, 시민 또는 성직자출신이었던 것으로 보아 공교육위원회들의 선정에서 위원들의 자격을 다양화했으며, 신중히 고려하였음을 엿볼 수 있다.[173)] 국민공회의 교육개혁 정신에 대해 살펴보면, 교육은 종교와 절대 무관해야 하며 이성적이어야 하고 성직자의 영향에서 벗어나 교회의 영향력에 대항하도록 되어야 하며 절대 중립적이고 자유와 평등이라는 혁명원리에 일치해야 된다는 것이었다. 그것은 1792년 12월 랑테나스, 롬, 라카날 등이 제출한 교육개혁 안이었다. 그러나 이들의 교육개혁안의 원리는 샤를 쿠텔(Charles Coutel) 등이 주장한 바와 같이, 이미 입법국민의회에 제시되었던 콩도르세의 공교육사상의 영향을 받은 것이었다. 콩도르세는 1791년 10월 14일 공교육위원회의 조직과 함께 의장이 되었었다. 그리고 4월 20-21일 공교육위원회의 명의로 된 상세하고 광범위한 <공교육의 조직에 대한 보고서와 법령계획>(Rapport et Projet de Décret sur l'Organisation Générale de l'Instruction Publique)를 작성하였다. 여기에서 그는 첫째, 자유와 평등이라는 혁명적 원리를 교육사상에 반영하고 둘째, 국가교육체제의 공교육을 실시하는 것을 목적으로 하였다. 그리고 그것은 국민공회시대에 다시 인쇄되었던 것이다.[174)]

그러므로 프랑스혁명에서 교육문제에 대해 본격적인 관심을 갖고 혁명 사업으로 추진한 것은 공교육위원회가 발족된 1792년 12월 12일부

---

172) *Archives Parlementaires de 1787 à 1860, recueils complete des débats législatifs et politiques des chambres françaises*, sous la direction de J. Mavidal et de E. Laurent, 1er série(1789 à 1799), tome. 52, ,(Paris: Librairie Administrative de Paul Dupont, 1901), p. 480. "Le 13 octobre 1792."

173) Jacques Godechot, *Les Institutions de la France sous La Révolution et l'Empire*(Paris: Presses Universitaires de France, 1985), p. 446.

174) G. Hippeau, *L'Instruction Publique en France pendant La Révolution*, pp. 185-288.

터라고 볼 수 있다. 이때부터 공교육위원회는 콩도르세의 교육계획에서 제시한 원칙과 체제를 채택하여 그것을 구체화하는 문제에 대한 토론에 들어갔다. 이때 랑테나스는 콩도르세의 교육개혁안은 적합한 교사의 봉급, 완전한 대중강의 개발, 만족스런 행정기구를 마련하지 못하고 교육 정책적인 면을 소홀히 하고 있다는 비난을 했으며, 마이안은 국립학교는 '사회에 대한 사랑과 애국심'을 강조해야 하는 것이라고 전제하면서 콩도르세의 계획은 불필요한 제도를 만들 뿐만 아니라 특권학자계층을 양성할 위험이 있다고 비판했다. 마쉬에(Claude Louis Masuyer) 역시 랑테나스, 밀란 등과 같이 프랑스의 젊은이들에게 지적 교육과 도덕교육을 해야 한다고 강조하였으며, 공교육 또는 국가 교육은 모든 국민에게 공적이며 일반적이어야 하므로 국가가 모든 국민에게 공헌하기 위해 교육에 대한 통제권을 가질 필요가 있다고 하였다.[175)]

그러나 1792년 말에서부터 1793년 1월까지는 루이 16세에 대한 재판에 이어 사형이 집행되었던 시기였으므로 의원들은 모든 정력을 정치권력을 얻고 사회혼란을 막는데 집중하였으며, 심지어 교육입법에 몰두하던 의원들도 빈곤의 구제나 군비확장에 대한 문제로 여념이 없었다. 1월 21일 드디어 국민공회는 왕을 처형하고 곧 이어서 영국, 네덜란드, 에스파냐에 대해 선전포고를 하였다. 그러므로 교육에 대한 문제는 자연히 뒤로 밀리는 상황이 되었다. 따라서 공교육에 대한 법안에 대하여 아무런 조처도 취하지 못하였고 다만 제출된 보고서와 연설문은 출판해야 한다는 것으로 결론을 내렸다.

이러한 와중에도 1792년 12월 20일 공교육위원회를 대표하여 수학자인 롬 의원은 <공교육에 대한 보고서>(Le Rapport sur l'Instruction Publique)를 통해서 1791년 콩도르세의 『공교육에 대한 5개의 논문집』(*Les Cinq Mémoires sur l'Instruction Publique*)에서 발췌한 교육원리를 인용하면서 반향

175) Louis Grimaud, *Histoire de la Liberté d'Enseignement en France*, tome. 2, p. 111.

을 불러일으켰다.[176] 그는 여기에서 1789년 이전의 공교육에 대하여 회고하면서 그것들은 진부하고 모순되며 편협한 내용이었다고 비판하였다. 그리고 앙시앵 레짐 시대에서의 고등교육제도들 중에 단지 콜래주 드 프랑스만이 유지될 가치가 있다고 하였다. 왜냐하면 그것은 조직, 포괄성 그리고 교육의 중요성과 가치 면에 있어서 모든 공교육기관이 추구하는 장점들을 가지고 있었기 때문이라고 했다. 이어서 그는 그것이 계속 유지되거나 일반적인 공교육제도의 일부로 개량되어야 한다는 것을 강조했다.[177] 롬에 의하면, 국민공회는 콜래주 드 프랑스가 교회에 편중하지 않고 전승과 현실의 모순을 극복하려고 노력하였으며, 미래지향적 교육을 하고 있다는 것으로 평가하였다.

롬의 교육계획은 첫째 모든 시민에게 필요한 교육, 둘째 교육을 담당할 소수의 사람을 위한 전문적인 고등교육으로 구분하였다. 그에 의하면, 비록 교육비용과 행정이 공적 감독을 받아야 할지라도 교육기관들은 통제를 받지 않고 교육과 연구를 자유롭게 할 수 있어야 한다는 것이었다.[178] 그가 학교의 자율권과 학문의 자유를 주장하였으나 혁명정부의 통제를 받지 않는 완전한 자율과 자유를 의미하는 것은 아니었다. 그는 연구소에서 과학, 예술 그리고 문학에 대한 것들을 집중적으로 가르쳐야 하고, 리세에서는 창조적이고 발전된 지식분야를 교육해야 한다는 것을 강조했다.

공교육이 인민의 권리로서 헌법에 표현된 것은 국민공회시대인 1793년 6월 24일 제정된 '1793년 헌법'에서였다. 이 헌법의 전문에 해당하는 부분으로 <인간과 시민의 권리선언> 제22조에 "교육은 만민에게 필요하다"라고 하여 모든 사람에게 교육의 필요성을 제시하였다. 그리고 공

---

176) Charles Coutel, 「Pour L'Instruction Publique : Romme et Condorcet」 *Annales Historique de la Révolution Française*, N̊ 304, avril-juin, (1996, n̊ 2), p. 330.

177) H. C. Barnard, *Education and the French Revolution*, p. 106.

178) *Ibid.*, p. 107.

교육은 공공의 이성의 진보를 촉진하고, 모든 시민들이 교육을 받을 수 있게 해야 한다"[179]라고 하여 교육에 대한 국가의 의무와 시민의 권리를 명시하였다. 또한 비네리의 말과 같이 국민공회는 다시 '1793년 7월 3일 법령'으로 6인의 공교육위원회를 구성하여 '공화주의적 공교육체제'를 만들려고 하였다. 그것은 공교육위원회를 관장하고 있던 시에예스의 그룹을 불신하는 동시에 교육입안의 주도권을 잡으려는 산악파의 운동이었다. 당장 효과가 나타나고 있었다. 신임 위원의 투표에서 여섯 명의 위원 중 산악파가 무려 4명이나 선출되었다. 그들은 로베스피에르, 레오나르 부르동(Léonard Bourdon), 쿠페 드 루아즈(Coupé de l'Oise), 필리프 자크 륄(Philippe-Jacques Rülh)이었다. 그리고 다른 두 사람은 평원파에 속한 위원이었는데, 공화주의자이며 주교인 앙리 그레구아르(Henri Grégoire)와 정치적인 식견이 있는 라카날[180]이었다. 6명의 공교육위원들은 신속히 일할 수 있을 것을 기대하고 있었다. 국민공회는 그들에게 한 주 내에 보고서를 제출하라고 명령을 했다. 그러나 그들이 작성한 보고서는 알려지지 않았다. 그것은 마지막 순간에 로베스피에르가 권력을 장악했기 때문이다. 국민공회에서 로베스피에르는 르플르티에(Louis – Michel – Lepeletier)가 암살되기 전에 작성한 장문의 교육계획을 낭독하였다.[181] 그러므로 국민공회시대 로베스피에르가 집권할 동안은 르플르티에의 교육계획에 의해 교육이 주도되었다고 보아도 무리가 없을 것 같다. 이후 '1795년 헌법' 제296조에서부터 301조까지 초등·중등·고등학교의 수, 교육내용, 예술과 학문의 신장, 학교의 설립, 국민축제

---

179) Jacques Godechot, *Les Constitutions de la France depuis 1789*(Paris : Flammarion, 1987), p. 82.

180) 라카날은 독트리내르 교사단의 일원이었고 몇몇 중등학교에서 교육을 했었다.

181) Robert J. Vignery, *The French Revolution and Schools : Educational Policies of the Mountain 1792-1794*, p. 70.

등에 대한 내용을 6개의 조항[182] 에 걸쳐 규정하였으나 대학과 전문교육에 대한 내용을 찾아볼 수는 없는 것이 아쉽다.

한편 교회재산의 국유화와 성직자 공민선서는 모든 종류의 교육에 여전히 심각한 영향을 주었다. 게다가 1793년 3월 8일 낭트 출신의 푸쉐(Fouché) 의원이 공교육시설로 이전에 기증 받은 재산은 몰수되어야 한다고 주장함으로써 전통교육은 더욱 심각한 위기를 맞이하였다.

파리 대학을 비롯한 여러 대학 역시 교육이념과 교육과정의 문제로 적지 않게 수난을 당했다. 파리 대학에는 대학의 기숙사단과 같은 콜래주가 무려 43개나 있었고 다른 대학들도 많은 콜래주들을 가지고 있었는데 이들 역시 수난을 당하기는 마찬가지였다. 그 중에 콜래주 다르쿠르(Collège d'Harcourt)는 폐교되어 처음에는 1793년 혁명재판의 희생자들에게 감옥으로 그 다음 1796년에는 군인들의 막사(caserne)로 제공되는 수난을 당했다. 어디 그뿐인가. 얼마 있지 않아 그것은 1804년 법과대학이 설립되기 이전에는 랑쥐내에 의해서 개관된 입법 아카데미 도서관의 문서보관소에 포함되었다. 이처럼 혁명정부는 공교육위원회로 하여금 혁명이전의 전통교육은 혁파하거나 억제하게 했고 혁명이념을 구현할 수 있는 새로운 교육계획을 세워 추진하였던 것을 볼 수 있다.

182) *Ibid.*, pp. 133-134.

## 2. 교육개혁안에 대한 논쟁

교육의 목적, 대상, 방향이 프랑스혁명초기부터 명확했고 일치했던 것이 아니었음을 우리는 확인했다. 그것은 프랑스혁명이 일관된 정치개혁의식과 교육개혁의식을 가지고 있지 않았기 때문이기도 했다. 그러나 '1793년 헌법' 제22조에서 이미 확인한 바와 같이 국민공회 시대에 교육권은 더욱 강조되었고 법적 효력을 발휘할 수 있는 힘을 갖게 되었다.[183] 1793년 교육계획은 주로 시에예스와 도누가 작성한 것이었으나 그 계획은 공교육위원회의 조제프 라카날에 의해서 의회에 제출되었다. 거듭 강조하지만 그것은 콩도르세가 이미 제시한 내용과 대동소이하지만 국민공회시대에 제시된 것 중 괄목할만한 것은 라카날이 제출한 이 보고서였다.

물론 라카날의 보고서는 초등학교 수준 이상의 교육에 대해서는 많이 언급을 하고 있지 않았으나 중앙학교(Ecole Centrale)를 내세웠다. 원래 중앙학교는 1792년 지롱댕 의원인 이사르(Jean-Henri Bancal des Issarts)가 초등교육에 이어 중등교육을 수행할 수 있는 중앙학교를 각 주의 도시에 설립해야한다고 제의했으나 국민공회가 3연간 연기했다. 그 후 라카날이 1795년 다시 중앙학교 안을 제시함으로써 필요성이 인식되었다. 그에 의하면, 중앙학교는 중등학교가 아니며, 초등학교가 위치한 소

183) J. M. Thompson, *French Revolution Documents*(Oxford: Oxford University Press, 1933), p. 241.

재지의 중앙에 세워진 학교였다. 라카날의 보고서 제출에 따라 뒤앙(Duhem), 르장드르(Legendre), 르콩트(Lecomte), 롬, 뒤부아 그랑세(Dubois-Grancé), 티보(Thibaut), 부아시에(Boissier), 르바쇠르 드 라 사르트(Levasseur de la Sarthe), 클로젤(Clauzzel) 등이 활발한 논쟁을 전개했다. 그리고 중앙학교에 대한 계획은 1795년 2월 25일 채택되었다.[184] 중앙학교의 설립안은 모두 9조항으로 되었으며, 장차 중앙학교는 에콜 폴리테크니크(Ecole Polytechnique)로 부른다는 것을 제 1조에 규정했다.[185]

중앙학교가 설립된 구체적인 이유와 실제적인 목적은 무엇이었나? 앙시앵 레짐 시대에 중등교육은 대개 성직자와 수도사들에 의해 유지되었다. 그러나 성직자와 수도사들에 의해 유지되었던 콜래주는 10분의 1세(dîmes)의 폐지, 성직자 공민선서(serment constitutionnel), 성직자 교사단(Congrégations enseignantes)의 폐지, '1793년 3월 8일 법'에 의한 콜래주의 재산 매각 등으로 도저히 유지할 수가 없게 되었다. 따라서 대부분의 콜래주는 1793-4년에 폐교되었다. 이에 따라 '1795년 2월 25일 법'과 '1795년 10월 25일 법'에 의해 중앙학교의 설립이 추진되었다. 중앙학교는 처음 콜래주를 대신했고 12세 이상의 학생들이 입학한 것으로 보아 중등교육과정이라고 할 수 있다. 그러나 3단계는 16세 이상이 되어야 입학자격이 있었고 1797년대에 이르면 50-60세 되는 사람들이 공직을 얻기 위해 다녔다. 그것의 교육목적은 성직자, 법률가, 학자의 양성이 아니라 공화주의 시민의 양성이었으며 차라리 기술학교와 같았다.

중앙학교의 교육과정은 3부로 되었다. 제1부는 데생, 자연사, 고대어(지방에 따라 현대어), 제2부는 수학, 물리와 화학, 그리고 제3부는 일반문법, 문학, 역사, 입법이었다. 모든 교과목은 임의 선택이었고, 학생들

---

184) G. Hippeau, *L'Instruction Publique en France pendant La Révolution*, p. 435.

185) *Procès-Verbaux du Comité d'Instruction Publique de la Convention Nationale*, tome 6, publiés et annotsé par M.J Guillaume(Paris: Imprimerie Nationale. 1907), pp. 602-603.

은 모두 통학생들이었다.186) 라카날은 중앙학교로 하여금 도서관, 박물관, 식물원의 시설을 갖출 것을 제시하였고, 그 당시로서는 고등교육기관에 해당되는 리세나 연구소와 마찬가지로 예술과 그것의 응용상의 진보를 위해 계획된 아카데미들과 그 밖의 기관들을 장려하도록 하였다.

클로드 르리애브르(Claude Lelièvre)에 의하면, 중앙학교는 1789년 중등교육을 담당했던 562개의 콜래주를 대신했다. 그리고 중앙학교가 설립된 것도 '1795년 2월 25일 법'과 '1795년 10월 25일 법'에 의한 것이었기 때문에 그것들의 교육과정을 굳이 살피지 않고도 '혁명전사'를 양성하려는 학교였다는 선입견을 배제할 수 없다. 중앙학교는 설립된 후 약 6년간 지속되다가 일부는 앙시앵 레짐 시대의 중등학교로 또 일부는 나폴레옹시대의 리세로 대체되었다. 그러나 1797년에 이르면 90개였던 중앙학교가 97개로 증가하였고 '1797년 법령'에 의해 "결혼하지 않았고 군대에 복무하지 않은 시민이 만일 정부산하의 어떤 관직을 얻고 싶으면 출생증명서와 공화국의 학교 중 하나에 다녔다는 증명서를 제출해야한다"라고 규정하고 있어 중앙학교의 입지가 더욱 확실하게 되었던 것을 알 수 있다. 그리고 "중앙학교에 입학하지 않을 수 없었던 50~60세의 늙은 서기들을 파리에서 볼 수 있다"고 라고 한 말을 볼 때 중앙학교의 수준과 역할이 중등학교 이상의 수준이 되었던 것 같다.187)

한편 산악파인 아상프라츠(Hassenfratz)는 라카날이 보고한 교육계획의 대부분이 이전에 성직자였던 시에예스의 것과 유사하기 때문에 그것을 비난하였고 특히 그는 공교육중앙위원회의 창설을 반대하였다. 따라서 당시 국민공회를 주도하고 있었던 산악파가 이러한 아상프라츠의 견해에 찬사를 보냄으로써 시에예스, 도누, 라카날의 공교육중앙위원회의 창설계획은 수포로 돌아갔다. 그러나 이들의 교육계획에 대한 논의는

---

186) *Revue des Études Napoléoniennes: Les Origines de L'Europe Nouvelle*, tome 12, Juillet à Décembre, 1917(Paris: Librairie Félix Alcan), p. 17.

187) G. Hippeau, *L'Instruction Publique en France pendant La Révolution*, p. 435.

계속되었으며 시에예스와 도누는 자신들의 비판에 대해 답변하는 형태의 저서도 출판하였던 것으로 보인다.

국민공회 시대에는 르플르티에의 교육론 유고에서 발견된 <교육의 국가적 체계를 위한 계획>에 대하여 특별한 관심과 비중을 두었다. 그것은 르플르티에가 욘(Yonne) 주의 의원으로 선출되어 귀족신분의 폐지를 주장하였던 것을 인정하는 점도 있었으나, 그가 루이 16세의 처형에 찬성했을 뿐만 아니라 왕의 처형 전날 밤인 1793년 1월 20일에 왕당파에 의해 암살되어 국민공회에 의해 순교자이자 영웅으로 추대되었기 때문이었다.

이외에도 로베스피에르, 바래르 등 혁명의 주도자나 추진자들이 교육문제를 심도 있게 다루었다. 산악파의 거두 로베스피에르는 교육문제를 다루는 6명의 위원들 가운데 한 사람이었다. 그는 1793년 7월 13일 국민공회에서 르플르티에의 교육에 대한 논문들을 낭독하면서 르플르티에의 교육계획을 의회에 상정하였다. 로베스피에르는 르플르티에가 콩도르세의 계획을 비판하면서 자신의 보고서를 시작했음에도 불구하고 초등학교, 중등학교, 연구소, 리세 등 교육의 네 단계를 받아들였다고 했다. 르플르티에의 계획이 낭독된 후 이 안에 대한 논란과 많은 비판이 이어졌는데, 이들 중에는 '평등의 집'에 대해 적극 반대하는 그레구아르 신부도 있었다. '평등의 집'은 르플르티에에 의해 제시된 것은 아니었다. 산악파이며 극단주의자인 프랑수아 브르동에 의해서 처음 제시된 '평등의 집'은 학교를 의미하며 학교가 필요한 곳에는 어느 곳이나, 그리고 국가에 소속된 건물에 입주할 수 있는 곳은 모두 설립이 가능하다는 것이다. 심지어 종교적으로 사용되는 건물이나 이민을 간 사람들의 집에도 '평등의 집'을 세울 수가 있다는 것이다.

그 후 그레구아르 신부는 1794년 7월 4일 공안위원회가 국가의 안전은 국민교육에 있다고 했으나, 국민교육은 여전히 제대로 이루어지지 않았고, 구제도의 잔해밖에 남기지 않았으며 이제 운영난에 봉착하여 콜래주가 20개만 있을 뿐이라고 불평하였다.[188]

르플르티에의 교육개혁에 대한 논쟁이 활발하게 진행되고 있을 무렵 프랑스는 외국의 침입, 방데(Vendée)와 남부의 폭동 등으로 더욱 어려움에 봉착하였다. 게다가 르플르티에가 암살됨으로써 한동안 그의 교육개혁안은 물론 교육개혁 자체에 대해 활발하게 논의될 수 없었다. 그리고 1793년 8월 10일에 국민총동원령이 발표됨에 따라 결국 18~25세 남자들에 대한 총동원령이 내려짐으로써 아무리 국민공회가 고등교육에 관심을 가지고 있었을지라도 공식적인 의회일정으로 교육문제가 다루어질 수 없었다.

그러나 1793년 9월 15일 국민공회가 파리의 몇몇 대중단체의 대표들과 더불어 파리 주 출신의 의원들의 국민교육문제에 대한 <진정서>를 접수함으로써 다시 논란이 계속되었다. <진정서>의 내용은, 거기에 명시되지 아니한 다른 과목들을 포함하여 수학, 과학 그리고 그것들의 응용을 교육할 2년 과정의 중등학교 설립을 요구하였다. 그리고 이들 학교는 먼저 연구소 그리고 다음에는 리세로 이어지도록 하였다. 리세의 교육과정은 4개의 분과로 조직하였다. 첫째, 수학과 물리학을 포함할 것이며 둘째, 언어와 문학을 셋째, 윤리학과 정치학을 넷째, 그림, 조각, 음악, 연극, 수사학뿐만 아니라 조리, 재봉, 살림주택, 자기보호에 대한 기술을 포함한 각종 실용교육을 실시하는 것으로 되었다.

그러나 국민공회에서 밝힌 내용은 <진정서>와는 다른 내용으로 고등교육의 시급성을 강조하였다. "그들은 국민교육문제에 대한 <진정서>를 제출하였다. 그들은 앙시앵 레짐에 의해 공화국에 유증된 고등교육체계가 '현저하게 결함이 있고 éminemment défectueuse', 그리고 특권소수층만이 접근할 수 있다는 이유에서 비판했다. 따라서 젊은 공화

188) Charles Lemenestrel, *L'Instruction en France : date-t-elle de la Révolution?* p. 245.

주의자들이 사회봉사에 필요한 것은 무엇이든지 배울 수 있는 학교가 필요했고 그들에게 학교를 제공하는 것을 의무로 생각한다. 국민공회는 교육계획에 대해 토론했고 교육체계에 대한 투표를 하였으나 실제로 성취된 것은 아무 것도 없었다. 초등교육계획 이외에 고등교육체계가 긴급히 요구되고 있었다."[189)]

르플르티에의 교육계획에 절대적 지지를 보낸 사람은 로베스피에르였다. 그는 첫째, 초등교육의 의무를 통한 사회적 통일의 필요성 둘째, 국가가 후원하는 고등교육의 다양성에 매력을 느꼈다. 1793년 7월 그것이 국민공회에 소개되었을 때, 국민공회의원들에게 대단히 매력적인 것처럼 보였다. 혁명은 6개월 전보다 더욱 위급한 상황이었다. 지롱드파와 산악파의 싸움은 끝났지만 내분은 계속 사라지지 않았으며 방데에서는 사실상 내전이 크게 벌어지고 있었다. 프랑스는 여전히 외국과의 전쟁에 휘말려 있었고 나아가 이제는 오스트리아만이 아니라 유럽의 주요 강대국들의 연합과 맞서 싸워야 했다. 혁명의 지도자들은 외국과 국내의 적들과 대항하며 새롭게 수립한 정권을 보호하기 위하여 과감한 조치를 마련하기 시작하였다. 이러한 경향은 4월초 공안위원회의 구성과 7월 10일 헌법의 효력중지로 그 절정에 달했다. 그것은 공화국의 미래에 대한 두려움과 어떤 희생을 치르더라도 공화국을 보호해야 한다는 결정이었고, 결과적으로 국민공회는 공화국체제의 장기간의 안전을 위한 과감한 조치로 교육개혁안을 내놓았다. 이에 대하여 비네리가 말한 것처럼, 르플르티에의 계획은 혁명정부의 지배적인 성향에 일치할 뿐만 아니라 여당의 가장 유력한 지도자들 중의 한 사람을 후원자로 가지고 있었다. 로베스피에르의 의견이 산악파를 대표한 것이었다면 결과적으로 전망이 밝은 것이었다.[190)]

---

189) H. C. Barnard, *Education and the French Revolution*, pp. 124-125.

190) Robert J. Vignery, *The French Revolution and Schools: Educational Policies of the Mountain 1792-1794*, p. 80.

파리 주 의원들이 제시한 고등교육계획에 대하여 6명의 공교육위원 중에 자크 미쉘 쿠페(Jacques Michel Coupé) 이외에 다른 위원들은 모두 찬성을 하였다. 이들 중에 라카날은 위원회를 대표하여 그것은 이미 자신들이 발전시켰던 계획이라고 하였다. 이 계획은 파리 뿐만 아니라 공화국 전역에 확대되어야 한다는 것으로 결정되었다. 1793년 11월 1일이 고등교육계획이 시행되자 전통적 권위와 인기가 대단하던 신학부, 법학부, 의학부뿐만 아니라 전 공화국의 모든 기존 교양학부들도 억압을 받았다.[191] 이제 전통적인 고등교육과 혁명정부의 고등교육이 본격적으로 정면충돌하게 되었다.

그와 같은 예로, 쿠페는 분개하여 라카날이 1793년 7월에 제출했던 계획에 대하여 언급하면서 이제 라카날이 다시 제안한 고등교육체계는 결국 새로운 귀족정치, 지식인의 정치를 창조할 것이라고 비난하였다. 이것은 국민공회에서 격렬한 논쟁을 일으켰고, 국민공회는 한동안 고등교육계획에 대한 더 이상의 실행을 중지하도록 결정하였다. 결국 교육개혁에 대한 전반적인 문제가 다시 한 번 보류되었고 전에 있던 고등교육시설은 계속 그대로 유지되었다. 공교육위원장이 된 라카날은 1794년 11월 17일 표결된 새로운 교육계획을 제시하였다. 물론 그것은 대학에 관한 것은 아니었지만 소년과 소녀의 초등학교에 관한 2개의 교리에 불과했다.[192]

따라서 공교육의 감독을 위임받았던 6명의 위원들은 쿠페가 이미 라카날의 교육계획에 반대했을 때와 같은 어려움에 봉착하였다. 쿠페의 제안에 따라 3명의 위원들을 추가하기로 했지만 결국 3명이 타협하기를 거절함으로써 일이 추진되지 않았다. 공교육은 전문교육과 함께 프랑스 언어교육의 중요성을 제기하였다. 1794년 1월 27일 바래르는 국민

191) H. C. Barnard, *Education and the French Revolution*, p. 125.
192) Fèlix Ponteil, *Histoire de l'Enseignement en France,* p. 51.

공회에서 "언어는 사회의 몇몇 계층만의 소유물이 아니다. … 우리의 적들은 프랑스어를 궁정의 언어로 만들어 타락시켰다. 그러므로 프랑스어를 대중의 언어로 만드는 일은 우리의 몫이며 이러한 사명을 다할 때 프랑스어는 영광스럽게 될 것이다. 자유와 평등에 어조를 빌려준 언어만이, 하나의 의회 연단과 이천 개의 대중을 위한 연단을 가지고 있으며, 대규모 집회를 위한 넓은 공간들과 애국심을 찬양하기 위한 극장들을 갖고 있는 언어만이, 4년 전부터 모든 민족들에게 읽히며 유럽 전체에 14개 군의 위력을 보여 주고 툴롱, 랑도, 보방 요새의 탈환이라는 영광과 왕당파군의 전멸에 도구로 쓰인 언어만이, 오로지 이 언어만이 세계어가 될 수 있는 것입니다"[193]라고 하면서 프랑스어의 대중화, 표준화, 세계화를 역설하였다.

고등교육에 대한 극단적인 견해도 나왔다. 1793년 12월 11일 가브리엘 부키에 의원은 "자유국가는 사색하는 학자층이 필요 없다. 순수과학은 그것을 연구하는 개인들을 사회의 나머지 사람들과 분리시키게 한다. 그리고 결국 그것은 공화국을 약화시키고 파괴하는 독소임이 입증되었다"[194]라고 까지 하였다. 이어서 부키에는 가장 좋고, 가장 유용하고, 가장 단순하며, 젊은이들이 진정한 공화주의 교육을 받을 수 있는 학교들은 그것이 도에 있든 지방행정구나 자치지방에 있든지 간에 공화주의 클럽에 있는 모임에 가입해야 한다고 했다. 1793년 12월 19일 부키에가 161차 국민공회 회의에서 발표한 교육 안은 '활동적이며 건장하고 근면한 시민의 양성'을 목표로 하였다. 그것에 따르면 무상교육, 공공의 책임, 시민정신과 도덕심의 함양, 교사에 대한 지방당국과 부모의 감독, 공교육위원회의 기본교재 제공, 직업교육 등을 강조하였다. 법안은 제1절 교육전반(4조항), 제2절 교육감독(3조항), 제3절 교육의 첫

193) 송기형, 「불란서대혁명기의언어정책」, 서울대학교대학원박사학위논문(1989), pp. 225-233.

194) G. Hippeau, *L'instruction Publique*, tome. 2, p. 17.

번째 단계(15조항), 제4절 교육의 마지막 단계(3조항), 사회에 유익한 과학 교육(12조항), 제 5절 교육의 일반적인 수단(6조항) 등 모두 5절로 구성되었다.

그의 교육 안은 성직자나 귀족을 교직에서 배제하지 않고 교사직을 택할 수 있는 등 '자유방임적인 교육'을 지지하고 교육의 기득권을 지키려는 평원파와 학교에서는 최소한의 지식만을 가르치자는 극좌파를 모두 수용한 것처럼 보인다. 그러나 시에예스의 교육 안처럼 보수반동적인 내용들이 많아 비판의 대상이 되기도 했다. 그에 의하면, 대학을 비롯한 모든 교육기관은 비록 효과적이지 않더라도 당국에 의해 마련된 교재로 공부를 해야 하고 행정적인 통제 안에 있도록 하였다. 이처럼 '공교육의 전체계획'으로 마련된 이른바 '부키에 법'(Loi Bouquier)[195]은 공포정치 말까지 효력을 발휘했으니 교육의 자유는 보장되지 않은 것으로 보아야 할 것이다.

그러므로 국민공회 시대의 교육개혁은 혁명 정신의 변화와 혁명의 진척에 따라 그 양상이 달라졌으며 교육개혁의 내용도 혁명의 이념과 함께 성숙되었다는데 의미를 두어야할 것 같다.

---

195) H. C. Barnard, *Education and the French Revolution*, pp. 128-130.

## 3. 이공계 전문고등교육기관을 통한 혁명력 증강

교육개혁가인 롬 의원에 의하면, 당시 전문고등교육기관은 교육을 담당할 소수의 사람들을 위한 것이었다. 따라서 국민공회시대의 고등교육은 기초학문보다도 전문분야와 응용학문에 중점을 두었다. 그것은 혁명의 긴박성을 타개하는 한 수단으로 교육을 생각할 수밖에 없는 당시의 상황이었기 때문이기도 하였다. 가론(A. Galante Garrone)이 강조한 것처럼 라보 생 에티엔(Saint-Étienne), 르플르티에, 또는 부키에가 콩도르세의 논리에 반대했을 때 롬은 그들과는 달리 콩도르세의 교육원리에 관심을 두었다. 쿠텔(Charles Coutel)에 의하면, 롬은 교육을 지적 기능교육인 '앵스트뤽숑 instruction'과 도덕적 특성과 도덕적 기능교육인 '에뒤카숑 éducation'으로 구분한 콩도르세의 이론에 관심을 가지고 있었다. 따라서 롬은 지적 기능교육과 도덕적 기능교육 사이에서 콩도르세의 질서를 동시에 유지하려했다.[196)]

프랑스혁명정부가 앙시앵 레짐으로부터 물려받은 교육기관은 2개가 있었는데 그것은 콜래주 드 프랑스(Collège de France)와 국립도서관(La Bibliothèque Nationale)이었다.[197)]

콜래주 드 프랑스는 원래 콜래주 뒤 루아(Collège du Roi)로 왕립이었으며 1530년에 설립되었다. 그것은 파리 대학으로부터 완전히 독립되어

---

196) Charles Coutel, 「Pour L'Instruction Publique : Romme et Condorcet」 *Annales Historique de la Révolution Française*, N. 304, p. 333.

197) H. C. Barnard, *Education and the French Revolution*, pp. 156-157.

있는 고등교육기관으로 '모든 것을 교육한다.'라는 좌우명처럼 문학뿐만 아니라 수학과 과학을 포함하여 모든 분야의 교육을 실시하고 있었다. 그래서 혁명의 거센 파도에도 넘어지지 않고 버티어 왔다. 그것의 역사를 보면, 프랑수아 1세, 앙리 4세, 루이 15세의 통치하에서 때때로 그 조직을 강화했고, 1801년 조제프 쉐니에 의원이 유지시킬 것을 건의했다. 그는 콜래주의 기록을 회상하면서 1801년 "이 교육기관의 목적은 모든 지식을 포괄하는 것이었다"라고 했다. 처음부터 순수한 교육의 원칙들을 준수한 이 훌륭한 교육기관은 새로운 교육과정을 도입하고 교육개혁을 계속 추진함으로써 목적을 달성하였다.

그러므로 그는 그토록 오래 계속해서 유지될 수 있게 관리한 그 시설들은 명예롭게 유지되어야할 가치가 있다고 주장하였다.[198] 따라서 콜래주 드 프랑스는 심지어 공포정치기간에도 혁명정신을 고양하는데 지장을 주지 않는 교육기관으로 평가되어 그 기능이 계속되었으며 때때로 공교육위원회에 그 교육과정의 계획과 목적에 대하여 보고서를 제출하기도 하였다. '1793년 3월 8일 칙령'으로 콜래주 드 프랑스의 교수 20명 전원의 봉급이 국가에서 지급되고 7월 13일 콜래주 드 프랑스의 명칭이 공식적으로 인정되었으며, 오늘날까지 프랑스의 주요 고등교육시설 중의 하나로 존속한다.

국립도서관도 처음에는 왕립도서관(La Bibliothèque du Roi)이었다. 그것은 14세기 샤를 5세 때까지 그 역사가 거슬러간다. 그러나 탈레랑과 콩도르세가 그것을 일반적인 국민교육체계에 편입시키고자 제의함으로써 국립도서관으로 전환되어 일반에 개방되었다. 혁명 당시 왕립도서관은 152,868권의 책을 소장하고 있었다. 여기에 억압받은 종교 기관들과 해외로 이주한 귀족들의 집에서 몰수한 약 30만권 이상의 책이 추가됨으로써 국립도서관의 역할이 더욱 활발해 졌으며, 사랑받는 도서관으로

198) *Ibid.*, pp. 156-157.

성장하게 되었다.

국민공회시대에 고등교육은 사람들에게 불평등하다는 이유로 불필요하다는 주장도 나왔으나 일부 극단론자들을 제외하고는 대부분의 의원들은 혁명전쟁의 수행에 필요하다는 입장이었다. 따라서 내외로 전쟁을 수행하는 프랑스 공화국에 전문 과학자들이 필요하다는 요구에 따라 특수전문대학이 육성되었다. 특히 모든 국경에서 적과 대치하면서 전쟁을 수행하고 있었으므로 공학과 지리부설에서 군사적 응용과 축성술, 무기제조에 있어서 기술적인 전문가들의 도움이 긴급히 필요했다. 물론 앙시앵 레짐 시대에도 독립적인 군사학교와 토목공업학교들이 있었다. 그러나 1748년에 메지애르(Mézières)에 의해 설립된 공병학교는 1791년 메츠로 옮겨졌고 1793년 이 두 개의 학교를 하나로 통합하기 위해 '전쟁과 토목위원회'가 설치되었다. 이 위원회의 의도는 군사공학자와 똑같은 의무를 수행할 토목기사의 고용이 불가피하며 그러한 업무를 수행하려면 사람들이 똑같은 계층으로 인정되고 똑같은 직위에 놓이며 법 앞에서 모두 평등해야 한다는 것이었다.

1793년 10월 혁명정부가 비상체제로 다시 전환되면서 국민공회가 군사학교와 토목공업학교의 조직에 대한 논쟁을 다시 하였다. 1794년 3월 11일 공안위원이자 이미 교육문제에 관심을 가지고 있던 베르트랑 바래르는 중앙연구소에 똑같은 원리에 기초하고 똑같은 기초교육을 필요로 하는 서로 다른 전문학교들 설립해야 한다고 주장했다. 그것들은 바로 군사학교, 토목공업학교, 수력공업학교 등이었다. 이와 같이 특수전문대학 설립의 필요성을 감지한 국민공회는 1794년 9월 24일에도 과학자 푸르크루아(A. F. Fourcroy)에 의해서 제시된 계획을 베르톨레(Berthollet), 몽주(Monge), 샤탈(Chaptal) 등으로 하여금 법안을 만들어 채택하기로 결정하였다. 따라서 같은 해 11월 30일 토목중앙학교(L'Ecole Centrale des Travaux Publics)를 개교하였다.[199] 그러므로 중앙학교는 푸르크루아의

<보고서>에서 볼 수 있는 바와 같이 전쟁의 필요성과 프랑스혁명에 의해 파괴된 교육의 중요한 부분을 재건하는 불가피성으로 건립하였다. 그리고 그것은 "우리가 언제든지 학문과 기술을 국가에 제공하는 성스러운 기관을 갖기 위한 것이었다"[200]라고 한 것으로 보아 혁명정부의 체제강화를 위한 고등교육기관이었음을 알 수 있다.

그러나 특히 파리의 중앙학교에는 푸르크루아, 모르보(Guyton de Morveau), 라부아지에, 라그랑주(Joseph Louis Lagrange) 등 실력 있는 교수들이 임명되었고 그들이 학문적 · 교육적 성과를 달성하고 있었다. 이때 푸르크루아는 화학을, 법률가이자 교육자인 모르보는 과학을 강의하였다. 특히 모르보는 라부아지에의 동료로서 플뢰뤼(Fleurus) 전투에서 적군의 전선을 정찰하기 위해 기구를 타고 오름으로써 항공사와 과학사의 새로운 역사의 장을 열었다. 그리고 라그랑주가 튀랭의 포병학교에서 수학을 강의하였던 것과 같이 당대의 저명한 교수들이 거의 모두 파리의 중앙학교에서 강의를 함으로써 군사력 증강은 물론 학문발달에도 새로운 전환기를 마련하였다.

당시 중앙학교는 학생들을 386명 모집하였는데, 이들은 전국 22개시로부터 시험을 통해 선발되었다. 이들은 '일반 공민증명서'를 제시해야만 시험에 통과할 수 있었다. 나이는 16세 이상 20세 이하로 되어 있었다. 그러나 386명의 입학자 중에 20세 이상이 70명, 16세 미만이 27명, 한 명은 12세 반이었으니 규칙과 실제 사이에는 역시 차이가 있었다. 학생들은 모두 무상교육을 받았고 오히려 1,200프랑의 생활비를 지급받았으며, 기숙사 생활을 하지 않고 적당한 시민의 가정에서 하숙을 하였던 것으로 보아 상당한 대우를 받았던 것으로 보인다.

중앙학교는 교육에 필요한 시설을 완벽하리만큼 갖추고 있었으며 실

---

199) Maurice Bayen, *Histoire des Universités*, p. 66.
200) G. Hippeau, *L'Instruction Publique en France pendant La Révolution*, p. 449.

험실, 강의실, 모든 종류의 기구들, 다양한 종류의 선박모델과 기계, 화학물질의 견본들을 갖추고 있었다. 푸르크루아가 "전쟁은 프랑스인들이 과학을 발달시킬 수 있는 좋은 기회이다"라고 말한 바와 같이 기하학과 물리학의 도움으로 새로운 방어기술을 창출함으로써 공안위원회의 교육에 대한 관심을 얻었다. 그리하여 이 학교는 전문기술교육으로 군사공학, 포병술, 광업, 함대건조 등에 관련된 분야에서의 학문적·기술적인 커다란 진보를 이룩하였다. 이들 전문학교는 이른바 방위산업을 위한 학교 형태였던 것으로 볼 수 있다. 그러나 1795년 9월 1일을 기하여 에콜 폴리테크니크로 개편되면서 이공과 대학의 형태로 오늘날까지도 존속되고 있다.

한편 라카날은 공교육위원회의 이름으로 식물원을 1793년 6월 10일 과학연구소로 개정하는 안을 제시하였다. 여기에 일반화학, 응용화학, 식물원의 식물학, 야생식물학, 두 가지의 동물학, 인체해부학 등 12개 강좌를 개설하였다. 국민공회는 과학연구소를 성격상 '자연사박물관'으로 바꿀 것을 결정하고 박물관의 모든 직원들은 '교수'의 칭호를 붙이게 하고 박물관장직을 폐지하고 관장의 봉급을 교수들에게 똑같이 분배하도록 하였다.

프랑스혁명전반에 걸친 문제였지만 특히 국민공회시대에는 대불전쟁에서 부상당한 사람을 치료하는 의과대학의 증설 등 전문교육의 강화가 불가피했다. 물론 앙시앵 레짐 시대에서도 18개의 의과대학과 조산원을 위한 교육과정이 있었다. 그러나 의술의 부족, 특히 과학적·임상적 연구와 실습의 부족으로 인한 어려움이 국민공회시대에도 지속되었다. 게다가 전쟁이 계속 격렬해짐에 따라 숙련된 군의관들이 더욱 필요했지만, 설상가상으로 푸르크루아가 보고한 것처럼 6개월 동안에 군의관이 600명이나 죽었다. 의과대학들도 거의 황폐되어 겨우 2개만이 남았다. 긴급조치로 1794년 12월 4일 육군병원과 해군병원에서 봉사할 군의관들을 교육하기 위해서 파리, 몽펠리에, 스트라스부르 등에 3개의 의과대학이 건립되었다. 프랑스 각 지구에서 올라온 17~26세의 후보 한 명을 이들 세 학교에 각각 배정하였다. 그리고 파리에는 12명의 교수와 300명의 의과대학학생, 스트라스부르에는 6명의 교수와 100명의 의과대학생이 배정되었다.

이 밖에 1794년 10월 30일에 공안위원회의 명령에 따라서 뫼동(Meudon)에 국립항공학교(Ecole Nationale Aerostatique)가 설치되었고 1795년 3월 30일 라카날의 동방언어 교육의 제기에 따라 국립도서관에서 아랍어, 터키어, 크리미아의 타타르어, 페르시아어, 말레이어 등을 교육하였다. 그리고 콩도르세와 탈레랑의 교육계획에서도 이미 언급된 내용인 것으로 '1795년 법'에 따라서 이전의 아카데미를 학사원(Institut national des Sciences et des Arts)으로 대체하고 1분과에서 수학과 과학의 주제들을 포함하여 의학과 농촌경제학을 다루었다. 2분과는 역사, 지리학과 함께 도덕, 정치학을 포함했다. 3분과는 문학과 미술 분야를 다루었다. 이 학사원은 파리에 거주하는 144명, 각 지방에 있는 144명의 정회원과 24명의 외국인이 준회원으로 구성되어 학술 진흥에 박차를 가하였다. 따라서 국민공회 시대 후기에는 교양과목의 부흥도 다소 활기를 띄게 되었던 것으로 풀이된다.

## 4. 군사학교와 사범학교를 통한 혁명정신의 고취

프랑스혁명 중 교육은 자연히 단기적인 것과 장기적인 것으로 분류되었다. 단기적인 것은 우선 무기, 화약 등의 병기와 병참물품을 제조하는 전문기술교육을 실시하는 것이고, 장기적인 것은 차세대에 공화정신을 교육하고 공학자를 양성할 교사들을 양성하는 것이었다. 그러므로 시급했던 것은 단기 교육으로 전문기술대학이 우선 필요했다. 따라서 공안위원회가 병참학교(L'Ecole des Armes)를 세우고 1794년 2월 2일부터 공화국의 각 도에서 화약과 대포 만드는 기술과정을 이수하도록 25-30세의 학생 2명을 선발하여 파리로 보내게 하였다. 그러나 그것은 정기교육이 아니고 불과 30일의 과정이었으므로 혁명기의 전문기술교육과정은 오직 혁명을 성공리에 이끌기 위한 훈련소나 보수교육과정에 지나지 않았다. 1795년 1월부터 11월까지 운영한 군함축조 교육과정도 이와 유사하여 크게 기대할 바가 되지 못 해 체계적이고 장기교육을 실시하는 정규 군사학교의 설립이 요구되었다.

새로운 군사학교의 설립과 교육과정의 설치에 주동적인 역할을 한 것은 바래르였는데 1794년 6월 1일 그가 국민공회에 제출한 보고서가 채택됨으로써 실효를 거두었다. 이때 설립된 군사학교들은 앙시앵 레짐의 군사학교들과는 근본적으로 달랐다. 앙시앵 레짐 말기의 군사학교에서도 근대적인 교육을 제공하기는 하였으나 무기의 사용, 승마, 정중한 교양 등에 중점을 두어 마치 17세기의 아카데미와 같은 교육 형태였다.

그리고 교육을 종교단체들, 특히 오라토리오회의 학교에 군사교육을 위촉함으로써 실효를 거두지 못하고 있었다. 게다가 이들 군사학교에 입학한 생도들은 귀족출신과 봉건적 약탈자, 불량배, 벼락출세한 사람들의 자손들이 많아서 군기가 말이 아니었다.

그러나 새로운 군사학교는 순수한 공화주의자를 양성하고자 하는 학교였음으로 가난과 불행은 오히려 입학하는데 유리한 조건으로 작용하였다. 교육은 군사훈련, 총검술, 축성술, 군사행정 등 실습 중심이었다. 군사학교의 학생들은 시민들의 땀으로 만든 훌륭한 막사에서 생활하지 않고 야영생활을 했는데 파리에서 멀지 않은 뇌이이(Neuilly) 근처의 샤블롱 평야가 야영지로 활용되었다. 물론 외부와는 차단된 생활을 하였으며 16-17세 반 이상 되는 3천명의 학생들이 공화국의 각 지구에서 선발되어 파리까지 걸어서 와야 했다. 이들은 각 지구에서 6명씩 선발되었는데 신체적 적응력과 지능에 따라서 선발된 학생들이었다. 선발된 학생들은 1794년 7월초에 파리에 도착하였는데 선발되지 못한 지원자들은 대단히 낙망하였다고 한다. 군사학교에 입학하고 난후에도 정말 기뻐했는지 아니면 후회했는지에 대해서는 별도의 연구가 필요하겠으나 군사학교는 젊은이들에게 그만큼 선망의 대상이었던 것이었던 것은 확실하다.

군사학교에 선발된 학생들은 세 집단으로 편성되어 교육과 훈련을 받았다. 이들 세 개의 큰 집단을 '천인대 Milleries'라고 하며 각 집단은 10개의 '백인대 Centuries', 각 '백인대'는 10개의 '십인대 Décuries'로 구성하였던 것이 특징이다. 군사학교의 학생들은 프랑스혁명의 대표적인 화가 다비드에 의해 디자인된 붉고 하얀 장식과 함께 무릎까지 내려오는 푸른 상의 제복을 입었다. 이들이 지급 받는 보급품에는 여기 저기 평등(Egalité), 자유(Liberté)라는 구호들이 적혀있는 것으로 보아 혁명정신의 구현자로서 내세웠던 것을 상기하게 하고 있었다. 학생들은 강건한 면에서는 스파르타인, 용기에 있어서는 로마인과 같고, 왕에 대해서는 프랑스의 명예를 위해 존중해야 했다. 학생들은 단순한 애국심이 아니라 공화주의자의 미덕을 겸비하도록 교육받았다.

그러므로 학생들의 축제는 물론 일반 의식까지도 모두 공화주의자의 덕성을 찬양하고 또한 그것을 함양하는 것으로 되었다. 공화국의 헌법을 기리는 '8월 10일 축제'에서는 가상 전투형태를 띤 공개시범도 실시하였다. 학생들은 총검으로 무장하고 대포의 엄호를 받으면서 교황, 오스트리아 황제, 영국, 프로이센, 스페인의 왕들, 그리고 영국의 윌리엄 피트의 모형을 배치한 성채를 공격하는 모의 훈련을 하면서 애국심을 고양했다. 또한 이 축제기간에는 언제나 애국 소년 바라(Barra)와 비알라(Viala)를 본받도록 하는 것이 강조되었다. 바라는 14세의 어린 소년으로 '국왕폐하 만세'를 외치기를 거부하다가 방데인들에게 죽임을 당했고 비알라는 13세에 이미 공화주의자의 열정을 가지고 있었으며, 마르세유에서 리옹으로 가는 왕당파와의 아비뇽 부근의 전투에서 사망하였다. 그들은 항상 진군가(Le Chant du Départ)에서 찬양되고 있으며 파리에 있는 국립교육연구소(Institut Pédagogique National)의 박물관에 18세기 풍의 그림으로 그들의 모습이 그려져 있다.

그리고 군가도 군악대에 따라 '최고존재에 대한 찬양'(Hymne à l'Etre Suprême)을 드리는 곡이 늘 연주되었던 것으로 보아 혁명투사, 즉 혁명을 수행하는 역군과 프랑스의 국방을 책임질 용사들을 양성하는 것을 목적으로 하였다는 것을 알 수 있다. 물론 군사학교에서 학생들의 생활은 스파르타식이었다. 학생들은 5시에 기상을 하지만 7시 30분까지 교육을 받아야 하며 아침식사는 9시에 제공되었다. 이들의 일과는 오후 7시 30분에 끝났다. 그러니까 하루 14시간 30분을 교육과 훈련에 참여하였다.

그러면 이와 같은 군사학교는 프랑스혁명정신의 고양과 혁명의 추진에 어떤 역할을 하였을까? 혁명을 성공리에 완수할 수 있게 하기 위해 장기적인 작전으로 설립한 학교가 군사학교였다는 것은 의심할 여지가 없다. 그러나 이들 군사학교가 혁명정부의 의도대로 움직였는지에 대해서는 상당히 의문가는 바가 있다. 우선 군사학교가 학생들에게 열정을 베풀고 공화주의자의 애국심을 고취시키려고 노력했음에도 불구하고 학생들은 상당한 불만족을 표출하였던 것으로 보여 진다. 그들의 불만은 지나치게 엄격한 병영생활, 거친 음식, 가족들과의 장기간의 격리, 철저한 감시, 감독 등에 대한 것이었다. 그리하여 '우리 집으로 돌아가자 dans nos foyers'가 학생들의 염원이었다. 군사학교는 계속 존속되지 못했다. 드디어 1794년 학생들은 모든 소지품을 반납하고 각자 고향으로 돌아갔다. 이때의 군사학교는 학생들을 선발하였으나 학생들을 강압적으로 군사학교에 머물게 할 수는 없었던 것으로 보아 입·퇴학의 자유가 허락되었던 것으로 보인다. 학생들이 고향으로 돌아간 것은 군사학교의 교육에 문제가 있었던 것으로 지적되었으나 다른 한편으로 생도들의 미성숙한 혁명정신과 군인정신을 고무할 수 있는 별도의 대책을 마련하는 계기가 되었던 것이다. 사실 군사학교는 국민공회시대의 교육성과 보다 후일 나폴레옹 전쟁에서 전에 군사학교의 생도였던 자들 중 많은 사람이 두드러지게 활동하였던 것을 보면 나름대로의 성과는 있었다고 보아야 할 것이다.

국민공회의 또 다른 업적은 사범학교(L'Ecole Normale)의 설립과 교사의 양성이었다. 즉 로마 가톨릭 교사협회(Roman Catholic Teaching Congregation)가 계속해서 학생들을 교육하고 교사들도 양성해야 한다는 것을 느끼고 있었던 것은 아니었다. 이미 예수회의 라티오 스투디오룸(Ratio Studiorum), 우르슐라회의 레글르망(Reglements), 라살의 콩뒤트 데 에콜(Conduite des Ecoles), 생 샤를 형제단(Frères de Saint-Charles) 등과 같은 데서도 종교교육은 하지 않았으며 상당히 자세하고 조직적으로 교사를 양성하는 체제를 갖추고 있었다. 그러므로 롤랭이 학교장 양성을 위한 교육기관을 제시했고, 바래르가 1794년 6월 1일 공안위원회의 이름으로 국민공회에서 교사의 훈련에 대한 전반적인 안을 상정한 것은 어쩌면 상당히 고무적인 것이었다. 바래르는 교사들이 훈련을 받고 모든 지역에 파견될 수 있도록 하는 학교를 파리에 세울 것을 제안하였다. 그는 어떤 종단의 성직자도 교사가 될 수 없으며 교육에 종사하려면 훌륭한 애국자와 개화된 자질이 첫째로 필요하다고 하였다. 뿐만 아니라 대중협회가 교사 후보자들을 추천하고 혁명정부를 공고히 하기 위해 파견된 의원들이 그들을 선발하는 것을 원칙으로 하였다. 여기에서 우리는 1794년에 설립된 사범학교는 1808년에 중등과 고등학교 교사의 훈련을 위해 설립된 고등사범학교(L'Ecole Normale Superieure)와 혼동하지 말아야 한다. 원래 사범학교라는 말은 오스트리아 교육개혁가였으며 사범학교의 설립을 관장하여 마리 테레사의 신임을 얻었던 펠비제(J. I. Felbiger)에 의해 'Normalschule'라는 말로 사용되기 시작했다.

그 후 아리애주(Ariège)의 의원인 라카날은 10월 30일에 공교육위원회의 대표로서 국민공회에서 파리에 사범학교를 하나 설립하고 이미 만족할 만한 교육수준에 도달한 학생을 선발하여 모든 분야에서 보다 유능한 교수에 의해서 교육받게 할 것을 제안했다.201) 사범학교는 교사를 양성하고 프랑스 교육을 통일하고자 한 것이었다. 그래서 이 학교는 당대 명망 있는 학자들을 초빙하려고 대단한 노력을 했다. 따라서 라그랑주, 베르톨레(Berthollet), 라플라스(Laplace), 베르나르댕 드 생 피에르(Bernardin de Saint-Pierre) 등 유명한 교수들이 초빙되어 고등교육과 학문발전에 기여를 했다.202) 이에 따라 사범학교가 새로운 시설로 전국 각지에 설립되었다. 파리 사범학교의 학생들은 각 주 정부에서 2만 명의 주민 당

201) G. Hippeau, *L'Instruction Publique en France pendant La Révolution*, pp. 408- 409.
202) Charles Lemenestrel, *L'Instruction en France : date-t-elle de la Révolution,* p. 252.

한 명의 비율로 선발되었다. 후보자들은 25세 이상이었으며 훈련과정은 4개월이고 여행비용과 훈련과정의 비용은 국가가 지불하였다. 사범학교 학생후보자의 나이가 25세 이상이었던 것을 보면, 당시 사범교육을 얼마나 중요하게 생각했는지 짐작이 간다. 물론 이 사범학교의 설립에는 논란이 적지 않았다. 사범학교는 1795년 1월 20일 박물관의 거대한 원형극장에서 강의를 시작했다. 이때 선발된 학생은 1,400명이었다. 강의 내용이 속기되어 학생들의 출신지역의 도 당국뿐만 아니라 외국에 있는 프랑스 대사에게까지 주기적으로 배포되었다. 그러나 '엘리트주의'에 입각한 이 사범학교는 불행하게도 강의수준이 상당히 높게 편성되어 있었기 때문에 초등학교의 교육을 담당할 교사들에게는 별로 실용성이 없었다. 드디어 불만의 소리가 높아지자, 마침 도누의 제안에 따라 1795년 5월 19일 파리 사범학교를 폐지했다. 그러나 파리 사범학교는 1808년 나폴레옹 시대의 중등과 고등학교의 교사의 양성과 훈련을 위해 다시 시작되었고 오늘날 고등사범학교의 모체가 되었다.[203)]

그러므로 군사학교와 고등사범학교는 비록 프랑스혁명의 업적 중 성공한 사례로 소개되기도 하지만 그것은 값비싼 대가를 치른 시험이었고 실제적으로 성취한 것은 별로 많지 않았던 것으로 풀이된다. 특히 교육의 경우도 정치, 경제, 종교 등과 마찬가지로 복잡한 사태가 있었는데 그것은 국가와 개인에 관한 불가피한 통제에서 비롯된 것이었다. 실질적으로 개인의 자유를 갈망하는 사람들은 자신의 이익과 국가의 이익 양쪽 모두에 있어서 미래의 시민 양성을 위한 교육의 필요성을 인정하면서도 학생에게 하나의 획일적인 교육을 감수하게 하는 강제적인 국가의 요구를 학부모들은 좋아하지 않았다. 그래서 학부모들은 중앙정부의 어떤 과도한 간섭 없이 교육할 수 있는 기회를 만들려고 하였다. 한편 혁명에서 전제적인 정신을 창출했던 사람들은 학생들이 국

---

203) *Ibid.*

가에 속한 것이지 부모에게 속한 것이 아니라는 생각에서 국가에 충성하지 않는 어떠한 교육도 하지 않을 것을 주장했다.

그러나 프랑스혁명은 모두를 위한 교육의 필요성을 인식시킨 것을 포함하여 일반적으로 동의될 수 있는 것은 애국심을 고취하는 교육, 국가를 위한 기초 교재의 편찬, 표준 불어에 도움이 되도록 방언을 억제하기 위한 국민적 합의의 기구를 마련한 성과를 이루기도 하였다.[204)]

프랑스혁명은 고등교육기관에 대해 '교회의 시녀' 또는 '국왕의 장녀'로서의 권위와 기능을 더 이상 발휘할 수 없게 하였다. 그것은 가톨릭교회와 왕권이 프랑스혁명으로 그 권위를 상실하였기 때문이었다. 프랑스혁명초기와 마찬가지로 국민공회시대에도 교육문제는 언제나 정치·경제·사회·군사 문제들에 우선권을 양보해야 했다. 그러나 대학과 특수전문교육기관을 통해 애국심을 고취하고 과학과 전문기술 교육을 강화하지 않으면 안 된다는 것에 모두 공감을 하고 있었다. 그것은 외국의 침입과 내란을 평정하면서 혁명을 성공리에 추진하려면 강력한 군사력이 필요하기 때문이었다. 따라서 국민공회 시대의 혁명정부는 대학과 특수전문교육기관의 육성을 통해 프랑스혁명을 내실 있게 추진하려 했던 것은 사실이다.

그러나 교육개혁에서 국민교육은 자유와 평등을 실제적으로 양립시킬 수 없다는 루소의 교훈을 다시 상기했어야 했다. 따라서 조국의 평화와 애국심을 담보로 교육개혁과 국민교육을 실시했다는 비난을 피하기는 힘들다. 특히 교육개혁이 국가의 먼 장래를 내다보는 순수한 인간교육보다 국방과 '혁명전사'의 양성이라는 목전의 이익에 치중하였음으로 완전한 교육이 되지 못하고 임시적이며 '땜질식 교육'이었다는 평가를 받을 수도 있다. 특히 모든 교육의 기본이 되는 인문교육을 심도 있게 다루지 못함으로써 가치관의 수립이나 정서함양을 차원 높게 할 수

204) William Boyd and Edmund J. King, *The History of Western Education,* pp. 313-314.

없었으며, 미래지향적이고 재 창조적인 교육이 되지 못했다는 것도 인정해야 할 것이다.

그러나 몇 가지로 교육사적 면에서 성과를 정리하면 첫째, 공교육의 입장에서 보면, 혁명과 대외 전쟁이 진행되고 있었으므로 교육은 순수한 인간교육보다는 하나의 '혁명전사'나 애국심이 넘치는 기능인의 양성을 할 수밖에 없었다. 따라서 허가를 받은 사립학교라 하더라도 그들은 국가기관에 의해서 감독을 받도록 해야 했다. 그러므로 이공계 전문고등교육을 통해 '혁명전사'를 양성하고 전투력을 증강하려 했던 것은 의심의 여지가 없다. 따라서 고등교육의 개혁도 혁명의 진전에 따라 성취되어 국민의회시대, 제헌국민의회시대, 입법국민의회시대 보다는 혁명의 열기가 가속화되는 국민공회시대에 더욱 활발하게 추진되었던 것이 명백한 사실이다.

둘째 교육개혁은 교육자나 교육사상가들에 의해서가 아니라 혁명의 추진자들에 의해서 이루어졌다. 콩도르세, 탈레랑, 르플르티에, 라카날, 도누, 푸르크루아, 조제프 쉐니에, 바래르 등과 같은 혁명가들이 교육개혁안을 제시했고, 이를 국민공회가 추진하였다. 따라서 교육개혁에 선봉이 되었던 혁명가들은 혁명초기에는 주로 초등교육의 개혁에 역점을 두었으나 국민공회시대에서부터는 연구소, 특수학교, 전문학교, 박물관 등을 설립하여 고등교육에 치중하였다. 그리고 프랑스혁명이 장기화됨에 따라 군사학교, 토목학교, 국립항공학교, 사범학교 등을 설립하여 '혁명전사'들을 단기적으로 양성하고 혁명의 이념을 고취시키는 교육을 했던 것이다.

셋째 혁명의 교육적 성과는 '파괴'와 '새로운 계획'으로 나누어 볼 수 있다. '파괴'는 앙시앵 레짐의 교육제도를 철저히 파괴한 것이다. 즉 가톨릭 성직자와 국왕 친위대 양성을 목적으로 했던 앙시앵 레짐 시대의 교육제도를 파괴한 것이다. '새로운 계획'은 혁명과업의 성공적인 성취를 위해 새로운 교육계획을 수립하고 또한 그것을 실현하려 했던 점이다. 따라서 종래의 대학과 교회의 관계를 '파괴'하고 혁명정부와 대학의 관계를 새로이 수립하였던 것이 특징이다.

넷째 프랑스혁명은 평등교육과 국가관리의 무상 공교육제도를 창안하였다. 프랑스혁명이 대중교육과 국가관리의 교육을 추진하면서 신분제의 철폐가 고등교육에서도 이루어졌다. 아울러 능력 있는 자는 각 지역의 선발에 의해 누구든지 최고의 교육을 받을 수 있게 하였다. 대학은 신분이 높은 귀족의 대학이나 교회의 대학이 아니고 혁명정신이 투철한 시민의 대학이 되었다. 따라서 전문기술 대학이나 특수학교들은 '신분에 의한 엘리트'가 아니라 새 시대가 요구하는 '능력에 의한 엘리트 교육'을 실시하였다. 그리하여 프랑스는 학문과 기술을 일찍이 발달시켜 이후 영국을 제외하고 유럽의 산업국가로 전환할 수 있는 기틀이 프랑스혁명기에 마련되었던 것이다.

전반적으로 볼 때 프랑스혁명의 교육사적 성과는 콜래주 드 프랑스와 국립도서관을 비롯하여 앙시앵 레짐 시대에 있었던 바람직한 교육기관들은 유지하면서 전문기술학교와 특수학교들을 통해 프랑스의 교육을 인문위주의 교육에서 기술과 실기위주의 교육으로 전환하는 전기를 마련한 것으로 평가된다. 그리고 신분을 초월한 능력에 따른 공교육제도, 국가 관리의 무상교육제도, 대학입학제도, 특수 엘리트교육제도를 실현하였으며, 그것이 오늘날에도 이어져 프랑스혁명의 정치적·사회적 성과와 함께 프랑스 교육제도의 근간을 이루게 있다.

또한 프랑스혁명이 추진한 국가 관리의 교육은, 나폴레옹 시대 '1806년 5월 10일 법령'과 '1808년 3월 17일 법령'에 의해 제국대학을 탄생시켰던 것을 볼 수 있다.[205] 제국대학은 프랑스혁명의 이념을 명확하게 인식한 교육단체가 없다면 혁명을 추진할 정치체제가 존속될 수 없다

---

205) Fèlix Ponteil, *Histoire de l'Enseignement en France*, pp. 126-127.

는 것에서 설립한 것이었다. 물론 이때의 대학교라는 명칭은 모든 종류와 모든 단계의 교육을 포함하며 완전히 국가에서 주도하는 교육단체를 의하는 것이었다.

# II편 나폴레옹 시대의 교육개혁

## * 개 요

나폴레옹은 정치, 법, 세제, 종교개혁과 더불어 교육개혁을 추진하여 프랑스 근대국가의 기본질서를 마련함과 동시에 국가발전의 전망을 제시했던 것으로 보인다. 그의 교육개혁 방법은 거의 완고했다는 평가를 받고 있다. 그의 교육개혁의 목적은 훈련된 충실한 관료들을 공급하는 것이었음으로 국가의 인재양성에 크게 공헌했다.

우선 나폴레옹은 집권하면서부터 공립학교를 통해 종교교육을 복원시키고자 노력했다. 1801년 콩도르세가 교육을 통해 종교문제를 해결하였다면, 나폴레옹은 공립학교에서 종교교육을 회복하는데 역점을 두었던 것으로 평가된다. 그는 만약 학교가 국가의 엄격한 보호를 받아들인다면, 교육기관에서 종교인들을 고용할 것을 허락한다는 방침이었다. 그는 종교가 사회적 유용성이 있다는 신념을 가지고 있었으며, 그것을 국가에 대한 충성심을 가르치는데 활용하고자 했다. 그러나 종교교육에 대한 그의 계획은 그의 개인적인 권위와 동등해 질 수 있는 정도의 목표를 위한 것이었지 그 이상으로 하나님을 경외하거나 순종한다는 것은 아니었던 것으로 보인다.

나폴레옹의 교육개혁은 '1802년 푸르크루아 법'으로 시작되었다. 또한 그것은 '1806년 5월 10일 법'과 '1808년 3월 17일 법령'에 의해 설립된 제국대학으로 외형을 갖추었다. 제국대학은 제정기를 통해 통일적인 공교육을 추진했고 배타적인 감독권을 가졌다. 학교는 제국대학의 졸업장을 받지 않은 사람을 교사로 임용할 수 없었고 제국대학 총장의 허가장을 받지 않고 설립될 수 없었다. 그러므로 제국대학은 중앙집권적이었고, 파리의 행정부에 의해서 통제되나 부속학교들에 대해 강력한 감독권을 가지고 있었다. 제국대학의 설립 목적 중 하나는 분명히 정치적이었고 국가에 의해 결정된 노선대로 국민에게 충성과 애국심을 주입하는 것이었다. 교수단은 국민의 의무를 떠맡아야 했다(1808년 법령 제2조). 교수단의 구성원은 국민의 공복이었고 다른 직원들과 같은 조건 아래 국가에 의해 임명되고 해고되었다. 그러므로 프랑스는 교직을 국가에 봉사하는 직업으로 통합했다.

교수단의 단장(Grand Master)은 황제에 의해 임명되었고, 충성을 맹세했다. 대학의 구성원들은 단장과 그의 신분에 대한 복종의 맹세로 묶여졌다. 대학의 구성원들은 의무를 충실하게 수행할 서약을 했고, 만약 떠나도 된다는 허가가 없는 한 그 집단에 남아있어야 하며 규칙에 대한 어떤 위반도 단장에게 보고하는 것이 의무로 되었다. 그들은 그들의 신분에 상응하는 복장을 했고 만일 그들이 교내에 거주한다면 독신이어야 했다. 나폴레옹 황제는 그들에게 "우리들의 모든 기관 중에서 가장 중요한 것은 공교육입니다. 현재와 미래의 모든 것이 교육에 달려있습니다"[206]라는 것을 항상 상기시켰다.

황제는 놀라울 정도로 교사들에게 단결심을 공고히 하고 군사훈련에

---

206) *Napoléon, Pensées politiques et sociales*, éd., Adrien Dansette(Paris: Flammarion, 1969), p. 211.

대한 정신을 주입시키는데 성공했다. 그 후 그것은 프랑스의 전통이 되었다. 그래서 프랑스인의 직업에 대한 점착과 충성심은 프랑스 교육사에 영원히 남아있게 되었다. 황제는 학생들을 위해서도 같은 목표를 가지고 있었다. 엄격한 훈련, 통일된 복장, 반복된 연습 등 군사적 학습 분위기를 학생교육의 핵심으로 삼았다.

제국대학의 총장을 돕는 것은 대학평의회였다. 제국은 항소법원과 같은 영역인 학구에 총장에 의해 임명된 학구장(rector)을 발령했다(제4조). 보다 높은 연구와 수준에 도달하기 위해서 한 학구에 모든 단과대학을 갖출 수가 없었을 지라도 각각의 학구는 5개의 단과대학을 유치할 수 있었다. 신학대학, 의과대학, 약학대학, 법과대학은 전문과정이 준비되어 있었으나 자연과학대학과 예술대학은 허가된 수준에 머무르고 있었다. 학구장과 연결이 되지 않는 단과대학은 고립되었다. 단과대학은 일반적인 행정기관처럼 학구단위에 결합되지 않았다. 그러므로 나폴레옹이 계획하고 실행에 옮긴 대학은 이전의 대학과 비교할 수 있는 부분이 거의 없었다고 보아야 할 것이다.

나폴레옹은 그 시대의 지적 엘리트와 물리학분야에 대해 관심을 가지고 있었다. 그는 황제가 되기 이전 이미 1797년 12월 25일 연구소의 과학분과에 선발되어 수학에서 그의 영향력을 충분히 발휘한 바 있었다. 그는 황제의 업무수행에 지장을 주지 않는 한 계속 과학분과 회의에 정기적으로 참석했다. 그는 몽주와 같은 많은 유명 인사들과 개인적으로 우정을 돈독히 유지했고, 심지어 그들 중 몇몇은 이집트 원정에까지 동행했다. 나폴레옹은 앙시앵 레짐 시대에 있었던 4개의 아카데미를 참고하여 제정초기부터 연구소를 개혁했다. 고등교육에서 그의 첫 번째 성공은 고등사범학교의 설립이었는데, 그것은 1822-1830년의 짧은 억압기간을 제외하고 프랑스에 많은 저명한 교사와 지식인들을 배출했다.[207)]

필연적으로 나폴레옹의 관심을 집중시킨 것은 군사교육이었다. 그는 통치초기에 에콜 폴리테크니크[208]에 깊은 관심을 두었는데, 그것은 군대에 전문기술자들을 충당하기 위한 것이었다. 에콜 폴리테크니크는 로베스피에르가 처형되고, 자코뱅 당이 파멸되는 1794년 9월 자코뱅의 온건파(jacobins modérés)가 국민공회에 창설하자고 제안했다. 그것은 이미 1793년 랑블라르디(Lamblardie)와 몽주가 작성한 계획으로 프랑스에서 수학에 가장 유능한 학생들을 모집하자는 목적이었다. 설립목적은 학생들이 전문학교에 들어가기 전에 과학과 일반 수학을 심화교육하자는 것이었다. 또한 국가와 사회에 유익한 산업기술교육을 보다 광범위하게 실시할 뿐만 아니라 국가에 필요한 인재로 학생들을 육성시키자는 것이었다. 1794년 국민공회의 토론과정에서 푸르크루아, 카르노(Carnot), 프리외르 드 라 코트도르 등이 열렬한 옹호자였다. 그러나 자코뱅의 좌파들은 앙시앵 레짐 시대의 많은 학교들처럼 또 다시 그것이 사회적 특권집단의 도피소로 될 수 있다는 생각에서 반대했다.

에콜 폴리테크니크는 1794-1804년 사이에 그 체제가 잡혀졌다. 특히 1799년에 설치된 개선위원회(Conseil de perfectionnement)는 전문화된 다양한 학교의 대표기구로서 학장, 교수단의 대표, 정부와 군대의 대표들을 포함시켜 완벽할 만큼 개혁을 시도했다.

나폴레옹은 집정정부(Consulate) 시대에 중등군사교육의 재조직에 다소의 노력을 기울였으나 군사전문학교(Ecole Militaire Spéciale)에서 보다 성공을 거두었다. 그는 1808년 그것을 마담 맹트농이 여학교로 설립했던 생 시르로 이주시켰다. 그곳은 곧 프랑스의 육군사관학교가 되었다. 또한 나폴레옹은 개인적으로나 직업상으로나 1802년에 재조직 확장된 메츠에 있는 공병·포병학교(Ecole du Génie et d'Artillerie)에 관심을 두고 있

---

207) Joseph N. Moody, *French Education since Napoleon*, p. 13.

208) François Furet, *Savoir scientifique & Pouvoir Social: 1794 L'Ecole 1914 Polytechnique* (Paris: Presses de la Fondation national), pp. 13-15.

었다. 1809년 그는 생 제르맹에 기병전문학교를 설립했다. 그는 또한 앙시앵 레짐 시대의 다양한 해군학교들을 확대 개편했다. 그것은 이미 통령정부에서도 비중을 두었던 군사학교였다.

교육에서 나폴레옹이 역점을 둔 또 하나의 핵심은 중등교육이었다. 부활된 고전적 리세는 학생들의 수업료와 정부의 보조금으로 유지되었다. 코뮌의 콜래주들은 비록 구성원들이 제국대학의 총장에 의해 임명되었지만 교사들은 개혁의지가 희박했다. 그리고 학생들은 수업료를 지불하지만 제한된 교육과정을 이수해야 했고, 이름 없는 교수들은 코뮌의 지원을 받고 있었다. 나폴레옹시대에는 보다 낮은 중등 단계의 학생들을 위한 다양한 사숙과 기숙학교는 어렵지 않게 인가될 수 있었다. 그 곳의 학생들은 '대학 배당금 rétribution universitaire'라고 하는 수업료를 지불해야만 했다. 각각의 도는 주교와 학구장의 공동관리 아래 고전적 교육과정으로 운영되는 중등신학교(petit séminaire)를 유치할 수 있었다. 여기에 목사의 직으로 나가려는 뜻이 없는 학생들을 정상적으로 받아들임으로써 학교는 제국대학의 퐁탄 총장의 보호아래 신속히 확장되었다. 왜냐하면 한편으로는 학생들의 수업료가 무료이거나 낮았기 때문이고 다른 한 편으로는 많은 학부형들이 그 학교가 도덕적이며 종교적 특성을 가지고 있는 것으로 평가하고 있었기 때문이다.

나폴레옹은 신학교들 간에 경쟁을 제한하려는 목적으로 1811년 신학교수들에 대한 대학의 감독을 강화했고, 이미 리세나 콜래주가 있는 시골이나 도시에는 신학교 설립을 허가하지 않았다. 이러한 금지 조치는 사립교육기관의 성장을 제한하려는 의도였으나 성취하지 못했다. 나폴레옹시대에 중등교육의 독점권은 강화되었으나 완전한 성취와는 거리가 멀었고 사립학교들은 제정시대 말까지 번성했고 자치권을 유지했다.[209]

209) Joseph N. Moody, *French Education since Napoleon*, p. 14.

학교교육에 대한 나폴레옹의 주된 관심은 능률적인 국가를 위해 필요한 핵심그룹의 양성이었다. 그는 교육과 강인한 훈련으로 교육목적을 달성시키고자 했다. 그 이외에 그는 주로 공공질서의 보호와 제국에 대한 충성심의 함양에 관심을 두었다. 그는 '레종 도뇌르 훈장' 수상자의 딸들을 위한 두개의 여학교설립이외에는 여성교육에 대한 조항을 만들지 않았다. 그가 부활시킨 여성종교공동체에 넘겨준 적립금은 그들이 대학의 감독관에게 승인을 받고 학교를 개교하는데 쓰였다. 그러나 나폴레옹 제국의 수많은 법령 가운데 초등교육에 대한 내용이 거의 없는 것이 안타깝다.

'1808년 법' 중 제109조는 자유교육을 준비하고 있던 크리스챤 형제단(Frères des Écoles chrétiennes)의 학교를 고무시켰다. 그간 종교단체나 지방당국에서 기초교육과 대중교육을 포기한 것은 나폴레옹의 교육정책과 무관하지 않았다. 나폴레옹은 모든 교육을 제국대학이 감독할 것만을 고집했다. 제국대학은 대다수의 학생들에게 수업료를 지불하도록 명령했다. 전쟁으로 긴축된 국가재정의 관점에서 보면 그것은 현실적인 것이었다. 이러한 교육정책은 무리가 있었다. 따라서 제정말기에 읽고 쓰는 기초교육을 받은 숫자가 앙시앵 레짐 말기보다 적게 나타나는 결과가 되었다.[210]

그러나 나폴레옹은 누가교육을 할 것인지, 누가 교육을 받아야 하는지, 그리고 무엇이 학교교육의 내용과 목적이 되어야 하는지에 대한 프랑스 교육의 모델을 만들어 주었다. 나폴레옹의 교육정책의 특징은 나라의 운명을 지배하는 사람들의 모든 교육은 국가에 의해 담당해야만 한다는 것이었다. 그것은 교육이 나라의 운명을 좌우한다는 생각에서 나온 것으로 보인다. 따라서 나폴레옹의 교육정책은 단지 당시 프랑스 국가와 사회에서의 필요성이나 중요성만을 생각했다. 그는 나라를 구하

---

210) *Ibid.*

기 위해서는 진보된 교육을 감당할 수 있는 엘리트들이 필요하다는 것을 염두에 두고 있었다. 그의 교육정책은 그 자체가 국가에 대한 충성과 봉사를 명령하는 것이므로 근본적으로 국가적이며 실용적이었다..

나폴레옹의 교육정책은 명백히 시대적 상황의 요구에 의한 것이었으나, 내용은 프랑스 근대교육의 전통이 되었다는데 의미가 있다. 게다가 혁명의 원리와 함께 앙시앵 레짐의 교육구조를 혼합한 이러한 나폴레옹의 교육구조 일부는 오늘날까지도 지속되고 있다는 사실이다. 물론 그에 대한 약간의 비판이 있었는데, 그것은 이념적으로 종교단체나 대학에 준 독점권을 감소시키기 위한 특수한 노력이었다. 그것은 오직 제5공화국에서만 명백하게 해결된 것으로, 끊임없이 교육에 대한 자유를 위한 투쟁으로 이끌어졌다. 그 밖에 다른 공격은 변화에 따른 국민적 요구에 의한 것이었다.

한편 러시아의 페테스부르크 대학에서 1821년 저명한 학자들이 프랑스혁명사상을 선전했다는 죄목으로 대학에서 추방되었던 사실로도 프랑스혁명은 다른 나라의 대학개혁에 선구적인 힘을 주었던 것으로 풀이 된다.

# 제4장

# 통령정부시대(1799-1804)의 교육실태와 그 대책

1. 교육실태에 대한 파악과 대책
2. 샵탈의 비판과 제안
3. '1802년 5월 1일 법'과 중앙학교의 폐지

## 1. 교육실태 파악과 대책

통령정부는, 1789년부터 10년간 계속된 혁명의 분열과 혼란을 틈타 1799년 11월 10일(혁명력 8년 무월 18일) 쿠데타에 성공한 나폴레옹이 제1통령이 되어 뒤코스, 시에예스와 함께 프랑스를 이끌었던 1804년 12월 1일까지이다. 통령정부이전에 이미 탈레랑, 콩도르세, 르플르티에 등이 중심이 되어 작성한 교육제도와 관련한 일련의 계획들이 혁명의회에 제출되었다.[211] 그리고 현재까지 지속되고 있는 교육체계의 기반도 사실은 총재정부 시대에 특히 라카날과 도누 등이 오늘날의 그랑제콜로 성장한 몇 개의 특수한 전문학교를 창설하면서 그리고 제정시대에 퐁탄에 의해 제국대학이 설립되면서 이루어졌다.[212]

앞에서 살핀바와 같이 국민공회와 총재정부 시대를 거치면서 혁명을 추진하는데 우선적으로 필요한 자원 확보를 위해 특수교육과 고등교육이 절실히 필요했다. 그러나 그로 인한 폐단으로 통령정부 시대에 이르러서는 교육환경의 부실함과 공교육 침체를 개탄하는 목소리가 높아지기 시작하였다. 그리고 다른 한편으로는 부실한 공교육 시설에 대한 불평과 더불어 사립학교들이 재건되어 당분간 교육환경을 개선하고 교육

---

211) G. Hippeau, *l'Instruction Publique en France pendant la Révolution*, pp. 33-184. “Rapport de Talleyrand-Périgord”, pp. 185-288. “Rapport de Condorcet”, pp. 342-387. “Rapport de Michel Le Peletier”, pp. 408-422. “Rapport de Lakanal”.

212) Daniel Meiller 외 6, *L'ABCdaire de l'Ecole de France*(Paris: Flammarion, 1999), 김경랑 역, 『프랑스의 학교』(창해, 2000), p. 8.

기능을 확대했던 것처럼 보인다. 이러한 상황에서 나폴레옹은 교육 실태에 대한 조사를 시작하도록 했고, 1802년 5월 1일 당시의 교육실정과 프랑스의 백년대계를 위한 교육입국을 수립할 수 있을 것으로 기대하는 법률을 제정하였다.

예를 들면, 모리스 공타르(Maurice Gontard)의 말과 같이, 나폴레옹 시대 교육에 대한 조치는 1802년 리세, 1808년 대학, '1811년 법령' 등 3단계로 실현된 성장계획에 의해 특징지어 진다.[213] 그러므로 여기에서는 우선 나폴레옹 집권 직후의 교육현황을 살피고, 1802년을 기점으로 샵탈과 푸르크루아의 비판과 제안을 연구하면서 통령정부의 대안이 무엇이었나를 알아보는데 초점을 맞출 것이다.

통령정부의 입장에서 보면, 이전에 제시된 탈레랑, 콩도르세, 르플르티에의 교육계획은 성공적으로 실현되지 못했다. 그러나 이들 교육계획에 따라 제정된 몇몇 법령은 공교육 조직의 서두를 마련하는데 큰 역할을 했다. 국민공회에 의해 시작된 공교육은 우선 학교, 교수, 학생이 많이 부족했음으로 제대로 이루질 수가 없었고 사립학교들과 너무 비교되었다.

이에 대한 대책으로 총재정부가 사립학교를 억압하고 공립학교를 육성하려고 정책적으로 설립한 대표적 교육기관인 중앙학교였다.[214] 중앙학교는 콩도르세가 창안한 학원에 영감을 받아 이전의 콜래주에 대한 반대의 개념으로 시작되었다. 중앙학교는 1795년 2월 25일 라카날의 교육계획이 채택되면서 추진되었다. 지방에 초등학교와 중앙학교를 설립하기 위해 1795년 4월 17일 국민공회는 라카날을 포함한 5명을 파견하였고, 그 해 10월 25일 '도누 법'에 따라 설립되었다. 그것은 주민 30만명 당 하나 씩 설립하도록 하여 처음에 90개가 설립되었으며 나폴레옹이

213) Maurice Gontard, *L'enseignement secondaire en France de la fin de l'Ancien Régime à la loi Falloux 1750-1850*(Aix-en-Provence : Edisud, 1994), p. 108.

214) Marie-Madeleine Compère, *Du Collège au Lycée, 1500-1850*, pp. 143-144.

집권하기 직전인 1798년에는 97개로 증가했고, 일 년 예산이 3백 50만 프랑이나 되었다.[215] 그러나 파머에 의하면 중앙학교는 인구와 관계없이 각 도마다 하나씩 설치했다고 한다.[216] 그러므로 중앙학교가 인구 30만 당 하나씩 설립되었는지 또는 도를 단위로 하여 하나씩 설립하였는지에 대한 별도의 연구가 있어야 할 것 같다.

학생들의 연령은 11~12세에서 17~18세까지로 하였다. 교과과정으로는 수학, 실험물리학, 자연사, 과학적 방법론과 심리학, 정치경제학과 입법, 인문철학사, 위생학, 예술과 수공예, 일반문법, 문학, 고어, 학교소재지에 가장 적합한 현대언어, 미술과 제도 등이 개설되었고 교수가 과목당 한 명씩 있었다. 교육은 프랑스어로 이루어졌다. 교사들은 공교육위원회가 추천했고, 중앙교육심사관들에 의해 임명되고 감독되었다. 연봉은 소재지의 인구에 따라 달랐으며 3천에서 5천 리브르로 고정되었다.

나폴레옹의 브뤼매르 쿠데타는 학교의 변화를 아주 두드러지게 만들었던 것이다. 그는 집권하면서 어쩔 수 없이 국민공회 시대의 교육 체제를 포기했다.[217] 1796년 이후 562개의 콜래주[218]를 대신한 중앙학교가 혁명사업에 기여하고 있었으나 새로운 정권이 들어서면서 다시 개혁의 움직임이 확대되었다. 여기에서 혼동하지 말아야 할 것은 나폴레옹시대 콜래주는 사립중등교육기관이며 중앙학교를 대신한 리세는 공립학교로서 콜래주에서 이수한 학생들이 입학하였으므로 오늘날 고등학교 정도의 수준에 속했다는 것이다. 그리고 후일 왕정복고기에는 리세가 폐지되고 콜래주 루아얄이 국립중등교육기관으로 통합되었다. 그러다가 1849년 '팔루 법'(Loi Falloux)에 의해 콜래주와 리세가 병합되었

---

215) H. C. Barnard, *Education and The French Revolution*, pp. 185-186.

216) R. R. Palmer, *The Improvement of Humanity: Education and the French Revolution* (Princeton: Princeton University Press, 1985), p. 244.

217) Philippe Muller, *Vive l'Ecole républicaine!*(Paris: EJL, 1999), p. 55.

218) Charles Lemenestrel, *L'Instruction en France : date-t-elle de la Révolution?*, p. 269.

다는 것이다.

교육에 대한 변화는 소리 없이 일어났는데, 혁명력 8년에 들어선 교육 당국은 드디어 중등교육에 대한 견해를 밝혔다. 당시 내무장관인 뤼시앵 보나파르트(Lucien Bonaparte)는 혁명력 8년 제르미날 1일(1800년 3월 28일) 교육부재현상을 개탄하면서 나폴레옹에게 다음과 같이 보고했다.

> "교수단의 폐지이래 교육은 프랑스에서 거의 존재하지 않습니다. 파리에서든 지방에서든 학식 있고 자신의 학문에 대해 열성적인 대다수의 교수들이 존재하지 않았다는 것이 아니라, 재능이 있으면서 분산되고 흩어져 있는 이들 교수들은 서로에게 구원의 손길을 내밀지 않았으며 마치 공동의 화로에 모이지 않아 희미하고 흔들거리는 빛만 내고 있는 불꽃과 같습니다."[219)]

뤼시앵 보나파르트가 보기에 교수들이 강의 능력이나 연구능력이 없는 것이 아니라, 교수들이 서로 상의하고 협력하지 않아 교육의 부재현상이 초래되었다는 것이다. 내무장관의 보고를 받고 나폴레옹은 개혁을 단행하기 전에 우선 각 지방의 교육 상태에 대해 직접 보고를 받아보고 싶었다.

그는 다음해 3월 16일 각 도의 지사와 각 지방에 파견한 교육실태 조사위원으로부터 열악한 교육실태를 재확인했다.[220)] 참사원(conseil d'Etat) 위원이자, 이전의 입법원 의원이고 500인의회 의원이었던 프랑수아 드 낭트(François de Nantes)가 보클뤼즈, 부쉬 뒤 론, 바르(Var), 바스 알프스, 알프스 마리팀 등의 지역을 조사했다. 그는 이들 지역에서 글을 읽을 줄 아는 사람이 10분의 1밖에 되지 않았다고 보고했다. 그러나 그것은

---

219) Lanzac de Laborie, "L'enseignement secondaire à Paris au début de Consulat", *Revue des études napoléoniennes*(1917), pp. 257-286. cf. Maurice Gontard, *L'enseignement secondaire en France de la fin de l'Ancien Régime à la loi Falloux 1750-1850*, p. 62. 재인용.

220) Charles Lemenestrel, *L'Instruction en France : date-t-elle de la Révolution?*, pp. 259-260.

정확한 통계 보고서는 아니었다. 퓌레와 오주푸에 의하면, 1686년-1690년, 1786년-1790년, 1816년-1820년, 1866년 등 4단계로 나누어 샤랑트(Charente), 샤랑트 엥페리외르, 게르, 지롱드(Gironde), 랑드, 로트 에 가론느, 바스 피레네, 오트 피레네, 타른 에 가론 등의 지역에 대한 문맹률을 조사한 내용을 볼 수 있는데 지역 간, 남·여 간에 심한 격차가 나타나고 있다. 제2 단계의 시기에 위와 비슷한 지역을 조사한 것을 보면 문맹률이 높은 것은 사실이었으나 남자의 경우 랑드와 바스 피레네는 5.2 : 71.9, 여자는 1.7 : 9.2의 비율을 나타내고 있다. 따라서 남·여 구분도 없이 글을 읽고 쓸 수 있는 사람이 평균 10분의 1밖에 되지 않는다는 것은 대부분이 글을 읽고 쓸 줄 몰랐다는 것으로 이해하면 좋을 것 같다.[221)]

특히 지방에서는 이때에도 이전의 주임신부와 보좌신부들이 아이들에게 읽기를 가르치고 있었다. 또한 이전의 수녀들이 여학교를 맡아 가르치고 있었다. 120,000프랑 정도 재정을 가진 4개의 학교는 200명의 학생밖에 수용할 수 없었다. 반면 이전의 콜래주는 30,000프랑의 배당금을 받았던 콜래주가 적어도 300명의 학생을 가지고 있었다.[222)] 시대가 바뀌었는데도 이전의 성직자들이 학교를 운영하면서 아이들을 지도하고 있었으며 교육환경의 개선은 거의 없었고 오히려 이전에 비해 훨씬 열악하다는 내용으로 보고했다.

참사원 위원이자 원로원(Conseil des Anciens)의 의장이었던 바르베 마르부아(Barbé -Marbois)는 코트 뒤 노르, 피니스태르(Finistère), 일 에 빌랜(Ille-et-Vilaine), 모르비앙 지역에 대한 실태조사를 했다. 혁명전쟁으로 교육시설이 거의 모두 파괴되었고, 교수들은 턱없이 부족했던 것을 보고했다. "감옥, 콜래주, 병영, 사제관, 교호는 파괴되었습니다. 어떤 도시에

221) François Furet et Jacques Ozouf, *Lire et Ecrire*, tome 2, pp. 297-305.
222) Charles Lemenestrel, *L'Instruction en France : date-t-elle de la Révolution?*, p. 259.

도 초등학교, 중등학교가 없습니다. 라틴어 교수가 학생들에게 쓰는 법까지 가르쳐야만 합니다."[223)]

국민공회와 500인의회 의원이었던 푸르크루아는 되 새브르, 샤랑트 엥페리외르(Charente-Inférieure), 방데, 루아르 엥페리외르(Loire-Inférieure), 칼바도스, 망쉬, 오른 등의 지역의 교육 실태에 대해 보고했다. "공교육은 모든 도에서 어려움을 겪고 있었습니다. 망쉬 도에 세워져야 만 할 485개의 초등학교에 대해서 살펴보면, 조직된 것은 177개교였습니다. 부모들이 아이들을 공립학교에 보내지 않으려고 하였던 중요한 요인 중의 하나는 종교교육의 실패에도 있었습니다. 사람들은 더욱 많은 돈을 지불하면서도 가정교사의 집에 학생들을 보내고 싶어 합니다. 왜냐하면 사람들은 거기에서 더욱 좋은 교육, 더욱 순수한 습속, 종교의 원리들을 발견할 수 있다고 기대하기 때문입니다."[224)] 보고서들에 따르면, 나폴레옹이 집권할 당시 지방에서의 공교육은 초등교육 환경도 제대로 갖추지 못하고 있었으며, 학부모들의 신뢰를 받지 못하고 있었다는 데 이론의 여지가 없다.

입법원과 500인의회 의원이었던 라퀴에(Général Lacuée) 장군은 센 도 주변의 6개도의 교육 실태에 대해 보고했다. 그에 의하면, 학교의 수가 혁명전보다 많지 않았다. 그리고 문법, 입법, 역사 강좌는 학생이 2-3명 밖에 되지 않았다.[225)] 그는 외르 에 루아르, 센 에 우아즈 등과 같은 변방지역은 학생 수가 형편없이 적다는 내용을 보고했다. 그 요인은 지방학교라는 것과 더불어 대불동맹국들의 프랑스침공에 대한 두려움 때문이었을 것이다.

참사원 의원이었던 나자크(Najac)는 론, 루아르, 오트 루아르, 캉탈 등의 지역에는 교수들의 비행으로 사도가 땅에 떨어졌으며 교육과 학생

---

223) *Ibid.*
224) *Ibid.*, p. 260.
225) *Ibid.*

들의 평가에 대한 공신력을 상실하고 있었음을 보고했다. "교육에 일반적으로 규율도 없고, 복종도 하지 않고, 관리도 되지 않고 그리고 종종 교수들은 비행을 저지르고 있었습니다. 특히 시험관들 중 일부는 교양도 없고 공신력도 없었습니다."[226]

한편 오드(Aude)의 지사는 교육방법에 있어서와 마찬가지로 교육과정의 선택에 있어서도 모든 권위로부터 자유로운 교사들은 자신의 행동에 있어서 훨씬 자유로웠습니다. 따라서 어떤 속박도 코뮌교육에 그들을 잡아매지 못하고 있다는 것을 보고했다. 그리고 로트(Lot) 지사는 교사들 사이에 어떤 관계도 교제도 그리고 어떤 일치된 이해관계도 없었으며, 그들 사이에는 어떤 규칙도 어떤 규율도 없다는 것을 보고했다.[227] 이들 두 지사의 지적은 교사들의 자유와 무질서로 인해 교육이 피폐되고 있다는 것이었다.

이러한 현상은 초등학교의 경우도 중등학교와 다를 바가 없었다. 국민공회 의원이었고 500인의회의 의장이었던 티보도(Thibaudeau)는 초등학교에 대해 보고했다. "초등학교는 모두가 다시 만들어야 합니다. 교사들은 업무를 거의 수행하지 않고 있습니다. 그래서 존재가치가 거의 없습니다. 여자들을 위한 것은 아무 것도 없습니다. 그러므로 아이들은 중앙학교에 진학할 생각조차 하지 못하고 있습니다. 그밖에 다른 조사관들에 의하면, 초등학교 교사들은 있었으나 학생들이 없습니다. 학부모 역시 옛날에 수도원이었던 장소에서 교육을 하고 있는데, 자기 아이들을 그 곳에 보내기를 거절하고 있습니다."[228]

나폴레옹이 파견한 위원들의 보고서와 도지사들이 말하는 교육 실태에 대해 분석해 보면 몇몇 지방을 제외하고 프랑스의 중등교육은 부실

---

226) *Ibid.*, p. 261.

227) Maurice Gontard, *L'enseignement secondaire en France de la fin de l'Ancien Régime à la loi Falloux 1750-1850*, p. 63.

228) Charles Lemenestrel, *L'Instruction en France : date-t-elle de la Révolution?*, p. 260.

하기 그지없었다. 물론 중앙학교와 중등학교는 상황이 다른 면도 엿보인다. 중앙학교들이 그들의 변화를 추구하면서 이후 리세가 될 모습에 점점 더 가까워지는 동안 각각의 학교에서는 급진주의적인 조치들에 대한 선택을 꺼려하지 않으면서 공공연하게 종교교육을 제공하고 두려움 없이 새로운 역법을 옛 역법으로 바꾸었다. 그러나 중앙학교에도 결점이 많았다. 거기에는 교육의 처음과 마지막 단계사이의 단계적인 것도 중간단계도 없었다. 이것은 국민공회의 교육 사업에 보내진 근본적인 비판이었다. 중앙학교의 교육을 받는 학생들을 준비시키기 위한 아무것도 마련되어 있지 않았다. 학생들은 교육과정을 이용하는데 필수적인 기본지식이 없었다. 중앙학교의 내부조직은 잘못을 악화시키게 되어 있었다. 중앙학교는 통일된 어떤 계획도 가지고 있지 않았다. 다른 한편 고유한 방법을 채택한 교사는 자신의 모든 강의를 자신의 목표에 귀결시켰다. 교육에는 통일성이 없었다.

교육환경이 열악했다는 지적은 올라르(Alphonse Aulard)와 콩타르의 연구에서도 나타난다. 올라르는 1801년 3월 16일 조사된 국민교육 실태에 대해 당시의 교육환경이 아주 열악했던 것으로 풀이하고 있다. 그에 의하면, "루아르 엥페리외르에는 시골의 코뮌이기는 하지만 초등학교가 전혀 없었다. 방데와 에로(Hérault)지방에서는 모두는 아니지만 교사들이 무능했고 직업의식이 결여되어 비판받고 있었다. 보클뤼즈와 일 에 빌랜에는 사실 공교육기관이 없었다. 파 드 칼래에서는 젊은이들이 가장 비참하고 무지한 상태에 있었으며 방탕이 심했고 잔인하며 언행이 거칠었다."[229]

그리고 공타르의 1789년의 보고서에 따르면, 중등교육의 상황은 분명히 퇴보한 것으로 형편없는 상태였다. 예전의 교육기관들은 '불완전하

---

229) A. Aulard (ed), *Statistiques des préfets en l'an IX et l'an X*(Paris, 1807). H. C. Barnard, *Education and The French Revolution*, p. 203. 재인용.

고 불충분'했다. 그러나 공교육은 그것들의 폐지로 타격을 입었다고 보르도 지구 위원회가 논평했다는 것이다.[230] 물론 예외적인 지역도 있었다. 그에 의하면, 에콜 드 라 오트 마른에 있는 교사들의 열정은 존경할 만했다. 에콜 뒤 맨 에 루아르는 우수한 교육기능의 모든 요소들을 갖추고 있었다. 르 가르(Le Gard)는 교수들의 열정으로 칭찬받았으며, 지롱드는 교수들의 열정과 능력이 높이 평가되었다.[231]

하지만 전반적으로 교육이 황폐되었으며, 이처럼 교사들이 교육에 무성의 했고 학생들이 학교에 가기를 꺼려했을까? 그것은 첫째, 프랑스혁명이 교육개혁을 목표로 하지 않아 교육환경개선에 손을 댈 여유가 없었기 때문이었다. 둘째, 교사들이 사범교육을 철저히 받지 못해 교육에 대한 사명의식이 결여되어 있었고 셋째, 교사들에 대한 처우가 열악하고 사회적 위치가 대단치 않았기 때문이었던 것으로 풀이 된다.

교육 실태에 대한 보고를 받은 나폴레옹도 혁명이 거듭되면서 막대한 파괴행위가 있었고 또한 무모한 노력밖에 하지 않았다는 생각을 하게 되었다. 따라서 그는 현실 문제를 타결할 일련의 개혁이 필요하다는 것을 직감했다. 그는 각 지역에서 조사된 보고서를 참고로 교육개혁을 시작했다. 그는 교육개혁에서 푸르크루아에게 도움을 받을 생각을 했다. 푸르크루아도 입법원(Corps législatif)에서 나폴레옹의 교육에 대한 열의를 높이 평가하며 찬사를 보냈다. "나폴레옹은 과거를 참작하고 복구할 수 있는 모든 것 즉 이전의 콜래주의 잔해와 같은 중앙학교들, 공립학교와 같은 사립학교들, 공화국의 초등학교와 같은 군주정의 '초등학교'(petits écoles)들을 복구시킬 수 있는 능력을 가지고 있다."[232]

---

230) Lanzac de Laborie, "L'enseignement secondaire à Paris au début de Consulat", *Revue des études napoléoniennes*, 1917, pp. 257-286. cf. Maurice Gontard, *L'enseignement secondaire en France de la fin de l'Ancien Régime à la loi Falloux 1750-1850*, p. 62.

231) *Ibid.*, p. 62.

232) Discours de Fourcroy au Corps législatif (20 et 30 avril 1802). cf. Charles Lemenestrel, *L'Instruction en France : date-t-elle de la Révolution?*, p. 262.

한편 이전과 달리 당시 도지사를 비롯한 지방 관리들도 부실한 교육 실태에 대해서 그냥 보고만 있지 않았다. 예를 들어 1801년 샤랑트 도지사는 중앙학교를 위해 고대어의 교육을 확대시키고 각각의 학년들에 단계를 두며, 앞으로 나아가야 할 교육목표를 정하고 마지막으로 그것이 완성될 때까지 교육제도를 조직하게 될 규정에 전념하였다. 파리 도지사 프로쇼(Frochot)는 중앙학교들에 주어진 최초의 지침이 지닌 불합리한 점에 강한 인상을 받았고 오랫동안 개혁의 필요성을 느끼고 있었던 교수들의 동의를 받아 불합리한 점을 수정했다.[233)]

제1통령으로서 나폴레옹은 젊은이들의 교육에 종교가 필요하다고 생각했다. 그는 이미 여러 지역에서 사람들이 다시 정규 종교교육으로 돌아갈 것과 크리스챤 형제단이나 우르슐라회, 자선 수녀단 등과 같은 단체로부터 종단에서 교육의 재건립을 추진할 수 있게 해줄 것을 요구받고 있었다. 당시의 교육상황은 국립학교보다는 사립학교에 학생들이 훨씬 많이 모여들었다. 우선 먼저 사립학교에서 종교교육이 부활하기 시작했다. 지사들도 국비가 들지 않는 사립학교가 확장되기를 은근히 바라고 있었다. 게다가 1801년 교황 피우스 7세와 나폴레옹 사이에 협약(Concordat)이 이루어져 마침내 성직자 공민법에 의해서 생겨났던 종파의 분리를 종식시고 다시 가톨릭을 국가종교로 되게 하였다.

교육개혁은 어떤 면에는 정치 개혁과 궤를 같이하였다. 앙드레 앙패르(André Ampère)의 말과 같이, 1802년 4월 27일 앤(Ain) 중앙학교에서는 혁명력 10일째 휴일과 15일째 휴일은 이미 폐지시켰다. 사람들은 일요일과 수요일에 자유로운 시간을 가지게 되었다. 사람들은 목요일 보다 수요일을 선호했는데 그것은 이 날이 장날일 뿐만 아니라 많은 교수들 특히 가정을 가지고 있는 교수들의 마음에 들기 때문이었다. 혁명으로

---

233) Maurice Gontard, *L'enseignement secondaire en France de la fin de l'Ancien Régime à la loi Falloux 1750-1850*, p. 61.

인해 좋지 않은 평판을 갖게 된 일부 교수들은 사태의 추이를 감지하고 방향을 전환했다. 예를 들면, 콜래주 드 부르 생 앙데올(Collège de Bourg-Saint-Andéol)에서 웅변교수였던 메르메르(Mermer)는 비록 주임사제이긴 했지만 혁명 하에서 좋은 가문 출신의 매우 어린 소녀와 결혼했다. 그는 결혼한 사제들이 멸시받는다는 것을 알게 되자 그녀를 자신의 집에서 내 쫓았을 뿐만 아니라 비참한 상태에 그녀를 빠뜨렸다.[234] 교수직을 유지하기 위해서 사람으로서는 할 수 없는 일들을 했던 사례가 어찌 이것뿐이었겠는가!

몇몇 지구의회는 교육개혁의 실패원인에 대해 당시 종교적이고 도덕적인 훈련의 부재를 유감스럽게 생각하며 몇 가지 예를 들었다. 베르사유 구 의회는 콜래주들의 교육체제는 학생들의 품성과 지식을 단련시켰다. 중앙학교들의 교육체제는 지식만을 단련시키고 성실하고 덕망 있는 시민들이 아니라 학식 있는 사람들을 만드는 것만을 목적으로 삼는다고 했다. 그리고 일 에 빌랜의 총 의회는 중앙학교들에 대해 사람들이 제시한 전체적인 냉담한 이유를 열거하면서 교장들이 우리는 여기에서 가장 중요한 품성에 관한 학문을 제외하고 모든 학문에 대한 연구를 시도한다라고 하였다. 사실 뫼즈(Meuse)의회에서 말한 바와 같이, 중앙학교는 값비싼 기숙학교들에 아이들을 보낼 수 있는 유복한 시민들에게만 유리했다. 그리고 샤랑트 엥페리외르의 지사가 보고한 것처럼 재산이 없는 부모들은 집에서 멀리 떨어진 중앙학교에 그들의 아이들을 보낼 수가 없었다.[235] 이처럼 중앙학교는 불편함과 결점이 지적되면서 인기가 하락되었고 폐교의 위기를 맞이하였다.

그러나 사립학교들은 이러한 기회를 이용하여 상당히 발전한 곳도

---

234) A. Ampère, *Correspondance*, tome I, lettre du 1er mars 1802. cf. Maurice Gontard, *L'enseignement secondaire en France de la fin de l'Ancien Régime à la loi Falloux*, 1750-1850, pp. 61-62.

235) *Ibid.* p. 63.

있었다. 1804년 4월에 있었던 연설에서 푸르크루아가 과거를 회상하면서 중등학교와 대학교들이 억압을 받은 이래 중등학교는 새로이 살길을 모색하였으며 많은 사립학교들이 젊은이들의 교육을 위해서 설립되었다. "나는 옛날의 것이든 새로이 설립된 것이든 사립학교들 가운데 훌륭한 예로써 소래즈(Sorèze), 쥐이이, 라 플래쉬(La Flèch) 학교들과 이브뢰(Evreux), 퐁텐블로, 메츠의 기숙학교들 그리고 여러 다른 학교들을 들수 있다"[236]라고 한 것을 보면 그래도 각 지방에는 사립학교들이 통령정부 시대의 교육을 지키고 있었다는 것을 알 수 있다.

236) H. C. Barnard, *Education and The French Revolution*, p. 188.

## 2. 샵탈의 비판과 제안

통령정부시대 교육개혁에 대해 누구보다도 목소리를 높였던 사람은 장 앙투안 샵탈과 푸르크루아였다. 화학자, 기업가, 관료, 개혁가, 프리메이슨 등으로 알려진 샵탈은 1800년 11월부터 1804년 7월까지 내무장관을 역임했는데, 그는 나폴레옹의 가장 혁신적인 장관이었다.[237] 그러나 1795년 10월 25일의 '도누 법'[238]이 1802년 4월 30일까지 그 효력을 유지하고 있었으므로 통령정부는 국민교육에 대해서 조급한 행동을 취하지 않았다.[239]

도누의 '공교육 조직법'(Loi sur l'organisation de l'instruction publique)은 3단계로 구성되어 있었다. 첫 단계는 초등학교에 대해서 다루고 있다. 1795년의 헌법에서 행정구역의 기본단위를 코뮌으로 대체했던 각 주마다 하나의 학교가 있어야 한다는 것이다. 두 번째 단계는 중앙학교와 관련되어 있다. 학교조직의 단위를 학급으로 한 것이 아니라 강좌로 하였다. 세 단계로 나누어진 10개의 강좌를 두었다. 세 번째 단계는 고등전문기술교육과 관련된 것이다. 즉 특수학교들에 대한 내용을 다루었다. 그리고 이 법은 콩도르세와 탈레랑의 계획으로 그 기원이 소급되는

237) Jeff Horn and Margaret C. Jacob, "Jean-Antoine Chaptal and the Cultural Roots of French Industrialization" *Technology and Culture*, 1998, p. 671.

238) G. Hippeau, "Rapport de Daunou", *l'Instruction Publique en France pendant la Révolution*, pp. 470-486.

239) H. C. Barnard, *Education and The French Revolution*, p. 199.

국립학문연구소에 대해서 언급하였다.

나폴레옹은 통령정부 초부터 교육을 그의 정치에 봉사하는 일군의 양성으로 생각했다. 그는 프랑스에서 '대학의 전권 monopole universitaire'을 조직하면서 군사정부에 가장 효과적으로 기여하는 국민교육을 하려고 하였다. 그러나 통령정부에서의 교육은, 총재정부(1795~1799)에서처럼 지방으로 분산되어 있었다. 중앙학교와 초등학교는 지방당국, 도, 또는 코뮌 당국에만 소속시켰다. 고등교육(상급교육)은 각각의 도에 소속된 작고 많은 특수학교들 사이에 배당되었다. 이와 같은 지방 분산화는 교육, 특히 중등교육에 커다란 자립성을 부여하게 되었음으로 사립학교의 교육수준은 상당히 상승했다. 그러나 공교육에 관심을 둔 나폴레옹의 동생 뤼시앵 보나파르트는 1800년 3월 22일 "교육은 프랑스에서 아주 형편없다. 공공 집회소에 모든 교수들을 모이게 하겠다. 왜냐하면 국민교육은 다른 모든 교육과 조화를 이루어야 하기 때문이다."[240]라고 하면서 사법과 재정처럼 교육도 중앙 집중화되어야 한다는 것을 강조하였다.

이 시기에 참사원의 위원이 된 샵탈은 프랑스에서 공교육을 진흥시킬 수 있는 계획안의 작성을 위임받았다. 당시 내무장관이었던 샵탈은 보고서를 참사원에 제출했다. 나폴레옹은 1800년 11월 9일 그 <보고서>에 의해 해결방법을 마련하고자 했다. 이 <보고서>는 바너드의 말과 같이 프랑스 공교육의 발달에 대한 개요로 시작하고 있으며, 오히려 콩도르세와 탈레랑의 교육을 천거하고 있는 것이 특징이다.[241]

샵탈은, 1796년의 체제에 결점은 있지만 그것은 교육의 본질에 의해서라기보다는 교육계의 불완전한 조직에 의한 것이라고 생각했다. 그리고 중간단계학교들의 부재, 교육단계화의 부재, 감독부재, 학교질서와

---

240) J. Godechot, *Les Institutions de la France sous la Révolution et L'Empire*, pp. 732-733.
241) H. C. Barnard, *Education and The French Revolution*, pp. 199-200.

규율의 부재를 지적하고 이러한 부재현상이 중앙학교를 황폐화시켰다고 주장했다.[242] 그는 중앙학교에 대해 단계적 학습이 부족할 뿐만 아니라 명확한 시간표나 적합하게 조직되고 조정된 교과과정도 없고 대부분의 교사들이 자격미달이거나 능력이 부족하다는 것을 지적하였다. 그러므로 샵탈은 앙시앵 레짐 시대의 교육을 오히려 찬양하고 통령정부 이전의 교육에 대한 비판적 견해를 표명하였던 것이다. 그의 교육계획은 앙시앵 레짐 시대의 교육의 잔재를 파괴하려는 것보다 교육을 중앙 집중화하면서 혁명의 위대한 전통들을 유지하려는 것처럼 보였다.

당시 교육의 실태에 대해 샵탈은, "오늘날의 교육은 국민공회가 남겨놓은 그대로이다. 소도시에는 몇 개의 초등학교가 있으나 실질적으로 시골에는 없다. 각 주에 하나씩의 중앙학교, 몇 개의 유용한 특수학교들, 예를 들어 의학교, 음악학교, 토목학교들이 남아있다. 그러나 실질적으로 모든 곳에서 중앙학교들은 폐교되었는데, 그것은 조직의 결점에서 찾을 수 있다."[243] 라고 했다. 그는 통령정부 초기에 교육은 변화된 것이 없고 지난 날 국민공회 시대의 그 모습 그대로 라고하면서 개탄하였다. 사실 앙시앵 레짐 시대에 중등학교는 교회나 국가의 간섭을 받았고 학생들이 자기 스스로 생각할 수 있게 고무적인 학습을 하지 못했다. 그러나 통령정부 초기에 비하면, 제대로 자격을 갖춘 교사들로 채워져 있었고, 교육과정의 단계화와 조직의 체계가 어느 정도 잡혀져 있었으며 공동체 의식이 강하여 교육여건이 다소 좋아졌다.

공타르에 의하면, 당시 교육 실태에 대하여 샵탈은 대체로 지방 당국자들과 같은 결론에 이르렀다. 그는 이제 막 20살이 된 세대들은 결정적으로 무지함에 의해 희생되고 있다는 것이었다.[244] 그는 각 학교 근

---

242) Maurice Gontard, *L'enseignement secondaire en France de la fin de l'Ancien Régime à la loi Falloux 1750-1850*, pp. 64-65.

243) H. C. Barnard, *Education and The French Revolution*, p. 200.

244) Maurice Gontard, *L'enseignement secondaire en France de la fin de l'Ancien Régime à la*

처에 기숙학교를 개교하고 예술과 학문에 재능을 보여준 가난한 학생들을 이곳에 수용하고자 했다. 오늘날 지역별 교육의 특성화 방안과 일맥상통하는 것이었다. 그는 공립중등학교와는 별도로 개인에 의해 운영되는 교육기관의 존속을 보장했는데 정부는 그러한 교육기관에 대해 감독권만을 행사하는 것으로 하였다.[245] 그러므로 통령정부시대에 교육개혁은 앙시앵 레짐 시대의 교육적 유산이나 국민공회시대의 교육을 모두 개혁하자는 것은 아니었다. 샵탈은 다만 통령정부 시대의 교육체계가 본질적으로 부적합하다는 것을 지적하고, 그것은 교육 자체의 본질에 기인한 것이 아니라 잘못된 조직 때문이라는 것을 여러 번 강조하고, 그 책임이 국가나 사회에 있다는 것을 지적하였다.

> "대의정부에서는 어디에서나 교육이 필수적이다. 모든 사람들은 행정가들을 선출하기 위한 선거를 해야 한다. 그러나 읽고 쓰기를 못하는 사람은 그것을 아는 사람들의 처분에 맡겨져 있다. 읽기, 쓰기, 산수, 그리고 사회계약에 대한 기본적인 사상들은 정부가 모든 사람들에게 베풀어야 할 보편적인 교육이다. 보편교육은 모든 사람들에게 절대적으로 필요하며, 그런 이유에서 그것은 사회가 지고 있는 공적인 책무이다."[246]

그러나 공타르가 소개하고 있는 바와 같이 샵탈은 국가가 교육에 대해 책임을 지지만 전권을 갖는 폐해에 대해 강력히 반대했다. "교육의 절대적 지배자인 정부는 언젠가 자신의 야망대로 교육을 이끌 것이다. 이렇게 가장 강력한 힘은 아마도 속박의 원동력이 될 것이다. 모든 대항심은 소멸될 것이고 자유로운 모든 생각은 죄가 될 것이며 본질적으로 빛을 내게 되어있는 교육은 점차 몇몇 소심한 교사들의 손 안에서

---

*loi Falloux 1750-1850*, p. 64.

245) *Ibid.*, p. 66.

246) H. C. Barnard, *Education and The French Revolution*, pp. 200-201.

쇠퇴할 것이며 한 세대 전체를 예속상태에 익숙하게 할 것이다. 프랑스에서 공교육은 자유이다. 모든 프랑스의 시민은 프랑스에서 자신들의 교육기관을 설립할 수 있어야 한다."[247]

샵탈은 당시의 교육에 자유가 보장되지 않고 정부위주의 교육이 되지 않기를 바라면서 초등교육과 중등교육의 육성을 강조하고 무상교육을 요구했다. 특히 초등교육은 6~12세의 어린이들을 위해 국가가 모든 것을 제공해야 한다는 것이었다. 그는 시립학교(écoles municipales)를 생각했다. 교과과정은 읽기, 쓰기, 산수 등 기본적인 측정과목으로 편성하는 것을 원칙으로 했다. 그는 코뮌에 적어도 하나의 코뮌학교(écoles communales)가 있어야 하며, 학생 수는 보통 250명 정도로 생각했다. 특징은 교사들을 가장들이 추천하고 부지사가 임명하는 것이었는데, 그것은 학부모의 신뢰를 얻기 위함이었던 것으로 풀이된다. 그리고 교사들의 봉급을 시와 구가 절반씩 부담하는 것으로 하였는데, 그것은 교육에 대한 공동의식이나 협력에 주안을 둔 것 같다.

그는 자치시나 구 또는 큰 도시에 하나의 지구학교(écoles d'arrondissement)의 설립을 생각했다. 필요한 곳에는 기숙사를 준비하고 10세 미만의 아이는 입학할 수 없도록 하였다. 교과과정에는 프랑스어, 라틴어, 자연사, 지리학, 수학, 물리학, 제도 등이 포함되었다. 각 단계는 시험성적에 의해 결정되며 교사들의 봉급은 구와 도가 반씩 부담하는 것으로 하였다. 코뮌학교를 졸업한 학생은 곧 바로 직업을 선택하거나 파리에 있는 특수전문학교에 진학하거나 혹은 전문직 직업훈련을 받도록 하였다.[248]

샵탈의 중등학교 안은 아이들이 읽고 쓰고 셈할 수 있음을 증명하는 예비시험을 치른 후 10세부터 입학허가를 받게 되어 있다. 그는 당시 중앙학교가, 사회의 제1신분에 위치하기를 열망하며 공직을 수행하거나

---

247) Maurice Gontard, *L'enseignement secondaire en France de la fin de l'Ancien Régime à la loi Falloux 1750-1850*, pp. 65-66.

248) H. C. Barnard, *Education and The French Revolution*, pp. 201-202.

자유업에 종사하기를 바라는 명문가의 아이들에게, 즉 유복하게 태어나거나 대기업이나 농촌의 풍부한 경작지를 가진 지도적 위치에 있는 가정의 아이들에게만 개방되었다는 것을 개탄하였다.

샵탈은 문과교육과 이과교육의 편중을 염려했다. 그는 당시 고대어 교육이 대단히 간과되고 있다는 것을 지적했다. 아마도 앙시앵 레짐에서는 고대어에 대한 교육이 거의 독점적으로 이루어지면서 그것들에 대한 중요성이 주어졌지만 당시에는 대단히 상반된 상태에 있다는 것을 지적했다. 그는 학생들은 1학년에서 프랑스 문법과 라틴어의 기본원리, 2학년에서 2개의 언어 교육, 박물학과 지리학의 원리, 3학년에서 수학과 물리학의 원리, 4학년에서 고대와 현대문학을 교육하는 것으로 했다. 그리고 인구가 3만 이상의 도시에서는 5학년을 편성하고 실험화학과 실험물리를 교육하는 것으로 했다.[249)]

샵탈은 기존의 고등교육제도인 의과대학, 예술과 기술학교, 박물관과 콜래주 등을 그대로 유지하는 것이 필요하다는 것을 강조하고 공교육체제를 위해 9백 57만 2천 6백 프랑의 예산이 필요할 것으로 계산하였다. 그에 의하면, 정부는 프랑스 시민이 아닌 사람, 헌법준수 선서를 하지 않은 사람, 개교를 지방당국에 알리지 않은 사람들에 대해서는 어느 누구도 교직을 수행할 수 없게 했다. 그러나 일단 개교사실을 알리면 공식적인 심사로 인가를 받게 되며, 교육의 실질적인 본질을 교사의 직무로 규정하였다. 또한 교육을 규정된 방법에 한정하고 정부에 의해 정해진 범위를 제한하는 것은 교육의 가장 좋은 특성인 독립성을 박탈하는 것이라고 했다.[250)] 샵탈의 교육계획은 여론의 환영을 받았다.

샵탈은 교사의 창의성에 기대를 걸었다. 그는 규제가 많고 당국의 간섭이 지나치면 정말 교육은 발전할 수 없다는 것이었다. 샵탈의 교육계

249) Maurice Gontard, *L'enseignement secondaire en France de la fin de l'Ancien Régime à la loi Falloux 1750-1850*, p. 65.

250) H. C. Barnard, *Education and The French Revolution*, p. 202.

획에 대해 <모니퇴르>(Moniteur) 신문은 "솔직한 생각들, 속 깊은 견해들, 조화로운 발전, 확고한 원리들, 행복한 결과들"로 논평하였다."[251] 몇몇 지방의회는 1800년의 회기에 샵탈의 교육계획을 승인했다.

그러나 어처구니없는 사실은 샵탈의 이러한 <보고서>는 제1통령(나폴레옹)에게 보고되지도 않았고 받아들여지지도 않았다는 점이다. 고드쇼(J. Godechot)에 의하면, 그의 교육계획은 나폴레옹을 만족시키지 못했던 것이다. 그 이유는 샵탈의 교육이념이 지나치게 국가의 영향력에서 이탈하고 있다고 나폴레옹이 생각했기 때문이었다. 나폴레옹은 국가가 3개의 교육집단을 이끌 뿐만 아니라 모든 문학적, 극적, 예술적 산물을 통제해야 한다고 생각했다. 사실 통령정부 시대의 교육의 근본 목적은 훈련받은 인민들을 만들고 병사들의 양성소처럼 학교를 만드는 것이었다. 비리빌(Vallet de Viriville)에 의하면, "샵탈의 교육계획은 이미 제국을 구상하고 있던 제1통령에게 적합한 것이 될 수 없었다."[252] 나폴레옹은 샵탈의 교육계획은 선배들이 정성들여 만들어 놓은 쓸데없는 많은 개념들을 확대시킨 것이라고 생각했다. 결국 샵탈의 계획은 혁명력 10년 플로레알 11일(1802년 5월 1일)의 법이 만들어지기 이전 작성된 좋은 내용으로 알려졌다.[253] 한마디로 그의 교육계획은 나폴레옹의 독재정부를 굳건히 하는데 방해물로 생각되었던 것 같다.

---

251) Maurice Gontard, *L'enseignement secondaire en France de la fin de l'Ancien Régime à la loi Falloux 1750-1850*, p. 66.

252) Vallet de Viriville, *Histoire de L'Instruction Publique en Europe et Principalement en France* (Paris: Administration du Moyen Age et la Renaissance, 1849), p. 291.

253) J. Godechot, *Les Institutions de la France sous la Révolution et L'Empire*, p. 733.

## 3. '1802년 5월 1일 법'과 중앙학교의 폐지

모든 초등과 중등교육기관, 특수학교들은 참사원의 인준으로 내무부 장관의 관할아래 있는 교육부(Direction de l'instruction publique)에 소속되었다. 그러나 나폴레옹의 교육체제는 초등교육을 위해 아무런 배려도 하지 않았다. 물론 나폴레옹이 초등교육에 전혀 관심이 없었던 것은 아니었다. 1802년 페스탈로찌가 파리를 방문했을 때, 나폴레옹은 A, B, C 문제보다 더 시급하게 생각할 것이 많이 있다고 하면서 페스탈로찌의 접견을 거부했다. 하지만 그 후 그는 페스탈로찌의 제자가 파리에 세운 학교를 시찰한 후 만족스런 표정을 보이면서 콜래주와 리세에 교사양성을 위한 특별반을 설치하라고 명령했다.[254] 그러나 초등교육, 특히 소녀교육에 대한 배려는 후일에도 거의 나타나지 않았다.

나폴레옹은 1802년 3월 12일 샵탈의 뒤를 이어 로데레(Roederer)를 교육부의 책임자로 임명했다. 고드쇼가 소개하고 있는 <통첩>을 보면, 교육을 정치적 힘의 강화수단으로 활용하려고 했던 것을 엿볼 수 있다. "교육부는 우리의 정치체제에서 가장 강력한 기구가 될 수 있고 또한 그렇게 되어야 한다. 바로 그 기구에 의해 입법가들이 국민정신을 재생하게 할 수 있는 것이다. 교육부는 그 정신에 의해 교육에서 정신적 지도부가 되는 것이다."[255]

---

254) William Boyd, *The History of Western Education*, pp. 360-361.
255) *Ibid.*, pp. 733-734.

필리프 뮐레(Philippe Muller)가 말한 것처럼 '1802년 5월 1일(혁명력 10년 플로레알 11일) 법'은 중앙학교를 리세 또는 중등학교들로 대체하였다. 1802년 5월 1일 입법기관에 제출된 푸르크루아의 교육계획안은 1795년 10월 25일(혁명력 4년 브뤼매르 3일) '도누 법'이래 조직된 공교육에 대한 종합평가서와 같은 것이었다.[256] 모든 교육단체에 대한 국가의 통제는 특히 푸르크루아가 로데레를 승계한 1802년 9월 14일 이후부터 끊임없이 강화되었다.

중앙학교는 라카날의 제안에 의해 '1795년 2월 25일 법'으로 설립된 지 거의 6년 후 그리고 어떤 경우는 6년이 채 못 되어 '1802년 5월 1일 법'에 의해 공식적으로 폐교되었다. 비알(Francisque Vial)은 "만일 중앙학교가 없어졌다면 그것은 중앙학교가 사회에서 더 이상 존속될 수 없는 혁명적 오류가 있었기 때문일 것이다"[257]라고 하여 나폴레옹의 의지이든 아니든 간에 중앙학교가 폐교된 것을 혁명적 오류로 평가하였다. 중앙학교는 일시에 폐교된 것이 아니라 차례로 사라졌고, 어떤 면에서는 앙시앵 레짐의 중등학교로 되돌아갔으며 후일 리세로 대체되었다는 것은 틀림없는 사실이었다.

그러나 중앙학교들은 서로 크게 달랐기 때문에 그것들의 효과에 대해 포괄적인 판단을 하기는 어렵다. 따라서 중앙학교가 폐지된 이유에 대한 찬·반론은 지금까지도 이어지고 있다. 예를 들면 샤토루(Châteauroux)의 중앙학교는 후원 부족으로 쇠퇴하였으나 브장송의 중앙학교는 학생수가 500명이 넘었다. 중앙학교들이 폐교된 것은 조직화의 결여, 문화적이라기보다는 실제적이고 실용적인 교과과정, 그리고 성직자, 법률가, 학자들이 아닌 '공화주의적 국민'을 만들려는 목적, 학문적인 학교라기보다는 차라리 기술학교와 같은 모습 때문이다. 바너드에 의하면, 통령

256) Philippe Muller, *Vive l'Ecole républicaine!*, p. 55.
257) H. C. Barnard, *Education and The French Revolution*, p. 198.

정부시대 실질적으로 모든 곳의 중앙학교가 없어졌는데 만일 이러한 새로운 종류의 학교들이 성공하지 못한 이유를 알고자 한다면 우리는 그것을 조직의 결점에서 찾을 수 있다. 분명한 것은 중앙학교는 앙시앵 레짐 시대의 중등학교와는 체제, 성격, 운영 등에서 정반대였으며 혁명적 전사를 양성하려는 중앙학교의 교육목표가 학생과 학부모들로부터 선호할 수 없는 요소가 되었기 때문이다.[258]

그러나 중앙학교는 나름대로의 업적이 있었다. 올리비에 드보(Olivier Devaux)에 의하면, 중앙학교의 활동에서 사람들은 그 시대의 필요에 부응하면서 과학적 타입의 새로운 교육을 전개하려는 의지를 가질 수 있었다.[259] 그리고 푸르크루아에 의하면, 중앙학교는 정밀과학(sciences exactes)과 관찰과학(sciences d'observations)에 대한 가치를 더욱 일반적으로 알게 하는 장점을 가지고 있었다."[260] 그러므로 사람들이 중앙학교를 외면한 이유는 학문적 결함이 아니라 혁명정부가 원하는 '공화주의적 국민' 양성에 대한 학부모들의 불만이 크게 작용하였던 것과 더불어 기술교육을 기피하려는 프랑스인의 귀족적인 의식으로 풀이된다.

나폴레옹은 혁명을 추진하면서 그 목적에 맞게 공교육을 재조직하려 했다. 그는 혁명을 수행하는데 도움이 되고 국가의 간성이 되어줄 국민교육을 실현시키고 싶었던 것이다. 리아르(Liard)에 따르면, 그는 공적 행정을 공적 동업조합으로 그리고 동일한 목적의 실현에 협력하고 따라서 도덕적 통일성과 공통의 생각을 가진 조직체로 변화시키고 싶어 했다. 또한 그는 학교의 수장인 국가에 대한 개념을 학교의 주인인 국가에 대한 혁명적 개념으로 대체시켰다.[261] 나폴레옹에게 있어 교육은

---

258) *Ibid.*

259) Olivier Devaux, *La Pique et la Plume : L'Enseignement à Toulouse pendant La Révolution*, p. 116.

260) *Ibid.*

261) Félix Ponteil, *Histoire de l'Enseignement, 1789-1965*, p. 124.

자유가 아니라 공통의 원리와 획일적인 교리에 의해 실시되는 것이었다. 그의 목적은 사람들로 하여금 국가의 생각에 따르는 '지적 핵심체'를 형성하고, '공공질서에 해롭고 그것을 파괴하는 이론들'을 억제하며, 정치적·사회적 이상으로 향하게 하는 것으로 해석된다.

그런데도 당시 여론은 마지못해 그의 구상을 받아들였다. 사람들은 그가 세운 독재체제에 대하여 못마땅하게 생각했다. 일반적으로 자유를 사랑하는 사람들은 교육에 대한 독재적 전권을 행사하려는 나폴레옹을 용인하려 하지 않았는데, 93년 자코뱅의 후예들인 자유주의자들은 더욱 그러했다. 나폴레옹이 수립한 공교육은 곧 바로 객관성을 벗어났다. 그러나 나폴레옹은 정부체제와 비교될 만한 체제를 교육에 부여하고자 했다. 그는 교사들을 '강력한 동업자'로, 학생들을 커다란 '제국의 특정 수호자'로 만들고 싶어 했다. 이와 같은 나폴레옹의 의지가 바로 특수층을 중심으로 한 중앙학교를 폐교하게 한 것이다.

# 제5장

# 나폴레옹 시대의 교육정책과 제국대학

1. 제국대학 '교수단'의 조직
2. 제국대학의 설립과 목적
3. 제국대학의 구조적 특징과 역할
4. 제국대학의 기능적 특징과 역할

## 1. 제국대학 '교수단'의 조직

나폴레옹은 혁명을 통해 프랑스 대제국을 건설하면서 교육을 통해 제국의 정신적 지주를 마련하고자 했다. 사실 그는 제1통령이 되기 이전부터 교육에 대해 관심이 있었다. 그는 일찍이 1791년 리옹 아카데미가 1천 2백 프랑을 내놓고 <행복을 위하여, 인간에게 어떤 진리와 감정을 교육하는 것이 가장 중요한가?>라는 주제로 모집한 현상논문에 응모한 바 있다. 당시 나폴레옹은 군인으로서 '왕의 편에 설 것인가', 아니면 '새로운 원칙에 따를 것인가'로 고민하다가 후자로 마음을 정했다. 현상논문에서 그는 "인간은 행복을 위해 태어났다. 그러나 왕이 지배하는 곳에 진정한 인간은 없다. 억압받는 노예보다 더 비천한, 억압하는 노예가 있을 뿐이다. 힘이 없이는, 에너지가 없이는, 덕성도 행복도 없다"고 하면서 그의 논지를 전개했다. 힘은 교육에서 길러진다는 것을 강조한 이 글은 비록 "주목을 끌기에, 너무 산만하고 잡다하며 문맥이 연결되지 않는다"는 심사평과 함께 낙선되었으나 나폴레옹의 교육에 대한 관심과 의지를 엿볼 수 있는 내용이다.[262]

나폴레옹은 집권 후에는 프랑수아 드 뇌프샤토(François de Neufchâteau), 샵탈 등과 같이 공교육에 관심 있는 관료들을 아주 가까이 했다.[263]

---

262) Max Gallo, *Napoléon*, 임헌 옮김, 『나폴레옹』(문학동네, 1999), pp. 160-163.

263) Isser Woloch, *Napoleon and his Collaborators*(New York : W. W. Norton & Company, 2001), pp. 116-117, p. 129. 뇌프샤토는 1798-1799년 사이에 내무장관을 지냈다. 그는 통계조사와 근대적 농업경제학, 산업개발과 공공교육을 장려하는

나폴레옹은 1801년 6월 17일 '콩코르다'로서 교황과 공식적인 관계를 회복함에 따라 1804년 3월 14일에 채택한 법으로 대주교주재 신학교라고 하는 메트로폴리탄 신학교(Séminaires Métropolitains)를 설립했으며[264) 주교단으로 하여금 학교를 방문하여 종교교육의 실태를 파악하고 대책을 강구하도록 했다. 이와 같이 교황과의 공식적인 관계개선은 후일 나폴레옹이 가톨릭의 교육적 규범을 제국대학 교육의 바탕으로 수립하는 하나의 계기가 되었던 것이다.

나폴레옹은 프랑스혁명 전반기에 혁명과업의 추진에 필요한 인적자원의 확보를 위해 '특수 전문교육'과 '임시 고등교육'에 치중했을 뿐 체계적인 교육개혁을 실시하지 못한 것을 염두에 두고 있었다. 파리를 제외한 각 지방의 교육과 낙후된 시설을 개선하고자 나폴레옹은 '1802년 5월 1일 법령'을 근거로 중앙학교를 폐지하고 리세를 세우게 했고, 이전의 콜래주를 중등학교로 전환하여 중등교육을 강화했다.[265) 그러나 교육문제는 여전히 큰 과제로 남았고, 게다가 1803년 조직되기 시작한 리세는 많은 비판에 부딪쳤다.[266)

혁명의 대 격동 속에서 살아남은 것은 파리 콜래주들 가운데 루이 르 그랑이었다. 1763년의 개혁으로 훌륭한 행정과 대학의 중심이 되었던 루이 르 그랑은, 국민공회 시대에는 평등 교육을 위해 콜래주 드 레갈리테(Collège de l'Egalité), 총재정부에서는 장학생들의 교육을 위해 엥스티튀 데 부르시에(Institut des Boursiers), 1798년에는 내무장관 프랑수아 드 뇌프샤토에 의해 군인자제들의 교육을 위해 프리타네 프랑새즈(Prytané française)라고 명명되었다. 여기에는 민간직과 군사직을 위한 두

---

일을 했으며 브뤼메르 쿠데타를 환영했고 그 후 제국으로 전환될 때에도 적극적이었다.

264) Vallet de Viriville, *Histoire de l'Instruction en Europe et Principalement en France*, p. 295.

265) *Ibid.*, p. 289.

266) R. R. Palmer, *The School of the French Revolution*, p. 219.

개의 카테고리가 있었다.

나폴레옹은 1804년 4월 황제로 즉위하면서[267] 강력한 제국을 건설하고 혁명적 시민의 덕으로 국가에 봉사하는 젊은이들을 교육하기 위해 고심한 끝에 '교수단'(Corps enseignant)과 '제국대학'(Université Impériale)을 구상하였다. 그는 프랑스 제국을 위해 교육을 활성화하고 제국의 젊은이들에게 국민의 단결에 필수적인 정신의 통일을 확고히 하기 위해 교육의 전권을 위임받을 수 있는 하나의 기구를 창설할 필요성을 느꼈다. 콩패레(Gabriel Compayré)에 의하면 이러한 대학 조직에 대한 그의 구상은 1801년 각 도 의회에서 작성한 <진정서>에서 비롯되었다.[268] 그러나 교육에 관한 법개정을 본격적으로 추진한 것은 나폴레옹이 군주정과 공화국의 산물인 법적체제의 혼란으로부터 벗어나 황제가 된 다음부터였다. 그는 1804년 총 2,281조로 구성된 『민법전』의 완성을 통해 각종 특권을 없애고, 노동의 자유, 재산권, 가장권 등을 보장했다. 이어서 그는 교육개혁에 박차를 가하면서 1805년 2월 15일 하나의 정신을 가진 '대학단'(Corps universitaire) 즉 '교수단'을 만들겠다는 의지를 밝혔다. 동시에 그는 푸르크루아로 하여금 교육계획안을 작성하게 하고, 프랑스제국에 하나의 정신을 가진 '교수단'을 만들 것을 선포했다.

그는 "만일 확고한 원칙을 가진 '교수단'이 없다면 확고한 정치적 국가도 없을 것이다. 그것이 공화적이든지 군주적이든지 혹은 가톨릭적이든지 비종교적이든지 간에 사람들이 어려서부터 배우지 않는 한 국가는 하나의 국민을 형성할 수 없을 것이다. '교수단'의 설립은 여전히 전체의 몰락으로부터 공교육을 구하는 유일한 방법이다"[269]라고 하면서 '대학단' 즉 '교수단' 만이 공교육을 활성화시킬 수 있다는 것을 강조했다.

---

267) Georges Lefebvre, *Napoléon*(Paris, P.U.F., 1969), pp. 167-173,

268) Gabriel Compayré, *Histoire Critique des Doctrines de L'Education en France depuis le Seizième Siècle*, tome II, p. 371.

269) Félix Ponteil, *Histoire de l'Enseignement, 1789-1965*, p. 124.

나폴레옹은 어떤 성격의 '교수단'을 조직하려 했을까? 일찍이 1804년 샵탈은 수도원장들이 정부로부터 인준을 받았던 약 50명의 오라토리오회 수도사들을 수도회로 다시 규합할 것을 암시했다. 푸르크루아도 오라토리오회, 독트리내르회, 생 모르의 베네딕트회 등 세 개의 옛 수도회의 구성원들을 권력에 순종하는 유일한 단체로 결합할 것을 제안했지만 이러한 제안은 당시에 고려되지 않았다. 르브랭(Lebrun)은 이러한 사항에 대해 철학자들은 거기에서 일종의 군주제의 복귀만을 볼 것이라고 하면서 반박했다.

그 후 다시 나폴레옹은 '교수단'에 대한 자신의 견해를 개진했다. "나는 로마(교황청)에 그들의 주군을 모시고 있는 '교수단'이 아니라 유익한 야망 이외에는 다른 야망이 없고 공익이외에는 다른 이익을 바라지 않는 예수회와 같은 '교수단'을 만들고 싶다. 이러한 기관의 설립은 수도사들의 복직에 대한 하나의 보증이 될 것이다. … 나로서는 공교육을 그대로 방치하기보다 한 종교단체에 위임하는 편이 좋을 것 같다고 생각한다. 그러나 나는 둘 다 원치 않는다."270)

나폴레옹은 공익을 우선으로 하는 '교수단'을 구성하고자 했던 것이다. 그는 예수회가 다른 종단에 비해 근대적인 교육성과를 내고 있으며 공익을 최우선으로 하는 종교단체이지만 공교육을 종교단체에 위임할 생각은 없었다는 것을 단호하게 밝히고 있다. 다만 나폴레옹이 원한 '교수단'은 공타르의 말과 같이 '국립 교수단'(Corps enseignant d'Etat)이었다. 퐁테이에 의하면, 나폴레옹이 생각한 것은 시민적 · 세속적 · 대중적 성격이 있었으며. 한편으로는 '옛 동업조합', 다른 한편으로는 근대적 교육체제의 성격을 가진 '교수단'을 의미했다.271)

나폴레옹은 교육개혁과 '교수단'에 대한 법안의 준비를 푸르크루아에

---

270) Maurice Gontard, *L'enseignement secondaire en France de la fin de l'Ancien Régime à la loi Falloux 1750-1850*, p. 81.

271) Félix Ponteil, *Histoire de l'Enseignement, 1789-1965*, p. 125.

게 맡겼다. 푸르크루아의 '교육계획안'은 1806년부터 시작되었다. 그 계획은 두 부류로 나누어 모든 교육기관을 포함하는 '대 제국대학'(Grande Université impériale)을 창설하는 것이었다. 그것은 대학이 제공하는 교육으로써 특수학교, 리세, 공립중등학교, 그리고 대학에 의해 감독 받는 사립중등학교, 기숙학교와 초등학교로 구성되는 것이었다. 제국대학은 사립학교들을 흡수했고, 사전 허가에 따라 사립학교를 개교하게 했으며 교사에게 자격증서나 문학 석사학위 증명서를 요구하도록 했다.

푸르크루아의 교육계획안은 9번이나 수정되었다. 참사원은 1806년 2월부터 4월까지 한 주에 두 번씩 그 법안을 수정하는 과정에서 여러 번 논쟁을 되풀이했다. 특히 '교수단과 대학'에 대해서 사립학교와 '아버지의 성스러운 권리'에 대한 명분을 내세운 종무장관(ministre des cultes) 포르탈리스(Portalis)와 내무장관 샹파니(Champagny)의 반대에 부딪쳤다. 그들은 "그러한 단체는 언젠가 그것을 '여론의 지배자'(maître de l'opinion), 모든 가정의 지배자로 만드는 국가의 정치적·도덕적 권력을 획득하지 않겠는가?"[272] 라고 하면서 반대하였다. 그 대신 '교수단'에 대한 계획안은 입법원의 의장 퐁탄의 찬성을 얻었다. 퐁탄은 "혁명직후 무정부상태가 끝나고 적대적인 분파들에 직면하면서 모든 선택에 있어서와 마찬가지로 교육에 있어서도 견해와 통치의 통일성이 필요하다. 적어도 일시적으로 프랑스는 하나의 대학이, 대학은 한 명의 장이 필요하다"[273]고 하면서 '교수단'의 필요성에 대한 긍정적인 견해를 표명하였다. 이처럼 퐁탄은 교육개혁에 관한 한 나폴레옹과 처음부터 의견을 같이했다. 그 결과 후일 그가 푸르크루아를 제치고 제국대학의 초대 총장으로 될 수 있었던 것이다.

나폴레옹은 '교수단'의 계획이 여러 번 수정되는 과정을 보면서 교육

---

272) R. R. Palmer, *The Improvement of Humaninity : Education and the Fench Revolution*, p. 308.

273) *Ibid*.

문제는 대단히 중요하므로 성급하게 법률을 제정해서는 안 된다는 생각으로 1806년 입법원에 3개의 조항으로 된 간결한 계획을 조심스럽게 제출하였고 그것은 흰 공 210대 검은 공 42로 가결되었다.[274] 따라서 그는 제국대학의 이름 아래 모든 프랑스 제국 내의 '교수 enseignement'와 공교육을 전담하는 하나의 동업조합과 같은 집단을 설립하도록 했다(제1조).[275] 여기에서 우리는 나폴레옹이 제국대학의 이름으로 프랑스의 교육을 국가관리하에 중앙집중화하였다는 것을 엿볼 수 있다.

나폴레옹은 '교수단'의 구성원들이 시민적, 특수적, 한시적 의무를 가질 것으로 하였다(제2조). 그리고 '교수단'의 조직은 법에 따라 1810년 개회하는 입법원에 제출하는 것으로 하였다(제3조). 나폴레옹은 법에 따라 '교수단'은 프랑스 전체의 교육과 공교육을 전적으로 책임지는 '하나의 집단'이라는 원리를 채택했고 1810년 회기에 입법원에 상정될 법안에 그 조직을 위임하기로 했다. 그러한 가운데 1806년 5월에서 7월까지 푸르크루아가 제출한 새로운 교육계획안에 대한 논의가 다시 참사원에서 있었다. 푸르크루아는 1807년 교육개혁이 지연되고 있는 상황에 대해 불만을 담은 새로운 보고서를 통해 사립학교들의 확대와 그곳에 만연되고 있는 정신에 대해 고발하였다.

> "아미앵에서는 최근 (학생들에게) 장학금을 수여할 때에 황제나 정부에 대해 단 한마디도 말한 바 없었다. … 지난 8월 15일 나폴레옹에 대해서도 어떠한 언급도 하지 않고 성모마리아의 몽소승천절(Assomption de la Vierge)에 대한 문제를 다루었다. … 이러한 중등학교의 기숙생들은 리세 학생들을 불량배라고 부른다. 시장도 중등학교를 옹호했다. 시장은 리세의 장학금 수여식에 가지 않고 중등학교의 장학금 수여식에 참석했다."[276]

---

274) Félix Ponteil, *Histoire de l'Enseignement, 1789-1965*, p. 126.

275) Claude Lelièvre, *Histoire des Institutions Scolaires depuis 1789*, p. 38.

276) Maurice Gontard, *L'enseignement secondaire en France de la fin de l'Ancien Régime à la*

르리애브르에 의하면, 나폴레옹은 '1808년 3월 17일 법령'에 의해 '제2차 공교육 교수단'을 출범시켰다. 이 때 푸르크루아가 관심을 둔 문제는 '교수단'이 성직자로 구성될 것인지, 아니면 세속인으로 구성될 것인지를 아는 것이었다. 나폴레옹은 '공교육 교수단'에서 종교적인 색채를 배제하고, 그것을 세속인들로 구성하기로 결정했다. 고드쇼에 의하면, 나폴레옹은 "교육기관에서 '교수단'에 대한 나의 원래의 목적은 정치적·도덕적 견해를 지도하는 방법을 갖게 하는 것이다. 이러한 교육제도는 수도원의 재건에 대항하는 보증서가 될 것이다"[277]라고 했다. 그는 대학을 세속적 협동체로 생각하고 행정부서 위에 두게 했다. 대학은 자체의 예산과 행정체제를 갖는다는 것이었다.[278] 그는 1810년 3월 21일에도 "나는 대학을 하나의 '동업조합과 같은 집단'으로 조직했다. 왜냐하면 하나의 '동업조합과 같은 집단'은 결코 소멸하지 않기 때문이며 거기에는 조직과 행정 및 정신의 전달이 존재하기 때문이다"[279]라고 '1808년 3월 17일의 법령'을 회상하며, 소멸하지 않는 튼튼한 대학을 설립하기 위해서는 하나의 집단으로 대학이나 교수들을 묶어놓을 필요성이 있다는 것을 다시 번 강조하였다.

---

*loi Falloux 1750-1850*, p. 82.

277) J. Godechot, *Les Institutions de la France sous la Révolution et L'Empire*, p. 734.

278) Claude Lelièvre, *Histoire des Institutions Scolaires depuis 1789*, p. 39.

279) Maurice Gontard, *L'enseignement secondaire en France de la fin de l'Ancien Régime à la loi Falloux 1750-1850*, p. 81.

## 2. 제국대학의 설립과 목적

나폴레옹의 명령에 따라 푸르크루아는 122개 조항의 교육계획안을 1810년 실시할 것을 전제로 하여 1806년 입법원에 상정하였다. 그러나 나폴레옹은 단지 3개 조항만을 선언했는데, 바로 이 법령에 의해 제국대학이 탄생하게 되었다.

"① 제국 전체에서 공교육을 전적으로 책임질 집단이 제국 대학의 이름하에 만들어지게 될 것이다. ② '교수단'의 구성원들은 시민의 의무와 특별 의무, 그리고 임시 의무를 질 것이다. ③ 교수단의 구성은 입법원에서 1810년의 회기에 법의 형태로 제출될 것이다."[280]

그러나 나폴레옹은 1810년까지 기다리지 못하고 푸르크루아로 하여금 1808년까지 교육계획안을 다시 만들도록 했다. 나폴레옹의 교육계획은 제국대학 내에다 모든 교육기관을 수용하는 것이었다. 이 계획은 중등학교, 사범학교, 단과대학으로 집단화 된 튀랭 대학(Université de Turin)의 조직을 모델로 한 것이었다. 푸르크루아가 2년 동안 몰두한 교육계획안은 모두 144개 조항으로 이루어졌으며 '1808년 3월 17일 법령'으로 채택되었다.

'1808년 3월 17일 법령'은 제1장 대학전체의 조직, 제2장 단과대학의

280) Félix Ponteil, *Histoire de l'Enseignement, 1789-1965*, p. 126.

구성, 제3장 단과대학에서 수여되는 학위와 그것의 취득 방법, 제4장 제국대학의 규율, 그리고 몇 가지 직능에 대한 지위와 명칭, 제5장 제국대학의 기본교육, 제6장 대학구성원의 의무, 제7장 대학 총장의 직무와 권한, 제8장 대학 사무국장과 회계관의 직무와 권한, 제9장 대학 평의회, 제10장 학구평의회, 제11장 대학의 감독관과 학구의 감독관, 제12장 학구장, 제13장 리세, 콜래주, 사립학교, 기숙학교, 초등학교의 규정, 제14장 대학의 직원과 교수의 모집, 제15장 명예직과 퇴직, 제16장 복장, 제17장 제국대학의 수업, 제18장 제국대학의 지출, 제19장 일반규정으로 구성되었다.[281)]

이 법을 제정한 뜻은 모든 제국내의 공교육을 제국대학에 전적으로 위임케 하고(제1조) 어떤 학교, 어떤 교육기관도 제국대학의 밖에, 그리고 제국대학 총장의 허가 없이 설립될 수 없게 하는데 있었다(제2조).[282)] 따라서 나폴레옹은 모든 교육을 '교수단' 즉, 제국대학에 맡겨 연계적·획일적·통일적 시민교육을 시키려는데 있었다.

그렇다면 제국대학은 처음 어디에 세워졌을까? 엥베르(Jean Imbert)에 의하면, 사실상 대학 사무실들은 부르봉 궁에 속해 있는 입법원 건물에 있었다. 그것은 당시 입법원의 의장이었던 퐁탄이 제국대학 총장을 겸무하고 있었기 때문이었다. 그러나 나폴레옹은 1812년 이네나(Inéna)다리와 콩코르드(Concorde)다리 사이에 있는 센 강 좌안에 대학건물을 지으라고 함으로써 바로 그 자신이 제국대학의 캠퍼스를 지정하였던 것이다.[283)]

---

281) R. R. Palmer, *The School of the French Revolution*, pp. 225-229.

282) Claude Lelièvre, *Histoire des Institutions Scolaires depuis 1789*, p. 38.

283) Jean Tulard, "L'Université Napoléonienne" *Histoire de l'Administration de l'Enseignement en Fance* 1789-1981 *par* Pierre Bousquet, Roland Drago, Paul Gerbod, Claude Goyard, Jean Imbert, membre de l'Institut, Stephane Rials, Guy Thuillier, Jean Tulard (Genève: Librairie Droz, 1983), p. 13. "introduction".

제국대학 설립의 기본이념과 교육의 목적은 무엇이었을까? 무디에 의하면, 나폴레옹은 '1808년 3월 17일 법령'으로 퐁탄을 제국대학의 초대 총장으로 임명하면서 "우리의 모든 체제 중에 가장 중요한 것은 공교육이다. 현재와 미래의 모든 것은 교육에 의해 존재한다"[284]라고 했다. 그러므로 제국대학의 설립 목적은 프랑스에서 공교육을 활성화하고 교육으로 국가의 백년대계를 구축하자는 것이었다. 그러나 자크 고드쇼의 말과 같이 나폴레옹이 1806-1808년 교육개혁을 단행하고, 제국대학을 설립한 목적은 어떤 면에서는 콜래주나 기타 사립학교로 몰리는 학생들을 리세에 채워주기 위한 것이었다. 따라서 나폴레옹은 사립학교에 대한 규제를 강화하고 온갖 종류의 세금을 부과하여 그 수를 감소시키고자 했으며, 리세에서 종교교육과 고전 문학을 강화했다. 그밖에 그는 콜래주를 코뮌의 중등학교로 전환시키면서 국가의 통제를 확대했으며 가톨릭의 규범, 황제와 제국주의적 군주정 그리고 나폴레옹 왕조에 대한 충성, 교수단의 정관에 대한 복종, 교육의 통일성을 교육의 근본정신으로 추구하도록 했다.[285]

또한 고드쇼에 의하면, 나폴레옹이 퐁탄을 초대 총장으로 임명한 것은 첫째 그가 과학자가 아니라 문인이었고, 둘째 그의 가족이 가톨릭과 프로테스탄트가 혼합되어 있었기 때문이었다고 한다.[286] 그러나 나폴레옹이 푸르크루아보다 퐁탄을 제국대학총장으로 선택한 것은 대학자체를 생각한 것보다 정치적 의도에서였던 것으로 보인다. 퐁탄은 입법원의 의장으로서 제국대학의 총장을 겸직했음으로 초기의 제국대학은 교육적이라기보다는 행정적 체제로 시작되었다. 자연히 대학행정의 총 책임은 전직 주교인 뒤몽쉘(Dumonchel)에게 맡겨졌으므로 교직원의 임명·징계·모집 등의 인사권이 그에게 주어졌다. 그러므로 나폴레옹은

284) Joseph N. Moody, *French Education Since Napoleon*, p. 12.
285) J. Godechot, *Les Institutions de la France sous la Révolution et L'Empire*, p. 741.
286) *Ibid.*, pp. 734-735.

퐁탄에게 대학의 설립과 운영에 대한 총 책임을 맡긴 것이 아니라 정치적 동반자의 역할과 더불어 자신의 체제유지를 위한 협조자로 생각했던 것 같다. 그리고 제국대학이 설립될 당시 교육부가 내무부에 소속되어 있었으므로, 내무부에는 교육담당부서가 있어 여기에서 제국대학의 총장을 감독했다. 나폴레옹은 대학의 운영도 내무장관 로지에(Laugier)에게 학생들의 지명권을 주고, 제국대학의 총장인 퐁탄에게는 교수들의 임명권을 주는 등 제국대학의 운영을 이원화했다.[287] 따라서 퐁탄은 내무부장관에 대하여 별로 유쾌한 기분이 아니었다. 그는 제국대학 총장으로서 충분한 대우와 존경을 받지 못한다고 생각했다. 그는 내무부장관이 황제와 그의 사이에 끼어드는 것을 좋아하지 않았다. 그는 1810년 2월 1일 나폴레옹에게 "사람들은 교수단을 조직하기를 원합니다. 사람들은 교수단에 전체적인 조합, 힘, 통일성을 부여하기를 원합니다. 오늘날에는 한 때 옛 종교단체들을 이끌었던 사람들보다도 훨씬 더 중요한 지도자가 필요합니다."[288]라고 하면서 내무부로부터의 대학의 독립을 은근히 요구하였다.

고드쇼에 의하면, 사실 퐁탄은 나폴레옹에게보다 교황이나 부르봉 왕조에 더욱 충성을 바친 성직자들을 대학에 많이 진출시켰으며 사립교육기관에 가능한 한 많은 수를 존속시키도록 하면서 전권을 행사했다. 그리고 그는 나폴레옹에 대해 절대복종을 하면서도 대학의 중심부에서 제국에 대한 적개심을 전개하는데 촉진적인 역할을 했다. 샤토브리앙(Chateaubriand)은 이러한 그의 태도를 찬양했다. 그는 퐁탄이 우리 조상들의 교리 속에서 미래를 전복시키려고 과거를 분리하길 원하는 아이들을 가르쳤다는 말을 한 적이 있다. 사실 나폴레옹은 퐁탄의 순종에 대해 대단히 오해를 했던 것처럼 보인다. 최고위 공직자들 가운데 총장

287) Jean Tulard, "L'Université Napoléonienne" *Histoire de l'Administration de l'Enseignement en Fance 1789-1981*, p. 16.

288) Félix Ponteil, *Histoire de l'Enseignement, 1789-1965*, p. 132.

은 나폴레옹에 대한 충성심이 적은 사람이었던 것처럼 보인다.

이러한 점을 감안 할 때, 제국대학의 설립이념과 목적은 초대 총장인 퐁탄의 교육철학보다는 오히려 그때까지 교육개혁안을 작성한 푸르크루아의 '아이디어'에 당시 교육실태를 참고하여 나폴레옹이 수립한 것으로써 교육을 통한 혁명의 완성을 목적으로 했다고 볼 수 있다. '1808년 3월 17일의 법령'에서 보면 제국대학의 모든 학교들은 가톨릭의 규범을 존중하고, 인민의 행복을 보장하는 황제, 제국 그리고 프랑스의 통일과 헌법에 의해 선포된 모든 자유를 유지하는 나폴레옹 왕조에 대한 충성심을 고양하며 프랑스 교육의 통일을 그 목적으로 하였다(제38조). 그리고 무디(Joseph N. Moody)의 말과 같이 "학교교육에 대한 나폴레옹의 주된 관심은 국가의 능률 향상을 위해 필요한 훈련받은 핵심그룹의 양성이었다."[289] 또한 그는 국가를 위해 종교, 군주, 조국, 가족에 애착을 가진 시민들을 양성하려는 '교수단'의 법령에 대한 복종을 교육의 기본정신으로 하였다(제38조).[290] "그것의 목적들 중 하나는 명백히 국가에 의해 결정된 노선대로 시민들을 정치적·도덕적으로 교화하려는 것이었다."[291]

파머도 제국대학의 설립목적 중 하나는 사립학교와 경쟁할 수 있는 리세를 강화하기 위한 것이었다고 지적하고 있다. 왜냐하면 사립학교는 당시 리세보다 더 편리하고 집에서 가까우며 더 들어가기 쉽고 등록금이 보다 저렴했기 때문이다. 게다가 이들 사립학교들은 리세보다 더욱 종교적인 것을 가르치거나 부자들의 지지를 받고 있었으며, 나폴레옹이나 1789년 이래 프랑스혁명에 찬성하는 집안들에 의해 후원을 받고 있었기 때문이었다.

그리고 어떤 사람들은 리세가 이전의 급진파와 변절자 또는 결혼한

289) *Ibid.*, p. 14.
290) Claude Lelièvre, *Histoire des Institutions Scolaires depuis 1789*, p. 38.
291) Joseph N. Moody, *French Education Since Napoleon*, p. 12.

이전의 성직자들로 가득 차 있었다고 했는데 사실 정부는 교육문제에 있어서 이러한 정치적인 면들을 강조하지 않았다. 그러나 일반적으로 당시 공립학교는 사립학교에 비해서 교육여건이 좋지 않았기 때문에 부모들은 아이들을 그 곳에 보내려하지 않았고 그에 대한 일종의 대책으로 설립된 것이 제국대학이었다. 그리고 어떤 면에서 그것은 앙시앵 레짐 이래 명백해진 교육의 중앙집권화라는 염원을 실현하려는 것이었다.[292)]

여기에서 우리는, 퐁테이가 교회와의 관계에 대해 소개하고 있는 것처럼 "제국대학의 모든 학교들은 교육의 기초로서 가톨릭의 계율을 채택했다"(제38조)[293)] 라는 것을 주목할 필요가 있다. 이와 같은 것은 프랑스혁명초기부터 이제까지 교육에서 가톨릭을 배척한 정책과는 달리 나폴레옹은 학교교육에서 가톨릭을 수용했다는 명백한 증거가 된다. 그리고 파머의 말과 같이 나폴레옹은 가톨릭 교훈을 교육의 바탕으로 제국대학을 설립하고자 했다[294)]는 것을 실증해 준다. 그러므로 콩패르의 지적과 같이 제국대학은 가톨릭적 성격이 많이 포함되어 있었다.[295)]

그렇다면 나폴레옹은 실질적인 혁명을 포기하고 구체제로 돌아간 것인가? 나폴레옹은 원래 1806년 5월 10일 법령에서 '교수단'에서 성직자들을 제외하고 조직하려 했듯이 제국대학 역시 세속적인 성격으로 조직하려 했으나 가톨릭파의 강력한 반대에 부딪쳤다. 따라서 비리빌의 말과 같이 제국대학의 모든 학교들은 가톨릭과 나폴레옹 왕조 그리고 제국대학의 규정에 대한 복종을 교육의 기본으로 삼았던 것이다.[296)] 사실 나폴레옹은 종교를 '성령강림의 신비'가 아니라 '사회질서의 신비'로 생각하고 있었으며, 당시 프랑스 국민들의 대부분이 가톨릭교도라는 사

292) R. R. Palmer, *The School of the French Revolution*, pp. 219-220.
293) Félix Ponteil, *Histoire de l'Enseignement, 1789-1965*, p. 131.
294) R. R. Palmer, *The School of the French Revolution*, p. 220.
295) Marie-Madeleine Compère, *Du Collège au Lycée*, p. 243.
296) Vallet de Viriville, *Histoire de l'Instruction en Europe et Principalement en France*, p. 299.

실을 잊지 않고 있었다. 뿐만 아니라 나폴레옹은 가톨릭을 학교교육의 원리로 수용하고 가톨릭을 국민의 종교로 인정하는 대신 성직자를 국가권력 즉 황제권에 두어야 정치적 힘을 얻고 혁명을 완수할 수 있다고 생각했다. 결국 나폴레옹은 프랑스에서 가톨릭을 배제하고 사회질서와 평화를 유지할 수 없다는 것을 깨달았던 것이다. 따라서 나폴레옹은 가톨릭을 혁명의 추진과 정권유지를 위한 하나의 방편으로 활용하였다. 이와 같은 나폴레옹의 정책은 절대주의시대 왕권을 확대하려던 왕들의 정책과 다를 바가 없었던 것이다.

그리고 제국대학에서 가톨릭의 규범이 유지된 것은 총장 퐁탄의 교육정책과 무관하지 않다. 그는 1808년 3월 17일에 대학의 총장이 되었고 5월에 백작 작위를 받았다. 그는 총장직에 전념하고자 1810년 초 입법원의 의장직을 사임하고, 2월 9일부터는 상원(Sénat)의원직만 겸했다. 퐁탄은 평소에 가톨릭을 찬양했으며 가톨릭교도들에게 신임을 받았다. 그는 문학적인 재능도 가지고 있었다. 그는 이미 성직자로, 옛날의 수도사로, 과학자로 알려진 사람들을 교육에 입문하도록 했다. 그는 오라토리오회 수도사들의 고전적인 교육방법에 감탄했다. 그러한 것은 옛 콜래주를 동경하고 있던 주베르(Joubert), 뮈시(Gueneau de Mussy), 랑뒤(Ambroise Rendu)와 같이 그의 주변에 있던 총 감독관들도 마찬가지였다. 위그노 출신이었으나 얀세니즘에 가까웠고 보수주의적이었으며 가톨릭교도인 퐁탄은 1815년 2월 15일까지 제국대학의 총장으로 일했다.[297]

따라서 제국대학은 국가와 나폴레옹에 대한 충성심을 함양하며 프랑스혁명이 요구하는 시대적 요구에 따라 시민 양성에 목적을 두었던 것으로 풀이된다. 게다가 나폴레옹의 세속주의와 가톨릭의 전통이 결합된 정책적 타협 속에서 세워지고 운영되었다고 할 수 있다.

---

297) Félix Ponteil, *Histoire de l'Enseignement, 1789-1965*, pp. 131-132.

## 3. 제국대학의 구조적 특징과 역할

제국대학의 구조적 특징은 총장을 정점으로 사무국장, 재무관, 총감독관, 학구장, 교수, 교장, 교사 등 모두 19개 단계로 서열화 되었다는 점이다. 총장의 교육담당관들인 총감독관들은 특히 리세의 교수들을 임명하고 감독하기 위해 혁명력 10년에 임명되었다. 그들은 '항상 열려있는 정부의 눈 l'oeil toujours ouvert du gouvernemen'의 역할을 했다.[298)]

고드쇼의 말과 같이, 제국대학이 설립되기 이전 프랑스에는 27개의 학구(académies)가 있었지만 이제는 상고법원의 재판관할구에 의한 학구로 분리했다.[299)] 그러나 랑뒤(M. Ambroise Rendu)가 소개한 '1806년 5월 10일 법령'에는 프랑스는 21개의 학구로 나뉜다(제3조)고 하여 제국대학 이전보다 오히려 학구가 6개나 줄었다. 퐁테이도 제국대학은 항소법원들과 동수의 학구를 갖게 하였으나 즉시 32개의 학구로 조직되지는 못했다고 한다. 그리고 엥베르에 의하면, 1812년에도 프랑스는 34개의 학구로 나뉘어졌는데 엄밀히 말해서 그 중에 27개의 학구가 있었다고 한다.

대학의 설립은 3개 학부의 기초를 제공하는 지구들부터 시작했다. 학구가 형성되지 않았던 구들은 보다 가까운 학구에 편입되었다. 몇몇 학구들은 5개 학부를 통합했다. 파리, 스트라스부르, 젠느, 트레브스, 튀랭이 그것이다. 단과대학이 된 파리 법학교는 공화력 12년 풍월 22일의

---

298) Robert B. Holtman, *The Napoleonic Revolution*(New York: J. B. Lippincott Company, 1967), pp. 150-151. * <제국대학 조직표> 첨부 1.

299) J. Godechot, *Les Institutions de la France sous la Révolution et L'Empire*, p. 736.

법령에 따라 조직되었다. 의학교는 공화력 11년 풍월 19일의 법령에 의해 설립되어진 조직체를 갖고 있었다. 이과대학은 10명의 폴리테크니크 교수, 2명의 콜래주 교수, 2명의 박물관 교수 그리고 3명의 리세의 수학교수로 이루어졌다. 문과대학은 3명의 콜래주 교수, 3명의 리세의 순수문학 교수로 이루어졌다. 학구의 리세와 콜래주는 대학구의 의회기능을 수행하는 대학평의회에서 결정하였다.[300)]

각각의 학구는 학구장이 책임을 맡고 있었다.[301)] 제국대학은 단과 대학, 리세, 중등학교 등이 하나의 교육집단을 이루고 있었으며, 제국대학의 단과대학도 신학대학, 법과대학, 의과대학, 수학·물리과대학, 문과대학으로 구성되었다(제6조). 그렇다면 제국대학의 구조는 어떤 원칙으로 결정되었을까? 제국대학은 각 학구마다 "첫째, 심오한 학문을 가르치고, 학위를 교부하는 단과대학. 둘째, 고대어, 역사, 수사학, 논리학, 그리고 수학과 물리학의 기본원리들을 가르치는 리세. 셋째, 고대어의 기초와 역사와 과학들의 기초원리를 가르치는 콜래주와 코뮌 중등학교. 넷째, 사립학교교사들에 의해 운영되며 그곳에서의 교육은 콜래주의 그것과 비견될 만한 학원과 학교. 다섯째, 역시 사립학교 교사들에 의해 운영되어지지만 학원보다 수준이 낮은 교육을 실시하는 학교와 기숙학교. 마지막으로 읽고 쓰고 산수의 기초를 가르치는 '소학교'(petites écoles)와 초등학교(제5조)"[302)]로 구성되었다. 따라서 나폴레옹은 제국대학을 국가관리하에 두고, 체계있는 교육을 통하여 황제에게 충성하게 하며 국가의 이념을 구현하고자 했다.

그러므로 제국대학은 소학교, 초등학교, 학원, 중등학교, 콜래주, 리세, 단과대학 등 모든 학교를 '하나의 동업조합'과 같은 집단으로 운영

---

300) Félix Ponteil, *Histoire de l'Enseignement, 1789-1965*, pp. 133-134.
301) R. R. Palmer, *The School of the French Revolution*, p. 221.
302) Maurice Gontard, *L'enseignement secondaire en France de la fin de l'Ancien Régime à la loi Falloux, 1750-1850*, pp. 82-83.

하였다. 그러나 공타르의 말과 같이, 나폴레옹은 콜래주 드 프랑스(Collège de France)와 콜래주 뒤 뮈제옴(Collège du Muséum), 그리고 생시르 육군사관학교, 폴리테크니크, 해군사관학교, 공예학교 등의 특수학교와 신학교들을 제국대학의 조직에서 제외시킴으로써 국가에 필요한 특수한 인재 교육은 국가의 해당 부서에서 직접적으로 담당하고 특별관리 하게 했던 것이다.[303] 따라서 육군사관학교, 해군사관학교와 같은 특수전문학교는 국방부장관의 관할 하에 두었다. 다만 신학교는 제국대학에서 승인을 받되 교육은 관할구역의 대주교와 주교가 통제하고 교장과 교수도 임명하게 하였다(제3조). 그러므로 나폴레옹은 법에 따라서 학교를 설립하고 통제를 하되 교육은 국가 관할 학교, 교회관할 학교, 기타 관계기관의 관할 학교 등 3개의 체제로 나누어 관리하였다.

한편 제국대학의 구조는 예수회 교단과 나폴레옹이 평생 몸담았던 군 체제를 모델로 구상되었다. 나폴레옹의 모든 교육기구의 이상적인 모델인 대학은 모든 종단뿐만 아니라 군대처럼 총장에서부터 대학사무국장, 감독관, 학구장, 학장, 대학교수, 교장, 교감, 리세의 교수 그리고 단순한 자습교사에 이르기까지 계급을 가지고 있었다. 나폴레옹은 퐁탄을 총장에 임명하면서 "나는 그대를 명령하는 총수로 만들었다"라고 선언했는데, 총장은 제국대학에서 교수의 인사, 재정, 감독 등에 대한 전권을 가지고 있었다. 그는 대학 내의 일반 행정직과 교수직을 포함하여 모든 직을 임명했고, 진급을 결정했으며, 학위를 수여하고 교육에 관계된 규정을 공포하고 정부에 재정을 보고했다. 그는 또한 10만 프랑이라는 대단히 높은 연봉을 받았다.[304] 그러나 제국대학에는 제국대학평의회(conseil de l'université)가 있었고, 여기에서 모든 것이 결의되었음으로 총장이 독단적 전권을 행사할 수는 없었다. 그리고 '1808년 3월 17일

303) *Ibid.*, p. 83.
304) J. Godechot, *Les Institutions de la France sous la Révolution et L'Empire*, p. 735.

법'에 나타난 총장의 권리와 나폴레옹의 제국대학 운영방침은 이미 언급한바와 같이 권한이 분리되어 있었다. 또한 고드쇼의 말과 같이, 제국대학의 창설은 '수도사형제단 학교'의 교육방법과 규율을 모델로 하였으므로 결국 그것은 교회의 위상을 강화하는 것밖에 되지 않았다는 비판을 받았다.

그 밖에 '수도사형제단'도 총장에 의해 특권을 받았다. 수도원장들은 대학의 일부를 조직할 수 있었다. 참사원은 1810년 8월 4일 '수도사형제단'의 신분을 실제로 인정했으나 대학에 대한 종속은 순전히 명목상으로 남았던 것이다. 그들은 선서를 하지 않았음에도 불구하고 국가는 그들에게 리옹수련원(Noviciat de Lyon)에 갈 보조금을 주었고 군복무를 면제해 주었음으로 자연히 '수도사형제단'의 학교는 증가했다. 대부분의 기간 동안 '수도사형제단'은 공립학교 교사들처럼 코뮌에 의해서 봉급을 받았다. 정부는 이러한 절차를 확대시켰고, 내무장관에게 코뮌의 예산을 조심스럽게 떠 맡겼다. '수도사형제단' 가운데서 선발된 교사들에 대한 신용장에 대해서는 전혀 논란이 되지 않았다. '수도사형제단'에 의해 개교된 학교와 마찬가지로 성직자들에 의해 개교된 학교는 번성하였다. 1813년 알사스에는 이 같은 학교가 57개나 되었고 학생은 7,000명이 넘었다.

## 4. 제국대학의 기능적 특징과 역할

제국대학의 기능은 행정적·교육적인 것으로 나뉘어져 있었으며 중앙집권적이었다. 이들은 모두 19개가 있는데, 행정기능은 첫째 총장, 둘째 사무총장, 셋째 재무관, 넷째 종신 평의원, 다섯째 일반 평의원, 여섯째 감독관, 일곱째 학구장, 여덟째 학구 감독관, 아홉째 학장, 열한 번째 리세의 교장, 열두 번째 리세의 평가관(critics), 열네 번째 콜래주의 교장, 열일곱 번째 학원장, 열여덟 번째 기숙사의 사감장이 했고, 교육기능은 열 번째 단과대학의 교수, 열세 번째 리세의 교수, 열다섯 번째 기숙사의 교사, 열여섯 번째 콜래주의 보조교사, 열아홉 번째 자습교사가 했다.[305)]

이처럼 제국대학의 행정과 교육 직제는 모두 19단계로 구성되었고, 각각 고유한 기능이 있었다. 대학의 교수가 열 번째였고, 리세의 교수도 열 세 번째였던 것으로 보아 나폴레옹 시대의 교육은 주로 감독과 행정위주의 서열이었던 것처럼 보인다. 총장, 사무총장, 재무관, 대학평의회, 총 감독관들이 행정을 맡고 있었다. 제국대학의 직제에서 특이한 것은 어떤 사람도 단계에 따른 하위직을 거치지 않으면 고위직에 임명될 수가 없게 되어 있었고 전문지식과 경력을 쌓아야 승진할 수 있는

---

305) "Title IV. Of the order which shall be established among the members of the university of the ranks and the titles attached to the functions : Of the ranks among the functionaries" *Decree for Oragnizing the Imperial University*, March 17, 1808. Duvergier, *Lois*, XVI, 238-248(internet).

것이었다(제30조).[306] 따라서 승진은 단계적이고 절차가 중요했으며 업무에 대한 해박한 지식과 선행에 고과를 부여한 인사제도였다.

그러면 각 직의 기능은 어떠하였을까? 총장은 부실하게 운영되는 학교를 폐교할 권리를 가지고 있었다. 총장은 학장의 제안과 장학사의 조언 그리고 학구의 평의회에서 작성한 보고서를 검토한 후 제국대학평의회의 심의를 거처, 심각한 문제가 발견된 학원과 학교를 폐교할 수 있었다(제105조). 반면 총장의 의무는 교육을 개선하고, 고전에 관심을 갖게 하기 위한 목표를 세우는 것이었다. 총장은 특별히 과학교육이 언제나 일정 수준의 지식습득을 하도록 하고 체제의 정신이 결코 진보를 방해하지 않도록 유의할 의무가 있었다(제143조).

학구장은 제국대학내의 리세, 콜래주, 학원, 기숙학교, 초등학교에서 각각 제출된 학습, 규율, 기숙환경, 교과과정 등의 안건에 대해 승인하는 고유권한을 행사했다(제104조). 엥베르에 의하면 각각의 학구는 총장을 대신한 학구장에 의해 관할되며 학구장들은 총장에 의해 교체·해임되었다. 그리고 학구장은 명예직이었으며 임명될 당시 직책에 대한 봉급이외에는 어떠한 급료도 받을 수 없었다. 다만 그에게는 총장이 보낸 감독관을 각 대학에 배치할 수 있는 권한이 있었다.[307]

제국대학평의회는 30명으로 구성되었고 총장이 회의를 주재했으며 1808년 10월 1일 처음으로 개회되었다. 그 회합은 적어도 매주 2번 열렸고 모든 교수단을 관리하고 평가했으며 구성원들의 퇴직과 면직을 표결할 수 있었고 총장이 그것을 시행했다.[308] 의원들은 종신 평의원과 일반 평의원으로 구분되었으며 전자는 10명이고 그 중 6명은 장학관

---

306) *Ibid.*

307) Pierre Bousquet, Roland Drago, Paul Gerbod, Claude Goyard, Jean Imbert, membre de l'Institut, Stephane Rials, Guy Thuillier, Jean Tulard, *Histoire de l'Administration de l'Enseignement en Fance 1789-1981*, p. 12, "introduction".

308) Vallet de Viriville, *Histoire de l'Instruction en Europe et Principalement en France*, p. 300.

중에서, 4명은 학장 중에서 선출했다. 일반 평의원은 장학사, 학구장, 교수, 리세의 교장 중에서 선출되었다(제70조). 의원들은 나폴레옹에 의해 임명되었지만 실질적으로 총장인 퐁탄이 추천한 명단 그대로 임명되었다. 당시 평의원들은 보세(Beausset), 생 쉴피스(Saint-Sulpice), 수도원장 에메리(Emery), 누가래드(Nougarède), 보날(Bonald), 퀴비에(Cuvier), 쥐시외(Jussieu), 르장드르(Legendre), 게루(Guéroudlt), 전직 변호사회장 들라말(Delamalle), 전직 탈레랑 부주교 데레노(Desrenauds) 등이었다. 그리고 상임위원이 15명이었는데, 이들 중 10명이 총감독관이었다. 1812년에는 대학평의회는 총감독관이 13인에 달했는데, 이는 상임위원이 18명에 달했음을 보여주는 것이다.

평의회는 5개의 부서로 업무를 추진하였다.[309] 첫째 연구여건과 연구의 증진, 둘째 학교의 행정과 치안, 셋째 회계, 넷째 소송업무, 다섯째 대학의 인장에 관한 업무를 담당했다(제73조). 각 부서는 총장이 보낸 일들을 검토하고 보고서를 작성하여 평의회에 제출했다. 평의회는 대학, 리세, 콜래주의 치안, 재정, 일반행정에 관계된 모든 문제들을 결정했다. 그리고 대학 재무관의 보고에 의거하여 이들 학교의 예산을 확정했다(제75). 아울러 총장이 제출하는 학교의 규정과 규칙에 관한 모든 사항을 평의회에서 결정했다(제74조). 그리고 상관에 대한 고소와 아래 직원들의 불만에 대한 판결도 평의회에서 했다(제76조). 또한 학구와 그에 속한 학교들의 일반행정에 관계된 소송문제, 그리고 대학의 구성원들과 관련될 수 있는 문제들은 평의회에서 맡았다. 항상 평의회에서 업무에 대한 충분한 토론을 거친 후 총장이 집행했다(제80조).

대학과 학구의 감독관은 20-30명으로 대학의 임원중에서 총장이 선발했다(제90조). 그들은 단과대학의 수와 같이 5개의 집단으로 나누어졌고, 그들은 어떤 학구에도 소속될 수 없었으며, 또 순서에 따라 총장의

---

309) Félix Ponteil, *Histoire de l'Enseignement, 1789-1965*, p. 133.

명령을 받아 학구를 방문하여 단과대학, 리세, 콜래주의 학습여건과 기강상태를 점검하고 교수, 평의원, 연구책임자들의 재능을 확인하고 심사하며 행정과 재정을 감독했다(제91조). 교수의 주된 기능은 학문연구와 더불어 황제와 제국에 대한 충성을 가르치는 것이었다.

제국대학의 구성원들에게는 제한되는 사항이 많았다. 제국대학 중 리세의 교장과 평가관, 콜래주의 교장과 평의원들은 자습교사처럼 독신생활과 공동생활을 해야 했다(제101조). 교수들에게 세상과의 불순한 접촉을 차단하기 위해 수도회로부터 4가지의 전통을 차용하게 하였다. 그것들은 콜래주와 리세 안의 기숙, 공동식사, 교수의 제복착용, 독신생활 등이었다. 대학의 모든 구성원들은 가슴 왼쪽 위에 푸른색 실크로 종려나무를 수놓은 검은 코트를 입어야 했다(제128조). 그리고 평의원과 교수들은 검은 예복을 입고 수업을 해야 했다. 왼쪽 어깨 위에는 장식매듭이 있어야 하는데 단과 대학에 따라 색, 직급에 따라 매듭방식을 달리했다(제129조). 그러므로 제국대학은 마치 군대와 같은 계급사회처럼 보였다. 이외에도 나폴레옹은 대학입학자격제도인 바칼로레아(Baccalauréat)를 도입하여 제국대학의 내실을 기하고, 교사임용시험인 아그레가시옹(Agrégation)을 도입하여 교사의 질적 수준을 제고하도록 했을 뿐만 아니라 법령개정을 통해서 계속 제국대학의 위상제고와 내실화를 위해 노력하였다.[310]

---

310) Martyn Lyons, Martyn Lyons, *Napoleon Bonaparte and the Legacy of the French Revolution*(London : The Macmillan Press LTD, 1994), p. 107.

# 第6장

# 리세, 중등학교, 특수전문학교와 바칼로레아

1. 푸르크루아의 교육개혁안의 입법화
2. 리세, 중등학교, 특수전문학교
3. 바칼로레아

## 1. 푸르크루아의 교육개혁안의 입법화

푸르크루아는 프랑스혁명시대에 두 차례나 교육개혁안을 제출하였다. 첫 번째는 1796년 파리 도의 대의원이었을 때였다. 그가 1795년(혁명력 3년 방토즈 21일)에 국민공회가 포고한 공공업무들 중 중앙학교의 설립을 위해 공안위원회에서 취해진 조치에 근거해 국민공회에 하나의 '보고서'를 제출했는데, 그것이 바로 그의 제1차 교육개혁안이었다. 그리고 두 번째는 통령정부의 대변인이었던 그가 1802년 4월 19일 입법기관에 공교육관련법안으로 보고한 내용이다. 그의 교육계획은 참사원에서 계속 논쟁의 대상이 되었으며 무려 12번의 수정을 거쳤다. 제1통령도 이러한 논쟁에 참여했다. 최종적으로 내용이 정리되어 법제심의원(Tribunat)과 입법원 등에 그의 교육계획이 법안으로 제출된 것은 1802년 3월 15일이었다.

바너드에 의하면, 푸르크루아의 교육개혁안에 대해서 당시 많은 논의와 비판이 있었다. 그에 대한 비판 중에 가장 강력한 것은 고등교육을 강조하고 초등교육을 소홀히 다루었다는 것이다. 그리고 리세와 특수학교는 국비로 유지하려 하였으나 초등교육은 거의 지방 유지들에게 맡겨지거나 사립학교를 세워 유지하려고 했다는 비난이다.[311] 푸르크루아가 교육계획안을 제출했을 때 프랑스는 대외전쟁에 시달리고 있었다. 그는 이러한 점을 감안하여 공교육비를 줄이고 한편으로 기술교육을

311) H. C. Barnard, *Education and The French Revolution*, p. 208.

강화하려했던 것이다.

푸르크루아의 교육계획안은, 법제심의원에서는 80 : 9로 가결되었으며 1802년 4월 30일에는 251 : 27의 찬성으로 입법원을 통과했다.[312] 그것은 나폴레옹 시대의 교육 개혁사에서 최초로 정리된 교육정책이자 법령이었다. 그의 계획은 샵탈의 계획과 여러 면에서 달랐다. 콩패르에 의하면, '1802년 5월 1일 법'은 콩도르세가 고안한 교육계획의 상속이었다.[313] 물론 그것은 콩도르세가 미라보와 탈레랑의 교육계획을 다소 확대하여 만든 것으로 초등학교, 중등학교, 연구소, 리세, 국립학문예술협회 등과 같이 단계적으로 교육을 실시하려는 것이었다. 퐁테이의 말과 같이, '1802년 5월 1일 법'은 대단히 중요한 개혁을 알리는 것처럼 보였다.[314]

입법기관에 상정된 푸르크루아의 교육계획은 '1802년 5월 1일 법'으로 공포되었다. 이 법에는 나폴레옹의 교육체제에 대한 탁견이 들어 있다. 이 법은 모두 9장으로 이루어졌는데, 제1장 교육의 분류, 제2장 초등학교, 제3장 중등학교, 제4장 리세, 제5장 특수학교, 제6장 특수군사학교, 제7장 국비장학생, 제8장 국비기숙생, 제9장 일반 규정이다.[315]

교육의 분류는 첫째 코뮌에 의해 설립된 초등학교, 둘째 코뮌에 의해 설립되었거나 사립학교 교사들에 의해 유지 될 중등학교, 셋째 국고에 의해 유지된 리세와 특수학교로 구분하였다(1조).[316] 그리고 초등교육에 대해서는 제2장 제2-3조에 열거되었다. 초등학교의 교사들은 지방의 시장이 추천하고 시 위원회가 임명하는 것으로 하였다. 교사의 봉급은 첫째 코뮌에 의해 마련된 주택, 둘째 부모들이 부담한 수업료에 의존하

---

312) Maurice Gontard, *L'enseignement secondaire en France de la fin de l'Ancien Régime à la loi Falloux, 1750-1850*, p. 68.

313) Marie-Madeleine Compère, *Du Collège au Lycée, 1500-1850*, p. 145.

314) Félix Ponteil, *Histoire de l'Enseignement, 1789-1965*, p. 97.

315) Vallet de Viriville, *Histoire de L'Instruction Publique en Europe et Principalement en France*, pp. 291-292.

316) C. Hippeau, *L'Instruction Publique en France pendant La Révolution*, pp. 487-519.

며, 시의회가 그 액수를 정하도록 하였다(3조). 학생들은 가난하기 때문에 4분의 1이상이 수업료를 면제받도록 했다. 초등학교의 감독과 시찰은 부지사가 담당하였으며 그 결과만을 도지사에게 보고하는 것으로 했다. 또한 시의회는 수업료를 낼 수 없는 학부모에 대해서는 면제하는 것으로 하였다. 그러나 초등학교에서 면제받는 학생은 50명이 초과될 수 없었다(4조). 특별히 군수가 초등학교의 조직에 대한 책임을 지는 것으로 했다(5조). 그러나 이 시대 초등교육은 주지된 바와 같이 진전된 사항이 별로 없었다.

푸르크루아가 입법에 반영한 교육계획의 특징은 프랑스가 유럽과 근동에서 수행해 왔던 군사활동을 감안할 때 매우 중요한 과목인 군사훈련을 다루었다는 것이다. 이러한 과목을 다루는 특수학교는 앙시앵 레짐 시대처럼 특수계층에 한정되지 않고 입학시험에 합격할 수 있는 리세 출신의 학생들에게 개방했다. 학생들은 5백 명이며 2년의 교육과정이고 공공의 비용으로 유지한다는 것이었다. 2년을 징병기간의 일부로 계산하고 가장 우수한 학생들은 학교를 졸업함과 동시에 군의 장교로 임관하게 된다. 전쟁장관은 이들 학교에 대해 책임을 질 것이고 교수들은 제1통령이 임명한다.[317] 특수학교의 교사들은 자리가 빈 교직을 위해 두 명의 후보가 추천될 것인데 한 명은 장학관에 의해, 다른 한 명은 연구소에 의해 추천되도록 하였다. 그러나 기존 학교들의 경우는 그들 스스로 제3의 후보를 지명할 수도 있었지만 최종적인 결정은 정부가 했던 것으로 보아 국가주도의 교육이었다.

그리고 제7장은 장학생에 대한 규정을 하고 있다. 리세와 특수학교의 학생 6,400명이 정부의 장학금을 받는 것으로 하였고 이들 6,400명 이외에 프랑스에 봉사한 군인과 시민의 아들, 법관, 행정관 또는 시청직원의 아들 2,400명을 정부가 선발하여 기숙생, 기술학교의 통학생들로

---

317) *Ibid.*, p. 207.

선정함으로써 '혁명적 시민교육' 체제라는 것을 느낄 수 있다. 마지막 2년은 부모들이 수업료를 지불하며 그 액수는 정부에서 정하는데 지방의 상황에 따라 다르게 하였다.[318]

보고서의 한 부분은 국민교육이 개인적인 기부금으로 운영되기를 권고하고 있다. 교육설비에 대한 예전의 기부금이 사실상 완전히 없어져 대처하기 어려웠던 정부는, 가장 효과적이고 유용한 형태의 하나로서 또다시 교육에 대한 사랑과 열정을 발휘하도록 기부행위를 가장 높이 평가하고 지속적으로 존중하기로 결정하였다. 푸르크루아가 제출한 교육예산은 샵탈의 그것보다 훨씬 적은 총 7백 31만 3천 프랑이었다. 바너드의 말과 같이 그것은 프랑스혁명 초기에 제시되었던 완전히 민주적인 국가교육체제를 위한 근본적인 개혁과 나폴레옹 시대의 대학교에서 조직화되고 고도로 중앙집권화 된 공교육의 체제였던 독재적인 조직에 대한 반동 사이에서 일종의 타협책이라고 볼 수 있다.[319]

'1802년 5월 1일 법'의 제정이후 통령정부의 업무는 방대해졌다. 지난 10년 동안 무질서하게 발전해왔던 사립학교들을 새로운 공립학교의 주변으로 집결시키는 동시에 법으로 정해진 리세들을 조직화하고 중등교육에서 적어도 일률적인 교육을 실시하게 했다.[320]

리세의 교육과정은 6년이었으며 중등학교에서 시작한 교과목들을 보다 심도 있게 교육하는 것을 목적으로 했다. 리세는 아주 똑같은 유형으로 설립하려한 것이 아니었고, 교과과정의 편성은 진보적이고 지방환경의 필요에 의해 결정짓는다는 원칙이었다.[321] 목적을 달성하기 위해 통령정부는 내무부장관, 도지사, 군수와 더불어 1800년에 확립한 중

---

318) *Ibid.,* pp. 205-206.

319) *Ibid.*, p. 209.

320) Maurice Gontard, *L'enseignement secondaire en France de la fin de l'Ancien Régime à la loi Falloux, 1750-1850*, p. 69.

321) H. C. Barnard, *Education and The French Revolution*, p. 205.

앙집권의 지배력을 활용하고자 했다. 행정은 두 개의 위원회와 세 명의 행정관들에게 맡겨졌다. 도지사가 관장하는 행정사무소는 3개월마다 회계감사를 했으며 교장이 매주 토요일에 행정위원회를 주재했다.

통령정부는 산적한 혁명업무의 추진에 시달렸다. 게다가 그들은 교육문제에 있어서는 전문능력마저 가지고 있지 못하였다. 통령정부를 자문할 수 있는 교육부의 행정관들이 필요했다. 플로레알 법에 따라 3명의 총감독관직이 신설되었다.

한 명의 책임자가 내무장관의 권한 내에 있는 교육부의 장이 되었다. 그리고 3명의 총감독관이 문학과 과학계의 주요 인사들로 선발되었다. 그들은 앙시앵 레짐 시대의 석학, 문법학자, 교직자였던 문인 노엘(Noël), 천문학자 들랑브르(Delambre), 생물학에 명성이 있는 조르주 퀴비에(George Cuvier)였다.

## 2. 리세, 중등학교, 특수전문학교

### 1) 리세의 설립과 교육의 특징

통령정부의 첫 번째 교육사업은 명확한 개념에 의해 리세와 중등교육의 조직을 규정하는 것이었다. 이러한 작업은 혁명력 11년 무월(1802년 10월)에서 혁명력 12년 무월까지 계속되었다. 나폴레옹은 집권하면서 전국의 교육실태를 조사하고 자신이 직접 참여하여 12번이나 수정해 만든 '1802년 5월 1일 법령'으로 중앙학교를 폐지하고 리세를 설립하였다. 이어 그는 '1802년 12월 10일 법령'으로 리세의 교육내용을 규정했으며 과학과 문학교과목들 간의 균등한 교육을 실시하고자 했다.[322] 리세에 관한 내용은 법령 제4장 9-22조에서 볼 수 있다. 여기에 따르면 리세는 문학과 과학교육을 위해 설립된다는 것이다. 리세의 설립은 적어도 항소법원지역에 하나는 설립되도록 했다(9조).

각 분과위원회는 교육부가 1802년 11월 4일에 발송한 공문에 의거해서 리세의 부지를 찾고 그것을 정비해야만 했으며 그리고 나서 중앙학교나 행정당국에서 유능한 교원들을 초빙하고 장학생을 선발해야만 했다. 파머에 의하면, 리세의 일반 규정은 1803년 6월 10일에 정해졌다. '1803년 6월 10일 리세에 관한 일반 규정'은 제1장 행정으로 행정부와 행정위원회, 제2장 리세의 내부규정으로 교장, 수업감독, 사무장, 교수,

322) Maurice Gontard, *L'enseignement secondaire en France de la fin de l'Ancien Régime à la loi Falloux, 1750-1850*, p. 70.

교사, 그리기, 쓰기, 음악 교사, 용인, 학생, 리세 밖의 통신, 학생의 하루 일과, 휴일, 종교훈련, 시험과 수상, 방학, 벌칙, 진료소에 관한 사항이며, 제3장 일반 규정으로 모두 150개 조항으로 구성되었다.[323] 그것은 프랑스에 있는 모든 리세에 적용되는 규정이었다. 따라서 이 규정은 프랑스에 표준화된 원칙과 지리적 평등의 원리를 보급하는 것이 되었다.

비리빌의 말에 의하면, 당시 리세의 수와 위치는 결정되지 않았으며 단지 상고법원 마다 적어도 한 개의 리세를 설립할 예정이었다.[324] 그러나 바너드는 1802년의 계획은 중등학교의 상위학교인 리세를 30개교로 예정하고 모두 국비로 운영하려고 했다[325]고 소개하고 있어 설립기준에 대해 조사할 필요가 있다.

나폴레옹은 총감독관, 학사원 회원, 문인, 과학자 중에서 각각 1명씩 위촉하여 3개의 분과위원회를 설치하여 리세를 조직하는 책임을 맡겼고 두 달마다 각각 하나의 리세를 조직하도록 했다. 이때 제1위원회는 노엘과 물리학자 쿨롱브(Coulonb), 제2위원회는 들랑브르와 빌라르(Villars), 제3위원회는 퀴비에와 전 베네딕트파 수도사이자 소래즈에서 교수로 있던 데포(Despeaux)가 임명되었다. 혁명력 11년(1803년)에 각 분과에서 조직한 12개의 리세는 니보즈 1일, 제르미날 1일, 메시도르 1일, 프뤽티도르 1일에 각각 개교했다. 혁명력 12년에는 각각의 위원회가 6개씩 리세를 조직하여 모두 18개의 리세가 설립되었으며 혁명력 13년까지 그 수는 꾸준히 증가했다.[326]

리세의 보직은 학교의 모든 책임을 맡는 교장, 학업과 규칙을 관장하는 학감(censeur), 회계원 등이 있어 모든 사무를 집행했다. 교사의 봉급

---

323) R. R. Palmer, *The School of the French Revolution*, pp. 209-218.

324) Vallet de Viriville, *Histoire de l'Instruction en Europe et Principalement en France*, p. 292.

325) H. C. Barnard, *Education and The French Revolution*, p. 205.

326) Maurice Gontard, *L'enseignement secondaire en France de la fin de l'Ancien Régime à la loi Falloux 1750-1850*, p. 75.

은 정부가 주며 우수교사에게는 특별 수당이 지급되었다. 교장을 주축으로 하여 행정관들로 구성된 위원회가 설치되며 이들이 학교 재정을 감사하고 일반적인 감독을 겸하게 함으로써 부정부패에 연루되지 않게 하였다.

리세에서 교수의 임명은 제19조에서 규정하였다. 먼저 연구소에 3명의 위원과 함께 3명의 장학사를 제1통령이 임명하는데, 그들은 여러 도에 파견될 것이고 거기에서 교수직을 얻으려는 시민들을 심사한 것을 보면 교수의 임용을 중앙에서 한 것으로 보아야 하겠다. 따라서 교사의 봉급은 정부가 주며 우수교사에게는 특별 수당이 지급되었다. 그리고 각각의 리세에는 리세에서 봉급을 받는 무용, 데생 등의 교수들과 학부모들로부터 급료를 받는 음악교수들이 있었다. 또한 한명의 교관이 12살 이상의 학생들에게 운동을 가르쳤으며 마지막으로 각 리세는 부속사제를 허용했다. 이와 같은 것은 혁명이 시작된 이래 공립학교에서 종교교육을 처음으로 언급한 것이었다. 사실상 그사이 콩코르다가 체결되었으며 가톨릭교가 다시 프랑스 인의 종교로서 확정되었던 것이 힘이 되었다.

행정관들과 교수들의 봉급은 도시의 규모, 교육의 수준 등 몇 가지 기준에 따라 다양했다. 도시의 크기에 따라 리세의 등급을 정했는데, 예를 들면 파리 1, 2, 3등급으로 정했고, 그리고 그의 교육의 질과 수준에 근거하여 교수의 등급을 1, 2, 3등급으로 정했다. 교장의 봉급은 3등급 지방 리세의 300프랑에서부터 파리 리세의 5,000프랑까지 다양했다. 학감의 봉급은 1,500프랑에서부터 3,000프랑까지, 2등급 교수는 1,200프랑에서부터 2,500프랑까지, 3등급 교수는 1,000프랑에서부터 2,000프랑까지 다양했다. 자습감독은 700프랑에서부터 1,200프랑까지 차등 있게 급료를 받았다. 그리고 학생들이 지불하는 기숙사비의 10분의 1은 정해진 봉급의 일정비율에 따라 교감, 재무관, 그리고 교수들에게 지급되는 공동기금을 조성하였다. 통학생들의 등록금 가운데 3분의 2는 학급을 맡고 있는 교사들에게 분배하는 것으로 하였다.[327]

그러면 리세의 교육과정은 어떠했던가? 통령정부는 '1802년 12월 10일(혁명력 11월 프리매르 19일) 법령'에 의거하여 리세의 교육조직을 규정했다. 그 법령은 새로 신설된 학교들에서 전적으로 강조되었던 균형과 조정이라는 원칙에 의해 과학과 문과 교과목들 사이에서 완전한 평등을 확립했다.[328]

리세는 6년 과정이었으며, 중등학교에서 시작한 과목들을 보다 심도 있게 교육하는 교과과정으로 편성했다. 교과목은 고전어, 현대어, 문학, 과학, 수사학, 논리학, 윤리학, 수학과 물리학의 기초 등이었다(제10조). 그리고 적어도 8명의 교사와 당시 콜래주 드 프랑스의 주임교사와 필적할 만한 직책의 3명의 주임교사를 확보해야 했다.[329] 그리고 강의는 학생 수에 따른 강의 주제가 정부에 의해 인가되었다. 리세의 특색은 교과과정을 지방 환경과 필요에 따라 편성하도록 하여 모두가 같은 유형의 교육을 하지 않았으며 진보적이라는 것이다.

리세에서는 라틴어와 수학을 기본으로 하였으나 이 두 가지 외에 또 다른 교육들이 편성되었다. 두 개의 교과목들 가운데, 라틴어와 그것의 부가과목들, 수학과 그것의 부가과목들은 각각 시작학년인 6학년에서 1학년에 이르기까지 6개 학년에 주어졌다. 라틴어와 연계과목들에 대한 교육은 하루에 즉 오전과 오후에 2개의 학년을 맡았던 2명의 교수들에 의해 주어졌다. 6학년에서 교수는 라틴어를 가르쳤으며 동시에 수학을 가르쳤다. 5학년에서 교수는 라틴어 이외에 사칙연산을 가르쳤다. 4학년에서 교수는 지리과목을 부차적으로 교육했으며 3학년, 2학년, 1학년에서는 역사과목을 부차적으로 교육했다. 3학년에서는 연대학과 고대사

327) *Ibid.*, p. 69.

328) *Ibid.*, p. 70.

329) H. C. Barnard, *Education and The French Revolution*, p. 205.

기초, 2학년에서는 프랑스 제국의 확립, 1학년에서는 프랑스의 역사를 가르쳤다.[330] 일반적으로 재능이 있는 학생은 1년에 두 개 학년을 진급했고 따라서 그들은 3년에 라틴어 과정을 끝마치었다. 또한 1807년 나폴레옹은 콜래주 드 프랑스에 비평문학사, 프랑스군대사, 프랑스입법사 등 3개의 역사강좌를 설치하도록 했다.[331]

수학과 연계과목들에 대한 교육은 모두 3명의 교수들에 의해 실시되었다. 6학년에서 교수는 수학 외에 박물학에 대한 기본개념을 가르쳤고, 5학년에서는 그 분야의 기초를 가르쳤으며 4학년에서는 광물학을 설명했다. 그러나 계산의 기본원리를 가르쳤던 라틴 반 5학년 수업을 먼저 듣지 않았다면, 어떤 학생도 6학년 수학 반에 들어 갈 수 없었다.

6개 학년 외에 각 분야에는 뛰어난 실력을 가진 한 명의 교수 즉 문학 분야에 라틴어와, 프랑스어 분야에 순수문학 교수, 과학 분야에 초월수학(mathématiques transcendantes)의 교수가 있었다. 초월수학 교수는 미분학과 고등물리학의 일반원리들을 가르쳤다. 이들 두 교수는 하루에 각각 2개 학년을 가르쳤으며 2년간 강의를 하였다. 문학교수 4명, 과학교수 4명 등 8명의 교수는 학생 200명을 받아드릴 수 있었다. 학생이나 기숙생수가 200명이 넘을 때마다 교수들의 수는 학생 50명당 2명의 비율로 증가하는 것을 원칙으로 했다.[332] 리세의 학생들은 군사적인 방식으로 편성되었다. 각각의 중대 안에 가장 뛰어난 학생들 가운데 선발된 한 명의 중사와 네 명의 하사들과 함께 25명으로 구성하여 중대를 조직했다.

한편 법령에 따라 문학위원회, 과학위원회, 행정위원회 등을 두어 학사행정을 원만하게 이끌도록 했다. 그리고 문학위원회와 과학위원회의

330) Robert B. Holtman, *The Napoleonic Revolution*, p. 147.

331) *Ibid*.

332) Maurice Gontard, *L'enseignement secondaire en France de la fin de l'Ancien Régime à la loi Falloux 1750-1850*, p. 70.

두 전문위원회로 하여금 각 학년의 프로그램을 결정하는 훈령을 작성하게 했다. 라틴어와 문학반을 위한 위원회는 문인 퐁탄, 교육자이자 행정관인 샹파뉴, 예수회의 옛 회원이었던 문법학자 도매롱(Domairon)으로 구성되었다. 그 위원회의 보고서는 앙시앵 레짐 시대의 교육에 준거했다. 프톨레마이오스와 에피쿠로스의 원리를 천문학과 물리학에 인용하려는 것은 어리석은 일이 되었으나, 아리스토텔레스와 호라티우스의 원리들은 전혀 바뀌지 않았고, 웅변과 시는 그러한 원리들을 뒤따르고 있었다. 위원회는 라틴어를 열렬히 옹호했다. 라틴어는 가장 많은 근대어를 만들어 냈으며, 여러 분야에서 번역가들은 라틴어를 선택했기 때문이다. 그리고 학문은 라틴어에 의해 세계의 한 끝에서 다른 끝까지 보급해 왔고, 사람들은 그러한 일은 계속될 것이라고 생각했다. 법학은 라틴어를 필요로 했고, 의학은 라틴어를 단념하지 않았으며, 종교는 그 성서의 말씀을 라틴어로 축성했다.[333]

위원회는 새로운 학문연구 조직에 대해 조심스런 태도를 보였다. 그리스어는 국민교육에서 전혀 논쟁의 대상이 되지 못했다. 다만 각 교수들의 열정에 의해 명맥을 유지할 수밖에 없었다. 결국 위원회가 학년마다 연구목적, 저자, 이용할 저서들을 제시함으로써 학문의 매체인 언어에 있어서는 앙시앵 레짐 시대의 공용어를 그대로 사용하였다.

한편 문학위원회가 과거 지향적 이었다면 과학위원회는 미래 지향적이었다. 라플라스, 몽주, 라크루아(Lacroix)로 구성된 과학위원회는 6학년들의 수학과 2년간의 초월수학에 대한 교육과 교과서를 결정했다. 과학지식에 대한 광범위한 검토를 목적으로 6학년들에게 오전에 수학, 오후에는 과학을 교육했다. 2년간의 초월수학과정에서 프로그램은 고등물리학, 전기학, 광학의 원리들로 완성되었다.

이들 과학위원 중 라플라스는 행성운동에 관한 책을 1799년 2권,

333) *Ibid.*, pp. 70-71.

1802년과 1805년에 2권을 출간했고, 1823-1825년에 5권을 완성했다.[334] 그러나 정치적인 면에서 그는 나폴레옹으로부터 인정을 받지 못했다. 따라서 왕정복고 후에 그는 특히 후작으로서 상원(Chambre des Pairs)에 참석하게 됨으로써 루이 18세에게 충성을 다했다. 루이 18세는 그에 대해 후원할 가치를 인정하고, 1816년 그를 에콜 폴리테크니크의 재조직 위원장으로 임명했다.[335] 몽주는 도형기하학을 발명했다. 그것은 드사르그(Desargues), 파스칼 등의 사영기하학과는 다른 것이다. 몽주의 기하학이 없었다면, 19세기 모든 기계의 생산은 아마 불가능 했을 것이다. 그의 도형 기하학은 기계공학을 만드는 기계제도와 그래프 법의 근본이 되었다.[336]

과학서가 부족한 것을 파악한 위원회는 리세에서 사용할 교과서들을 만들도록 권고하였다. 몇 년 후에 다메릴(Daméril)이 박물학, 브롱니아르(Brongniart)가 광물학, 아데(Adet)가 화학, 비오(Biot)가 천문학, 아리(Harry)와 비오가 리세에서 사용할 물리학에 관한 기본도서들을 출간함으로써 리세교육은 전보다 내실을 기하게 되었다.[337]

캠퍼스 생활은 어떠하였나? 혁명력 11년 무월 5일(10월 27일)의 두 법령에서 리세 직원의 복장이 처음으로 규정되었다. 행정관들과 교수들의 복장은 프랑스 식 복장으로 표현되었다. 검정색 양복, 초록 색 명주 천으로 만들어진 칼라와 테두리 장식, 흰색 삼베로 만들어진 길게 늘어트린 모양의 넥타이, 프랑스 풍 모자가 그러했다. 게다가 교장은 깃과 망토의 테두리에 검정색 자수로 장식을 했다. 자습감독은 검정색 옷을 입었다. 기숙학생들은 파란색 상의와 짧은 바지, 14살까지는 둥근 모자

---

334) E. T. Bell, *Men of Mathematics*(New York: Simon and Schuster, 1937), p. 176.
335) *Ibid.*, p. 180.
336) *Ibid.*, p. 183.
337) Maurice Gontard, *L'enseignement secondaire en France de la fin de l'Ancien Régime à la loi Falloux 1750-1850*, p. 71.

그 이후에는 프랑스식 모자를 쓰게 했다.

학생들의 일과는 강의를 포함한 학교에서의 일과와 일과후의 기숙사 생활로 구분되었다. 우선 어떤 교수도 교장의 허락 없이 리세 밖에서 유숙할 수 없으며 25명의 기숙학생당 한 명씩 학습감독교사가 배치되었고, 학습감독교사들은 학생과 함께 먹고 자며 외출할 때에도 학생들을 동반하고 교수들이 결근하였을 경우 그 업무를 대행하였다.

캠퍼스 생활은 엄격하여 학생들은 산보이외에 모든 외출이 금지 되었으며 심지어 산책할 때도 동료들과 멀리 떨어져서는 안 되었다. 학습감독교사가 허락하였을 때만 물건도 살 수 있다. 통학생의 경우는 유니폼을 입지 않았지만 복장은 단정해야 했고 교장이 발행한 '출입증'을 가지고 다녔다. 학비는 3개월마다 선불하였다.[338]

학생들의 일과의 시작은 종소리가 아니고 북소리로 알렸다. 학생들은 아침 5시 30분, 그러나 일요일에는 6시에 일어난다. 수업이 있는 날은 교실에 도착해서 공동으로 기도하고 6시에서 7시 30분까지 자습을 하고 아침식사를 한다. 8시에서 10시까지 아침수업, 10시부터 11시 30분까지 자습, 11시 30분부터 12시 30분까지 작문과 데생 수업을 한다. 그리고 질서 있게 식당으로 안내되어 12시 30분에서 13시 15분까지 점심식사를 하고 14시까지 휴식에 들어간다.

오후에는 14시부터 15시까지 자습, 15시부터 16시 45분까지 오후 수업을 한다. 그리고 16시 45분부터 17시까지 간식을 들고 17시부터 19시까지 자습을 하고 19시부터 19시 30분까지 휴식 19시 30분부터 20시까지 저녁식사를 하고 20시부터 20시 45분까지 휴식을 하며 20시 45분에 저녁기도와 더불어 취침에 들어갔다.[339]

그러므로 아침 5시 30분에 문을 연 리세는 저녁 9시에 문이 닫혀졌

---

338) *Ibid.*, pp. 71-72.

339) *Ibid.*, p. 72.

다. 열쇠는 교장이 책임을 지고 관리했다. 기숙사의 공동침실은 밤 동안 불이 켜져 있었다. 정오와 저녁 식사시간 동안 학생들은 말을 해서는 안 되었고 정숙한 상태를 유지해야 했다. 아침식사시간과 식사 중에는 말을 할 수는 있으나 소란을 피우거나 식당의 조용한 분위기를 깨트리면 벌을 받게 된다. 목요일과 일요일 그리고 축제가 있는 날에는 수업이 없다. 목요일에는 오전 11시까지 자습을 하고 11시부터 12시 30분까지 군사훈련을 받으며 식사하고 산책을 한다. 일요일과 축제날에 학생들은 8시 30분에 거행되는 종교의식에 참석하고 오후에 산책을 한다. 여름방학은 결실의 달 1일부터 포도월 15일까지로 정했다. 방학동안 리세에 남아 있는 학생들은 학습감독교사들의 감독 하에 상황에 따라 적절한 일을 했다. 학생들의 건강에도 세심한 주의를 기울여 내과와 외과의사의 검진을 3개월마다 실시했다. 학교는 잘못하는 학생에 대해 구금, 반성문, 근신 등의 벌을 줄 수 있었다. 가장 무서운 벌은 구금인데 교장에 의해 구금이 행해지며, 만약 밤에 학생을 구금할 경우는 내무장관에게 보고해야 했다.

학생들을 모집하는데 반은 9세에서 10세 사이의 아동이고, 나머지 반은 12세에서 14세 사이의 아동이어야 했다. 이때 학생들의 후천적 지식(connaissances acquises)보다 타고난 재능(dispositions)이 더욱 높이 평가되었다. 그리고 민간인이든지 법조인이든지 군인이든지 공무원의 아이들과, 부모들이 학교에 도움을 줄 수 있는 아이들이 선발에서 우선권을 가지고 있었다. 각 분과위원들은 중등학교를 방문하여 오늘날 내신성적을 반영하듯 학생의 성적과 인성, 교사의 엄격성, 강의록, 가정교육상태, 교과서, 학교의 부지 등을 살펴야 했다. 그리고 아직 폐교되지 않은 중앙학교와 중요한 중등학교의 교수와 학생들을 순시하고 교원들이 리세의 교원으로 임명되도록 추천했다.[340] 예를 들어, 루아르의 교원들은 일

340) *Ibid.*, p. 75.

반적으로 오로지 재능에 따라 모집된 우수한 사람들이었다. 대부분의 교원들 특히 과학자들은 지방의 중앙학교 출신들이었다. 리세 드 마르세유에서는 8명 가운데 6명의 교수가 중앙학교 출신이었다. 나머지 2명은 전직 에콜 드 소래즈 교수였던 마르세유 사립학교 교사와 군사학교 교수였다.

법으로 정한 리세 설립 유예기한의 만기가 되는 1805-6학년도 초, 푸르크루아가 3개월간 제국의 남부와 동부의 리세들을 방문했을 당시 전국에는 29개의 리세에 5,744명의 학생밖에 없었던 반면 사립학교의 수는 급속도로 증가하고 있었다.[341] 혁명력 13년 프래리알 21일 보고서에 따르면 부진한 상태에 있는 리세와 달리 코뮌 중등학교는 370개에 22,490명, 사립중등학교는 377개에 27,706명의 학생들을 공식적으로 모집했다.[342] 리세가 아무리 중등교육을 받은 일부학생들이 진학하는 상급학교라고는 하지만 중등학교와의 비율은 80,000 대 6,000이었으며 약 7%에 불과했다는 것은 놀라운 일이다.[343] 예를 들면 1803년 7월 12일 설립된 리세 드 보르도는 의도적으로 100명의 장학생을 두었다. 그들 중 38명은 프리타네 프랑새에서 선발하였는데 그 중에는 유명한 국민공회의 지롱댕의 바르바루, 브리소, 귀아데, 장손네의 아들들이 있었다. 그러나 리세의 학생 수는 대단히 감소되어 장학생을 제외하고 일반학생은 불과 130명밖에 되지 않았다.

이처럼 리세의 발전이 부진하고 학생 수가 줄어든 이유는 무엇이었나? 리세의 설립과 발전은 지방에 따라 차이가 많았지만 종합적으로 보면 마틴 리온의 지적과 같이 첫째, 지방의 리세는 초기에 재정지원이 빈약하고 교수 초빙 등 많은 어려움을 극복해야 했으며 정부가 지급한 장학금을 학생에게 주지 못한데 그 원인이 있었다.[344] 게다가 리세 드

341) *Ibid.*, p. 76.
342) *Ibid.*, p. 79.
343) *Ibid.*, p. 79.

보르도에 대한 고드쇼의 지적과 같이 학교의 운영진과 교수들이 변화된 모습을 보이지 않았다. 교장과 교감은 성직자였다가 환속한 사람이었다. 그리고 8명의 교수들 중 단지 3명만이 성직자가 아니었다는데 문제가 있었다.345)

그리고 1803년 리세의 유니폼이 규정되었는데 파머에 의하면 그 비용이 상당하여 500프랑이나 되었다. 드러난 빈부의 차이를 없애려고 한, 학생들의 유니폼도 결국 학부모들에게 많은 부담을 주었던 것으로 지적되었다.346)

둘째, 교육과정이 지나치게 군사적이고 비종교적이며 문학을 소홀히 취급하는데 문제가 있었다. 심지어 정부는 광신적인 왕당파 성직자들 아래 있는 학생들의 타락을 막고자 각각의 리세에 한 명의 지도신부(chapelain)까지 임명했으며, "수도원 형태의 훈련을 했다. 예를 들면, 학생들은 허가 없이 학교 운동장을 떠날 수가 없었고, 식사시간에도 책을 읽거나 아주 조용히 있어야 했다."347) 나폴레옹 정부는 리세의 모든 학생들에게 군사훈련을 요구했다. 정부는 매우 엄격하게 학생들을 단속했고 심지어 학생들의 게임까지도 통제했다. 그러므로 리세에 대한 인기가 적었던 것은 학교생활에 대한 규제가 심했으며 특히 군대식 교육과 비종교적인 교육에서라고 보는 것이 좋을 것이다.348)

셋째, 부르주아와 시민들이 리세를 혐오했으며 지방 행정당국 역시 리세에 많은 비용을 지불해야 했으므로 사립학교설립을 선호했기 때문이다. 홀트만에 의하면, 리세가 비종교적이고 군인을 양성하는 병영과 같이 보였기 때문에 부르주아 계층은 그들의 아이들을 보내지 않았

---

344) Martyn Lyons, *Napoleon Bonaparte and the Legacy of the French Revolution*, p. 107

345) J. Godechot, *Les Institutions de la France sous la Révolution et L'Empire*, p. 740.

346) R. R. Palmer, *The School of the French Revolution*, p. 208.

347) Robert B. Holtman, *The Napoleonic Revolution*(Philadelphia: J. B. Lippincott Company, 1967), pp. 149-152.

348) Martyn Lyons, *Napoleon Bonaparte and the Legacy of the French Revolution*, p. 239.

다.[349] 따라서 고드쇼의 말처럼, 충성스런 신민들을 만들고자 전제적 군사정부가 세운 리세는 부르주아 계층의 눈에 역시 위험한 교육제도처럼 보였다. 예를 들면 보르도의 부르주아들은 리세를 좋아하지 않았고 시 당국이 사숙(pensions privées)을 여는 것을 찬성하였다. 결국 1806년 리세에 대한 나폴레옹의 실험은 실패했던 것으로 평가된다.[350]

넷째, 학생들이 공부를 소홀히 하고 문제를 일으키고 있었음으로 비난의 대상이 된 점이다. 리세 드 리옹에서는 이와 유사한 상황으로 주민들이 리세를 불신자 수도원(couvent d'irréligion)과 같이 취급하였다. 따라서 리세 드 렌느는 학생들이 150명밖에 되지 않았다. 이외에 공타르의 지적과 같이, 리세가 인간과 인격을 형성하는데 있어 우선순위가 되어야 하는 문학을 소홀히 했다.[351] 따라서 지방에서의 리세 설립은 지연되고 학생 수도 줄어들었다.

리세 드 툴루즈는 1806년까지 개교하지 못했으며 아비뇽에는 1810년까지 리세가 세워지지 않았다. 보르도에는 단지 180명의 학생이 있었고, 리옹에는 150명도 안되었다. 스트라스부르에서 종교적인 문제는 다른 곳에서 보다 날카롭게 제시되었다. 시장은 하나의 가톨릭 리세와 하나의 프로테스탄트 리세를 그 곳에 세우기를 원했다. 리세 드 스트라스부르는 1814년까지 300명의 학생 정원을 결코 넘지 못했다. 이처럼 리세가 제대로 성장을 하지 못하자 교육부장관은 일련의 조치를 요구했으며 나폴레옹은 1810년에 시행하기로 한 교육계획을 앞당겨 1808년 제국대학의 설립을 서둘렀다.[352]

그러나 파리와 몇몇 예외적인 지역도 물론 있었다. 마틴 리온에 의하

---

349) Robert B. Holtman, *The Napoleonic Revolution*, pp. 149-152.

350) J. Godechot, *Les Institutions de la France sous la Révolution et L'Empire*, p. 740.

351) Maurice Gontard, *L'enseignement secondaire en France de la fin de l'Ancien Régime à la loi Falloux 1750-1850*, p. 79.

352) Charles Schmidt, *La Réforme de l'Université Impériale en 1811*(Paris: Société Nouvelle de Librairie et d'Edition, 1905), pp. 11-12.

면, 파리에는 4개의 리세가 있었다. 그 중 아마도 가장 명성이 있었던 루이 르 그랑은 제국리세(Lycée impériale)가 되었다. 리세 앙리 4세는 리세 샤를마뉴, 리세 보나파르트(이전의 리세 콩도르세)와 나란히 리세 나폴레옹이라는 이름으로 바뀌었다. 파리는 지방과 달리 제국리세가 1,000명, 리세 보나파르트가 800명의 학생들을 가르쳤다고 하니 파리와 지방의 교육환경과 교육수준은 많은 차이가 있었음을 알 수 있다.[353)]

### 2) 중등학교와 특수전문학교

중등교육에 대한 내용은 '1802년 5월 1일 법' 제3장에서 규정하였다. 코뮌에 의해 설립되고 개인들에 의해 유지되는 모든 학교는 라틴어와 프랑스어로 교육을 실시했고 수학, 지리, 역사 등이 주요과목으로 강조되었다(6조). 이러한 중등학교의 교과과정은 샵탈의 계획과 크게 다르지 않았다. 정부는 중등학교의 설립을 장려했고 각 도에서 선발된 가장 우수한 학생들은 리세에서 무상숙식 또는 무상교육을 받을 수 있게 했다. 그리고 중등학교에서 우수한 학생을 가장 많이 배출한 50명의 교사에게 특별수당을 지급하고 리세에 가는 것을 허락하였다(7조). 개인이 세우든 지방 당국이 세우든 중등학교는 우선 정부의 인가를 받아야 했고, 초등학교보다 수준이 높은 사립학교와 같은 중등학교는 도지사의 감독과 감사를 받아야 했다(8조).

나폴레옹은 국가가 중등교육의 비용 중 약간만을 책임지는 것으로 했다. 따라서 국가는 교육비용의 상당부분에 대한 책임을 코뮌과 가족이 책임질 것으로 계획했다. 공타르는 이러한 중등학교는 샵탈의 중등학교계획을 축소시키는 프로그램이었다고 논평했다. 푸르크루아는 재정상태로 인해 정부가 교육개혁에 손을 대지 못함을 유감스럽게 생각했다. 그는 입법기관에서 논의가 되었을 때, 이러한 유감은 옛 콜래주들

353) Martyn Lyons, *Napoleon Bonaparte and the Legacy of the French Revolution*, p. 107.

을 훌륭하게 대체하는 많은 사립학교들의 실제적인 존재에 의해서 그리고 여러 코뮌이 충분히 많은 중등학교들을 직접 설립하는데 전념해야만 한다는 확신에 의해서 약화될 것이라고 덧붙였다[354].

통령정부는 중등학교에 대한 재정지원은 하지 않으면서 중등학교들을 지도하고 단결심과 경쟁력을 고취하는 것은 소홀히 하지 않았다. 그것은 정부가 중등학교에 부과한 감독, 허가한 특혜, 현 부지의 인가와 리세에 있는 무료공간들의 분배, 그리고 리세에 가장 많은 학생들을 입학시킨 중등학교 교사 50명에게 주는 특별 수당의 보장 등으로 경쟁력을 제고 했다.

중등학교는 어떻게 운영되었나? 중등학교는 지방에 있었음으로 코뮌의 중등학교에 대해서 살펴보는 것이 좋을 것 같다. 그것은 리세에 대한 규정들에 준거했다. 푸르크루아는 중등학교들에 대한 행정권을 강화시키기 위해 주변의 유리한 상황을 이용하게 하였다. 각각의 코뮌 중등학교는 군수, 시참사원 의장, 시장, 두 명의 의원(그 지방에 설치되어 있다면), 군 소재 재판소의 정부관리, 치안판사, 교장으로 구성된 행정위원회의 통제를 받아야 했다.

코뮌 중등학교의 일과, 학교생활, 수업과정은 리세의 것과 비슷했다. 그러나 리세와는 편제와 교육과정에서 많은 차이가 있었다. 중등학교에는 고수(tambour), 하사, 중사 등의 직책이 없었으며, 리세의 편제인 중대가 없었다. 교육조직은 리세를 모델로 하였으나 가장 큰 학교들만 순수문학과 초월수학 강의를 했다. 대다수의 중등학교들은 교육과정을 제대로 갖추고 있지 못했다.[355]

코뮌 중등학교와 사립 중등학교는 어떻게 다른가? 당시 사립 중등학교는 개인에 의해 경영되었으나 당국으로부터 상당한 규제를 받았다.

---

354) Maurice Gontard, *L'enseignement secondaire en France de la fin de l'Ancien Régime à la loi Falloux*, 1750-1850, p. 66.

355) *Ibid.*, p. 74.

어떤 학교도 최소한 3명의 교사와 기숙생과 통학생을 합하여 모두 50명 이상의 학생들을 확보하고 있지 않으면 중등학교로 승격될 수 없었다. 중등학교로 승격되는 사립학교들은 지역에 따라 혹은 상황에 따른 특별한 경우를 제외하고는 코뮌 중등학교에 규정되어 있는 교육방식을 따르도록 규정하였다.[356)]

그러면 중등학교의 실태와 그 대책은 어떠하였던가? '1802년 5월 1일 법'은 시 당국과 개인들에게 중등학교를 개교하도록 하였으며 라틴어, 수학, 역사, 지리의 기초를 가르치도록 했으나, 이들 학교는 완전히 자율적이지 못했으며, 도지사의 사전허가와 감독을 받아야만 했다. 나폴레옹은 특히 종교단체에서 운영하는 학교의 증가를 막기 위해 1803년부터 사립학교에 대한 감독을 강화했다. 그에 의하면, 공교육은 국가에 속한 것이었다. 왜냐하면 각각의 가족들은 그들이 모두 속해있는 대가족의 계획을 따라 지도받기 때문이다. 따라서 국가의 설립허가를 받지 않은 교육기관의 증가는 필요치 않다는 입장이었다. 그러한 교육기관은 나쁜 교육을 초래할 수 있는 위험과 나쁜 시민을 양성할 수 있는 더욱 큰 위험을 가져올 수 있기 때문에 그러한 교육기관에서 이루어지는 교육은 인정하지 않겠다는 강력한 의지를 가지고 있었다.[357)]

나폴레옹 정부가 사립중학교에 대해 부담을 느끼고 있었던 것은 학생들이 리세를 기피하고 사립중학교로 몰려들어 공교육이 침체되는 데 있었다. 파머의 말과 같이, 당시 일부 가족들은 보다 편리하고 집에서 보다 가까우며, 보다 쉽게 들어갈 수 있고, 리세보다 학비가 적게 드는 사립중학교를 더욱 좋아했다.[358)] 나폴레옹 말기까지 사립중학교에 대한 선호가 대단했다. 공타르가 밝힌 바와 같이, 1813년에는 리세에 18,000명, 콜래주에 50,000명, 그리고 사립중학교에 47,000명의 학생들이 있었

---

356) *Ibid.*, p. 72.

357) J. Godechot, *Les Institutions de la France sous la Révolution et L'Empire*, p. 741.

358) R. R. Palmer, *The School of the French Revolution,* p. 219.

다.[359] 따라서 사립중학교의 학생들은 리세보다 2.6배, 콜래주까지 합하면 무려 5.4배가 많았다.

특수전문학교(écoles spéciales)에 대해서는 어떻게 하였던가? 국민공회 이래로 고등교육은 특수전문학교에서 실시되었다.[360] 그러나 기존의 체제를 유지했을 뿐, 법령에 의한 특수전문학교의 증설은 예고되지 않았다. 나폴레옹은 법학 10개교, 의학 3개교, 자연사, 물리, 화학 4개교, 기계와 화학기술(arts mécaniques et chimiques), 전통수학 1개교, 지리, 역사, 정치경제 1개교, 제도 1개교, 특수군사학교 1개교를 설립하도록 했다.[361] 그러나 이들 학교는 내무부나 교육부에서 관장되지 않고 관계부처에 의해 관리되었다. 역시 1802년 법에 따라 파리, 몽펠리에, 스트라스부르 등에 3개 의학교가 다시 설립되었고, 동시에 의사 직에 대한 규정이 만들어졌다.[362] 그리고 1804년 3월 13일에는 오늘날과 유사한 12개의 법과대학이 엑스, 브뤼셀, 캉, 코브랑츠, 디종, 그르노블, 파리, 푸아티에, 렌느, 스트라스부르, 툴루즈, 튀랭 등에 설립되었다.[363]

이들 새로운 학교는 리세와 별도로 세워졌으나, 설립업무는 리세의 행정위원회에 의해 추진되었다. 교수들은 한편으로는 학사원, 다른 한편으로는 총감독관들에 의해 추천된 두 명의 후보들 가운데서 나폴레옹에 의해 임명되었다. 개교 후 공석이 생길 경우에는 3번째 후보자가 교수들에 의해 추천되었다.

한편 특수전문학교는 제5장 25-26조에서 다루었다. 여기에서 보면 10개의 법과대학과 3개의 의과대학을 증설하도록 했다. 교과과정이 개편되고 졸업자격이 강화되었다. 과학을 위해 자연사, 물리학, 화학, 고등수학

359) Félix Ponteil, *Histoire de l'Enseignement, 1789-1965*, p. 153.

360) J. Godechot, *Les Institutions de la France sous la Révolution et L'Empire*, pp. 745-746.

361) *Ibid.*, p. 736.

362) Vallet de Viriville, *Histoire de l'Instruction en Europe et Principalement en France*, p. 294.

363) *Ibid.*, p. 295.

등 4개의 특수학교가 구상되었다. 기술학교를 위해 더 많은 시설 확보가 요구되었고, 지리학과 역사학을 교육과정에 넣은 정경대학이 정치가와 공무원 훈련을 위해 신설되어야 한다는 것이 강조되었다.[364] 천문학 또한 강조되었고 모든 관측소에서 특히 항해술과 관련이 많기 때문에 주요항구에서 이러한 과목을 담당할 교수들을 임명하는 것으로 했다.

한편 푸르크루아는 시골지역에도 예술학교가 하나씩 있어야 한다고 했는데, 음악의 중요성을 강조하고 예절을 교화하며 용기를 자극하는 가운데 국민들에게 많은 즐거움을 제공하는 예술을 소홀히 하지 말 것이 강조되었다. 혁명정부도 기존의 학교들이 파괴되지 않기를 바라면서 지역적 특색을 살려 특수학교의 특성화에 최선을 다하려했다. 따라서 지금까지 관심이 없었던 농업에서도 과학적 연구를 할 수 있는 전문학교의 설립을 추진했다.

특수전문학교는 앙시앵 레짐 시대처럼 특수계층의 자제들을 위한 것이 아니라 리세출신의 학생들 중 입학성적이 우수하면 갈 수 있게 하였다. 푸르크루아는 프랑스가 유럽과 근동에서 수행해 왔던 군사활동에 대한 중요성을 감안하여 군사훈련을 특수전문학교의 학과목으로 다루게 했다. 특수전문학교는 500명의 학생들에게 국비로 2년간의 교육과정을 이수할 수 있게 하며, '1798년 9월 법'에 따라 재학기간을 징병기간에 계산하고 가장 우수한 학생들은 군 입대와 더불어 장교로 임관되었다. 이 학교는 전쟁장관이 책임을 맡고 운영했다.

---

364) H. C. Barnard, *Education and The French Revolution,* p. 206.

## 3. 바칼로레아

'1806년 3월 17일 법령'에 의해 1809년 나폴레옹은 바칼로레아를 실시했다. 그것은 중등교육의 결산이었으며 대학입학을 결정하는 국가시험이었다. 바칼로레아는 어떤 직업에서도 필수적인 자격이 되었다. 1813년대에는 1,700명의 학생들이 매년 바칼로레아에 합격했다. 동시에 리세의 교사들은 영속적인 프랑스의 제도가 된 '아그레가시옹'이라고 하는 '교수 자격시험'에 합격함으로써 교수의 자격을 얻었다. 리세의 자습감독교사와 콜래주의 학급담임교사들이 응시했으며 교수자격을 획득하면 휴강이나 휴직교수 대신 강의를 했고 교수가 될 때까지 400프랑의 연봉을 받았다.

### 1) 바칼로레아의 기원과 연혁

바칼로레아는 중등교육을 이수한 것을 인정하는 증명이자, 그 증서를 수여하기 위한 시험이다. 그것은 대학입학자격자(bachelier)를 의미한다. 바칼로레아는 중세대학과 아랍어의 기원을 가지고 있다. 서구 중세대학의 출현이 이슬람문화의 영향에 기인한다는 것은 이제 어느 정도 일반화 된 사실이다. 이슬람문화와의 접촉은 십자군 전쟁으로 이루어졌는데, 특히 코르도바 칼리프의 도서관에 있었던 수많은 지적보고들, 그 중에도 아리스토텔레스에 대한 서적들이 알려지기 시작했다.

에스파냐의 리베나 이 타라고(Ribena y Tarago)에 의하면 중세대학은 아랍의 교육제도를 도입했다. 그 중에도 시험이나 학위수여 그리고 '바칼라리우스 baccalarius'의 명칭과 가운에 이르기까지 아랍에서 많은 것을 받아들였다.[365] 바칼라리우스는 바쉴리에(bachelier)와 같은 것으로 대학입학자격자를 의미했다. 한편 바칼라리우스는 일종의 소작자(métayer)라고 하는 '바칼라리아, baccalaria'를 가지고 있었다.[366] 중세대학은 바칼라리우스와 같은 것을 얻을 수 있는 콜래주의 교과과정을 기본 단위로 하고 있었으며, 한 개의 대학에 수십 개의 콜래주를 가지고 있었던 것이 특징이다. 그리고 상위과정인 신학, 의학, 법학 과정에 들어가려면 반드시 이 하위과정을 이수한 학생이 '바칼라리우스 아르티움 baccalarius artium: 문학사'를 취득해야 했던 것으로 보아 바칼로레아는 중세 대학의 산물이라고 볼 수 있다. 당시 '바칼라리우스 아르티움'을 취득하는 연령은 16-19세였으며, 졸업생의 20-40%가 합격했다.[367]

바쉴리에는 중세 봉건주의 시대에는 전쟁이 일어나면, 기사가 되기를 열망하는 젊은 남자시종(servant)에 불과했고 그리고 기사와 에퀴에(écuyer: 방패들이 보병) 사이에서 전열을 갖추기가 일수였다. 시민생활에 있어서 바쉴리에는 아직 분류되지 않은 사람으로 견습공에 속했다. 넓은 의미에서 보면, 그 이름은 '독신남자' 즉 가족도 집도 없는 사람들을 호칭 하는 이름이었다. 그래서 그들에게는 신분이 정해져있지 않았다. 그것은 오늘날 학사라는 의미도 있지만 영국에서는 '독신남자 bachelor'라는 의미로 사용되고 있다.[368]

---

365) R. Y. Ebid and M. Young, "New Light on the Origin of the Term 'Baccalaureata'" *Islamic Quarterly*. 18:1-2(1974), pp. 1-7. 이석우, 『대학의 역사』(한길사, 1999), p. 43. 재인용

366) J. B. Piobetta, *Le Baccalauréat*(Paris: J. B. Baillière et Fils, 1937), p. 5.

367) Schwingers, "Student Education, Student Life" *History of the University in Europe*, vol. 1(Cambrige: Cambridge Universisty Press, 1992), pp. 195-197. 이석우, 『대학의 역사』, p. 343. 재인용

368) J. B. Piobetta, *Le Baccalauréat*, p. 5.

그것이 프랑스에서 '바칼로레아'로 사용된 것은 대학의 학위수여에 대한 역사에서부터 시작되었다. 오랜 기간 교육발전과 복잡한 과정을 거치면서 국가에 의해 부여된 대학의 교과이수 단계에서 그 분야에 능력 있는 후보자가 학위를 취득하기에 이르러 치루는 시험절차에 '바칼로레아'라는 이름이 붙여졌다. 이처럼 대학에서 시험이 끝난다는 의미로 프랑스에서 바칼로레아가 사용된 것은 14세기 말 부터였다. 그러므로 바칼로레아와 데테르미낭스(déterminance: 종결)는 똑같은 의미로 사용되었다. 당시 파리 대학에는 교수할 수 있는 자격을 노트르담 성당의 사목국장에 의해 수여된 교사(maître)이외에 다른 학위는 없었다.

교양학부가 조직 될 때, 교사들의 권위는 사목국장의 권한을 제한했다. 당시 사목국장에게 제출되기를 원하거나 또는 그들의 특권에 참여하기를 허락받기 원하는 사람들에게 강요된 조건들은 첫째 데테르미낭스, 둘째 학사, 그리고 셋째 문학석사였다.[369]

바칼로레아는 일찍이 프로이센의 프리데릭 대왕 시대와 오스트리아의 마리 테레사 시대에서도 실시되었던 기록이 있다. 국민교육과 인문주의 발달에 공헌한 프로이센의 제드리쯔 남작(Baron von Zedlitz)이 1787년 프랑스혁명기에 제출된 교육계획과 아주 유사한 교육개혁안을 제출했다. 거기에서 짐나지움을 졸업한 학생들에게 대학입학을 관장한 아비투리엔텐에그자멘(aviturientenexamen)은 처음에는 공무원을 위한 자격을 부여하는 보다 실질적인 목적이 있었지만, 후에는 나폴레옹에 의해 수립된 바칼로레아와 아주 유사한 데가 있었던 것이다.[370]

오늘날 프랑스 학교의 교육과정을 이수하고 받을 수 있는 자격증에는 4개의 종류가 있다. 하나는 대학의 지원자에게 자격을 부여하는 바칼로레아, 학생들을 가르치는 권리를 부여하는 학사(licence), 시험이 아니라

---

369) *Ibid.*

370) H. C. Barnard, *Education and The French Revolution*, pp. 242-243.

고등교육을 계속한다는 일종의 통과의례와도 같은 석사(maîtrise), 그리고 박사(doctorat)가 있었다.

근대식 바칼로레아로 제정된 것은 나폴레옹의 '1808년 3월 17일 법령'에 의한 것이었다. 수험생들은 적어도 16세 이상이 되어야 하며 리세에서 수강한 모든 교과목에 대한 시험을 치러야 했다. 바칼로레아는 중등교육과정을 수료한 학생들의 졸업장이자 대학에 들어가 공부할 수 있는 인증서와도 같은 것이었으며, 처음 실시했을 때 합격자는 모두 31명에 불과했다. 제3공화국 시대까지 바칼로레아를 취득하는 수험생들은 라틴어로 작성된 논문을 제출해야 했다. 바칼로레아에서 외국어 시험이 사어가 아니라 실제로 사용되는 언어로 조정된 것은 1902년이었으며, 그 후 1920년의 개혁으로 수립된 이 제도는 1965년까지 지속되었다.

수험생들은 바칼로레아 A, B, C, D의 4계열 중 하나를 선택하게 되었다. 바칼로레아의 합격자는 생각보다 숫자가 많지 않았지만 계속해서 늘어났다. 1889년에 리세학생들의 1%, 1936년에는 3%미만이 자격증을 취득했다. 1938년에서 1948년에는 바칼로레아 합격한 학생들은 15,000명에서 30,000명에 이르러 두 배의 합격자를 기록했다. 그리고 1953년에서 1964년까지 바칼로레아 합격자는 다시 두 배로 증가했다. 또한 1963년에서 1973년까지 다시 두 배로 되면서 그 수가 15만 명에 이르렀다. 이어서 1985년에 이르면 중등교육의 민주화, 베이비붐, 직업 바칼로레아의 제정 등으로 25만 명의 합격자가 나왔다. 그리고 1998년에는 47만 명에 이르게 되며, 그중 13만 명이 기술바칼로레아에 합격한 학생이었다.[371)]

오늘날에도 바칼로레아는 프랑스 고등학교학생들에게 긍지와 자부심을 심어주는 시험이다. 나는 프랑스에서 공부할 때 앙제에 있는 뤼사르 박물관(Muséum de Luçart)에 간적이 있었다. 그곳의 타피스리 전시장은 프랑스의 타피스리 산업을 대표할 만하다. 원자폭탄의 피해에 대한 경

---

371) J. B. Piobetta, *Le Baccalauréat*, p. 6.

고를 수놓은 타피스리 앞에서 15명 내외의 어린 학생들을 이끌고 다니는 선생님과 대화를 했다. 내가 박사학위를 곧 받게 된다고 했더니 그 선생님은 자기가 바칼로레아를 취득한 사람이라고 자랑스러운 표정으로 말했다. 이처럼 프랑스 사람들은 바칼로레아에 대한 자부심과 긍지를 가지고 있다. 따라서 학부모들도 고3 수험생들에게 "우선 바칼로레아부터 통과해라"라고 말하고 있다. 물론 바칼로레아가 모든 것을 해결해주는 것은 아니지만 바칼로레아를 취득하지 못하면, 공부를 형편없이 한 학생이라는 평가와 더불어 사회진출에 지장을 받게 되는 것이 오늘날 프랑스의 실정이다.

### 2) 바칼로레아의 종류와 준비과정

1821년 과학 바칼로레아가 생겼고 시험제도가 바뀌고 개정되면서 1861년에는 여학생에게도 바칼로레아 응시자격을 주었다. 1946년 기술인 바칼로레아가 창설되었고, 그 후 1986년 개혁안에 의해 기술 바칼로레아로 변경되었으며, 1985년 직업 바칼로레아가 만들어져 바칼로레아는 크게 일반 계열 바칼로레아, 기술계열(이공계열)바칼로레아, 직업계열 바칼로레아 등 세 개의 계열로 나누어졌다. 1993년 통합이전 일반계열과 기술계열 바칼로레아는 모두 26가지에 달했다.

바칼로레아를 취득하기 위해 리세에 들어간 학생들은 1학년 동안은 전공계열의 선택 없이 모든 학생들이 공통과목을 배우고, 학생들의 취향에 따라 단 두세 개의 과목을 선택할 수 있다. 그리고 2학년에서 전공계열의 선택과 더불어 인문계와 이공계로 나누어져 바칼로레아를 준비한다. 학생들은 진로와 전공영역을 결정하기 위해 교과목을 선택해야 한다. 1987년까지 바칼로레아에 응시하려면 공통필수 7개 과목, 이공계 선택 1개 과목, 일반선택 1개 과목, 자유선택 1개 과목을 이수하도록 되어있었다.

### 가. 일반 바칼로레아(인문계열)

일반계는 1학년부터 문학반, 경제사회반, 과학반 중 한 반을 선택하며 2학년부터 선택과목에 따라 다양하게 분반이 된다. 문학 바칼로레아 계열은 외국어-외국문학, 고전어-고전문학, 문학-예술, 문학- 수학 중 하나를 전공과목으로 선택할 수 있다. 경제사회 바칼로레아 계열은 경제-언어, 경제-사회과학, 경제-수학 중 하나를 전공과목으로 선택할 수 있다. 과학 바칼로레아 계열은 과학-수학, 과학-물리학-화학, 과학-생명지구과학 중 하나를 전공과목으로 선택할 수 있다.

### 나. 기술 바칼로레아(이공계열)

통합이전에는 19가지가 있었는데, 통합과 더불어 16가지가 공학기술, 실험기술, 의료사회, 농업 및 환경기술, 식품생산기술, 3차 산업 등 6가지로 통합되었다. 그리고 호텔 바칼로레아, 음악 무용분야기술 바칼로레아, 응용미술 바칼로레아 등 3가지는 그대로 남아 있다.

공학기술 바칼로레아를 취득하기 위해서는 기계공학, 전자공학, 전기기술공학, 토목공학, 에너지공학, 재료공학, 중 하나를 선택해야 한다. 실험기술 바칼로레아를 취득하기 위해서는 실험물리학 및 공업방법, 실험화학 및 공업방법, 생화학 및 생명공학 중 하나를 선택해야 한다. 또한 3차 산업 바칼로레아를 취득하기 위해서는 회계 및 경영, 컴퓨터 및 경영 주식 및 행정 커뮤니케이션, 주식 및 상업 커뮤니케이션 중 하나를 취득해야 한다.

한편 의료사회 바칼로레아는 전공 선택이 없고, 의료보험 테크닉, 인간생체학, 물리학을 이수해야 한다. 농업 및 환경기술 바칼로레아는 농업고등학교에서 준비하고, 호텔 바칼로레아는 3년간의 특수교육과 8주간의 연수교육을 이수함으로 가능하다. 음악 무용분야 기술 바칼로레아는 음악이나 무용학교에서 3년간의 특수교육을 받은 학생들이 지원하게 된다. 응용미술 바칼로레아는 고등학교 1학년부터 11시간의 응용예술을 선택한 학생들에게 시험자격이 주어졌으나 지원자는 매우 적었다.

### 다. 직업 바칼로레아

1985년에 신설된 것으로 취업에 필요한 자격증과 같은 것이며, 관련분야의 고등교육기관에 진학할 수 있는 대학입학자격증이다.[372] 신설당시는 5개 전공분야로 시작했으나 2001-2002년을 기준으로 농수산업과 제조업 등 생산 분야에서부터 각종 서비스업에 이르기까지 무려 49개의 전공분야가 있다.

그것들은 항공, 설비와 마무리, 수공업과 공예(석공예, 그래픽 커뮤니케이션, 케비넷 제작, 시계공업, 사진, 가구, 의상과 액세서리), 건축(건축비산정, 금속-알미늄-유리-합성물질), 육종산업, 목조건축과 건물설비, 차체제조, 상업, 회계, 대규모 건물축조, 수산양식, 에너지, 전기장비와 설비, 산업생산물의 연구와 정의, 수송, 위생과 환경, 산업공정, 그래픽산업(인쇄, 인쇄 편집), 병참, 자동차관리, 시청각전자제품관리, 가정과 집단용 장비관리, 농장장비-공공장치-공원-정원관리, 사무자동화네트워크관리, 식품업, 안전업, 국립경찰, 품질관리, 자동화기계시스템관리, 재료공정도구, 자동화시스템운영, 플라스틱가공, 컴퓨터통합 음료생산, 컴퓨터통합 유연재생산, 컴퓨터통합 기계생산, 보일러와 금속구조물, 식당업, 비서, 공공 시설물관리, 서비스, 판매대리 등의 직업 바칼로레아이다.

직업 바칼로레아는 직업고등학교에서 2년간의 단기기술교육을 이수한 학생들을 대상으로 일반계 혹은 기술계고등학교에서 이루어진다. 교육 연한은 2년 단기 기술교육을 포함하여 4년이고 12-20주의 기업체연

372) 옥준필, 「프랑스 직업 바칼로레아의 최근 운영방안과 시사점」『직업개발연구』 제5권1호(한국직업능력개발원, 2002), p. 151.

수가 포함된다. 직업 바칼로레아를 취득할 수 있는 경로는 정규직업 고등학교나 견습훈련센타(Centre de Formation d'apprentis)에서 일정한 기간 전공교육이나 훈련을 받거나, 또는 동일한 직업분야에서 3년 이상 업무를 수행하는 세 가지 형태가 있다. 직업 바칼로레아를 취득하기 위해서 학생들은 주당 30시간의 수업 중 직업 전문교육에 대한 수업이 16-18시간으로 직업기술과 과학교육, 즉 국어, 외국어, 역사, 지리가 7-8시간, 예능교육 2시간, 체육교육 2시간을 의무적으로 들어야 한다. 그리고 임의선택과목과 16-24주간의 직업연수과정이 포함되는데, 직업연수점수는 최종시험에 반영된다.

### 3) 바칼로레아 심사과정

심사위원단은 교육구별로 제국대학 총장에 의해 구성되었다. 각 심사단의 위원장은 고등교육담당자 중에서, 부위원장은 중등교육담당자 중에서 교수자격을 갖춘 교수(agrégé)가 선발된다. 시험관은 중등교육기관의 추천으로 구성되었는데, 직책, 교육연한, 졸업반 지도 경력 등을 자격 기준으로 삼았다.

수험생은 거주지나 재학하는 학교 소재지의 교육장학국에 원서를 접수했다. 시험내용은 우리의 수능고사처럼 고교졸업반 교과과정에 기초하여 출제한다. 시험 날짜는 매년 교육부장관이 결정하고, 시험 주제는 해당분야에서 장관의 위임을 받은 총장이 선정했다. 부득이해 시험을 치르지 못한 학생들은 9월에 한 번 더 시험을 치를 수 있다. 시험제도는 너무 복잡하고, 힘든 것을 고려하여 1991년 교육부 장관이 된 리오넬 조스팽(Lionnel Jospin)의 계획에 따라 1992년도 고교 제1학년들부터 고등학교 새로운 교육내용을 교육하고, 1995년 새로운 형태의 바칼로레아를 치르게 했다. 바칼로레아는 선행시험과 최종시험으로 나누어 실시하는데, 프랑스어 시험은 고 2년 과정에 응시하며 결과가 만족하지 못하면 응시년도 말(12월31일) 재시험을 볼 수 있다. 이 때 첫 번째 시험 성적은 무효가 된다.

바칼로레아를 취득할 수 있는 점수는 20점 만점에서 10점 이상 취득해야 한다. 8-10점을 획득한 학생들은 재시험을 한 번 더 볼 수 있다. 재시험은 필기시험을 본 1차 시험과목 중 2개 과목을 선택하고, 구두평가로 진행하며 두 번 중 보다 높은 점수를 선택한다.[373] 바칼로레아 불합격자들에게는 중등교육 수료증(CFES)이 부여된다. 바칼로레아 성적이 20점 만점 중 8점정도 되는 학생들에게 응시지의 교육구의 장이 중등교육수료증을 발행한다. 이 증명서는 고등학교교육을 받았다는 증서이지만 대학교육과 그와 같은 고등교육을 받을 수 있는 자격을 의미하는 것은 아니다.

373) 한민주, 『교육과정 개혁 국제비교연구 중 프랑스의 교육과정개혁』(한국교육개발원, 1994), pp. 66-67.

**제7장**

# 단과대학의 실태와 특성

1. 단과대학의 실태와 구조적 특성
2. 학위와 대학교수의 자격
3. 학장과 교수의 역할
4. 학사조직과 운영 및 재정실태

## 1. 단과대학의 실태와 구조적 특성

나폴레옹이 '1808년 3월 17일 법령'으로 설립한 제국대학은 세 가지의 특징을 가지고 있었다. 첫째 그것은 프랑스혁명이전에 유럽이나 프랑스에 있던 일반적 의미의 대학이 전혀 아니었다. 둘째 그것은 폴리테크니크, 군사 학교 등과 같이 콜래주 드 프랑스, 자연사 박물관에서 실시하는 고등교육을 포함하지 않았다. 그것은 혁명력 4년(1795) 브뤼매르 3일 '도누 법'과 푸르크루아의 교육계획안에 의한 '1802년 5월1일 법령'으로 양분된 것처럼 앞으로 대학교와 그랑제콜 사이를 양분하는 길잡이가 되었다. 셋째 그것은 단지 프랑스만이 아니라 프랑스의 전 제국에 적용되었다. 1810년경에 그것은 티베르강 위에 있는 로마에서부터 발틱해 연안의 뤼벡(Lübeck)을 잇는 130개도에 이르렀다. 그리고 그 영향은 이탈리아 왕국의 파두아 대학과 베스트팔리아 왕국(Kingdom of Westphalia)의 괴팅겐(Göttingen)대학에서와 같이 대제국과 결합된 국가들에서 느끼게 되었으며, 1814년 나폴레옹이 패망할 때까지 계속되었다.[374)]

나폴레옹은 교육을 위해 제국을 학구로 나누고, 학구장의 관리 · 감독하에 단과대학, 중등학교, 초등학교, 기숙학교들을 두었으며, 학구마다 위원회를 구성하여 운영하게 했다.[375)] 또한 각 학구에 문과대학, 신학대학, 법과대학, 의과대학, 이과대학 등 5개의 단과대학이 제국대학(Université

---

374) R.R Palmer, *The Improvement of Humanity: Education and the French Revolution*, pp. 309-310.

375) *Ibid.*, p. 310.

impériale) 이라는 이름 아래 설립되었다. 1812년 프랑스는 제도상으로는 34개의 학구였으나 실제적으로는 27개의 대학구가 있었다.[376)]

나폴레옹의 교육목적은 혁명의 완수와 대외전쟁의 승리를 위해 필요한 인재의 양성이었다. 따라서 초등교육과 중등교육보다도 대외전쟁에 활용될 수 있는 고등교육을 장려했다. 그는 이전의 대학들을 재건하거나 서로 연계가 되는 단과대학들을 개교하려 하지 않았다. 따라서 신학대학, 법과대학, 의과대학, 이과대학, 문과대학 등 정규대학들이 같은 도시에서 모여 있는 것은 예외적인 것이었다. 단과대학들은 하나의 집단을 형성하지 않았고 상호적인 것도 무시되었다.[377)]

'1808년 3월 17일 법령'에 의해 설립된 제국대학의 단과대학은 국민공회(Convention, 1792-1795)에서 통령정부에 이르기까지 고등교육의 역할을 해온 특수전문학교를 대신했다. '3월 17일 법령'으로 문과대학과 이과대학이 설립되었으며 이들 단과대학의 최초의 목적은 제국대학내의 학교에서 가르치기 위해 필요한 학위를 수여하는 것이었다.[378)] '혁명력 11년 방데미애르 19일 법'과 '혁명력 12년 방토스 22일 법'에 의해 설립된 의과대학과 법과대학은 내부조직의 개편 없이 제국대학의 단과대학으로 각각 전환했다.

각 단과대학들은 이미 탈레랑이 보고한 바와 같이 다양한 계획안에서 다른 특수학교와 같았다. 법과대학과 의과대학이외의 단과대학들은 순수학문 연구기관으로 현실성이나 취업과는 거리가 멀었다. 따라서 몇몇 학구는 5개의 단과대학 중 2개 혹은 3개가 넘지 않았다.[379)] 나폴레옹의 교육정책과 제국대학의 성격을 좀더 자세히 이해하려면, 이들 각

376) Pierre Bousquet, et 7 personnes, *HIstoire de l'Administration de l'Enseignement en France*, 1789-1981(Paris: Libraire Droz, 1983), p. 12.

377) J. Godechot, *Les Institutions de la France sous la Révolutin et L'Empire*, p. 747.

378) René Grevet, *L'Avènement de L'Ecole Contemporaine En France, 1789-1835*(Pas-de Calais: Presse Universitaires de Septentrion, 2001), p. 77.

379) R. R. Palmer, *The Improvement of Humanity: Education and the French Revolution*, p. 310.

단과대학의 실태, 수준, 특징, 역할 등을 파악할 필요가 있다.

### 1) 문과대학

퐁테이에 의하면, '1808년 3월 17일 법령'에도 불구하고 문과대학들은 사실상 1810년과 1811년에 설립되었다. 그리고 각 학구의 중심부에는 이과대학과 더불어 문과대학이 설립되어야 하는 것으로 되었다(제 75조).[380] 대학이 설립되었을 당시에는 신학, 법학, 문학 등 문과 중심의 교과목들이 교과과정을 이루었다. 그리고 중세의 교양학부(Faculté des Arts)에서 가르치던 문법·수사학·논리학·산수·기하·역사·천문 등 7개의 교양과목(les sept arts libéraux)을 기초로 하여 문과대학과 이과대학이 분리되었다.

문과대학 입학자격은 다른 모든 단과대학에 입학하기 위해 필요한 것처럼 바칼로레아 시험에 합격해야 했다. 그러나 이과대학에 입학하기 위해서는 문과대학 입학자격을 갖추고 물리학, 기하학, 평면삼각법, 2차 방정식까지 포함한 대수학에 대한 질문에 대답해야 했다(제79, 80조).[381]

문과대학과 이과대학은 신학대학, 법과대학, 의과대학 등과 달리 직업을 준비하는 대학으로 생각하지 않았다. 오늘날과 같이 당시에도 문과대학과 이과대학 졸업생은 취업이 어려웠다. 문과대학과 이과대학에서는 일반교양(une culture générale)과정을 면제했다.

각 단과대학에서는 대부분의 시간들을 채우기 위해 교수들을 이웃의 리세에서 강사로 초빙했다.[382] 문과대학도 예외가 아니어서 대부분의 교과목이 리세의 교수들에 의해 강의가 이루어졌다. 아미앵에서는 리세의 교장과 두 명의 교수가 문과대학에 소속되었다. 브장송에서는 그렇

---

380) M. Ambroise Rendu, *Système de L'Université de France ou Plan D'une Education Nationale*(Paris: La Librairie Steréotype, M.DCCC.XVI), pp. 41-42.

381) *Ibid.*, p. 40.

382) J. Godechot, *Les Institutirance sous la Révolutin et L'Empire*, p. 748.

지 않았다. 브장송 학구장은 보르도, 브뤼셀, 카오르, 클레르몽, 두애, 리모주, 낭시, 오를레앙, 포, 렌느, 루앙에서와 마찬가지로 단과대학의 학장이자 동시에 교수였다. 아미앵, 리옹, 님, 프와티에서 학구장은 단과대학 교수였다. 디종, 리에주, 메츠에서는 학구장이 이과대학 학장을 겸하고 있었다.[383)]

문과대학은 모든 학구에 설립되어 있었는데, 그것은 바칼로레아 후보자들이 가장 많았기 때문이었다. 문과대학들 중에 파리, 아미앵, 브장송, 부르주, 캉, 카오르, 클레르몽, 디종, 두애, 그르노블, 리모주, 리옹, 몽펠리에, 낭시, 님, 오를레앙, 포, 푸아티에, 렌느, 루앙, 스트라스부르, 툴루즈, 브뤼셀, 제노바, 즈네브, 파름, 튀랭, 트루아 등 28개 대학은 문학, 역사, 철학 등 3개 강좌밖에 없었다. 그들 중 10개의 문과대학은 고전 문학과 현대문학이 설강되어 있었음으로 4개 강좌가 되었다. 13개의 문과대학은 프랑스어, 라틴어, 그리스어 등이 추가되어 5개의 강좌를 개설하고 있었다. 그밖에 피즈 문과대학은 동방어 한 강좌와 이탈리아 문학 한 강좌를 개설하고 있었다. 또한 튀랭 문과대학에서는 동방어를 가르쳤다. 파리 대학의 문과대학은 10개의 강좌를 가지고 있었으므로 다른 대학에 비해 강의가 가장 많았다. 로이에 콜라르(Royer-Collard) 문과대학과 라 로미기애르(La Romiguière) 문과대학에서는 철학을 강의했다.

강의는 파리학구의 문과대학을 제외하고 중세의 스콜라 철학 풍이 스며들어 보잘것없었다. 예를 들면 역사강의는 연대순의 원리, 역사의 위대한 시대, 근대 지리학과 함께 고대 지리학이 교수되었다. 그리고 문학 교수들은 이웃 리세에서 가르쳤던 강의를 재현하고 있었음으로 수준이 낮았다.[384)]

문과대학에는 얼마나 많은 학생들이 있었는가? 나폴레옹 시대 모든 문

---

383) Félix Ponteil, *Histoire de l'Enseignement, 1789-1965*, pp. 139-140.
384) J. Godechot, *Les Institutions de la France sous la Révolutin et L'Empire*, p. 748.

과대학 학생수는 1,841명이었다.[385] 몇몇 지방도시를 살펴보면, 1810년과 1813년 캉에는 각각 34명과 62명의 학생들이 있었다. 1812-1813년에는 62명이 등록했는데 그중 39명이 리세의 학생들이었다. 카오르에는 1810년 39명의 학생들이 등록했다. 1811-12년에는 59명이 등록했는데 모두 리세 학생들이었다. 클레르몽에는 1810-11년에 47명, 1813-14년에 189명의 학생들이 등록한 것으로 보아 학생들은 많지 않았다.[386]

1809년에 제도화 된 바칼로레아는 이들 단과대학에 위임되었다. 문과 바칼로레아의 시험을 보기 위해서는 1) 적어도 나이가 16세는 되어야 했다. 2) 왕립 콜래주의 수사학 반이나 혹은 철학반에서 강의한 모든 내용에 대해서 대답을 해야 했다(제78조). 바칼로레아에 합격하기 위해서는 리세의 상급반에서 가르치는 것을 모두 공부해야 했다. 1809년에는 31명의 바칼로레아 합격자를 배출한데 이어 1813년에는 1,700명의 바칼로레아 합격자를 배출했으므로 바칼로레아와 대학진학에 대한 중요성이 점점 커져갔다.

논문은 소정의 기간에 그리고 주어진 주제에 대해 라틴어, 그리스어, 프랑스어로 작성을 해야 했다(제78조). 스트라스부르 문과대학은 1813년 336명의 학위를 수여했는데. 그 중 254명은 프로테스탄트와 가톨릭 신학 연구생들에게 수여된 것이었다. 스트라스부르 문과대학은 1810년부터 1813년까지 일반학생에게는 단지 4명의 학사밖에 수여하지 못했다.

파리, 스트라스부르, 디종, 리옹, 몽펠리에, 툴루즈, 캉, 두애에 있는 문리과대학들은 교과과정이 학위수여 교육을 겸하는 것으로 계획되었다. 그리고 왕립 콜래주(Collège royal)에 있는 강좌와 별도로 강좌를 유지하도록 했다. 파리에서는 과학과 문학이 별개의 두 단과대학에서 교수되도록 했다(제76조).[387]

---

385) *Ibid.*, p. 749.

386) Félix Ponteil, *Histoire de l'Enseignement, 1789-1965*, p. 140.

387) M. Ambroise Rendu, *Système de L'Université de France ou Plan D'une Education*

박사과정에 들어가려면, 첫째 1년 이내에 취득한 학사 학위증을 제출해야 할 것이다. 둘째 2개의 논문을 발표해야 하는데 하나는 수사학과 철학이고 다른 하나는 고전문학에 대한 것이었다. 둘 중 하나는 라틴어로 쓰고 발표해야 했다(제78조). 파리 대학의 문과대학은 1812년에 9명의 박사를 배출하였다. 그러나 지방에서는 렌느 문과대학, 브장송 문과대학, 그르노블 문과대학, 리옹 문과대학, 푸아티에 문과대학에서만 학위를 수여했다.[388]

이제 문과대학은 각 학구마다 설립되었으며 교과과정도 점차 개정되었다. 이어서 지리, 역사, 정치·경제대학의 개교를 통하여 대학은 현저하게 개혁을 추진했고, 대학에서 특히 서지학, 역사비평, 현대사를 가르쳤다. 나폴레옹은 그곳에서 특히 실천적인 모습을 보았다. 나폴레옹에 의하면, 군사적인 역사 교육은 불행의 원인이 되었던 과오를 이용할 줄 알고, 예상되는 경향들을 평가할 줄 아는 방법을 학생들에게 알려주는 것이었다. 1821년 에콜 데 샤르트(Ecole des Chartes)의 창립자들은 이와 같은 나폴레옹의 계획에 아마도 고무되었던 것으로 보인다.[389]

### 2) 이과대학

프랑스에 15개의 이과대학이 파리, 브장송, 브뤼셀, 디종, 젠느, 즈네브, 그르노블, 리에주, 리옹, 메츠, 몽펠리에, 피스, 스트라스부르, 툴르즈, 튀랭에 설립되었다. 이들 이과대학들은 각각 4개의 강좌를 가지고 있었는데, 그것들은 원칙적으로 두 개의 수학, 자연사, 물리학강좌였다. 디종, 몽펠리에, 피스, 스트라스부르, 툴루즈, 튀랭은 2개의 교육과정을 가지고 있었는데, 그것은 물리학 강좌와 화학 강좌였다. 폴리테크니크,

---

*Nationale*, p. 40.

388) J. Godechot, *Les Institutions de la France sous la Révolutin et L'Empire*, p. 749.

389) *Ibid.*, p. 746.

콜래주, 박물관에서 이러한 교과과정을 찾아볼 수 있다. 이과대학은 미래의 교수가 될 학생들만이 다녔다.[390]

그렇지만 그르노블대학과 메츠대학은 3개의 강좌밖에 없었다. 반면 파리의 이과대학은 9개의 강좌가 개설되었다. 여기에는 자연과학에 아위이(Haüy), 물리학에 개뤼작(Gay-Lusac), 동물학에 제오프로이 생 일래르(Geoffroy Saint-Hilaire) 등과 같은 훌륭한 교수들이 있었다. 특히 즈네브, 몽펠리에, 디종 등과 같은 이과대학은 각각 8개, 7개, 5개의 강좌가 설강되었고 학생들은 1813년 총 459명으로 아주 적은 수였으나 교육은 선진적이었다.

'1808년 3월 17일 법령'에 의하면, 이학교육은 특히 경험적인 지식의 수준이었으며, '체제의 정신'(esprit de système)이 이학교육의 진보를 멈출 수 없다는 것을 명시했다. 그리고 그것을 제국대학 총장에게 강력히 요구했다(제143조).[391] 이과대학도 문과대학처럼 원칙적으로 리세의 교수들에 의해서 교육이 실시되었으므로 이과대학과 문과대학은 리세 가까이에 설립되었던 것이 특징이었다. 단과대학을 관할하는 학구장과 학구위원회는 오랭(Haut-Rhin)과 바랭(Bas-Rhin)의 리세와 콜래주들을 관할하는 임무를 겸했다.

한편 푸르크루아는 미래의 교사들을 양성하기 위한 기관을 이과대학에 부속시키려는 계획을 세웠다. 양성소의 설립은 이과대학에 지원자들을 확보해 주었다. 그러나 그의 계획안은 성공하지 못했는데, 왜냐하면 파리에는 사범학교가 있었기 때문이었다.

### 3) 신학대학

'1808년 3월 17일 법령'에 따라 대주교가 주재하는 교회의 수만큼 가

---

390) Félix Ponteil, *Histoire de l'Enseignement, 1789-1965*, p. 139.

391) J. Godechot, *Les Institutions de la France sous la Révolutin et L'Empire*, p. 748.

톨릭신학대학이 설립되었다. 따라서 파리, 엑스, 브장송, 보르도, 리옹, 파름(Parme), 피스, 루앙, 툴루즈, 튀랭 등 10개의 가톨릭신학대학이 설립되어 있었다. 파리신학대학은 '1792년 4월 5일 법령'에 의해 억압을 받았으나 '1808년 3월 17일 법령'에 의해 제국대학의 신학부로서 재건되었다. 그것은 1882년까지 존속했으나 그 이전의 위치나 영향력을 다시 회복한 것은 아니었다. 1884년 현재의 건물이 건축되기 시작하여 1889년 완공되었다. 그 곳은 현재 파리 제4대학으로 다양한 교양과정부와 과학부가 자리 잡고 있다.

신학대학들은 원칙적으로 기독교사, 교리, 복음윤리 등 3개의 강좌를 개설하였다. 이름있는 몇몇 신학대학들은 보다 많은 강좌를 개설하였다. 파리신학대학은 그에 더하여 성서, 헤브라이어, 설교학 등의 강좌를, 그리고 리옹신학대학과 툴루즈신학대학은 성서와 헤브라이어 강좌를 개설했다.[392]

퐁테이에 의하면, 개신교의 신학대학 교육은 '1682년 선언된 규정'에 따라 행해졌다. 루터주의를 위해 스트라스부르에 하나의 신학대학, 칼뱅주의를 위해 즈네브에 5개의 강좌를 가진 신학대학이 설립되어있었으며, 몽토방에는 4개의 강좌를 가진 신학대학이 설립되어있었다.[393] 스트라스부르, 즈네브, 몽토방 등 3개의 프로테스탄트 신학대학들이 문을 열었다. 즈네브에 있는 신학대학은 설교학, 히브리어(또는 헬라어?), 교리, 교회사, 복음윤리 등 5개의 강좌를 개설했다. 나폴레옹 시대에 신학대학은 많이 설립되지 못했다. 그것은 혁명과업의 수행과 나폴레옹의 종교정책의 영향으로 보아야 할 것 같다. 사실 당시 신학대학은 비밀리에 설립되었다. 따라서 1813년에 이르러서도 가톨릭이든지 프로테스탄트든지 모든 신학대학의 학생 수는 총 596명에 불과했다.[394] 이처럼 신

---

392) *Ibid.*, p. 747.

393) Félix Ponteil, *Histoire de l'Enseignement, 1789-1965*, p. 138.

394) J. Godechot, *Les Institutions de la France sous la Révolutin et L'Empire*, p. 747.

학대학의 학생 수가 적었던 것은 신학대학의 교과과정은 국가의 엄격한 감시를 받았으며, 기본적으로 갈리칸 교회의 교리를 가르쳐야 했기 때문이었던 것으로 풀이된다.

스트라스부르의 학구는 장로회장이 추천한 세 명의 구성원들과 함께 아우구스부르그(Augsbourg)교파의 신학학부를 가지고 있었다. 아우구스부르그교파의 이전의 학구는 그 조직의 유지와 아우구스부르그 교파의 크고 작은 훈련장의 명칭을 가진 장로회에 종속된 하나의 신학교로서 간주되었다.

파리와 스트라스부르는 완벽하게 조직된 유일한 학구들이었다. 보르도, 부르주, 리옹은 단지 신학부 만을 가지고 있었다. 스트라스부르에 병합된 낭시(Nancy)와 디종에 종속된 오마르네크(Haut-Marneaks)는 신학대학을 포함한 5개의 단과대학들을 갖추고 있지 못했다. 메츠에서는 파리에 병합된 아르덴(Ardennes)을 제외하고 나머지의 학교는 트레브(Tréves)의 학구장과 학구 위원회에 병합되었다. 두애(Douai)와 리애주(Liège)의 학구들은 브뤼셀의 관할에 편입되었다. 따라서 정확한 수는 알 수 없으나 신학대학도 학구에 따라 존재여부가 달랐던 것으로 보인다.

### 4) 법과대학

법과대학은 이전의 법학부처럼 조직되었다. 고드쇼의 말과 같이, 법과대학은 아주 단순하게 이전의 법과 전문특수학교와 같은 구조와 특성을 가지고 있었다. '1808년 3월 17일 법령'에 따라 법학부가 법과대학으로서 조직되었다. 그것은 파리, 엑스, 브뤼셀, 캉, 디종, 즈네브, 그르노블, 코블랑츠, 피즈, 푸아티에, 렌느, 스트라스부르, 튀랭 등 13개가 있었다.[395] 파리법과대학은 로마법, 나폴레옹 법, 소송절차와 형법, 나폴레옹 법 심화과정(code Napoléon approfondi), 상법 등 5개의 강좌를 개설

395) Félix Ponteil, *Histoire de l'Enseignement, 1789-1965*, p. 139.

했다. 지방의 법과대학들은 재정과 교수의 부족으로 로마법, 나폴레옹법, 소송절차와 형법 등 3개의 강좌 밖에 개설하지 못했다. 학생 수는 툴루즈 법과대학이 지방의 법과대학들 가운데 가장 많은 학생들을 가지고 있었는데. 1813년 그 수가 4,000명 이상을 헤아렸다. 그리고 1809년부터 1814년까지 3,600명의 학사와 76명의 박사를 배출하였다.[396] 오늘날 대학에서도 단일전공의 대학으로서 학생 수가 제일 많은 대학은 법과대학과 경영대학일 것이다.

### 5) 의과대학

1800년에 설립된 3개의 의학교는 어떤 두드러진 변화도 받아들이지 못했다. 그러나 마르세유, 보르도, 랭스, 낭트, 앙제, 캉, 디종 등 큰 도시의 병원에 이론과 실습에 관한 몇 몇 강좌들을 개설하면서 그러한 결함을 보완하기 시작했다.[397] '1808년 3월 17일 법령'에 따라 7개의 의과대학이 파리, 렌느, 몽펠리에, 파름, 피스, 스트라스부르, 튀랭에 설립됨으로써 의학 발달의 계기가 되었다. 또한 기존의 약학대학도 의과대학에 병합되었다.

이전의 의학교는 의과대학들로 전환되었으며 파리, 스트라스부르, 몽펠리에 등 3개의 의과대학들에 즈네브, 파름, 피스, 튀랭 등에 있던 4개의 의학교들이 합병되었다. 혁명과 전쟁이라는 상황에 부응하기 위한 군의관(officiers de santé)제도가 수립됨에 따라 의학교와 약학교들이 더욱 신속하게 의과대학에 병합되었던 것이다. 의과대학의 학생 수는 법과대학에 비해 상당히 적어서 1813년에 이르러서도 단지 1,929명밖에 되지 않아 의사의 수는 여전히 부족했다.[398]

---

396) J. Godechot, *Les Institutions de la France sous la Révolutin et L'Empire*, p. 747.
397) *Ibid.*, p. 746.
398) *Ibid.*, pp. 747-748.

## 2. 학위와 대학교수의 자격

'1808년 3월 17일 법령'에 의해 바칼로레아, 학사학위, 박사학위로 학문의 깊이에 대한 서열이 정해진 후로 모든 학위가 전공영역의 해당 단과대학에서 교부되었고 제국대학의 교수가 되는데 필수적인 것이 되었다. 모리스 공타르에 의하면, 학위는 지식의 동질성을 보장했고 대학의 교원관리에 필요한 수단이 되었으며, 아노토(G. Hanotaux)에 따르면, 학위는 '일종의 지적 헌병대를 이루었다'[399]고 한다. 이후 학위는 새의 날개와 같이 오늘날까지 대학교수에게 있어서 절대적인 것이 되었다. 학위는 바로 대학의 교수자격 그 자체가 되었다. 지금도 미술, 음악, 체육, 정보 등 특수분야를 제외하고 박사학위는 교수의 자격뿐만 아니라 전문인으로서의 자격을 인정하는데 있어 절대적인 것이 되어있다.

대학에서 학위를 수여하는 것은 바로 대학 그 자체의 책임이자 졸업생의 학문적 역량을 인정하는 대학의 권위가 되었다. 교수는 단과대학에 의해 수여되는 세 가지의 학위 즉 대학입학자격, 학사학위, 박사학위 가운데 하나 이상을 가지고 있어야만 했다. 바칼로레아는 리세 또는 공인받은 학교에서 1년간 수사학과 철학교육을 이수해야 응시할 자격이 있었다. 신학교의 강좌를 2년 간 들어야만 했던 신학생들은 여전히 바칼로레아를 취득하지 않아도 되는 예외규정을 적용 받았다. 학사학위는 대학에서 4년간 소정의 교과과정을 이수하고 시험에 합격해야 수여

399) Maurice Gontard, *L'enseignement secondaire en France de la fin de l'Ancien Régime à la loi Falloux, 1750-1850*, p. 84.

되었다. 박사학위는 몇 년간 연구를 하든지 논문을 교수에게 인정받아야 만 취득할 수 있었다.

대학개혁은 프랑스혁명 중에 폐지되었던 학위제도를 다시 도입하는 계기가 되었다. 법학박사와 의학박사 학위는 이들 대학이 조직됨에 따라 1802년에 부활되었고 그리고 그것은 이들 두 직종의 업무집행을 위한 선행조건이 되었다.[400] '1808년 3월 17일 법령'은 이러한 규정을 위한 기구로서 더욱 종합적인 학위제도의 골격을 마련했다. 리세의 학생들은 수사학과 철학 강의를 소정기간 이수하고 시험에 합격한 후에 문과계열 대학입학자격(baccalauréat ès arts)을 취득했는데, 그것은 앙시앵레짐시대 콜래주의 문학석사(maîtrise ès arts)와 같은 것이었다. 일단 '문과계열 대학입학자격'을 취득한 사람은 시험을 치른 다음 이과계열 대학입학자격(baccalauréat ès sciences)을 취득할 수 있었다. 단과대학의 한 과정에서 공부를 하면 학사라는 중간단계의 학위를 취득했다. 그리고 학문의 정상이며 최고 학위인 박사학위를 받을 수 있게 되어 있었다.[401]

대학에는 법학박사와 의학박사 과정은 설치되어 있었으나 신학박사 학위 과정은 드물었다. 왜냐하면 성직자들은 국가의 교육기관에서 신학을 하려 하지 않았기 때문이었다. 문과대학과 이과대학에서의 학위는 사립학교나 공립학교의 모든 선생님들에게 요구되었다. 그러나 현직에 있는 사람에게는 용이하게 학위를 취득할 수 있게 되어 있었다. 이전의 문학석사는 문학사로 인정되었고 그리고 이전의 파리 대학의 '아그레제'(agrégés)-콜래주 드 프랑스, 뮈제움, 폴리테크니크의 교수들과 같은-를 신청하면 이학박사나 문학박사가 될 수 있었다.[402]

오라토리오회, 독트리내르회(Doctrinaire), 베네딕트회 등과 같이 폐지된 종교단의 학교 또는 프랑스혁명 이전 군사학교의 교사 또는 교수들은,

---

400) R. R. Palmer, *The Improvement of Humanity: Education and the French Revolution*, p. 311.
401) *Ibid.*
402) *Ibid.*

10년간의 교육경력을 증명할 수 있다면 '1809년 5월 12일 법령'과 '1809년 5월 23일 법령'에 의거하여 그들의 신분에 따라서 무시험으로 대학에서 학위를 취득할 수 있었다. 다시 말하면, 보다 기초적인 반에서 가르치는 교사들은 학사가 되었고, 중간 단계의 학년에서 가르치는 교사들은 석사가 되었으며, 수사학과 철학 교수들은 자동적으로 문학박사나 이학박사가 되었다. 당시 정부는 교직사회를 대대적으로 정화하려는 의도가 없었다. 정부의 목적은 교사들을 쫓아내는 것이 아니라 그들을 학교로 돌아오도록 회유하는데 있었다.[403]

학사 학위는 모든 체제의 핵심이 되었다. 그것은 리세의 상급학년에서 가르친 모든 과목 시험에 합격한 후에 취득하게 되었다. 시험 그 자체는 이후에도 계속 표본이 되었는데, 매우 단순했으며 세 명의 시험관이 제시한 문제에 대해 30분 정도 구두로 답하는 것이었다. 시험을 치르기 전에 수험생은 리세나 또는 이러한 두 가지 과목이 공식적으로 인가된 학교에서 2년간 수사학과 철학을 공부한 증명서를 제출해야 했다. 여기에는 학원 또는 심지어 신학교도 포함되어 있었다.[404]

바칼로레아는 사립학교의 교육을 공립체제에 일치시키는 하나의 메카니즘이 되었다. 또한 그것은 보다 상급학교와 특수전문학교에 입학하는 자격이자 전제조건이 되었다. 바칼로레아는 직업을 얻거나 공직에 임명되기 위해서 필요했다. 바칼로레아 제도를 실시하는 목적은 사립학교를 통제하고 통일성을 촉진하며 적어도 교육을 위한 하나의 공통된 기반을 구축하려는 것이었으며, 나폴레옹이 그의 제국을 건설하는데 기여할 유능하고 헌신적인 전문인을 양성하는 것이었다.[405]

문과대학과 이과대학은 교육단계에서 상급학교의 하급학교에 대한 통제의 의미를 가지는 바칼로레아를 위한 시험을 지도했다. 그러나 실

---

403) *Ibid.*, p. 312.
404) *Ibid.*
405) *Ibid.*

제로 교육단계가 뚜렷한 것은 아니었다. 왜냐하면 파리이외의 지방에 있는 이들 두 단과대학의 많은 교수들은 지방의 리세에서 수사학, 수학, 철학을 가르치는 교수였기 때문이다. 그들은 리세에서 강의를 할 뿐만 아니라 단과대학의 교수로서 활동했다. 파리에 있는 문과대학과 이과대학 교수는 파리 리세나 아니면 콜래주 드 프랑스, 뮈제움, 폴리테크니크, 천문대(Bureau de Longitudes) 등등에서 교수였던 사람들로 구성되었다.[406]

문과대학과 이과대학 교수, 그리고 행정직원의 주요기능은 학사학위 취득을 위한 지원자(candidates)에 대해 시험을 보고, 합격 혹은 불합격시키는 관리자로서 일을 해야 했다.[407] 법과대학과 의과대학의 교수. 그리고 행정직원의 주요기능은 이 보다 더욱 전문적이었다. 교수의 자격에 대해 좀 더 상세하게 살펴보면, 기숙학교 교사들은 문과대학 입학자격자여야 했고, 학원장과 기숙학교 교사, 리세의 6학년에서 4학년까지의 교수는 학사, 순수문학교수와 초월수학교수는 박사이어야 했다.[408]

감독관들은 교수가 될 학생들을 선발하였다. 그들은 매년 리세에서 경쟁시험과 평가를 통해 학업이 우수하고 품행이방정하며 행정이나 교육에 능력을 나타낼 자질이 엿보이는 17세가량 된 학생을 정원 내에서 선발했다. 선발된 학생들은 교수단에서 10년간 근무한다는 계약을 체결하고 파리의 사범기숙학교에서 2년 간 머무르면서 콜래주 드 프랑스, 에콜 폴리테크니크, 박물관의 강의를 듣고 바로 그 학교의 보조교사를 한 다음 문과대학이나 이과대학에서 학위를 받았다. 사범학교이외에 자습감독교사, 학급담임교사에게 개방된 교수자격시험은 그 밖에 다른 규정에서 부활시켰다. 교수자격자들은 대학구에 배치되었으며 정교수가

---

406) *Ibid.*

407) *Ibid.*, pp. 312-313.

408) Maurice Gontard, *L'enseignement secondaire en France de la fin de l'Ancien Régime à la loi Falloux, 1750-1850*, p. 84.

되기 이전까지는 결근한 교수들을 대신하여 강의를 했다(제 111조).[409] 나폴레옹 시대에 현직 교수들에게 학위를 요구한 것은 단지 서류상의 문제였다. '1808년 9월 17일 법령'은 10년간 공교육 기관에서 재직했던 교수들에게 1814년 말까지 요구되어진 학위에 대해 서류제출만으로 동등한 자격과 학위를 인정받을 수 있게 했다. 1809년 5월 22일 제국대학 평의회의 명령은 결국 제1클래스 학사원 회원, 공과대학, 박물관, 콜래주의 교수들에게 이학박사학위를 인정했다. 그리고 제2・3클래스의 학사원 회원들과 콜래주의 교원에게 문학박사학위를 인정했다. 8월 23일 철저한 교육과 함께 10년 간 교직에 있었던 사립학교 교사들은 학위를 얻을 수 있었다. 예를 들면 사립학교 6, 5, 4학년 교사들은 바칼로레아, 3, 2학년 교사들은 학사학위, 수사학과 철학강의 교수들은 박사학위, 그리고 신학교수들은 신학박사학위를 얻을 수 있었다. 신학생들은 바칼로레아 대신에 신학교 교수들에 의해 교육수료증명서가 수여되었으며 그것은 신학대학들이 조직될 때까지 유지되었다(1809년 6월 23일 법령).[410]

이 당시 대학은 지역 또는 전공에 따라 교수의 수준이나 학위소지자 수에 있어서 많은 차이가 있었다. 1809-1814년 법과대학에서는 3,100명의 학사와 63명의 법학박사를 배출했다. 의과대학에서는 1,456명의 의학박사와 52명의 외과학박사를, 문과대학에서는 153명의 문학석사와 56명의 문학박사를, 이과대학에서는 40명의 이학사와 10명의 이학박사를 배출했다. 법과대학과 의과대학은 학자를 양성하기 위한 목표가 아니었다하더라도 학위취득자는 다른 분야보다 훨씬 많았다. 당시 파리 대학을 제외하고 그밖에 다른 대학에서는 거의 학문적 목적이 없었다고 해도 과언이 아니다.[411]

---

409) *Ibid.*, pp.84-86.

410) Félix Ponteil, *Histoire de l'Enseignement, 1789-1965*, p. 127.

411) *Ibid.*, p. 141.

## 3. 학장과 교수의 역할

제국대학에 소속된 각 단과대학장은 총장이 교수들 중에서 선임했다. 학장의 임기는 3년이며 재임될 수 있었다(제78조). 학장의 주된 임무는 단과대학의 총 감독을 맡고 건물과 재물을 유지하고 관리했다. 학장은 단과대학의 회의를 소집하고 주재했다(제78조). 임기 이외는 오늘날 우리나라 대학의 단과대학장의 역할과 크게 차이나는 것은 없는 것 같다.

학장은 대학의 회의를 정규화하고 대학의 학칙과 규정에 따라서 강의, 시험, 공개발표(actes publics), 공안, 훈련과 관계된 모든 것에 대해 적어도 한 달에 한 번 회의를 개최해야했다(제 49조). 단과대학평의회는 학장의 비서 즉, 출납계원에 의해 매년 말 보고되어야 하는 수입과 지출에 관한 보고서를 검토했다. 학장은 자신을 보좌하는 한 명의 비서를 거느리고 있었다. 비서는 학장의 추천과 단과대학위원회의 의결을 거쳐 총장에 의해 임명되었다. 비서는 단과대학평의회의 보고서와 단과대학의 모든 규정을 작성해야 했으며 동시에 현금출납 계원이자 문서관리인이었다. 비서는 학장의 명령에 따라 모든 수입과 지출을 시행하고 공탁금을 관리했다. 공탁된 할당금액은 제국대학평의회에 의해 각 단과대학에 배당된 것이었다(제 48조). 학장은 교수 중에서 누구든지 능력이 인정되면 30명으로 구성된 제국대학평의회에서 선출될 수 있었다. 제국대학평의회는 문과대학장, 법과대학장, 의과대학장, 이과대학장 등 4명의 학장을 선출했다.

'1808년 3월 17일 법령' 제 73조에 의하면 제국대학평의회를 업무상 5개의 부서로 나누었다. 첫째 연구와 교육환경, 연구와 교육향상, 둘째 학교행정과 치안, 셋째 재정, 넷째 소송, 다섯째 대학의 인장에 관한 업무를 담당했다. 각부서는 총장이 보낸 문제들을 검토하고 그것에 대한 보고서를 평의회에 제출했다. 그리고 평의회는 이들을 심의해야 했다.

교수들은 정교수, 대학의 관리, 학구의 관리로 임명될 수 있었다. 나폴레옹은 '1808년 3월 17일 법령'에 의해 대학의 행정체제와 보직규정을 마련했고, 이어서 '1808년 9월 17일 법령'에 의해 그것을 실시했다. 장 튈라르(Jean Tulard)의 말과 같이, 나폴레옹은 프랑스 교육행정의 탄생에 결정적인 역할을 했다.[412)]

교수들은 대학의 법규와 규정을 엄격히 준수하고 황제에 대한 봉사와 교육에 최선을 다하기 위해 황제의 명령을 집행하는 총장에게 복종할 것을 약속했다. 그들은 교수단의 교리와 원리에 모순되는 것을 발견하면 즉시 총장에게 보고해야 하는 의무를 가지고 있었다. 따라서 성직자들이 경찰의 보조원 역할을 했듯이 교수들도 정보를 제공할 의무를 지고 있었다. 교수들은 엄격한 군사훈련을 받아야 했고 총장의 허가 없이 교직을 떠날 수 없었다. 이러한 규정을 위반할 경우 교수들은 학구평의회(conseil académique)에 출석하여 정직, 견책, 그리고 모든 공직에서의 제명과 함께 불신임과 같은 형을 받게 되어 있었다. 반면에 열성적인 교수들은 보상을 받았다.[413)]

교수들은 각 단과대학의 경쟁시험에서 선발된 교수자격을 갖춘 '박사단'의 일원이며, 이들은 각 단과대학을 위해 단과대학평의회를 결성했다(제 50조)[414)] 교수직이 비었을 때 단과대학장은 교수자격을 얻은 사람

---

412) Pierre Bousquet et 7 personnes, *Histoire de l'Administration de l'enseignement en France 1789-1981*, p. 11.

413) J. Godechot, *Les Institutions de la France sous la Révolutin et L'Empire*, p. 742.

414) M. Ambroise Rendu, *Système de L'Université de France ou Plan D'une Education*

들 중 3명을 선택하여 총장에게 추천했고, 총장은 학구장과 총감독관의 의견을 들은 후 그 중 한 사람을 선택했다. 수학, 철학, 수사학 교수 그리고 학구 소재지가 없는 도시의 왕립 중등학교 교수들이 교수자격을 받았던 것처럼 그 직업에 종사한지 10년이 넘으면 교수자격을 받아 이과대학과 문과대학 교수로 선발 될 수 있었다(제 51조)[415] 단과대학장이 규정에 따라 결의를 한 후 총장에게 교수를 요청하면 총장은 이 교수에게 강좌를 주었다.(제 52조). 단과대학장은 총장에 의해 시행된 교수의 전출· 전입에 대한 동의권을 가지고 있었다(제 52조).

교수자격을 얻은 박사는 단지 단과대학에서 강의하고 복습시키는 권한만을 가지고 있었다. 그들 중 한 사람은 법적으로 강의를 못하게 될 교수의 자리를 메우기 위한 일종의 대기 교수였다. 그들은 시험과 공개발표를 돕고 교수들과 함께 이들 시험과 문제들에 대해 질문하고 토의하는 것을 돕는 권한을 가지고 있었다. 교수와 교수자격을 얻은 박사들은 제국대학평의회의 표결에 의해 그리고 사법권으로 결정된 소송에 의해서만 면직되었다(제 53조).

각 단과대학은 단과대학 옆에 교수, 교수자격자, 그리고 학생들이 이용할 수 있는 도서관을 갖추고 있었다. 교수와 교수자격자는 단과대학의 도서관에서 책을 제공받을 수 있었다. 이러한 책들은 단과대학에 의해 그 목록이 정해졌다. 모든 교수 또는 교수자격자 그리고 단과대학에서 강의하게 된 교수는 해당 교과목의 저서 한권을 단과대학 도서관에 견본으로 내놓아야 했다(제 54조).[416]

그리고 기타 교수의 제복, 봉급, 퇴직제도는 이미 앞장에서 살펴본바와 같이 리세의 교수들과 동일한 규정을 적용 받았다.

---

*Nationale*, p. 34.

415) *Ibid.*, pp. 34-35.

416) *Ibid.*, p. 35.

## 4. 학사조직과 운영 및 재정실태

### 1) 학사조직과 운영

제국대학의 거대한 기구를 관장하기 위해서 새로운 행정기구와 학사제도가 마련되었다. 서열의 가장 윗자리에는 황제에 의해 임명된 제국대학 총장이 있었다. 제국대학의 총장은 제국대학의 설립계획을 수립한 푸르크루아가 아니라 샤토브리앙의 친구인 퐁탄[417]이 임명되었다. 퐁탄이 1808년 3월 17일 푸르크루아를 제치고 제국대학의 총장에 임명되었는데, 당시 세르트(Cert)는 나폴레옹에게 푸르크루아를 제국대학 총장으로 추천한바 있었다. 나폴레옹이 퐁탄을 총장으로 선택한 것은 그가 가톨릭과 성직자에 대해 우호적이었으며 나폴레옹이 1799년 실권을 잡은 이래 섬세하고 탁월한 친화력으로 그를 만족시켰기 때문이었다.

총장은 학위에 서명을 하고 인장을 보관하는 대학의 사무국장(chancelier)인 빌라레(Mgr de Villaret), 재무관인 천문학자 드랑브르(Delambre), 제국대학평의회 그리고 몇 명의 총감독관들의 보좌를 받았다. 학구의 상좌에는 관할 구의 수와 같은 수의 학구장들이 있었으며, 이들은 학구평의회와 두 명의 학구 감독관에 의해 보좌를 받았다.[418]

'1808년 3월 17일 법령'에 따라 제국대학에 소속된 모든 학교들은 자

---

417) Norbert Alcer, *Louis de Fontanes(1757-1821): Homme de lettres et administrateur* (Frankfurt am Main: Peter Lang, 1994), pp. 1-498. 참고.

418) René Grevet, *L'Avènement de L'Ecole Contemporaine En France, 1789-1835*, pp. 77-78.

체적인 교육원칙을 준수해야 했다(제 38조). 따라서 단과대학들의 학사 운영은 가톨릭 교리에 따라야 했다. 그리고 황제와 프랑스 제국에 충성을 다하고 인민들의 복지증진에 관한 역할을 하며 프랑스의 통합과 헌법에 의해 공포된 모든 자유주의 사상을 통합하는데 총력을 기울여야 했다. 그리고 교육의 균등성을 목표로 하면서 종교, 왕, 국가에 대한 것을 모든 국민들에게 교육시키려는 규정을 준수해야 했다. 그중에 대학은 특히 대학평의회에서 규정한 다음의 9개 항목을 학사행정이나 일정에 반영하고 실시했다.

① 교육의 형태
② 학생들에 의해 이루어진 등록의 형식
③ 과목의 수, 기간, 형태, 5년 단위로 된 교수의 고정된 급료와 임시 급료
④ 학생들이 매년 이수해야하는 강의
⑤ 시험과 발표 형태, 학생들이 받아야 하는 자료, 시험과 공개발표 시기, 수험자의 수
⑥ 시험을 보거나 또는 발표한 학생들에 대한 합격 또는 불합격의 처리 방법
⑦ 근면, 자격, 적성의 증명서식
⑧ 교수자격, 즉 박사학위 취득을 위한 콩쿠르의 형태, 기본 조건, 시험답안
⑨ 교육, 학위수여, 행정, 회계, 교과목과 관계된 총체적 방법, 수립된 규정과 일치하는 모든 것(제 62조)[419]

당시 한 학기는 3개월 단위로 했다. 학생들은 학기시작 15일 전에 등

---

419) M. Ambroise Rendu, *Système de L'Université de France ou Plan D'une Education Nationale*, pp. 37-38.

록부에 그들 자신이 직접 등록에 필요한 제반사항을 기입하고 서명해야 했다. 부득이한 경우 학구장이나 또는 학구의 대표에 의해 등록최종 마감일이 조정되었는데, 대개 개강 후 15일에 마감되었다.

만 16세 이전에는 신학, 법학, 의학 등 3개의 단과대학에는 등록할 수 없었다. 오늘날 우리나라의 대학에서와 같이 등록을 하지 못했거나 휴학한 학생은 수강학기로 인정받지 못했다. 학점인정제처럼 다만 같은 수준의 다른 단과대학에서 등록하고 학점을 취득한 학생은 동일한 학습기간으로 인정받을 수 있었다. 타 대학에서 등록하고 수강할 학생은 사전 허가를 받아야 성적이 본 대학으로 옮겨질 수 있었다. 시험과 공개발표에서 낙제한 학생은 낙제한 단과대학에서 재시험을 치르거나 또는 다시 공개발표를 할 수밖에 없었다(제55조).

교과과정의 이수에서 총 학습시간이든 부분학습시간이든 어떤 경우에도 학점이나 시간수가 면제되지 않았다. 교육과정을 따르지 않거나 성적이 불량한 학생은 다음 학기에 등록할 권리를 박탈당했다. 학생들의 탈락을 막기 위해 교수들은 종종 결석한 학생들을 지명소환하고 주의를 환기시키는 것이 상례였다(제 56조).

학장이 모든 교육기관 내에서 감독의 역할을 하듯이 교수는 학급에서 감독의 역할을 했다. 학생들은 그들 사이에서든지 교수에 대해서든지 질서를 위반하고 규정을 지키지 않으면, 교수들은 이를 적발하여 한 번 또는 그 이상 등록권상실의 벌을 내렸다. 교칙을 위반한 학생의 벌은 단과대학에 공시되었고 학장은 그것을 집행하는 책임을 졌다. 학장은 그것을 학구장에게 보고했다.[420] 심한 경우에는 단과대학과 학구평의회의 의견에 따라 단과대학평의회는 학칙과 규정을 위반한 학생을 퇴학시키고 다른 대학에 전학이나 편입을 할 수 없다는 규정을 적용하여 대학에서 영원히 추방하기도 했다. 단지 학생의 억울함이 황제에게

---

420) *Ibid.*, p. 36.

상고된 경우는 예외로 했다(제 57조).

각 단과대학에서 바칼로레아, 학사, 박사 등 3단계의 학사업무를 모두 다루었다. 학위수여는 반드시 시험과 공개발표에 합격된 후 수여했으며, 법과대학과 신학대학에서는 각각 해당전공분야의 적격 자격증(certificats de capacité)을 첨부하여 수여되었다.(제 58조). 모든 학위취득 시험과목은 학장의 승인과 학구장의 허가를 받은 다음 인쇄되고 배포되었다. 학구장은 두 개의 시험문제 복사본을 총장에게 발송했으며, 평의회의 공인분과가 이것들을 보관했다(제 59조). 프랑스에서 학위를 얻고자하는 외국인으로 이미 학위를 소지한 자는 총장에 의해 수업을 면제받을 수 있었다. 그러나 정해진 기간의 등록금을 지불하고 발표는 해야 했다(제 60조).

### 2) 대학의 재정

제국대학의 재정은 원칙적으로 오늘날의 독립채산제와 같았다. 일반적으로 대학은 지출을 충분히 감당할 수 있는 자체의 수입이 있었다. 나폴레옹은 연 400,000프랑의 보조금(dotation)을 대학에 주었다. '1808년 3월 14일 대학기금 법령'에서 보면, 400,000프랑은 '1806년 3월 5일 법령'에 따라 프리타네 드 생 시르에서 발생한 감체기금(fonds)에 의해 제국대학의 기금으로 전달된 것이었다(제 1조). 대학은 이 돈을 다음해 7월 1일 인수했고, 프리타네 드 생 시르를 완전히 전쟁성(Département de la Guerre)의 업무로 이관했다(제 3조).[421] '1808년 12월 11일 법령'은 이전 프리타네 또는 대학, 아카데미 그리고 프랑스 제국의 이전이나 이후를 막론하고 콜래주에 소속되었고 특별법에 의해 공적 사용으로 양도나 증여되지 않은 부동산, 동산 또는 펀드 형태의 모든 재산은 제국대학에 양도하게 했다(제 1조). 대학을 설립해야 하는 도시 즉, 리세나 또는 콜래주

---

421) R.R. Palmer, *The School of the French Revolution*, p. 231.

에 기부하고 그것들을 유지할 재산을 가지고 있는 도시에서 제국대학은 교육기관을 유치했다.[422]

나폴레옹은 프랑스혁명 중에 폐교 된 10개의 파리 콜래주 소유의 수입원을 국고로 대체했다. 나폴레옹은 이전 콜래주와 대학에 소속되었던 모든 토지재산을 제국대학에 주었다.[423] 1812년 제국대학자체의 관할지역으로부터 들어온 수입이 단지 45,000프랑이었다는 것으로 보아 대학의 재정 상태는 좋은 편이 아니었다. 1801년 폐지된 법에서 보여진 것 보다, 그리고 혁명이전 콜래주들에 기부된 수입보다 상당히 적은 400,000프랑의 보조금은 많은 것이 아니었다. 나폴레옹 시대 제국대학의 연수입은 2,600,000프랑 정도였는데 그것이 대부분 다른 재원으로부터 들어왔던 것이다.[424]

대학재정에서 가장 큰 비중을 차지하고 있는 것은 연 1,800,000프랑가량 되는 교원의 보수 또는 대학 배당금이었다. 그것은 공립 리세와 코뮌 콜래주, 사설학원과 기숙학교가 제국대학에 지불하는 것이었다. 각각 교육기관의 장은 기숙학생의 식비, 방세, 수업료의 명목으로 학부모로부터 받은 많은 돈을 가지고 있었다. 장학금 수혜자와 통학생을 포함한 학생 수에 따라 학교장이 관리하는 돈의 액수가 달랐다. 제국대학에 매년 총액의 20분의 1을 송금했다. 게다가 각각 학교장은 그 직위에 머물기 위해 10년마다 약간의 돈을 지불하지 않으면 안 되었다. 많은 재정부담은 교사 선발, 또는 교육과정의 방침이나 내용과 같은 학교의 내부적인 운영에서 나타난 간섭에 대해서보다도 제국대학에 대한 불평의 원인이 되었다.[425]

제국대학의 대부분의 수입은 오버헤드(overhead)라고 하는 것에서 충

---

422) *Ibid.*, p. 232.
423) *Ibid.*, pp. 313-314.
424) *Ibid.*, p. 314.
425) *Ibid.*

당했다. 총장, 제국대학평의회, 총감독관들의 봉급, 경비, 그리고 사무실 유지비로 1812년 900,000프랑 이상이 지출되었다. 그리고 지방 학구의 학구장, 학장, 감독관의 봉급으로 650,000프랑을 받았다. 1812년 예산항목은 사범학교의 배당금으로 113,000프랑, 각 단과대학 배당금으로 650,000프랑이 사용되었다. 게다가 제국대학예산이외에 국고로부터 리세에 직접 지불된 장학금이 1,200,000프랑이었다. 일반적으로 제국대학이 비록 공립학교들로부터 기부를 받았지만, 사립학교들은 그들을 감독하는 당국에 돈을 지불했음으로 하나의 계통적 조직이 되었다. 당시 일반과세에 의한 학교 재정의 수립은 프랑스에서와 마찬가지로 다른 나라에서도 물의를 일으켰다. 비록 강력한 저항이 있었지만 제국대학 '대학 배당금'은 왕정복구 이후에도 당당하게 지탱되었고 1844년까지 유지되었다.[426]

학부모는 사립학교든 공립학교든 아이들이 학교로부터 또는 정부로부터 장학금을 받는 것을 제외하고 수업료를 지불했다. 그러나 국가는 장학금에 대한 강력한 의지가 부족했다. 물론 1812년 공교육의 예산은 대학의 예산보다 많았다. 총 3,100,000프랑에서 1,200,000프랑을 리세의 장학금으로 충당했다. 나머지는 모두 자신들의 수업료로 운영되는 법과대학과 의과대학의 장학금, 그리고 프랑스혁명기간 국가의 재산이 된 연구소, 콜래주 드 프랑스, 자연사 박물관, 황경국, 동방어 학교, 파리 도서관의 장학금으로 보내졌다.[427]

각 단과대학의 수입은 우선 모든 지출액을 미리 계산한 다음 징수하게 하였다. 그 속에는 고정급료와 임시급료가 포함되어 있었다. 만약 수입이 초과되었으면 같은 집단의 다른 단과대학의 필요에 우선 사용할 수 있게 대학의 금고에 넣게 하였다. 이 당시 대학의 급료 중 가장

426) *Ibid.*, p. 315.
427) *Ibid.*, p. 315.

적은 고정 급료는 3,000프랑으로 한정하였다(제 61조)

한편 신학대학은 예외 규정을 적용 받았다. 모든 대학들은 제국대학의 산하에 있었음으로 제국대학의 학사 규정에 따라서 운영되었다. 대학의 설립과 규정은 물론 제국대학에서 정하지만, 그 규정에 따라 대주교나 주교가 신학대학을 운영하고 관리했다. 따라서 신학대학은 그 교구의 대주교와 주교의 통제를 받았다. 그들은 자신들의 교구에 있는 신학대학의 교수를 임명하고 해임했으며 학사운영도 일반 대학과 달리했다.

총체적으로 보면, 비록 나폴레옹이 제국대학의 총장, 학구장, 학장을 임명하여 대학행정과 명령체계를 강화했지만 대학의 운영에 관한한 자율권을 주었다. 그것은 대학 자체가 법령과 규칙의 준수, 직무수행과 관련되어진 제도, 학교기관 내부에서 학생들에 의해 범해진 부정행위에 대하여 자율적으로 재판권을 가지게 했기 때문이다. 대학은 평의회를 통해서 제1심 기관을 구성했으며 견책, 직무의 정직, 파면, 등록 삭제, 금고 등 다양한 처벌 규정을 정할 수 있었다. 그리고 제국대학평의회의 결의내용에 따라 총장은 대학구성원에 대해 근신, 징계, 견책, 인사이동, 직무의 정직 등 다양한 형벌을 내렸다. 또한 때에 따라 총장은 평의회의 판결을 기다리면서 바로 임시 조치를 취할 수 있었다.[428]

나폴레옹은 오늘날처럼 대학의 교육목표를 심오한 학문과 기술을 연마하고 지성과 덕성을 갖춘 시민양성에 두지 않았다. 그는 대학을 군대식으로 조직하고 국가관리 체제로 전환하여 제국과 그 자신에 대해 충성하는 '전사'를 겸한 시민을 양성하고자 했다는 점에서 오늘날 민주시민 교육과는 거리가 있었다. 그리고 가톨릭의 계율을 교육의 기초로 하고 이전 대학의 7개 교양과목을 크게 벗어나지 못한 범위의 교과과정을 운영했던 점으로 보아 교육개발이나 창의적인 교육보다는 앙시앵 레짐 시대의 교육체제로 복귀한 듯한 느낌을 들게 한다.[429] 그러나 그의 교육

---

428) Félix Ponteil, *Histoire de l'Enseignement, 1789-1965*, pp. 151-152.

정책은 실사구시적인 면에서 프랑스의 당면문제를 해결하고, 구국을 위한 애국시민과 기술자를 양성하는데 기여했던 점은 높이 평가된다.

참사원에서는 제국의 모든 학교들이 "기독교의 가르침, 프랑스 교회의 방침과 자유, 교회의 조직법이 토대를 두고 있는 방침"들을 교육의 토대로 삼아야 한다는 것이었다. 아울러 대학이 교회로부터 해방되지 않을까 하는 두려움도 사라질 정도의 교육정책과 대학의 고위인사를 단행했다.[430]

그러나 프랑스의 종교적 전통을 교육을 통해 유지하려 했고 바칼로레아제도를 창안해서 대학입학자격과 사회진출의 수준을 제고한 것은 오늘날에도 역시 높이 평가되고 있다. 그리고 학사와 박사제도를 정비하여 대학은 물론 리세와 콜래주의 교수자격을 공인 받을 수 있게 하여 공교육에 대한 신뢰성을 확보했던 점도 괄목할 만하다.

나폴레옹이 실각하는 1814년 프랑스 제국에는 40개의 학구가 있었다. 이들 학구에는 5개의 프로테스탄트 신학대학, 10개의 가톨릭 신학대학, 10개의 의과대학, 17개의 법과대학, 18개의 이과대학, 31개의 문과대학 등 91개의 대학으로 종래의 27개의 대학에서 많이 증가했다. 그러나 영토상실이후 1815년 프로테스탄트 신학대학은 2개, 가톨릭 신학대학은 7개, 의과대학은 3개, 법과대학은 9개, 이과대학은 10개, 문과대학은 22개로 모두 53개의 대학으로 축소되었던 것으로 보아 나폴레옹이 비록 군사독재정치를 했지만 대학증설에는 크게 기여했던 것이다.[431]

---

429) R. R. Palmer, *The School of The Frencch Revolution*, p. 220.

430) Charles Schmidt, *La Réforme de L'Université Impériale en 1811*, p. 13.

431) Félix Ponteil, *Histoire de l'Enseignement, 1789-1965*, p. 140.

# 제8장

# 제국대학의 개혁과 시행착오-'1811년 11월 15일 법령'

1. '1811년 11월 15일 법령'의 제정과 특징
2. 퐁탄 총장의 개혁
3. '1811년 11월 15일 법령'의 시행착오

## 1. '1811년 11월 15일 법령'의 제정과 특징

'1811년 11월 15일 법령'은 교육 독점권을 제국대학에 확실히 인정하는 것이 되었다. 나폴레옹은 항소법원과 같은 수로 학구를 재편성하는 등 오늘날과 같은 프랑스 행정의 기본체제를 1800-1810년 사이에 수립했다. 그러므로 알퐁스 올라르의 말과 같이 나폴레옹은 교육행정의 탄생에 결정적인 역할을 했던 것이다.[432]

'1811년 11월 15일 법령'은 193개 조항으로 구성되었는데, 중등교육을 명확하게 체계화했으며, 1808년 설립된 제국대학의 체제에서부터 누수된 모든 구멍을 막았고 제국대학이외의 다른 대학을 가차 없이 봉쇄하도록 했다. 그리고 종단에서 설립한 학교들을 포함하여 모든 사립대학과 사립중등학교들을 제국대학의 부속학교로 만들었으며, 그 체제에 해가 될 수 있는 모든 요소들을 제거한 것이 특색이었다. 게다가 도지사가 통제권을 가지고 있는 일반 학교들과 기숙학교들은 리세나 콜래주의 교육과정과 중복되지 않게 기초 원리만을 가르칠 수 있으며, 리세나 콜래주에 가서 수업을 받아야 하는 학생들에게는 콜래주나 리세의 교육을 예습시킬 수만 있었다(제15조). 또한 일반 학교들과 기숙학교들은 같은 도시의 리세와 콜래주에서 수용할 수 있는 기숙학생 정원만큼만 입사시킬 수 있으며, 그 연령은 9세 이상이었다(제17조). 일반학교들과 기숙학생들이 이를 엄격히 준수하게 하기 위해 필요한 경우 감독관을

---

432) Pierre Bousquet, et 6, *Histoire de l'Administration de l'Enseignement en France, 1789-1981*, p. 11.

학교에 파견하도록 했다.[433)]

교회중등학교(écoles secondaires ecclésiastiques)에 대한 규정은 더욱 더 엄격했다. 첫째, 교회중등학교는 각 도마다 하나 이상 존재할 수 없게 했다. 그리고 제국대학 총장은 1811년 12월 15일 이후 계속 유지시킬 교회중등학교들을 지명한다는 것이었다. 그 이외에 다른 모든 교회중등 학교들은 1812년 1월 1일부로 폐교한다(제27조). 특히 리세 또는 콜래주가 있는 도시에 설립되지 않은 교회중등학교들은 모두 폐교하는 것으로 했다(제28조). 이러한 학교들은 제국대학에 의해서만 설립될 수 있으며 관리된다는 것이었다(제25조). 폐쇄된 학교의 학생들은 제국대학에 소속된 리세나 콜래주에서 수업을 받도록 배정하게 했다. 각 학교에 배정된 학생들은 소정의 과정을 마친 후에 성직자의 의복을 입어야 했다(제32조). 그리고 폐교된 교회학교들의 건물과 교육기자재들은 공교육에 사용할 수 있게 제국대학에서 압류하도록 했다.[434)]

나폴레옹은 각 학교에서 '1811년 11월 15일 법령'을 위반하는 경우 제국대학이 신속히 대처할 수 있도록 정예부대를 제국대학에 배속했다. 그것은 누구든 제국대학에 대항하여 무력행위를 할 수 없도록 한 것이었다. 그리고 종전처럼 제국대학에 학교설립과 폐교에 대한 권한을 부여했다. 따라서 제국대학의 허가 없이 개교한 학교를 검찰관이 체포영장을 발부하여 범인들을 기소하는 것과 관계없이 제국대학이 무허가로 설립한 학교를 폐교할 수 있었다(제54조). 뿐만 아니라 학생 수, 기숙사비 등을 허위신고 한 사람에 대해 제국대학은 보수를 포기시킬 수 있고, 벌금형에 처할 수도 있었다(제63조). 제국대학은 법이나 규칙에 이탈한 사람은 누구든 간에 견책, 정직, 파면 혹은 제명 등의 처벌을 할 수 있게 했다(제64조).

한편 나폴레옹은 지방에 있는 학교들에 대한 통제권을 도지사에게

433) *Ibid.*
434) *Ibid.*

위임했다. 나폴레옹은 일부 대학인들이 성직자에게 호감을 갖고 있다는 도지사의 보고를 듣고 그들을 경계한 적도 있었다. 나폴레옹은 도지사들에게 종종 그들의 관할구역 내에 있는 리세, 콜래주, 사립학교, 기숙학교들을 방문하고 지도하도록 지시했다. 그리고 도지사가 학교에 대해 진상조사를 할 때에는 교장과 학원장은 요구하는 문서와 정보들을 제공하는 것을 의무사항으로 규정했다(제38조)

또한 '1811년 11월 15일 법령'은 공교육을 강화시키기 위한 세부규정들을 포함하고 있었다. 그 법령은 100개에 달할 새로운 리세를 개교하기로 계획했다. 한 개의 리세 당 300명의 학생을 수용할 수 있도록 부지를 마련하게 했다. 콜래주 학급담임교사들의 봉급은 시의 예산으로 편성하도록 했다. 그 법령은 콜래주 교사들도 학위를 받아야만 한다고 규정했다. 다시 말하면, 바칼로레아는 이미 '1810년 2월 16일 법령'에 의해 시행한 것이었고 교직에 임용될 학생들의 자격을 규정한 법령의 실행이었던 것이다.

'1811년 11월 15일 법령'이 공포된 이후 15개월 동안 사립학교장들과 기숙학교 교사들은 이것을 하고 저것을 하지 말라는 위협적인 공문들에 의해 압박을 받았다. 이어서 발표된 '1813년 8월 24일 법령'은 교회에 대한 규제가 포함된 것이었다. 담임신부들과 사제들이 자신들의 친척 아이들을 일시적으로 교육시키는 것은 관계없지만, 친척이 아닌 학생들에게 여러 학과목을 가르치려면 당국의 허가를 받아야 했다. 오늘날의 과외 금지와도 같은 것이 아니었던가?

사실 '1811년 11월 15일 법령'은 제국대학이 교회중등학교들로 하여금 관계 규정들을 엄격하게 준행하도록 하기 위한 목적도 있었지만, 특히 검찰총장과 도지사의 교육에 대한 관심과 감독권을 강화시키는 것이 되었다(제31조).[435]

---

435) Maurice Gontard, *L'enseignement secondaire en France de la fin de l'Ancien Régime à la loi Falloux, 1750-1850*, p. 96.

## 2. 퐁탄 총장의 제국대학 개혁

### 1) 퐁탄이 제국대학 총장이 되기까지

1808년 3월 17일 퐁탄(Fontanes)은 푸르크루아를 제치고 제국대학의 총장에 임명되었다. 세르트(Cert)는 황제에게 푸르크루아를 위해 변호했고, 콜래주 드 프랑스와 음악학교와 같은 리세들에 대한 장학금을 수여하는 것을 제외하고서라도 1만 5천 프랑의 봉급으로 그를 붙잡으라고 권고했다.

그러나 제국대학 총장의 물망에 올랐던 푸르크루아는 결국 총장이 되지 못했으며, 1년 뒤인 1809년 12월 16일 뇌졸중으로 갑자기 사망했다. 퐁탄은 성직자에 대해 상당히 우호적이었고 가톨릭교를 찬양했다. 그는 공화정에 관심이 있었다. 프뤽티도르 쿠데타(coup d'Etat de fructidor)후 비망록(Mémorial)의 작성자였던 그는 54개의 신문으로부터 공격을 받자 독일 함부르크로 피신해 있었다. 1798년 1월 영국에 체류하면서 그는 저널리스트 펠티에(Peltier)와 그의 소개로 샤토브리앙을 만났고, 생기 있는 훌륭한 문체로 종교를 찬양했다. 그는 7월 함부르크로 돌아갔고, 9월에는 다시 프랑스로 돌아와 프랑스에서 망명자로서 사형선고를 받은 바 있다.

퐁탄이 나폴레옹과 인연을 맺게 된 것은 몇 가지의 계기가 있었다. 퐁탄은 1797년 8월 15일 나폴레옹에게 프랑스의 발전에 원대한 계획을 제공하는 첫 번째 편지를 썼다. 그는 1799년 브뤼매르 쿠데타에서 나폴레옹이 프랑스를 구원할 사람이라는 것을 알았다. 그는 나폴레옹이 프랑스에 안정되고 확고한 정부를 줄 수 있을 것으로 보았다. 1800년 1월 1일 그는 나폴레옹에게 정의(justice)를 요구했으며, 2월 8일 아부키르(Aboukir)에 있는 터키 정벌군을 파견할 때, 나폴레옹으로부터 '워싱턴 대통령에 대한 찬사'(éloge de Washington)를 작성하라는 명령을 받았다. 이때부터 퐁탄의 운명이 만들어졌다. 1800년 4월 퐁탄은 내무부의 제 5 보고서 작성자로 임명되었다. 그는 문학과 미술에 전념했다. 그는 아카데미 프랑새즈(Académie française)를 재조직하는 계획을 세웠다. 그는 복간된 메르퀴르(Mercure) 신문을 통해 18세기 철학에 대해 비판했다. 거기에서 스탈(Staël) 부인의 『문학에 대해서』(*De la littérature*)를 신랄하게 비판했는데, 그것은 첫째 그녀가 계몽철학자의 입장에 있었으며, 둘째 종교에 대해 비판적 입장을 취하고 있었고, 셋째 그녀는 여류작가들을 좋아하지 않았다는 것이었다. 게다가 그는 그녀에게 논리가 부족하다고 비난하였으며, 프랑스걸작들과 독일문학이 대립될 수 있다는 스탈 부인의 생각을 지지하지 않았다.[436)]

한편 퐁탄의 비난을 받은 스탈 부인은 그의 반혁명적이며 왕정주의적인 경향에 대해 그녀의 책 두 번째 판에서 반격을 가했다. 그때 샤토브리앙은 메르퀴르 신문을 통해 그녀의 책 두 번째 판에 대하여 퐁탄을 옹호하는 글을 썼다. "우리는 스탈 부인에 대항한 논쟁에 반박할 수 없으며, 그녀는 현재의 정부를 좋아하지 않으며 가장 자유로웠던 날들을 그리워하는 것 같다고 말할 수 있다."

퐁탄은 '아탈라에 대한 찬사'(éloge d'Atala)를 작성했고 계몽사상들에게 경종을 울리면서 생 랑베르(Saint-Lamber)의 『철학선집』(*Oeuvres Philosophiques*)에 대해 비판했다. 당시 나폴레옹 정부는 친 종교운동을 경계했다. 퐁

436) Félix Ponteil, *Histoire de l'Enseignement, 1789-1964*, p. 129.

탄은 메르퀴르 신문을 그만두어 보나파르트는 그에게 화를 냈다.

퐁탄과 샤토브리앙은 보몽(Beaumont) 부인의 살롱에 자주 출입하였는데, 그곳에서는 사람들이 사상의 자유, 그리고 후의와 다정한 친밀감 속에서 연극, 회화, 정치, 종교, 비평, 문학에 대하여 토론을 했다. 샤토브리앙은 그곳에서 『기독교의 특징』(*Génie du Christianism*)이라는 책을 읽었다. 퐁탄은 메르퀴르 신문에 다시 협력했으며, 『기독교정신』을 출판했고, 1802년 4월 14일 콩코르다에 대한 공식적인 축하의식과 더불어 그의 출판 축하행사가 있었다. <모니퇴르> 신문(Moniteur)은 때마침 도착한 그 기사를 인용했다. 그것은 "폭력을 일소하고 지혜를 세울 줄 아는 사람"이라고 찬양하면서 나폴레옹과 종교를 결부시켰다. 계몽사상가들은 샤토브리앙에게 문체의 아름다움과 사상의 독창성을 인정하지 않으면서 『순간지』(*Décade*)의 서두애서 쟁그네(Ginguené)를 반박했다. 퐁탄은 메르퀴르 신문을 통해 즉각 항변했다. 1803년 1월 28일 퐁탄은 프랑스 언어학계와 프랑스문학계의 회원으로 선정되었다. 그는 종종 나폴레옹을 만났다. 아미앵 평화조약이 파기된 이후로 그는 애국적 서정시를 썼는데, 그것은 1803년 6월 12일 생 클루(Saint-Cloud)에서 읽혀졌고 파르시엘로(Parsiello)는 그것을 음악으로 만들었다.

1804년 초에 퐁탄은 입법원의장이 되었다. 그는 그곳에서 지칠 줄 모르는 연설가였다. 그는 섬세하고 탁월한 아첨꾼으로 끊임없이 나폴레옹을 만족시켰다. 그는 정략적인 웅변가라기보다는 형식적인 연설가였다. 그는 의회의 독립을 주장했다. 그는 입법원을 정치적인 단체로 만들려고 노력했다. 그는 나폴레옹을 위해 의회에서 유리하게 변론했다. 그는 그의 연설에서 용기를 보여줄 줄 알았다. 그는 센스 있고 기민하게 글을 썼다. 그는 무질서와 싸움을 성공리에 완수한 나폴레옹에게 군사적인 정복을 단념케 한 재능 있는 행정관들을 칭찬했다.

"우리는 더 이상 정복의 영광을 필요로 하지 않는다. 우리는 전장에서만큼이나 내부 행정의 세부 사항에 있어서도 위대할 것이다. 사람들은 여러분들의 승리만큼이나 여러분들의 제도에 대해서도 말할 것이다(공화력 13년 13일)." 1808년 10월 27일의 연설에서 "폐하께서는 '희생'이라는 말을 하셨는데, 우리는 폐하께 또한 그것을 굳은 결심으로 말하며, 이 말은 여러분들의 모든 승리를 완성시킬 것이다. 물론 국가는 우리와 마찬가지로 국가의 영광과 여러분들의 영광을 상처 입히는 희생을 원치 않는다. 그러나 그것은 단지 여러분들의 위대함을 높이는 유일한 방법일 뿐이었다. 이는 그것의 사용을 절제하는 것이었다. 여러분들은 우리들에게 모든 것을 굴복시키는 힘의 광경을 보여주었으며, 그리고 더욱 특별한 광경, 즉 그것 역시 스스로를 자제한 힘의 광경을 우리에게 남겨두었다" 라고 말했다.

1808년 12월에 나폴레옹은 에스파냐에서 쟁취한 12개의 군기를 의회에 보냈다. 퐁탄은 조제핀에게 사의를 표하러 갔다. 조제핀은 "국가를 대표하는 단체"가 황제(나폴레옹)에게 드리는 충성심을 알게 되어 매우 만족한다고 대답했다. 15일 <모니퇴르> 신문은 조제핀이 "국가의 첫 번째 대표자가 황제라는 것을 매우 잘 알았는데, 왜냐하면 모든 권력은 신으로부터, 그리고 국가로부터 나오기 때문이다"라고 하는 정정기사를 냈다. 12월 31일에 퐁탄은 <모니퇴르> 신문의 모욕적인 기사에 민감한 반응을 보였다. "그러나 황제가 그의 전리품 발송에 덧붙였던 역할들은 특별한 주목을 받을 만하다. 그는 유권자들이 이러한 명예에 참여하도록 했다. 그는 우리를 대중들과 섞이게 할 것이며, 황제는 진정한 광채를 갖게 될 것이다. 그는 구별을 필요로 하는 것이 아니라 존경과 신뢰를 필요로 한다." 이상과 같은 내용으로 보더라도 제국대학 총장이 되기 이전부터 퐁탄은 이미 나폴레옹 황제의 절대적인 사람이 되어 있었다. 홀트만에 의하면, 나폴레옹이 푸르크루아를 제치고 퐁탄을 제국대학 총장에 임명한 것은 첫째 그가 가톨릭과 프로테스탄트의 양면성을

모두 갖추고 있었기 때문이며, 둘째 그가 문학에서 명사가 되어 있었기 때문이었다.[437]

### 2) 교육의 독립성 주장

퐁탄은 1808년 3월 17일 제국대학 총장이 되었으며. 5월에 백작의 작위를 받았다. 그리고 1810년 초까지 의회의 의장직을 겸임했고, 1810년 2월 9일부터 상원의원직을 겸했다. 그가 총장으로서 선택한 것은 철학자들에 대해 종교적 싸움에서 승리하는 것이었다. 퐁탄은 나폴레옹이 사제들을 통해 어린이들의 마음을 얻고자 했고, 그의 왕가와 사제들을 결부시키고자 하는데 있어서 적격자로 인정받았다.

퐁탄은 신앙심이 신실했음으로 가톨릭교도들에게 신임을 받았다. 그는 이미 성직자로, 옛날의 수도사로, 과학자로 알려진 사람들을 대학교육에 참여하도록 했다. 그는 매우 고전적인 학업방법을 선호했다. 1809년 3월 퐁탄은 총장직을 독립적으로 유지할 수 없다고 판단하여 사직서를 황제에게 보냈는데, 황제는 그것을 거부했다. 그러나 황제는 그가 도지사들이 아니라 주교들과 교신한 것에 대해 그를 비난했다. 나폴레옹은 가톨릭 성직자들이 그의 정치(독재정치)에 봉사하기를 원했다. 그러나 퐁탄은 성직자들을 독립적인 세력으로 남아있게 하고 싶었다.

퐁탄은 오라토리오회 수도사들의 고전적인 교육방법에 감탄했다. 퐁탄의 주변에 있는 총 감독관들도 오라토리오회의 교육방법에 대해서는 그와 같은 견해를 가지고 있었다. 예전 콜래주의 교육방법을 그리워한 주베르(Joubert), 그리고 그노 드 뮈시(Gueneau de Mussy)와 앙브루아즈 랑뒤(Ambroise Rendu) 등 2명의 얀세니스트들이 바로 그들이었다. 퐁탄은 1815년 2월 15일까지 총장으로 재임명되었고, 그 다음 그 직위는 폐지되었다.[438]

---

437) Robert B. Holtman, *The Napoleonic Revolution*, p. 154.

퐁탄은 내무장관을 겸직하지는 못했으나 제국대학 운영에 대한 모든 권리를 행사할 수 있었다. 그는 30명중 20명의 총감독관 임명권, 제국대학 재정권, 인장사용권, 외교권, 행정관리권, 규정개정 제안권 등 제국대학의 모든 권력을 행사할 수 있었다.[439]

총장은 제국대학평의회를 주재했다. 제국대학평의회는 1808년 10월 1일 처음 개회되면서부터 교육, 행정과 치안, 회계, 소송, 인준업무 등 5개의 분과를 가지고 있었다. 1809년에 제국대학평의회는 10명의 종신의원들로 구성되었다. 그들은 드 보세(De Beausset), 생 쉴피스(Saint-Sulpice) 수도원장 에메리(Emery), 누가래드(Nougarède), 보날(Bonald), 퀴비에(Cuvier), 쥐시외(Jussieu), 르장드르(Legendre), 게루(Guéroudlt), 전직 변호사회장 들라말, 전직 탈레랑 부주교 데르노(Desrenauds)이었다. 그리고 14명의 평의원들이 구성되었는데, 그 속에는 10명의 총감독관들이 포함되어있었다. 1812년 대학평의회는 총감독관이 13명으로 늘어났으며, 평의원은 18명이 되었다.[440]

1809년 3월 10일에 학구장(recteurs)들이 결정되었다. 제국대학 총장은 파리학구장을 겸했다. 퐁탄은  자신을 존경받게 하면서 동시에 대학을 존경하도록 만들 줄 알았다고 말해도 좋은 사람이었다. 아미앵(Amien)주교이자 이후 카살(Casal)주교가 된 빌라레(Villaret)는 대학구장이 되었다. 그는 전에 선서거부파 신부였다. 그는 고문서와 인장을 맡아 보관하고 있었다. 천문학자 들랑브르(Delambre)는 재무관이었다. 관리들은 그들의 지도자로 사무국장 랑주악(Lamgeac)을 모셨는데 그는 혁명에 공헌했으나 공포정치 하에서 체포되었던 인물이었다. 또한 두 개의 부서가 있었는데 뒤몽셸이 담당했던 단과대학, 아카데미, 리세, 콜래주, 학원 그리고 기숙학교들에 관련된 부서, 리니(Rigny)가 담당했던 회계, 시설물, 소유

---

438) Félix Ponteil, *Histoire de l'Enseignement, 1789-1964*, p. 132

439) Robert B. Holtman, *The Napoleonic Revolution*, pp. 154-155.

440) Félix Ponteil, *Histoire de l'Enseignement, 1789-1964*, p. 133.

지에 관련된 부서가 그것이었다.

'1808년 3월 17일 법령'이 원칙에 대한 선언이었다면, '1808년 10월 18일 법령'은 새로운 학교 조직에 대한 세부사항을 규정한 것이었다. 따라서 제국대학은 항소법원들과 동수의 학구를 설립하기로 되었으나 즉시 32개의 학구를 조직하지 못했다. 그것은 3개 학부의 기초를 마련한 지구들부터 학구를 설립했기 때문이었다. 미처 학구가 갖추어지지 않았던 지구들은 보다 가까운 학구에 편입되도록 했다. 파리, 스트라스부르, 젠느(Gênes), 트레브, 튀랭 등 몇몇 학구는 5개 학부를 통합했다. 단과대학이 된 파리 법과대학은 공화력 '12년 풍월 22일 법'에 따라 조직되었다. 의학교는 '공화력 11년 풍월 19일 법'에 의해 설립된 조직체를 그대로 유지했다. 이과대학은 10명의 폴리테크니크 교수, 2명의 콜래주 교수, 2명의 박물관 교수 그리고 3명의 리세의 수학 교수로 구성되었다. 문과대학은 3명의 콜래주 교수, 3명의 리세의 순수문학 교수로 구성되었다. 학구의 리세와 콜래주는 대학구의 평의회기능을 수행하는 제국대학평의회에 소속되었다.[441]

1810년 퐁탄은 원로원(Sénat)에 들어갔고 총장의 직무에 전념하기 위해 입법원 의장직을 사임했다. 그는 계속해서 나폴레옹을 찬양했다. 그는 마치 내무부장관을 시기하는 것처럼 보였다. 그는 자신의 존재와 위치에 대해 충분히 인정받고 있지 못하다고 생각했다. 그는 내무부장관이 황제와 그의 사이에 끼어드는 것을 좋아하지 않았다. 따라서 1810년 2월 1일 퐁탄은 마음을 가다듬고 내무부와 교육부의 분리와 교육부장관의 독립적인 권위인정을 요구하는 일종의 <진정서>를 나폴레옹에게 보냈다.

"사람들은 교수단이 조직되기를 원합니다. 동시에 사람들은 교수단에 힘과 통일성을 부여하기를 원합니다. 오늘날 그들에게 한 때 옛 종교단

441) *Ibid.*, p. 134.

체들을 이끌었던 사람들보다도 훨씬 더 중요한 지도자가 필요합니다. 그러한 동기는 간파하기 쉽습니다. 지난 날 종교는 복종을 근본으로 했습니다. 종교는 이제 효력 없는 힘, 혹은 어쨌거나 대단히 허약한 힘에 불과하며 따라서 사람들은 단지 극히 신중하게 그것을 행사할 수밖에 없습니다.

만약 총장이 처음부터 그를 임명한 정부에 의해 몇 가지 권위를 인정받지 못한다면, 그가 수도원장들로부터 존경을 얻게 될 것이라고 어떻게 기대하겠습니까? 제1서열의 장관에게 교육부장관이 겸허하게 설명하고, 명령을 받고 질책을 당한다면, 그리고 만약 대책 없는 대응으로 동료들의 눈에 품위가 없는 것으로 보여 진다면, 자신에게 복종하게 하고, 모든 자만과 모든 규합된 주장이 술렁이는 하나의 조직체를 성공적으로 지배하는 것이 가능하겠습니까? 우선 내무부장관과 총장(교육부장관) 사이의 의례관례를 확립해 놓는 것이 적절한 것처럼 보입니다. 나는 이러한 의례관계가 대등해도 좋다고 생각합니다. 에티켓은 모든 것을 만들기도 하고 망쳐 버리기도 합니다. 교육부장관은 틀림없이 자신의 에티켓을 지킬 것입니다. 그렇지 않고 내무부장관이 교육부장관을 자신의 국장으로 취급한다면 당황할 것입니다. 교육부장관은 궁정에 거의 나타나서는 안 되지만 그가 그곳에 나타날 때면 그는 왕국의 고위 공직자 신분으로 예우 받아야 합니다. 왜냐하면 바로 학교에서 저명인사가 교육되어지고 시민들의 모든 생활과 활동에 나타나는 공공의 윤리를 대표하기 때문입니다."[442]

그러나 이러한 폭탄의 제안에 대해 나폴레옹은 시원한 답을 하지 않았다.

---

442) *Ibid.*, pp. 132-133.

### 3) 학구의 통합

퐁탄은 학구의 조직을 강화하는 것이 제국대학의 기반을 다지는 것으로 생각했다. 그는 프랑스 제국을 26개 학구로 나누었다. 물론 학구는 항소법원과 동일한 지역이었다. 그는 학구장을 임명하고 학구당 1-2명의 감독관을 파견했으며, 학구 평의회를 두도록 했다. 학구장은 5년 임기이며 재임명을 할 수 있게 했다. 학구장은 1-2명의 감독관을 추천할 수 있고 총장이 임명했다. 총장은 학구평의회원 10명을 임명했다.[443)]

당시 새로 조직되었거나 통합된 학구들에 대해 살펴보며, 스트라스부르 학구는 장로회의(consistoire)의 회장이 추천한 3명의 회원들과 함께하는 아우구스부르교파의 신학대학을 가지고 있었다. 아우구스부르 교파의 옛 학구는 마치 콜래주처럼 그 조직을 유지하는 기구로서 아우구스부르 교파의 크고 작은 교육기관을 가지고 있었으며, 그것들은 장로회에 종속된 하나의 신학교로서 간주되었다. 법학교와 의학교는 단과대학이 되었다. 이과대학과 문과대학은 리세 가까이 설립되었다. 오랭과 바랭의 리세와 콜래주들은 학구장과 학구평의회의 관할에 속하게 되었다.

이제 파리와 스트라스부르는 완벽하게 조직된 유일한 학구가 되었다. 다른 곳에서는 하나 혹은 여러 개의 대학들이 있어야 했다. 보르도와 부르주, 리옹은 단지 신학대학만을 가지고 있었다. 리세들만 있었던 지구들은 기존의 학구에 병합되었는데, 스트라스부르에 병합된 낭시가 그 대표적인 예였다. 그러나 단지 오트 마른(Haute-Marne)은 디종에 병합되었다. 메츠 지구는 파리에 병합된 아르덴을 제외하고 트레브의 학구장과 학구평의회의 소속으로 병합되었다. 두애와 리에주 지구들은 브뤼셀의 관할에 속했다. 학구장은 총장에 의해 임명되었고 자문과 규율상의 특권을 행사하는 학구평의회에 참석했다.

대학은 코뮌의 기본조직이 되었다. 그것은 가톨릭교와 나폴레옹에 대

---

443) Robert B. Holtman, *The Napoleonic Revolution*, p. 155.

한 충성, 교수단의 규칙에 대한 복종, 그리고 가톨릭 신학교를 위한 프랑스 독립교회의 도덕기준에 대한 존경의 주체가 되었다.

그러나 아직도 초등학교 교사 양성을 위한 정규반(classes normales)은 만들어지지 않았다. 초등교육은 그 법령들이 1810년 8월 4일 제국대학총장의 결정에 의해 승인된, 크리스챤학교 형제단의 수중에 있었다. 초등학교가 설립되는 곳은 크리스챤학교 형제단이 교육의 주도권을 가지고 있었다. 교사들은 총장이 임명하였는데, 임명하기 전에 그들을 추천한 주임사제와 주교에게 그들에 대한 평가를 요구했다. 그러나 교황과의 알력으로 성직자의 영향력은 점차 줄어들었다.

종래부터 지속해온 개인교육은 사실상 개선되지 않았다. 일반적으로 교사들은 무식했다. 전공도 없는 무자격교사들이 모든 과목을 가르치는 학교가 많았다. 대다수의 읍들은 초등학교가 없었다. 반면에 파리에는 1만4천명의 학생들과 함께 4백 개의 초등학교가 있었다. 일반적으로 교사들의 생활 상태는 비참했다. 주민들은 때때로 그들에게 봉급을 주기 위하여 특별히 세금을 냈다. 1813년에 제국은 90만 명의 학생들과 함께 3만1천개의 초등학교를 가지고 있었다고 하지만 올라르(Aulard)는 그 숫자가 정확하지 못한 것으로 평가했다. 당시 소녀들을 위해서 국가에 의해 공적으로 조직된 초등교육기관은 아무것도 없었다. 다만 샤리테(Charité), 바틀로트(Vatelottes), 생 샤를(Saint-Charles)과 같은 크리스챤 교육단체에서 자매들에 대한 교육을 시행하고 있었다.

학구평의회는 행정부로부터 중등교육과 관련된 사항에 대해 특권을 부여받았다. 학교는 학생들에게 수도생활과 군사훈련을 부과했다. 학생들에게 부여된 훈련은 엄격했다. 학생들은 사립학교 학생들과 자주 싸움판을 벌렸다. 게다가 그들은 무종교 사상에 고무되었고, 수업감독교사들에게 마저 저항을 했다. 교수들은 학교의 이동을 자유로 할 수 없었다. 파리에 있는 학교로 가고 싶어 하는 교수들은 총장의 허가를 받아야만 했다.

물론 리세의 학생들은 초등교육과정 없이 6년 동안 학업을 계속했다. 모든 학생들은 동일한 교육을 받았다. 학생들은 2년 간 문법, 2년 간 교양과목, 1년 간 수사학, 1년 간 특수수학 강의를 들어야 했다. 학구 소재지의 리세는 초월수학강좌와 철학강좌를 개설했다. 문학교육도 거기에 포함되어 있었다. 철학에 대한 선호는 생트 바르브(Sainte-Barbe)에서부터 시작되었다. 사람들은 라틴어나 또는 프랑스어로 데카르트, 페늘롱, 로크, 콩디악의 글에서 인용한 내용들을 가르쳤다.[444)]

소녀들은 공교육기관에서 공부를 할 수 없었으므로 초등교육과 중등교육과정을 수녀원에서 이수하였다. 교육은 극히 제한되어 있었는데, 초등교육은 읽기, 쓰기, 기본적인 계산을 하는 정도였으며, 중등교육은 역사, 예술, 현대어가 개설되는 정도였다. 주교는 소녀들을 위한 학교교육을 추진하지 못했다. 추기경 캉바세래(Cambacérès)는 1807년의 규정에서 지적한 바와 같이, 그림, 음악, 현대어와 같은 순수한 재능과목들은 획득하기에는 너무나 많은 비용이 들었다. 그리고 아내와 어머니에 대한 의무, 예의, 사회적 관행 등이 학교교육을 받을 수 없게 하였다.[445)]

1808년 교수수도회(congrégations enseignantes)는 외국의 교구가 포함된 나폴레옹 제국에 1만280명의 유료 학생 및 1만5천926명의 무료 학생과 더불어 467개의 건물과 6천817명의 수녀, 그리고 764명의 수련 수녀들을 배치했다. 그러나 1808년에 발표된 법령의 어느 것도 여성교육에 대해서 말한 것은 없었다.

퐁탄은 1809년 <제국의 모든 학교>라는 제목으로 도지사들에게 회람장을 보냈다. 그리고 1811년에 그는 대학의 감독이 여성들에 의해 경영되는 학교에 까지 전혀 미치지 않는다고 걱정한 것으로 보아 여성교

444) Félix Ponteil, *Histoire de l'Enseignement, 1789-1964*, p. 136.
445) *Ibid.*

육은 제국대학의 감독권에서 벗어나 있었던 것 같다. 어쨌든 제국대학의 감독권을 벗어나 당시 소녀들을 위한 사립학교, 종교 학교, 세속 학교가 있었던 것은 참으로 다행한 일이었다. 나폴레옹은 교육 협회와 자선 수도회(congrégations hospitalières)에 관심을 가졌다. 그는 이들 단체들에게 그들의 재산을 되돌려 주었고 보조금과 지원금을 다시 주었다. 1810년에 나폴레옹은 여성 교육을 성 우르술라 수녀회에 위임할 생각으로, 50채의 건물에 5천명의 장학생 및 5천명의 반장학생과 더불어 1만 명의 학생들을 모았다. 1813년 9월에 참사원은 의전장관에게 여성의 교육과 그것을 책임질 수 있는 수도회에 관해 보고서를 작성하도록 했다. 나폴레옹이 이 의견에 동조하고 여성교육을 추진하자 외부에서 방해하기 시작했다.

나폴레옹은 제국대학의 구조에서 종교의 위치를 인정하지 못하게 할 필요가 없다고 생각했다. 그것은 바로 젊은 학생들에게 형이상학적인 불안을 일으키는 것을 피할 필요가 있었기 때문이었다. 나폴레옹은 프랑스에서 하나님과 황제가 존재하는 것으로 종교와 국가의 문제를 매듭짓고자 했다. 주교단은 그들의 종교적인 상황을 보고하기 위해 교육기관들을 방문했다. 그러나 리세의 학생들은 거칠었고, 엉뚱한 행동을 수없이 하고 있었다. 그들의 무신앙은 형식적인 행동의 가면을 썼으며, 루이 18세 치하에서 출판된 <교육에서 본 혁명의 특징>(*Génie de la révolution considéré dans l'éducation*)에서 대학에 대한 광적인 비방자로 파브리(Fabry)를 인정했다. 그들은 유료 기숙생들 보다 장학생들이 더 많았고, 1809년에 그 비율은 1,583명 : 4,199명이었다.

당시 가장 중요한 문제는 교육에 대한 것이었다. 내무부의 총서기관인 제란도(Gerando)는 1808년 2월 6일에 교직과 교육의 결합을 고발했다. “학생들의 도덕성은 그간 등한시되었던 것보다 현재의 제도에서 더욱 등한시되고 있습니다. 학생들을 덕망 있게 만드는 것은 가톨릭 교리를 가르치고, 그들에게 미사에 참석하도록 하게 함으로써가 아니라 초등학교 교사들의 모범, 설교, 전체적인 삶, 그리고 그들이 순간마다 발휘했던 영향력, 그것들이 진정한 원동력입니다. 오늘날 공교육에 종사하는 이 모든 사람들, 즉 결혼한 사제, 전직 수도사, 방탕한 사람, 폭력을 행사하는 사람, 무관심한 사람, 종교적인 사람, 경건한 사람들이 모두 교육자의 기능을 하고 있으며, 그들이 교직에서 근무한다는 그 사실에 의해 그리고 시험도 없이 교수단을 형성하는 것이 허용될 수 있습니까? 교수단을 구성한다면 황제폐하는 틀림없이 '하나의 명구 une âme'를 주실 것입니다."

교육문제는 제랑도 뿐만 아니라 이후 쥘 페리와 같이 당국에서도 계속 관심두고 해결하고자 하는 관심사였다. 사람들은 사교육과 공교육 모두 혁신적인 변화를 기다리고 있었다. 당시 제국대학에 소속되지 않은 박물관과 콜래주 드 프랑스의 상급교육(enseignement supérieur)은 가톨릭과 프로테스탄트 신학대학, 법학대학, 의학대학, 과학대학, 인문대학(문과대학) 등 5개 대학에 개설되었다.

## 3. '1811년 11월 15일 법령' 의 시행착오

나폴레옹은 기분이 썩 좋지 않은 상황에서 제국대학의 개혁을 단행했다. 그는 두 번 되풀이하여 개혁의지를 명확히 밝혔다. 1811년 2월에 그는 각각의 리세에서 적어도 300명의 학생들을 모집하고, 파리에 새로운 리세의 설립, 큰 도시에서 중등학교를 리세로 전환하는 것, 각각의 교구에서 학생정원이 100명을 넘지 않는 중등신학교의 개교를 예시했다. 그리고 3월에 그는 생각을 굳혔다. 사실 193개의 조항으로 된 '1811년 11월 15일 법령'은 '1808년 3월 17일 법령'을 보완하고 수정한 것이었다. 그는 단호하게 대학의 독점권을 수립했다. 한편으로 학교와 기숙사, 다른 한편으로 교회중등학교는 같은 지위를 갖게 하지 않았다.446)

### 1) 초등학교

초등학교는 그것들이 리세나 콜래주와 함께 있건 없건 설립된 도시에 따라서 달랐다. 초등학교는 1808년 초등학교와 거의 동일한 학습 프로그램을 가졌다. 그 후 사립학교들(les institutions)은 고전수업 이상을 할 수 없었다. 기숙생들은 문법 수업을 지나칠 수 없었고, 6학년과 5학년들은 산술과 기하학의 기본원리에 도달할 수 없었다. 만약 어떤 기관이 도시에 리세와 콜래주를 설립한다면, 그것들은 공교육의 리세와 콜래주의 교육에 소속될 수 없는 초등학교 학생들을 가르칠 수밖에 없었

446) *Ibid.*, p. 150.

다.[447] 기숙생들은 초등 교육에 한정되었다. 사립학교와 기숙사의 교사들은 복습교사들이었다. 사립학교들은 기숙학교였다. 결국 그곳들은 리세나 콜래주의 기숙학교가 만원인 경우에 만 9살 이상의 기숙학생들을 수용할 수 있었다. 그런데 각각의 리세들은 300명의 기숙생이 있어야 했으며, 리세의 수는 1812년에 80개, 1813년에는 100개가 되었음에 틀림없다. 학교와 기숙사의 학생들은 리세의 유니폼을 착용했으며 같은 규율을 받아들였다.[448]

### 2) 중등신학교

중등신학교들은 제국대학당국에 소속되었다. 중등신학교의 교육은 대학출신의 보조교사들에 의해 주어졌다. 그러나 그들은 이전에 교육할 수 있는 허가를 받고 선서했어야만 했다. 왜냐하면 학생들은 리세나 콜래주의 강의를 듣기 때문이다. 1812년 11월 24일 제국대학평의회의 포고는 '모든 교육과정'에 대해 언급했다. 신학교에서는 통학생이 있을 수 없지만 리세나 콜래주에서는 학생들이 통학할 수 있었다. 각 도마다 한 개의 교회학교만을 세울 수 있었다. 그런데 1811년에 31개의 학구에 124개의 신학교들이 설립되었던 것으로 조사되었고, 게다가 대단히 불균등하게 배치되었다. 즉 리옹에는 9개, 브장송에는 8개, 보르도에는 2개, 앙제에는 한 개의 신학교가 설립되어 있었다.

중등신학교는 1811년 엄격한 감독을 받았다. 중등신학교는 도당 한 학교 이상 설립할 수 없었다. 학생들은 성직자의 생활습관과 언행을 배우며 리세나 또는 콜래주의 강의를 받아야 했다. 사실 이러한 새로운 제도는 실천되지는 못했다. 1813년 리세와 콜래주와 같은 공교육에 38,000명의 학생들 밖에 없을 때 사교육은 여전히 31,000명의 학생들이

447) *Ibid.*
448) *Ibid.*, p. 151.

몰려들었다. 게다가 여성교육은 완전히 이러한 교육체제의 밖에 있었다. 소녀들은 대부분 수녀가 되기 위해 사립학원에서 강의를 받고 있었다. 리옹에서 행한 여성 콜래주의 한 시도는 실패했다. 단지 공직자의 여식들은 나폴레옹을 좋아했는데, 그는 그녀들을 위해 '레지옹 도뇌르 기숙학교'(Maisons d'éducation de la Légion d'honneur)를 설립했다. 그러나 그 학교에 들어가는 학생들은 소수의 하층민들뿐이었다.[449]

모든 교회학교들은 리세나 콜래주와 함께 도시에 설립되어야만 했다. 반대로 농촌에서는 신학교는 폐교되어야 했고, 폐교된 학교들의 재산은 공교육 기관에서 사용할 수 있게 압류되었다. 교회학교 학생들은 교회의 수도복을 착용해야만 했다. 도지사는 이들 학교들을 방문감독하며 내무부장관에게 그것을 보고하도록 했다.

젊은이들에게 신학교육을 준비시키기 위해 주임신부들에 의해 조직된 사제학교(écoles presbytérales)들은 사립학교 설치령에 따라 설립되지 않았다. '1813년 8월 24일 법령'은 사제학교들 역시 교육기관과 기숙학교 설립에서 요구된 허가를 똑같이 받도록 했다.[450] 엄격히 말하면, '1811년 11월 15일 법령'은 1808년부터 제기된 교육에 대한 난제들을 해결하는 법률적인 답을 주었다. 그 중에 리세는 가장 면밀한 규제를 받은 중등교육을 활성화시키는 중추적 역할을 했다.

1816년 기조(Guizot)는 '1811년 11월 15일 법령'을 적용하는데 있어서 '완강한 저항'의 태도를 취했다. 그것은 제국대학이 재산을 모으는 수단을 유지하기 위해 자신이 모았던 재산을 정부에 헌납하도록 강요받았기 때문이었다. 기조의 주장에 의하면, 폐교된 교회중등학교의 재산을 제국대학에 헌납해야 한다는 '1811년 11월 15일 법령'은 어디에서도 시행되지 않았다. 만약 그 법령이 시행되었다면, 제국대학의 존재와 권위

449) J. Godechot, *Les Institutions de la France sous la Révolutin et L'Empire*, (Paris: Presses Universitaires de France, 1985), p. 743.

450) Félix Ponteil, *Histoire de l'Enseignement, 1789-1965*, p. 151.

를 의심스럽게 만들 수 도 있었다. 사실 제국대학은 그 당시 가장 격렬한 공격의 대상이 되어 있었다.[451)]

### 3) 법령집행과 시행착오

대학개혁에 대해 반대하는 자들은 '1811년 11월 15일 법령'을 피하기 위해 할 수 있는 모든 일을 했다. 클레르몽에서는 그해 초에 그 법령으로 232명의 교회 콜래주(Collège ecclésiastique) 학생들이 리세로 옮겼으며, 그 후 학생수가 40명으로 줄어들었다. 엑스에서는 신학생들이 리세에서 수사학과 고전학 강좌를 들었지만 철학과목을 수강하지 않았다. 맨 에 루아르(Maine et Loire)의 보프레오(Beaupréau)에서 중등학교 학생들은 미래의 성직자처럼 생각하게 하기 위해 신학교에서 청강했다. 이후 경솔한 대책에 의해 학생들은 리세 당제(lycée d'Angers)의 교과과정을 수강해야만 했다.

1802년부터 랑드(Landes), 바스 피레네, 오트 피레네는 바욘(Bayonne)에 소속되었다. 루아송(Mgr Loyson) 각하는 두 개의 중등신학교를 세웠다. 중등신학교 교장들은 제국대학과 함께 대학입학자격시험을 실시하기로 하고 제국대학 총장에게 규정들을 승인받았다. 닥스(Dax) 중등신학교는 번영했다. 1811년 그곳에는 성직에 나아갈 25명을 제외하고 모두 118명의 학생들이 있었다. 그런데 베타랑(Bétharram)도 닥스도 콜래주를 설치하지 않는다는 칙령이 발표되었다.

주교는 퐁탄에게 닥스와 베타랑에 콜래주가 설치될 수 있도록 간청했다. 퐁탄은 닥스에 콜래주 신설의 가능성을 시사했으나 베타랑에 대해서는 아무것도 해 줄 수 없다고 했다. 포(Pau)의 학구장과 랑드의 도지사는 애르(Aire)에 중등신학교를 설립하기 위해 추천했다. 소관위원회와 퐁

---

451) Maurice Gontard, *L'enseignement secondaire en France de la fin de l'Ancien Régime à la loi Falloux, 1750-1850*, p. 96.

탄은 그들에게 동의했다(1812. 3. 24). 4개월 후에 닥스와 베타랑을 폐지하고 애르를 설립하는 명령이 내려졌다. 그런데 1803년 5월 애르 시는 신학대학(Grand séminaire)에 코뮌 중등학교(école secondaire communale)를 세울 수 있는 권한을 정부로부터 이미 획득하고 있었다. 그 학교는 7명의 학생으로 1804년 4월에 개교했고 1809년에 이르러 번창했다. 1812년 10월 중순에 바욘의 주교는 닥스의 학생들에게 애르로 가도록 권고했다. 그러나 애르에서는 총장의 승인도 받기 전에 철학강의를 시작했다. 포의 학구장은 모든 학구의 콜래주에서 이러한 교육을 금지하도록 하고 그리고 주교에게 포에 신학교를 설립하도록 압력을 가했다. 교육위원회가 그러한 사실을 인정했다. 한 장학관이 적절한 대비책을 마련하기 위해 애르로 파견되었다. 철학 강의가 폐쇄되었다. 주교는 학생들이 철학을 공부하기 위해 포에 가는 것을 금지했다.[452] 애르에서 철학을 보존하도록 퐁탄에게 간청하고 탄원했던 학구장과 주교 사이에 의견충돌이 일어났다. 철학 강의의 폐지는 계속되었다. 피니스태르에서는 도지사와 주교가 충돌했다. 도지사는 대학을 옹호했다. 총장과 장학관들은 법령의 시행을 잠시 중지시키려했다. 도지사는 성직자들이 증대하는 영향력을 고발했다. 도지사는 성직자들이 주요 관리들과 사법관들의 부인들과 아이들에게 영향을 미치기 위해서 고해성사를 이용했으며, 왜곡된 의견을 유포시켰다는 것이었다. 이에 대해 퐁탄은 피니스태르에서 교육을 쇄신하기 위해서 성직자를 이용했다는 사실을 전면 부인했다.

한편 기조는 나폴레옹에게 자신의 반론을 내세움으로써 제국대학을 옹호하려했다. 그러나 한 세기 후에 슈미트(Schmit)는 '1811년 11월 15일 법령'에 대한 연구결과를 제시했다. "대부분의 경우 법의 적용을 막거나 또는 법이 명백하게 중지시켜야 했던 악습에 눈감아 줌으로써 법의 적용을 방해한 것은 바로 대학당국이었다." 법을 집행해야할 총장이 이

---

452) Félix Ponteil, *Histoire de l'Enseignement, 1789-1965*, p. 152.

해되지 않는 일을 했다. 올라르(Aulard)에 의하면, 퐁탄은 법령의 시행에 거의 반역에 가까운 죄를 저질렀는데, 예컨대 '1811년 11월 15일 법령'을 방해했고 그것의 적용을 위태롭게 했다는 것이다. 사실상 학구장들은 다소 열정적으로 그리고 다소 성공적으로 그리고 그들의 타협책에 따라 법령을 시행하도록 노력했다. 그러나 공타르의 말처럼 그들이 심각한 충돌을 피하기 위해 가능한 한도 내에서 법의 집행을 완화했던 것이었다.[453]

엑스(Aix) 학구에서 에마르(Eymar) 학구장은 그 법령으로 "특히 나의 일이 많아졌다"라고 했다. 이미 제국대학에 의해 세금 징수관이 된 학구장은 그로인해 경찰관이 되어야만 했고, 여러 가지 보람 없는 일들을 떠맡아야만 했다. 특히 많은 교회중등학교의 폐교, 그 학생들이 리세나 콜래주 수업을 받아야 하는 일반학교, 기숙학교 그리고 남아있는 교회학교에 대한 가장 엄격한 통제가 문제였다. 교회학교에 대해 엑스의 학구장은 주교 그리고  지사와 함께 학교들의 폐교를 협상했다.

마침내 큰 어려움 없이 1812년의 1월 1일과 7월 1일에 부쉬 뒤 론에서 3개 학교, 바르에서 2개 학교를 폐교시켰다. 에마르 학구장은 폐교된 학교에 제국대학을 위한 자금을 요구했다. 그러나 그는 너무 자주 요구했기 때문에 성과는 크지 못했다. 그가 자주 청구한 것은 학교의 집기였다. 엑스의 그리형제단 학교(école des Frère Gris d'Aix)는 비참하고 불결하게 유지되었으므로 기숙사에서 벌레들을 잡아야 했다. 학구장은 남아있는 학교들에서 공립학교 학생들이 드나들면서 수업을 받을 수 있도록 하기 위해 주교들과 타협했다. 반대가 없지는 않았다. "부모들은 엑스의 교회학교에서 교육을 받은 자녀들이 콜래주의 수업을 수강하지 않아도 된다는 것을 얻어내기 위해 여러 가지 이유를 들어 학구

453) Maurice Gontard, *L'enseignement secondaire en France de la fin de l'Ancien Régime à la loi Falloux, 1750-1850*, p. 96.

장에게 건의했다."[454)]

학구장은 사립학교와 기숙학교를 포함하여 그 지구의 교육기관들이 마지못해서 새로운 법령을 준행한다는 것을 잘 알고 있었다. 그래서 학구장은 기회를 보다가 총장에게 법령을 적용하려면 곧 있을 개학 때인 가을(1812년)까지 기다리도록 제안했다. 제국대학 총장의 명령은 단호하여 '11월 15일 법령'의 시행을 지체할 수 없었다. 그러자 학구장은 그 효과를 기대하지 않으면서 사립학교와 기숙학교에 회람장, 그리고 점점 협박적인 통고문과 명령문을 자주 보냈다. 그는 통학생들과 관련하여 몇 가지 성과를 거두었는데, 통학생들은 공교육기관, 특히 마르세유 리세에 더 많이 들어갔다. 그러나 위반은 여전히 많았다. 사립학교와 기숙학교들은 리세의 기숙사 정원이 다 채워졌는지 어떤지를 알아보지 않고 계속해서 학생들을 보냈다. 1812년 12월 12일 학구장이 쓴 글을 보면, 부담금을 내도록 공표된 학생들의 수는 실제 학생 수와 차이가 많았다. "15일 전에 마르세유에서 나의 감독관들 중 한 명은 기숙사 사감의 집을 방문했을 때 의심이 갈만하게 난처해하고 수군거리는 밀담들을 발견했다. 어떤 시끄러운 소리가 들려 그는 즉시 3층으로 올라갔는데, 그가 교육기관의 등록부를 확인한 결과 숨겨진 많은 수의 학생들과 그 동안 기숙사 사감이 성직자였다는 사실을 발견했다."[455)]

보르도에서 새즈(Sèze) 학구장(루이 16세 변호인의 형)은 똑같이 곤란한 일들을 알고 있었다. 그의 리세는 11명의 기숙생들 밖에 없었는데 반해 사숙들은 기숙생들로 가득히 차 있었다. 학구장은 기숙사 사감들과 협상을 했고, 그리고 사감들은 그들이 자백 받은 학생들의 기숙사비 중에서 일부를 리세에 지불하는데 동의했다. 한 총감독관은 "그것은 바로 복음의 식사(repas de l'Évangile)이다"라고 기록했다. 그들은 온갖 수단

---

454) *Ibid.*, p. 97.
455) *Ibid.*

을 동원하고 장인, 직공들과 같은 가장 저속한 계층들에 이르기까지의 모든 사람들 그리고 그것을 원한 사람들 모두를 다루었다. 베르사유에서는 3명의 사감들이 그들의 학생들을 리세에 보냈는데, "아주 마지못해" 동의했다. 거기에서 리세에 보낸 학생들은 다른 곳에 비해 가장 적은 수였다. 사감들 중 4분의 1은 "끝내 어떤 학생도 리세에 보내지 않으려고 고집을 부렸다." 이러한 현상은 증가되었다.

반대로 브장송 학구에서는 그 법령들은 마찰 없이 실행되었다. 학구장은 부주교들과 신학교의 고위성직자들의 요구도 있었지만 제국대학의 법과 규율에 따르겠다고 서면약속한 후 학교장들이 설립한 교회중등학교들을 사립학교들로 분류했다. 학구장은 자신의 학구에서 제국대학의 권리회복은 폭력 없이, 설득 외에 다른 권위를 한 번도 사용할 필요 없이, 단 한 학교도 법적으로 폐교되지 않고, 단 한 가장도 부담금 납부를 거절함 없이, 그리고 가난한 단 한사람도 학교에서 퇴학당하지 않을 것이라고 단언했다. 이것은 실현되기에는 너무 어려운 마치 꿈과 같은 말이었다. 그러나 브장송은 이미 중앙학교의 모델을 제공했다는 것을 주시해야 할 필요가 있다. 다른 곳에서는 과감하게 맞서 싸우도록 선동했던 정치적·종교적 요인들이 확실히 브장송에서는 교육의 이익을 우선시하여 양보했다.[456]

학구장들은 '1811년 11월 15일 법령'을 집행함에 있어 많은 위반자들에 대해 할 수 없이 법이 부여한 치명적인 무기들을 활용해야만 했다. 대부분의 학구장들은 선천적으로든지, 또는 폐교로 인한 학업부진의 우려에서든지, 그리고 제국대학과 리세들에 대한 불신의 여론을 염려해서든지 억압하는 것을 매우 싫어했다. 심지어 루앙의 학구장은 소송으로 인해 제국대학의 명예를 손상시키고, 훨씬 더 평판이 나빠지게 만들었다. 총감독관들은 새즈 학구장의 나약함과 사감들과의 논쟁에 대해 분

456) *Ibid.*, pp. 97-98.

개했다. 불명예와 그러한 타협에 대한 추문들이 숨겨질 수 없었다. 사람들은 리세를 교육의 중심으로 만들려는 위대하고 중요한 계획을 그가 잘 간파하지 못한 것이 아닌가 하고 의심했다. 그러나 학구장은 변명까지 했다. "만일 총장이 매우 완전하게 법을 시행하도록 시도했다면 사숙들을 폐지하는데 성공했겠지만, 리세에는 이득이 없었을 것이다. 폐교된 기숙학교의 어떤 학생들도 거기에서 물러나지 않았다." 법학자인 엑스의 학구장은 그들의 처벌을 요구했으나 그것이 거의 효과가 없음을 알아차렸다. 위반자들은 처벌을 받기 전에 너무 많이 이득을 보았다. 사실상 사립학교에 의해 공급된 학생들은 시장에 의해 감독되었다. 그러나 큰 코뮌에서는 시장이 학생들의 상태가 어떤지를 정확하게 확인할 수 없었다. 따라서 시장은 세밀하게 따지는 것보다 그냥 믿고 검인을 했다. 작은 코뮌에서도 역시 검인은 정확히 되지 않았다. 왜냐하면 시장들을 제국대학에 손해를 끼치면서 너무나 당연히 학교장들을 예우했기 때문이었다. 따라서 사람들은 시장들이 발급한 증명서를 믿을 수 없었다.

이외에도 시장들의 감독이 정확하지 않다는 증거는 많이 있다. 검찰측의 문건에 의하면, 엑스 학구장으로부터 제소당한 시장은 제국대학의 입장을 옹호하는데 열정을 쏟지 않았다. 학구장은 그들의 열정을 돋우기 위해 자주 편지를 써야만 했다. 부담금을 납부하지 않은 3명의 기숙사감들을 기소하도록 명령받은 툴롱의 검찰관은 그들이 '아주 곤경에 처해 있다'는 정보를 인용했다. 그러자 학구장은 그에게 "리세의 빈궁은 여전히 더 심하다. 채무자들이 지불할 능력이 없다는 것이 법률상 확인될 때에만, 검찰관은 그들에 대한 소송을 보류해야 한다"고 했다. 학구장은 마르세유의 검찰관과 논쟁했는데, 그 검찰관은 '1811년 법령' 제121조와 제122조에 대해 그와 동일하게 해석하지 않았다. 그는 위반에 대한 증거들을 얻기 위해, 니스의 검찰관에게 "당신의 동료들 중 한

명이 사용했던 방법을 이용하여, 헌병대에 사람들이 비합법적인 학교로 의심하고 있는 지역의 코뮌에 가서 이러한 학교에 들어갈 임무를 주도록 촉구했다." 그는 "나는 검찰총장에게 이러한 부주의를 알려야만 한다는 것이 매우 유감스럽다"라고 하는 말로 주저하는 브리뇰(Brignoles)의 검찰관을 위협했다. 결국 스스로 혹은 사법적 조치 후에 폐교된 교육기관들은 때때로 은밀히 다시 교육기능을 수행했다. 시스테롱(Sisterons)에서 한 사제는 그의 집에서건 혹은 그가 여러 명을 모아 놓았던 사숙들 중 하나에서든지 계속 학생을 가르치고 있었다. 마르세유에서는 가외로 설립된 중등신학교들이 폐교되었으나 1813년 4월 17일에 학구장은 시장에게 학생들을 불법으로 가르치고 있다는 것을 고발했다.

> "에갈라드(Eygalades)의 주임사제이며 예전에 마르세유의 중등신학교를 운영했던 리페(Ripet)씨는 내가 믿기 어려울 정도의 매우 많은 학생들을 데리고 있다고 사람들이 나에게 고발했습니다. 그 사실이 진실인지, 실제로 그가 자기 집에 교회학교를 가지고 있는지, 그곳에서 사람들을 가르치고 있는지를 당신에게 통고할 수 있도록 허락해 주십시오. 그 학교가 '1811년 11월 15일 법령'에 위배된 만큼 용서해서 안될 것입니다."[457]

사립학교에서처럼 공교육에서도 '1811년 11월 15일 법령'은 잘 적용되지 않았다. 계획된 새로운 리세들은 창설되지 않았다. 콜래주들은 이전 그들의 조직을 그대로 유지했다. 콜래주의 학급담임교사들은 과거처럼 여전히 박봉이었다. 교장들은 자신들에게 부과되었던 회계규정을 잘 따르지 않았다. 이러한 사실을 염려한 엑스의 학구장은 총장에게 글을 보냈다.

> "회람장을 모든 콜래주의 교장들에게 보냈는데, 그 목적은 교장들

457) *Ibid.*, pp. 98-99.

로 하여금 그들의 의무를 아주 자세하게 알게 하기 위한 것이었습니다. 그럼에도 불구하고 나는 총장께서 원하는 만큼, 그리고 특히 제국대학이 필요한 만큼 신속하게 목적이 달성되지 않을까 매우 염려됩니다."

여러 도시들은 미리 할당된 장학금을 채우지 못했다. 재정적 어려움에 시달리고 있었던 정부는 더 이상 규칙적으로 장학금을 예산에 배정할 수 없었다. 제국의 57종의 장학금은 텅 비어있었으며, 1813년 7월에는 마르세유 리세 학생들이 장학금을 받지 못했다. 교육적인 면에서도 사람들은 교육과정 운영규정을 위반하는 리세에 대해 한탄했다. 1813년 리옹 리세에서 총감독관은 "그리스어 교육이 전혀 도입될 수 없다"고 기록했다. 교수들은 그리스어 교육의 도입을 싫어했으나, 여전히 만약 유용성을 알지 못하는 학업에 아이들을 전념케 한다면 자신의 아이들을 데려가겠다고 위협하는 부모들의 태도에 불편을 느끼고 있었다. 그리스어는 유능한 교사들이 없었기 때문에 강좌개설이 종종 연기되었고, 심지어 그리스 민주주의에 대한 제1통령의 개인적인 선입관의 희생물이 되었다는 소문이 퍼졌다. 한편 통학생들 가운데 문학수업 수강생들이 늘어나는 즐거운 현상이 나타났다. 그런가하면 가정에서는 과학을 반대하는 편견이 계속되었다.[458]

사실 사립학교와 기숙학교들이 1804년부터 1814년까지 발전했지만 리옹 리세에는 학력수준이 보잘것없는 학생들이 많았다. 나폴레옹은 그러한 쇠퇴를 체념하지 않았다. 그러나 제국대학 당국은 법령시행을 방해하면서 폐습을 눈감아 주었다. 기조는 1816년 제국대학의 행정은 계속해서 '종교적 원칙, 경건한 습관, 도덕적인 훌륭한 원칙들을 보급했다'는 것을 확인했다. 그 당시 모든 사람들은 퐁탄으로부터 나폴레옹에 이르기까지의 저항과 관용을 찬양했다.[459]

458) *Ibid.*, p. 99.

좀 더 부언하자면, 제국과 교회가 충돌하면서부터 어떤 열정이 나타났던 것이다. 황제에 대해 적대적인 올라르(Aulard)의 제자들에게 그것은 진퇴양난의 문제였다. 그것은 주교들의 태도와 교회학교들에게 유리하도록 법을 바꿀 줄 아는 그들의 능란함을 변호하기 위한 것이 아니라 독재적이고 반자유적인 정치에 대한 반동에 의한 것이었다. 교육의 자유를 옹호하는 사람들에게 그것은 독재를 무시하고자 했던 사람들에 대한 나폴레옹의 가혹함을 증명하기 위한 것이었다. 처음에는 제국의 정책이 실패했으나 다음에는 교회학교운동이 심하게 억제되었다. 그러므로 자칫 잘못하면, 1843년의 왕에 대한 보고서에서 빌맹이 보여준 모순 된 생각들에 동조할 수 있었다. 그것은 제국의 칙령들의 제약에도 불구하고 중등교육을 담당하는 사립학교들의 엄청난 수적 증가로 나타났다. 중등신학교들은 드물었고 학생 수도 적었다는 것이다. 확실한 것은 싸움이 격렬했다는 것이고 한 사람의 결정에 대한 다른 사람들의 반격이 맹렬했고 종종 결정적이어서 패배가 싸움을 일시적으로 끝냈다는 것이다.[460]

이처럼 '1811년 법령'은 그 내용이나 성향이 어떻든지 간에 당시의 교육에 대한 정서를 바꾸는데 충분하지 않았다. 그렇다고 완전히 실패한 것은 아니었다. 그 법령은 전반적으로 제국대학이 자금을 거두는 데 상당히 기여했다. 그것은 규모가 큰 공교육기관들의 정원수를 현저하게 증가시켰다. 리옹 리세는 통학생이 68명에서 188명, 마르세유 리세는 통학생이 100여명에서 180명으로 증가했다. 1810년 학생수가 225명이었던 포 리세는 1813년 348명에 이르렀다.

한편 공타르의 말과 같이, 그 법령은 상당수의 사립교육기관들을 폐쇄시켰다. 1813년 2월 25일 제국의 위상이 달라진 후 리세의 학생들은

459) Félix Ponteil, *Histoire de l'Enseignement*, 1789-1965, p. 153.
460) *Ibid*., p. 154.

1만8천명이나 되었는데 그중 1만 명이 통학생이었다. 제국의 확대에 따라 리세의 정원은 1807년 이래 두 배가 되었다. 그러나 그 수는 여전히 중등학교에 다니는 학생들 중 15%에 불과했다. 왜냐하면 코뮌의 콜래주에는 5만 명의 학생, 그리고 사립학교 특히 중등신학교들에 4만7천명의 학생들이 있었기 때문이다.[461)]

몇 가지 긍정적인 요소에도 불구하고 올라르가 말한 바와 같이, 퐁탄과 총감독관들 그리고 학구장들이 책임질 것도 없이 제국대학은 여기저기에서 누수현상이 발생했다. 사실 '1811년 법령'은 그것의 적용이 불가능했기 때문에 각 교육기관에 원만하게 시행될 수 없었다. 그것은 처음부터 사립학교, 기숙학교, 그리고 가톨릭 성직자들의 완고하고 타산적인 반대에 부딪쳤다. 사립학교와 기숙학교들은 결국 군국화되었고 나폴레옹에게 예속되었으며 특히 보다 비싼 국립학교들을 거부하는 대다수의 가장들에 의한 저항 속에서 계속 유지되었다. 물론 학구장들은 그 법을 적용하는데 있어서 신중했고, 그들에게 맡겨진 군대를 적당히 사용했다. 그러나 '1811년 법령'의 엄격한 시행과 처벌은 제국대학에 기여하기는커녕 우호적이지 않은 여론마저 확산시키게 되어 제국대학에 대한 혐오감을 불러일으켰다. 그러므로 제국대학평의원 앙브루아즈 랑뒤가 말한 바와 같이 '1811년 법령'은 충동적으로 만들어진 조치들이었으며, 제국대학이 그것의 시행을 완화시키도록 제국에 건의했던 법령처럼 보인다.

'1811년 법령'을 확고하게 시행하기 위해서는 많은 돈, 항상 굳건한 국가의 힘 그리고 특히 지속성이 필요했었다. 그런데 너무 빨리 군사적인 사건들이 연달아 일어났다. 이제 어느 누구도 그 체제의 영속성을 더 이상 믿지 않았다. 중등교육은 전반적으로 상황에 대한 불가피한 반

461) Maurice Gontard, *L'enseignement secondaire en France de la fin de l'Ancien Régime à la loi Falloux, 1750-1850*, p. 99.

향을 수반했다. 엑스의 학구장의 말에 의하면, 경제적인 측면에서의 악화는 학부모들로 하여금 재정적인 희생을 감수하도록 자극할 수 없었다.

특히 불행한 전쟁기간 가장들은 아이들을 리세에 계속 머물게 할 수 없게 했다. 상원심의회(sénatus-consultes)의 결의에 의한 1813년 4월 3일에서 10월 9일까지 지사들의 징집령은 그때까지 병역을 면제받았었던 젊은 교사들을 징병적격자로 소집했다. 학구장들은 학교의 질서를 무너뜨리지 않기 위해 지사들과 싸워야만 했다. 전쟁이 프랑스 전역에 영향을 미쳤을 때 교수들은 국민병으로 복역하도록 위협받았다. 겁에 질린 부모들은 자신의 아이들을 학교에 보내지 않고 집에 붙잡아 두었다. 침략에 대한 두려움으로 많은 부모들은 예전의 교육기관들에서 그들의 아이들을 끌어낼 수밖에 없었다. 전쟁은 확대되고 점점 더 많은 지역들이 점령당하였다.

디종의 학구장에 의하면, 당시 외국의 군대가 침입하여 마을의 건물들을 군인 막사로 사용했고, 사람들이 징용으로 시달려 1813년 말 이후에 많은 고통을 받았다. 과도한 지출과 전쟁의 피해로 가장들은 아이들을 기숙사와 콜래주에서 빼낼 수밖에 없었다. 마을들이 형편없이 파괴되어 공교육기관들을 유지하기 위해 주민들이 감당했던 돈을 계속 지급할 상황이 아니었다. 학급담임교사들은 그들의 박봉 중 일부를 학교경비의 명목으로 빼앗겼다. 1813-1814학년도는 더 이상 학업분위기가 조성되지 못했다. 총감독관들은 정부가 융통성이 없고 전쟁의 불가피성에 얽매어 나머지 모든 것을 망쳐버렸다고 개탄했다.

젊은이들은 우선은 학업이고 훈련이며, 그 다음 교육을 형성하는 모든 것이 되어야 한다. 그래봐야 무슨 소용이 있을까? 라고 끊임없이 자문자답했다. 1814년 4월 제국대학은 안도감에서 학업을 정상적으로 복귀시킬 전쟁의 종말을 맞이했다. 그러나 그것은 걱정거리를 수반했는데, 왜냐하면 전쟁의 종식은 제국대학의 체제와 교수단 그리고 주요한 교육기관인 리세에 거의 호의적이지 않은 군주제의 복고를 수반했기 때문이다.[462] 따라서 전쟁의 종식은 군주제의 복귀이며 결국 제국대학과 리세의 종말이 되고 말았던 것이다.

462) *Ibid.*, p. 100.

# III편 나폴레옹 이후 제국대학과 교육개혁 방향

## * 개요

모스크바 원정의 실패는 나폴레옹의 패망으로 이어졌다. 1812년 11월 27일 사력을 다해 러시아의 베레지나 강을 건넌 프랑스 대군은 때 마침 밀려든 겨울 한파와 집요하게 추격하는 카자흐 기병과 러시아 군대의 공격을 막아낼 기력이 없었다. 453,000명의 병사들 중 프랑스에 몸성히 살아 온 병사들은 1만이 채 못 되었다.

프랑스 국민들은 이처럼 많은 병사들을 죽인 나폴레옹을 더 이상 믿고 싶지 않았다. 나폴레옹의 패배와 민심의 이탈을 틈타 오스트리아가 1813년 8월 프랑스에 선전포고를 했다. 1814년 1월 대불동맹국들은 "우리들의 목표는 프랑스 국민이 아니라 나폴레옹 하나뿐이다" 라고 외치면서 사방에서 공격했다. 특히 오스트리아, 프로이센, 영국 등 3개 연합군은 나폴레옹이 사라질 때까지 싸울 것을 약속하고 파리로 진격했다. 이에 파리시 당국은 나폴레옹의 의사와는 관계없이 평화협상에 들어갔고, 임시정부의 수반으로 임명된 탈레랑이 나폴레옹의 폐위를 선언했다. 루이 16세의 동생 루이 18세가 보위에 오르자 나폴레옹은 45세를 일기로 퇴출되었고, 1814년 5월 4일부터 엘바 섬에 감금되었다.

따라서 전쟁의 종말을 맞이한 제국대학은 1814년 4월부터 안도감에서 학업을 정상적으로 복귀시킬 수 있다고 생각했다. 그러나 반대로 걱정거리가 뒤따랐는데, 왜냐하면 전쟁의 종식은 제국대학의 체제와 교수단 그리고 중요한 교육기관인 리세에 거의 호의적이지 않은 군주제의 복고를 수반했기 때문이다.[463] 사실 전쟁의 종식은 군주제의 복귀이며 결국 제국대학과 리세의 종말이 되고 말았던 것이다.

루이 18세는 프랑스의 난국을 풀어내기에 역부족이었다. 국민들은 나폴레옹에게 넌더리를 냈지만 루이 18세와 부르봉왕가의 복귀를 원한 것은 아니었다. 국민들은 혁명으로 얻은 프랑스의 영광과 국민주권이 부르봉왕가에 의해 상실될 수 있다는 불안감에 사로잡혔다.

왕정복고와 더불어 각 지역에서 학내사태가 심각하게 벌어졌다. 백색 휘장이 배포되자 대담한 학생들은 변기 또는 하수구에 버렸고, 서부지방의 학교에서는 북과 군대식 교복이 바뀌는 사태가 생겼다. 한편 앙제에서는 "루이 18세 타도"라는 벽보를 내걸었다. 그러나 새로운 명령이 있을 때까지 종전의 공교육체제를 유지하라는 '1814년 6월 22일 칙령'이 전달되자 혼란은 악화되지 않았다.

엘바 섬에 감금된 나폴레옹은 자신이 구축한 '위대한 프랑스'가 열강의 손에 무너지는 것 같아 참을 수가 없었다. 그는 엘바 섬 탈출을 시도했고, 드디어 1815년 3월 1일 성공했다. 그의 탈출 소식이 전해지자 알프스 산을 넘을 때 함께한 병사들과 농민들이 달려왔다. 그르노블과 리옹의 군대는 나폴레옹에게 투항했고, 옥세르에서는 네이가 루이 18세의 명령을 거역하고 줄행랑을 쳤다. 그가 파리에 도착할 무렵 루이 18세는 황망히 벨기에로 피신했다.[464] 따라서 나폴레옹을 체포하려고 온

---

463) *Ibid*., p. 100.

464) Isser Woloch, *Napoleon and Collaborators*. 차재호 옮김, 『나폴레옹의 싱크탱크들』, 홍익출판사, 2001, p.337.

군인들이 도착하자마자 그의 편으로 돌아와 별다른 저항 없이 3월 20일 파리에 복귀했다.

'백일천하'가 시작되었음으로 학교에는 큰 변동이 없었다. 국민들은 자유, 평화, 국민주권이 보장되는 사회를 원했지만, 나폴레옹은 그렇지 않았다. 국민들이 원하는 민주주의는 생각할 수도 없고, 과거와 다름없는 1인 독재체제가 다시 강화되었다. 나폴레옹은 다시 전쟁을 통해 혼란한 정국수습을 하고 자신의 위상도 높이고자했다. 1815년 6월 리니에서 프로이센군을 격파하여 기선을 잡았으나 이틀 후 이베리아 반도에서 승리한 영국의 웰링턴과 워털루에서 운명의 접전이 벌어졌다. 나폴레옹은 승리를 눈앞에 둔 전쟁이었으나 게르하르트 불뤼허가 이끈 프로이센군이 도착함으로써 전세가 역전되었다. 나폴레옹의 사전에 "불가능은 없다"라는 말은 이제 사라졌다.

1815년 6월 22일 의회는 전쟁에서 패배하고 돌아온 나폴레옹의 퇴위를 결의했다. 7월 3일 그는 미국으로 망명을 시도했지만 영국함대의 감시와 프랑스 선박의 출항금지령으로 실패하고 영국정부에 보호요청을 했다. 영국정부는 동맹국들의 의견을 감안하여 프랑스로부터 멀리 떨어진 세인트헬레나에 유폐시켰다. 그는 1815년 10월 15일부터 1821년 5월 5일까지 유폐생활을 하면서 위암으로 고생하다 52세의 일기로 사망했다.

나폴레옹이 워털루에서 패배하여 폐위되었을 때, 학교에서 반응은 즉시 일어나지 않았다. 다행히 '1815년 8월 15일 칙령'이 나폴레옹에 의해 설립된 학군을 그대로 유지하게 함으로써 제국대학체제는 당분간 지속되었다. 제2차 왕정복고 후 대학 내에서 한쪽은 자유, 다른 한쪽은 종교를 내세우면서 분쟁이 일어났고, 특히 사립학교들은 제국대학의 교육방법과 교육과정에 대한 재검토를 시작했다. 1817년 2월 콜라르에 의해 제국대학의 폐지가 거론되었으나 즉각적인 효과는 없었다. 공교육헌장과도 같은 '1821년 2월 27일 칙령'이 발표된 후 교육문제는 많은 것들이 해결되었다.

연이은 프랑스 정치변동은 프랑스 교육을 새로운 방향으로 이끌었는데, 1830년 7월 혁명과 '기조 법'에 의해 초등교육이 전 국민을 대상으로 실시되었다. 그러나 여전히 소녀교육은 해결되지 못하고, 뒤로 미룬 상태에 있었다.

한편 '1836년 3월 22일 법령'으로 성인강좌 즉 평생교육이 시작되었다. 따라서 교육은 죽을 때까지 필요하다는 인식과 더불어 학교 교육 뿐만 아니라 사회교육으로 확대되었다. 이어서 1848년 2월 혁명과 '팔루 법'에 의해 초등교육과 중등교육의 자유권이 보장되었다. 그리고 놀라운 변화는 유치원과 야간학교가 개교 되었고, 따라서 제국대학은 자연히 폐지되었다. 특히 1851년 나폴레옹 3세의 교육부장관이자 종교부장관으로 포르툴이 '팔루 법'을 소신 있게 추진함으로 학구장제도가 폐지되는 등 제국대학 교육체제에 종지부를 찍게 되었다.

률랑을 거쳐 1863년 나폴레옹 3세의 교육부장관이 된 뒤뤼는 자유로운 시대정신에 부응하는 교육을 강조했다. 그리고 중앙 집중적 엘리트 교육을 살리면서 산업과 상업에 보조를 맞출 수 있는 교육을 추진했다. 특히 그는 여성교육의 실태를 파악하고 그 문제점을 해결함으로 근대 민주국가의 시민교육의 기틀을 마련했다.

그러므로 비록 나폴레옹은 아프리카의 고도 센트 헬레나에서 비참한 생애를 마감했지만, 그가 이룩한 '프랑스의 영광'과 더불어 교육개혁, 즉 공교육, 바칼로레아, 교사임용시험, 사범학교 ,전문학교 등은 실사구시의 교육, 대중교육, 성인교육(평생교육) 등으로 이어져 오늘에 이르고 있음을 볼 수 있다.

# 제9장

# 왕정복고와 백일천하에서 제국대학은 어떻게 되었나?

1. 왕정복고와 제국제학
2. 백일천하와 제국대학

## 1. 왕정복고와 제국대학

제국대학은 지역의 주민들로 하여금 징병과 간접세에 시달리게 했기 때문에 결국 민심을 잃었다. 제국대학의 총장이 학구장들에게 행정상의 번잡한 절차, 재정상의 제약 그리고 제재조치들을 아무리 완화하여 시행하도록 했더라도 이미 인심을 잃었다. 게다가 리세들도 공공의 신뢰를 얻지 못하고 있었다. 비록 리세에 대해 찬사를 보냈다하더라도 나폴레옹의 혁명정부에 의해 설립되었다는 기억을 떨칠 수가 없었다. 따라서 퐁탄에 의해 임명된 행정관들은 왕정복고를 환영했으며, 심지어 생토메르(Saint-Omer)의 교장 푸알리옹(Poillion)은 루이 18세에게 인사하기 위해 영국으로 달려갔다.[465)]

그러나 사람들은 제국대학에 대해 긍정적으로 평가하는 점도 많았다. 그것은 제국대학이 교육개혁을 추진하면서 혁명 말기에 존재했던 심각한 무질서한 학교교육을 개선했으며, 중등교육을 통일된 방향으로 이끌었고, 사범학교를 설립하여 교원을 양성했던 것들이었다.[466)]

나폴레옹 제국의 몰락은 제국대학과 리세들에 대한 총 공격으로 나타났다. 엑스 학구장은 개인적인 이해관계와 적대감이 리세를 방해하기 위해 당시의 상황을 충분히 이용하거나 악용했다는 것을 빠트려서는

---

465) Georges Weill, *Histoire de L'Enseignement Secondaire en France(1802-1920)*(Paris: Payot & Cie., 1921), p. 51.

466) Maurice Gontard, *L'enseignement secondaire en France de la fin de l'Ancien Régime à la loi Falloux, 1750-1850.*, p. 101.

안 된다고 말했다. 그는 1814년 3월 31일 출판된 야유적인 소책자 『뷔아나파르트와 부르봉왕조』(*De Buanaparte et des Bourbons*)에서 가장 맹렬하고 가장 떠들썩한 공격을 샤토브리앙으로부터 끌어냈다.

> "아버지들을 묶어두는 것만이 능사가 아니다. 역시 아버지들이 아이들 문제를 처리해야만 했다. 사람들은 어머니들이 제국 방방곡곡으로부터 달려 나오고 울음을 터트리며 정부가 그들에게서 빼앗아간 아들들을 찾으러 온 것을 목격했다. 이 아이들은 경솔하게 무종교, 방탕, 그리고 가정의 미덕에 대해 경멸감을 가르쳤던 학교에 배치되어 있었다."

그러한 공격은 임시정부로 하여금 9일자 <모니퇴르> 신문에 발표된 '1814년 4월 8일 법령'의 채택을 촉구했다. "아이들 교육의 형태와 방향은 아버지와 어머니, 후견인이나 가족들의 권한으로 되돌려질 것이다. 부모의 뜻과 관계없이 학교, 리세, 그리고 그밖에 공립학교에 배치된 모든 학생들이라든지 또는 부모들이 요청하는 학생들은 즉시 자유롭게 되고 원위치로 되돌아가게 해야 할 것이다." 이것은 샤토브리앙의 비난을 공식적으로 인정한 것이었다.

샤토브리앙의 친구인 퐁탄은 격렬하게 대항했다. 다음날 <모니퇴르> 신문에 그는 "리세에 입학한 모든 학생들은 자발적으로 들어갔다. 그들에게 주어진 장학금은 특별한 배려로써 그리고 보상으로써 요청된 것이었다."라고 발표했다. 그리고 "이러한 교육기관들이 소속된 제국대학은 이미 중대한 업무를 수행했다. 제국대학 총장은 대중적인 신뢰와 존경을 받았다. '교수단'은 아버지와 같은 정부의 품에서 미풍양속을 유지하고 학교교육의 발전에 크게 기여할 것이며, 그리고 이러한 목적에 도달하기 위해서 그것의 정신을 바꿀 필요가 없을 것이다."

샤토브리앙은 그의 저서 두 번째 판 서문에서 자신이 지나쳤음을 인정했다. "내가 글을 썼던 마지막 상황에서, 모든 상황을 정확하게 살피기 위해 충분히 여유 있는 마음을 갖지 못한 것은 당연한 일이었다. 전쟁터에서 사람들은 그다지 신중하게 행동하지 않는다." 그리고 그는 제국대학의 구성원들과 퐁탄에게 존경을 표명했다. "나는 보나파르트의 행정부만을 공격하려 했지 행정관들을 조금도 공격하려 하지 않았다"라고 그는 변명했다.[467] 퐁탄은 여론에 대해 공립학교의 대의명분을 옹호하기 위해 1814년 4월 18일 공문을 통해서 리세와 콜래주에 군사적인 잔재를 모두 제거하도록 지시했다. 학생들은 더 이상 군대식교육이 아니라 순수한 학교교육으로 돌아가게 되었다. 이제 훈련의 신호는 종소리로 주어졌다. 기숙학생들은 계속해서 교복을 입었지만 군사적인 형태는 사라졌다.

그동안 체제의 변화에 의해 공립학교의 생활은 극도로 혼란하게 되었다. 교회중등학교, 사립학교, 기숙학교는 학생들이 리세와 콜래주의 수업을 들어야 하는 의무로부터 해방되었다.[468] 그러나 엑스의 학구장은 제국대학 총장으로부터 교회중등학교장이 아직 폐지되지 않은 규정들을 준수하라는 편지를 받았다. 엑스 학교장은 그에게 "자신의 양심은 그의 명령을 조금도 따르지 않게 될 것이다"라고 답했다. 그리고 그는 왕의 명령만 따를 것이라고 단언했다.

한편 포에서는 부르봉 왕조의 복귀를 이용하여 성직자들이 애르, 바욘 등 여러 학교들 가운데 소위 신학교라 불리는 많은 학교들을 다시 열기 위해서, 성직자를 양성한다는 구실로 교육부와 협의했다. 여러 해 동안 제국대학 총장에 의해 폐교된 기숙학교의 교사들은 그들 학교를 복원시키고 자신들의 교육의지를 펴기 위해 시대의 위기를 이용하고자 했다. 제국대학에 봉사했던 성직자들은 제국대학에 등을 돌렸다. 브장

467) *Ibid.*

468) Rapports des inspecteurs généaux, correspondances des recteurs F 17 6808 et 6809 et pour Aix A. D. des Bouches-du-Rhône. cf. Maurice Gontard, *L'enseignement secondaire en France de la fin de l'Ancien Régime à la loi Falloux*, p. 102. 재인용.

송에서 가장 모범적인 대학구로 알려진 오르낭(Ornans)에서는 1814년 이후 성직자인 그 교장은 대학구와의 모든 관계를 끊었다. 그는 내부에 교회학교를 수용했었던 콜래주들을 해산시키기 위해 적극적으로 노력했다. 따라서 공립학교들의 수업을 들으러 다녔던 통학생들의 수는 급격히 줄어들었다. 포 리세의 정원은 1813년 348명에서 1814년 214명으로 줄었다. 리옹 리세는 학생수가 66명 줄었다. 1812년 학생수가 93명이라고 발표했던 생 에티엔 콜래주는 1814년에 26명밖에 되지 못했다.[469]

학생 수의 감소는 학교 수입의 감소를 초래했다. 따라서 행정부는 코뮌의 장학금을 지불하는데 망설였다. 사립학교와 기숙학교들은 제국대학에 지불해야 하는 '대학 배당금'을 지불하지 못하는 사례가 자주 발생했다. 4월 27일 엑스 학구장은 제국대학 총장에게 여러 기숙학교 교사들이 "그에게 앞으로 더 이상 대학 배당금을 지불하지 않겠다"는 서신을 보냈는데 거기에는 학부모들의 결의가 담긴 서신이 첨부되어있었다. '대학 배당금'을 지불하지 못하겠다는 학교가 증가했다. 마르세유에서는 사립학교장들이 '동맹체'를 결성했는데, 그 목적은 리세를 무너뜨리고, 동시에 모든 종류의 감독으로부터 해방되자는 것이었다.

교육과정에도 문제가 제기되었다. 특히 군사학교들이 계획한 여러 교과목들이 공격의 대상이 되었다. 렌느 대학구는 콜래주로부터 군대식 교과목들을 폐기하려했다. 따라서 렌느 리세는 군대식 교육과정을 더 이상 설치하려하지 않았다.[470]

여러 곳에서 발생한 정치적 혼란과 무질서는 리세에 대한 불안감과 적대감을 더욱 고조시켰다. 블랑키(A. Blanqui)가 학생으로 있었던 니스에서 백색휘장의 배포는 폭소와 야유를 받았다. 예의가 바르고 슬기로

---

469) Maurice Gontard, *L'enseignement secondaire en France de la fin de l'Ancien Régime à la loi Falloux, 1750-1850*, p. 102.

470) *Ibid.*

운 학생들은 눈물을 흘리면서 휘장들을 짓밟았으며, 아주 대담하고 무례한 학생들은 그것들을 하수구에 던지기까지 했다. 게다가 몇몇 휘장들은 심지어 변기통 속에 버려지는 사태가 벌어졌다. 서부지방은 사태가 더욱 심각하여 특히 북이 제거되고 군대식의 교복이 바뀌는 사태가 벌어졌다.

한편 앙제에서는, 벽에 '황제만세, 루이 18세 타도'와 같은 게시물을 부착하면서 왕정복고에 대항했다. 렌느에서는 부활절의 일요일에 학생들이 "Domini Salvum fac Imperatorem"을 노래하기 시작했다. 제국대학은 서둘러 로망(Roman)과 프티토(Petitot) 신부를 총감독관으로 질서가 문란한 서부지방의 리세들에 파견했다. 이들 두 명의 감독관들은 다루기 힘들었다고 판단된 학생들을 퇴학시키고 지역의 공공여론이 요구하는 신앙의 실천임무를 수행했다.

그간 계획적으로 확대된 공립 중등학교들은 그 실제정원과 자원이 사라지고 있었다. 제국대학은 비판을 받았다. 이제 사립학교들은 제국대학의 감독으로부터 벗어났다. 1808년부터 자리매김 되었던 강력한 교육조직은 무너졌다. 중등교육은 자유를 얻는 듯 했으나 무정부상태에 의해 위협받게 되었다.

다행히 '1814년 6월 22일 칙령'은 새로운 명령이 있을 때까지 공교육의 조직을 유지하도록 했다. 그러나 혼란과 무질서를 예방하기 위해서 정부는 유용하다고 판단될 변화들을 대학체제가 받아들일 수 있을 때까지 종전의 공교육 체제를 유지하도록 한 것이었다. 검찰총장과 도지사들은 지역의 대학체제에 주의를 기울여야만 했다. 퐁탄 총장은 제국대학에 대해 이처럼 임시 조치를 한 다음 6월 30일 학구장들과 공교육기관에 두 개의 공문을 보냈다.

첫 번째 공문에서 그는 "만약 교육이 의식과 품행을 동시에 개선하지 못한다면, 유용한 것 보다는 치명적인 것으로 될 것이다. 교육은 단지 의식과 품행을 규제하는 확실한 수단일 뿐이고 그것들을 규제하는 것은 종교의 영향력에 달려있다. 성 루이의 왕좌가 다시 세워졌다. 그리고 그의 종교는 그 어느 때보다도 프랑스의 학교에 군림해야만 한다. 교사들은 그 종교를 강의를 통해서 뿐만 아니라 그들의 행동을 통해서 전도해야만 한다. 제국대학을 중상하고 비방하는 자들이 있다. 제국대학은 그들에 대해 교사의 실력과 학생들의 훌륭한 행동 그리고 학교의 규율을 통해서 대응해야 만 한다"고 했다. 이러한 과정에서 1814년에 성직자들은 나폴레옹의 칙령을 폐지하도록 요구했다. 1814년 7월 푸아티에의 주교는 교회학교에 대한 절대적인 자유를 요구했다.471) 1814년 7월 12일 몽테스키우(Montesquiou) 신부는 의회의 연단에서 보다 자유로운 경향을 확산시키기 위해 국민교육이 필요하다고 주장했다.

두 번째 공문에서 퐁탄은 교회와 시 당국자들의 면전에서 마치 학년말 시상식에서 행해질 강연과 같은 주제를 제안했다. 그것은 프랑스인들이라면 왕과 프랑스 자체에 보고하리라고 기대하지 않았던 사건들에 대한 의식이었다. 두 달 후인 8월 30일 제국대학 총장은 10월 개학 때 성령(Saint-Esprit)에 대한 미사를 집전 할 것을 규정하는 공문을 보냈다.

퐁탄은 '9월 28일 훈령'으로 리세와 콜래주의 내부 조직, 학습과정 및 훈련에 대해 수정하도록 지시했다.472) 이 공문은 환경의 변화에 부응하도록 중등학교를 개혁한다는 것이었다. 9월 28일의 훈령으로 학술용어에서 '군사적인 기준'들이 제거되기에 이르렀다. '훈련교사 maître d'exercice'들은 사라졌다. 그리고 상벌조항에서 '구금 arrêts'은 삭제되었다. 반대로 도덕과 종교에 관한 조항들은 강화되었다. 교목은 반드시 리세 안에서 생활해야 했다. 일요일과 축제일 마다 미사 및 저녁 찬양예배를 드려야 했다. 그리고 목요일과 그밖에 다른 날들은 음악이 없는 미사를 드리게

---

471) Félix Ponteil, *Histoire de l'Enseignement, 1789-1965*, p. 154.
472) *Ibid.*, p. 157.

했다. 하루의 일과는 공동의 기도로 시작하고 끝을 맺는다. 수업과 식사의 전후에는 기도가 행해졌다. 교장은 학교시설과 학습지도이외도 학생들의 품행과 종교에 대해 감독을 해야만 했다. 연령이 차이가 나는 학생들은 조심스럽게 분리되었다. 나폴레옹 제국치하에서 병영생활과 비슷하게 했던 군사적 형태의 공적인 학교생활은 이제 신학교와 수도원으로 가져가야만 했다. 그러나 학습계획은 거의 변화되지 않았다. 가장 중요한 것은 모든 수업 프로그램의 첫머리에 종교교육이 포함되었다는 것이었다. 과학은 얼마간의 축소를 감내했지만 제한적이었다. 과학은 3학년부터 설강되지 않았다.

퐁탄 총장은 그 해 여름 1814년의 전쟁으로 상실한 지역에서 물러난 교사들을 임용했으며, 동시에 몇몇 행정가들과 이전의 기혼사제 교사들 혹은 혁명이나 제국의 사상에 찬성하는 입장을 표명함으로써 다소 심하게 낙인이 찍혔던 고등사범학교의 젊은 교수들을 이동시켰다. 왕은 특권을 소유한 국비 장학생들을 그대로 유지하도록 했다. 특히 서부지방에서는 리세의 장학금이 열렬한 왕당파의 자손들에게 주어졌다. 새 학년의 시작은 도처에서 정상적으로 비교적 조용히 이루어졌다.[473)]

퐁탄 총장은 그와 같은 조치들을 통해 공립학교와 가톨릭적이고 왕당파적인 제국대학을 새로운 체제로 전환시키려 했다. 그에 대한 공격은 사실상 계속되었다. 첫째, 지방에서는 퐁탄의 유화적 결정들을 거의 알지 못했다. 예를 들어 '1814년 9월 28일 법령'은 렌느 학구에 한 번도 보내진 적이 없었지만 낭트 콜래주에만 알려져 있었다. 리세는 계속 신뢰감을 불러일으키지 못했다. 사람들이 평가하듯이 행정가들과 교수들의 사고방식을 바꿀 수 있는 것은 몇 가지 공문이나 인사이동으로 되는 것은 아니었다. 장차 교사들과 학생들은 분명히 미사에 갈 것이고

---

473) Maurice Gontard, *L'enseignement secondaire en France de la fin de l'Ancien Régime à la loi Falloux, 1750-1850*, p. 104.

종교적인 예배에 참석할 것이며 기도문을 소리 내어 암송할 것이다. 그러나 어떤 생각으로 그렇게 하는가! 또한 급료와 제국대학의 독점은 비난받았는데, 그것들은 적어도 모두 이론상으로서는 있을 수 있는 것들이었다. 사람들은 자신이 선택한 학교에 아이들을 맡길 수 있는 부모들의 권리를 요구했다. 당시 엑스의 학구장은 제국대학에 반대하는 많은 비방문들을 제국대학에 대해 실망하는 글에 인용했다.474)

제국대학의 전권에 대해 성직자들은 커다란 손상을 입히고 첫 번째 승리를 거두었다. 1814년 10월 5일의 교회중등학교들에 대한 칙령이 바로 그것이었다. 교회중등학교들은 도마다 한 개의 비율로 아무런 제재도 받지 않고 설립할 수 있었다. 반대로 두 번째 학교의 설립은 왕령에 의해 인가받아야 만 했다. 교회중등학교의 교육은 제국대학의 감독에서 벗어났고 학생들은 제국대학 배당금을 면제받았다. 그러나 교회중등학교학생은 성직자의 복장을 해야만 했고 모두 기숙사생이 되어야만 했다. '1814년 10월 5일 칙령'은 강제성을 제한하는 조치들이었음에도 불구하고 교육기관들은 심각한 위협을 받았다. 즉 "중등신학교들은 콜래주 및 사립학교들보다 커다란 이점을 지니고 있었는데 왜냐하면 거의 모든 주임신부들이 신학교를 위해 학생을 모집했기 때문이다. 게다가 제국대학 배당금 면제는 여러 부모들에게 중등신학교를 선호하는 동기가 되었다."475)

'1814년 10월 5일 칙령'은 제국대학의 감독으로부터 중등신학교들을 해방시켰다. 주교들은 신학대학생 모집을 확실하게 하기위해 각 도마다 하나의 교회학교를 개교할 권리를 얻었다. 이들 학교의 학생들은 콜래주의 교육과정이수와 제국대학 배당금이 면제되었다. 그들은 바칼로레아 시험을 치르지만, '수험료 droit d'examen'는 지불하지 않고 학사가 될

474) *Ibid.*
475) *Ibid.*

수 있었다. 그것은 가톨릭교회의 교육으로 인정되었다.[476)]

사립학교장과 기숙학교의 교사들은 '6월 22일 칙령'에도 불구하고, 1814년도 신학기에 학생들을 공립학교로 안내하고 그리고 부모들이 지불하기 가장 싫어하는 배당금을 이행하지 않았다. 또한 어떤 경우는 완강하게 그것의 이행을 거절했다. 브장송 학구에서는 배당금의 소출은 1813년도 3만 5천 116프랑에서 1814년도에는 8천 726프랑으로 감소되었다. 행정관들은 항상 제국의 법령에 의해 사립학교 인가의 원칙을 적용했다. 그러나 이러한 절차는 대학과 리세들에게 새로운 적을 만들었다. 만약 학구장들이 학구 내 대학의 권리를 이행하려는 태도를 취한다면, 그들은 제국대학의 노여움을 끊임없이 불러 일으켰을 것이다. 반대로 그들이 어떤 남용에 대해 눈을 감아 준다면, 곧 위반사항이 끝없이 증가할 형편이었다.

1814년 12월 17일 엑스 학장은 콜래주들이 쇠퇴하는 현상을 우려했다. 콜래주 다를(Collège d'Arles)은 완전히 추락했다. 기숙학교의 교사들은 그들의 학생들을 콜래주의 교실에 더 이상 보내지 않는다. 다른 학교들은 개방되어있으나, 역시 들어가는 학생들이 없다. 학생들은 알지 못했을지라도 콜래주에는 라틴어를 가르치기 위한 초급강사들이 있었다.

'6월 칙령'은 혼란스런 정국에서 중등교육을 이끌기에 충분하지 못했다. 정부는 '6월 칙령'을 임시로 조급하게 발표한 것으로 평가했다. 내무장관 이외에 11명의 위원들이 그 칙령을 만들었는데, 사람들은 중재의 형태로 '1815년 2월 17일 칙령'을 발표하는데 성공했다. 그것은 체제의 붕괴 없이 몇 가지에 대해 여론에 만족을 주는 것이었다. 퐁테이의 말과 같이, '1814년 10월 5일 법령'은 제국대학에 일격을 가했다면, '1815년 2월 17일 칙령'은 대학을 일시적으로 나마 바꾸어 놓았다. 루이 18세는 퐁탄과 그의 동료들이 이용하도록 촉구했던 사립학교들과 같은

---

476) Félix Ponteil, *Histoire de l'Enseignement, 1789-1965*, p. 157.

목표로 투쟁했다고 그들을 치하했다.477)

그러면 '1815년 2월 17일 칙령'에 의해 제국대학이 어떻게 바뀌었을까? '1815년 2월 17일 칙령'은 제국대학을 프랑스혁명 이전의 27개 대학에서 17개 대학으로 통폐합했고, 또한 앙시앵 레짐의 지방 분산의 대학조직으로 환원하는 것이었다. 그러나 그 칙령은 한 개의 학교를 개교할 것을 승인하였다. 그 칙령은 평판이 나쁜 배당금을 폐지하고 공교육에 시민의 기부금으로 받은 백만 프랑을 맡기게 했다. 그러나 칙령은 학습의 홍미 내에서 교육수준에 따라 공립학교에 그들의 학생들을 보내도록 사립학교와 기숙학교에 강요하였다. 결국 칙령 제 30조는 모든 자유로운 영역의 입학조건으로 오늘날 우리나라의 대학입학자격고사인 수학능력고사와 같은 바칼로레아를 만들었다.478) 바칼로레아는 지금까지도 프랑스 학생들이 대학을 입학하는데 실력과 자존심을 인정받는 시험으로 시행되고 있다. '1815년 2월 17일 칙령'은 서문에서 정치적 견해에 봉사하도록 운명이 지어진 제도, 즉 공교육 체제를 비난했다. 그것은 '진실한 체제 vrai système'로 회복되도록 제안하는 것이었다. 즉 능력 있는 사람들과 순수한 관례들을 만들자는 제안이었다. 그 칙령은 제국대학 총장의 기호에 따른 극단의 중앙집권 제도를 비난했고 제국대학의 위상은 타격을 받았다. 지방 당국에 통제권의 일부를 돌려주는 것이 문제였으며 우수한 학교(bonnes etudes)의 확산과 교육 보급에 반대되는 교육세를 사라지게 하는 것이 문제였다. '1808년 3월 17일 법령'에 의해 수립된 이 세금은 초등학교를 제외하고 모든 학교에 부담이 되었다. 이 세금은 각각 학생들이 교육받기위해 지불해야 하는 돈의 20분의 1이었고 콜래주의 통학생과 기숙생, 그리고 사립학교 학생들에게도 부과되었다. 이 세금은 1815년 교육수혜자 명단에 있는 1백만 명에 대한

477) *Ibid*., p. 154.

478) Maurice Gontard, *L'enseignement secondaire en France de la fin de l'Ancien Régime à la loi Falloux*, 1750-1850, p. 105.

징수로 대체되었다. 이러한 방법은 명확한 성격을 가져야 했다. 학구들은 17개 대학에 자리를 마련해 주었다. 각 대학은 학구장이 주재하는 위원회를 가지고 있었고 단과대학, 그리고 왕립과 코뮌의 콜래주들을 포함했다. 지사와 주교는 학구장에 대해 발언권과 상위권을 가지고 위원회에 참석했다. 그들은 콜래주 행정위원회의 구성원들이 되었는데, 그 위원회 위원장들보다 상위였다.

모든 대학교육은 총장, 왕에 의해 임명된 2명의 위원, 성직에 소속된 다른 2명의 위원을 포함한 공교육최고위원회에 의해서 규정되었다. 12명의 총감독들이 대학들을 방문지도 했다. 리세들은 왕립콜래주가 되었다. 그러나 이러한 칙령들은 실행되지 않았다.[479] 1815년 2월 17일 공교육에 대한 칙령으로 독립된 대학들을 만들었고, 왕립공교육위원회(Conseil royal de l'instruction publique)의 감독 하에 사범학교를 세웠으며, 전체의 이익을 위해 이전의 제국대학을 존속시켰다.

사범학교와 모든 대학의 행정당국은 그들이 필요한 만큼의 교사수를 충원했다. 학생들은 3년 간 공부한 다음 왕립공교육위원회가 주관하는 시험을 치른 후 교수자격증을 수여받았다. 교수자격시험은 그들에게 있어 예약된 것과도 같았다. 학구장은 왕립 콜래주들의 상급반의 철학교수, 수사학교수, 수학교수를 제외하고 모든 콜래주들의 교수, 학급담임교사, 자습감독을 임명했다. 학구장들은 교수들을 교수, 콜래주의 학급담임교사(regent), 공교육에 이미 채용된 교사 또는 교수자격을 얻은 사범학교의 학생들 중에서 선발했다.[480]

제2차 왕정복고가 되었을 때도 사범학교는 유지되었다. 왕립공교육위원회는 총장을 경질했고, 학사규정, 행정 및 훈련과 관련된 규정을 정지시켰다. 사범학교 학생들은 첫 해에는 공통과목으로 문학과 과학을

---

479) Félix Ponteil, *Histoire de l'Enseignement, 1789-1965*, pp. 157-158.
480) *Ibid.*, p. 168.

이수했다. 두 번째 해는 연구에 전념하게 했고 세 번째 해는 몇 개의 강의와 함께 직업실습이었다. 즉 학생들은 1, 2학년의 교과목들을 복습했다. 학생들은 14명으로 구성되었으며, 교수방법을 훈련하고, 시험을 치렀다. 매주 마다 그들은 종교사, 윤리, 교리 강의를 들었다. 교수자격시험은 1810년처럼 좋은 결과는 더 이상 나오지 않았다.[481)]

사범학교 학생들은 네 번째 해를 복습하는 시간으로 쓸 수가 있었다. 사범학교는 대학에 통합이 더 이상 되지 않았고 그 자체가 고유한 존재였다. 그것은 나폴레옹이 제국대학 안에다 주었던 사범학교의 장소와 위상을 그대로 유지했기 때문이다. 그것은 제1등급 왕립 콜래주의 교수 수준을 가진 교수들과 함께 단과대학들의 강의와 대등한 특별강의를 조직했다. 복습하는 학생들이 그 강의를 반복해서 들었다. 사범학교의 후보자들은 1815년 12월 14일의 규정에 따라 왕립 콜래주에서 전 과정 학과목을 이수해야 했다.[482)]

'1818년 6월 22일의 법령'으로 왕립공교육위원회에 의해 중지된 콩쿠르는 코뮌의 학교와 교회학교 등 모든 학교에서 재개되었다. 그것은 9월 1일 각 학구의 소재지에서 개최되었다.

---

481) *Ibid.*
482) *Ibid.*, p. 169.

## 2. 백일천하와 제국대학

엘바 섬 탈출에 성공한 나폴레옹이 1815년 3월20일 재집권함과 동시에 제국대학도 재건되었다. 그러나 극우파들은 앙시앵 레짐으로 돌아가기 위해 그들이 할 수 있는 모든 공격을 다 했다. 이러한 공격에 맞서 로이에 콜라르는 제국대학을 옹호했다.[483]

나폴레옹은 파리에 복귀하자마자 곧 제국대학을 재건하고 현학자 라세패드(Lacépède)를 총장으로 임명했다. 3월 31일 학구장들은 황제의 새로운 칙령에 따라 제국대학 배당금이 다시 수립되었다는 통보를 받았다. 그러한 규정은 리세와 콜래주 과정을 이수하도록 그리고 그들의 학생들을 보내기 위해 또 배당금을 이행하기 위해 교회중등학교를 만들었다. 4월 20일 카르노(Carnot)가 내무장관으로서 리세를 원상복구하기위한 사명을 받고 총장이 되었다. 북이 다시 종을 대신 하게 되었다. 모자, 복장 등 모두 군사적 관행으로 되돌아가는 경향이었다.[484]

한편, 제국대학총장과 학장들, 그리고 다른 한편, 사립학교, 기숙학교, 교회학교들 사이에 싸움이 시작되었다. 엑스의 학구장은 이전 보다 행정과 사법 당국에 의해 더욱 도움 받게 될 것을 믿고 있었다. 그러나 그는 징수하는 과정에서 가장 큰 곤란을 겪을 것이라는 것을 아는데 얼마 걸리지 않았다. 그는 배당금을 지불하지 않는 학교에 매일 집달리

---

483) *Ibid.*, p. 158.

484) Maurice Gontard, *L'enseignement secondaire en France de la fin de l'Ancien Régime à la loi Falloux, 1750-1850*, p. 105.

(huissiers)들을 보내야 했다. 보르도에서는 배당금의 확정에 대한 법령은 새즈가 항상 가지고 있었던 기숙학교와 사립학교 어디에서도 집행되지 않았다. 많은 약점을 가진 감독관의 잘못은 당시 정부에 여전히 유익하게 되었다. 아무도 배당금을 지불하지 않았고, 아무도 리세에 학생들을 보내지 않았으며, 아무도 복종하지 않았다. 그러나 배당금 문제와 사립학교 학생들의 리세와 콜래주 진학문제는 신속하게 통과되었다.[485)]

당시 가장 문제가 된 것은 '1815년 4월 8일 법령'에 의해 공직자들, 특히 교사들에게 부과된 선서의 첫 번째 조항이다. 제국의 헌법과 황제에 대한 충성선서를 하지 않는 교사는 명백하게 분류되었다. 일부 자발적으로 선서한 사람들은 이전 중앙학교의 교사들, 결혼한 전직 사제, 사범학교 출신의 젊은 신임교사들이었다. 그러나 교수단의 또 다른 부분의 성직자들 또는 수도회원들은 왕정복구 1년이 채 못 되어 열렬하게 환영받은 사람들이었다. 따라서 그렇게 짧은 기간 사이에 이전의 결정을 취소할 수 없었을 것이다.

성직자들은 즉시 지연방법을 쓰고 그리고 성직자 선서의 면제를 선언했다. 그밖에 다른 사람들은 특히 행정관들과 사제들의 추방을 도왔다. 그것은 바로 이전 예수회 소속 콜래주 드 돌(Dôle) 교장의 경우와 같았다. 그는 자신의 계승자에게 명백히 밝혀야 할 문서를 거절하기까지 하는 나쁜 생각을 가지고 있었다. 또한 그는 도시의 도서관 문을 그에게 잠그게 했다.

학구장들은 교사들을 지키고 학교의 해체를 피하기 위해 앞을 다투며 열정과 재능을 발휘했다. 두애 학구장은 어떤 어려움도 당하지 않았다. 교육에 관련된 모든 공직자들은 예외가 없이 선서를 했다. 그리고 학구장은 선서한 사람들에게 찬사를 보냈다. 반대로 캉 학구의 일부 공직자들은 선서를 하지 않았다. 그래서 학구장은 그들의 복종심을 의심

---

485) *Ibid.*, p. 106.

하지 않지만, 충실함을 믿을 수가 없다고 했다. 렌느의 학구장은 선서가 강요되었다고 기록했다. 그는 선서가 '예' 아니면 '아니요' 라고 하는 양자택일로 되었다는 것이다. 엑스의 학구장은 선서를 해야 하는 행정 관료와 교사들을 설득하려고 힘썼다. 그는 그들이 선서할 수 있었다면, 가장 현명한 사람들에 의해 선서되었을 것이라고 했다. 그리고 그들은 선서이전에 조심스럽게 검토한 사람들이었다는 것을 강조했다. 학구장은 선서하는데 대한 의혹과 장애물이 있다는 것을 알려주면, 그것들을 제거해 준다고 장담했다. 그리고 소심한 사람은 선서하기를 거절하고, 사람들의 인기를 얻을 것이지만 정부에 대한 적으로 취급될 것이라고 하며 겁을 주었다.[486]

이 당시 교육계의 심각한 상황은 여전히 리세에서 학생들을 탈취하는 소동이었다. 은신해 있던 나폴레옹 제국의 정신(esprit de l'Empire)이 되살아났던 것이다. 몇 개월 이래 개혁이 실현되었다. 그것은 불만의 증대와 함께 환영을 받았다. 엘바 섬에서의 귀환, 그 다음 1814년 3월 이전의 체제재건은 '나폴레옹 황제만세 vive l'empereur'의 외침과 프랑스의 영광을 기대하는 열정을 일으켰다. 나폴레옹의 흉상들이 공공건물이나 거리에 다시 나타났다.

학교장들은 정신 상태에 따라 북, 훈련, 유니폼 등 제국의 새로운 결정들을 다소 신속하게 받아들였다. 상황이 완전히 역전되어 리세 다비뇽(Lycée d'Avignon)에서는 나폴레옹을 환영시위 한 학생들의 퇴학을 제안한 교장은 그들을 보호할 책임을 맡게 되었을 뿐만 아니라 교장 직에 더 이상 머무르지 못했다.

흥분한 학생들을 억제할 방법이 없었다. 교사들도 잔인하고 광폭한 학생집단을 지도하기가 어려웠다. 학생들은 계속해서 '나폴레옹 황제만세'라고 외쳐댔다. 모든 벽들은 루이 18세와 부르봉 왕가에 대항하는

486) *Ibid.*, p. 107.

아주 무서운 말과 저주들로 칠해졌다. 나폴레옹이 엘바 섬을 탈출한 그 날, 학생들은 문을 닫은 상가의 보기 좋은 지점에서 '나폴레옹 황제 만세'를 계속 외치고 거리에서 시위를 했다.

리세 드 보르도 교장은 학생들에게 북을 돌려주기를 지연시켰다. 시위학생들은 북을 돌려주고 처벌면제의 요구가 받아드려지지 않자 토요일에서 일요일까지 강의실에서 밤을 지새우려고 바리케이드를 만들었다. 그리고 학생들은 리옹에서 산보할 때 항상 엘바 섬 카페(Café de l'Ile d'Elbe)앞을 지나가는 관행을 만들었다. 종대로 열을 지은 학생들이 나폴레옹 '황제 만세'를 계속 외쳐대며 가두시위를 벌렸다. 대중들은 이미 리세 내부에서 일어난 문제에 개입하기 시작했다.[487)]

이 무렵 프랑스는 유럽을 상대로 전쟁을 재개했다. 5월 3일 리세 드 두애의 학생들은 학교를 방호할 군대 요청의 청원서를 그 지구의 총사령관에게 발송했다. 리세 드 스트라스부르의 학생들은 직접 황제에게 서한을 발송했다. "우리 젊은 학생들은 황제를 저지하지 않을 것입니다. 우리 젊은 학생들의 팔을 붙잡아 주십시오. '무적의 결사대 invincible phalanges'로 우리를 불러주십시오." 5월 말 17-20세에 이르는 44명의 리세 나폴레옹(Lycée Napoléon)학생들은 수도 파리를 방호하기 위한 포병부대 창설 허가를 황제에게 제출하여 얻어냈다. 라세패드 후임 총장으로 임명된 르브랭은 1815년 5월 29일 학장들에게 황제가 17세 이상의 학생들로 하여금 적에게 포위된 도시들에서 포병분대를 창설하도록 하는 공문을 보내 격려하였다. 내무장관 카르노도 지사들에게 그와 유사한 공문을 발송하여 왕실사람들을 질겁하게 했다.

따라서 리세 드 마르세유에서는 학부모들이 아이들을 학교에서 데려가기 위해 집단으로 몰려왔다. 엑스의 학구장은 학교조직의 파괴를 예방하기 위해 개입했고 제국대학 총장에게 우려의 편지를 썼다. 그 내용

---

487) *Ibid.*

을 보면, 프로방스에서는 사람들이 일반적으로 군대를 회피했고 항상 그 밖의 모든 다른 지방보다 어렵게 신병들을 모집했다고 한다. 또 이 지방에서는 리세에 대항하는 편견과 끊임없이 싸웠으며 그것은 모든 학생들에게 강제적으로 밖에 해결할 수 없다는 것이었다.

엑스의 학구장은 강요받은 포병분대 편성이 어떻게 될 것인지 확인하려고 부쉬 뒤 론(Bouches-du-Rhône)의 지사를 방문했다. 그는 그것이 부당한 것인지, 아니면 가혹한 것이 될 것인지, 그리고 반대로 리세의 성공을 도우려고 정부가 항상 제시한 목적에 부합될 것인지 듣고 싶었다. 그는 지사에게 어떤 가장이 학생들의 사명이든지 또는 가족의 뜻이 어떻든지 간에 그들이 군대였다는 것을 안다면 이들 학교에 아이들을 보내는데 누가 동의하겠는지를 물었다. 그 지사는 학구장의 관찰을 수긍했고 학부모들을 안심시킬 필요가 있다고 판단했다. 그리고 학생들의 탈퇴를 막기 위해, 그리고 포병분대를 구성하는데 수긍하게 될 선량한 뜻을 가진 학생들이 거기에 있을 것으로 믿고 학생들과 부모님들을 설득하기 위해 필요한 모든 증거를 보여주려고 자신이 직접 리세에 가는 것을 제안했다.

그리고 지사는 며칠 후 베르디에(Verdier) 사단장에게 몇몇 군의 수뇌들이 리세를 방문해주기를 간청했다. 그는 '왕 만세'라고 쓴 벽보를 읽으면서 그리고 학생들의 노트를 열어보자 거기서 그와 똑같은 것을 발견하면서 이해할 수 없어 화를 냈다. 그러나 그가 학생들에게 질문했을 때, 만약 그들이 백성들의 아버지였고, 그리고 원칙적으로 젊은이의 아버지였던 나폴레옹을 정말 좋아하지 않았다면, 그들 중의 한 사람이 대단히 명료하게 '아니요'라고 대답을 했을 것이라는 것을 듣고 더 이상의 노여움을 나타내지 않았다.

그런데도 학구장은 그 사단장이 교장을 대하는 태도로 보아 교장에게 체포명령이 내려질 것과 그레누(Grénoux)에서 신속하게 배를 타라는 결정이 두려웠다. 학부모들은 1815년 봄, 리세 드 마르세유에 미세한 영향들이 있었던 것을 이것과 관련하여 생각했다. 교장들은 학부모의 동의를 전제조건으로 분명하게 요구하면서 열성주의와 젊은이들의 군사적 의무에 제동을 걸었으나 영향력은 없었다.[488)]

결론적으로 나폴레옹 제국의 회복은 바로 중등교육을 위한 힘이 되었다는 것에 의심할 여지가 없다. 중등교육에 대한 중앙권력의 단호한 개입은 좋은 것이라는데 어떤 의구심도 없었다. 그것들은 교육의 총체적인 수준을 개선했고 그리고 오늘날의 교육에서는 이해될 수 없는 교육의 획일화의 단초가 되었다. 그것들은 새로운 프로그램으로 문학상의 우세 즉 학문의 명백한 발전으로 연결되었다.

1815년 6월 18일 나폴레옹이 워털루 전쟁에서 패배했을 때도 학교에서의 반응은 즉시 일어나지 않았다. 예를 들면 아비뇽에서는 왕당파 학생들이 모욕을 당했다. 중학교의 한 통학생이 따귀를 맞았다. 자습시간에 나폴레옹 지지자들 중 한 학생이 아무것도 아닌 것에서 왕당파의 학생으로 취급되었다. 교장은 그해 말 작품들이 질서정연하게 전시될 수 있게 하기 위해서 리세를 군대식으로 전환시켜야 했다. 20명의 학생들이 퇴학을 당했는데 그들 중 19명이 장학생이었고, 그 중 14명은 정부장학생들이었다.

나폴레옹의 교육개혁은 개인의 갱생을 준비했다. 그러나 제국의 말기에도 여전히 할 일이 많았으며, 특히 제국대학과 작은 콜래주들 그리고 사립 기숙학교들 사이에는 거리가 먼 채로 남아있었다. 1816년 한 학구장이 말한 바와 같이 제국대학에는 잘된 종속의 통일체가 있었다. 그러나 여전히 교육방법의 실질적인 통일체는 아니었다. 그것은 분리된 학교였다. 그럼에도 불구하고 모든 교사들이 그의 프로그램과 그의 통제에 맞추면서 제국대학은 그것이 그렇게 완만했을 지라도 교육의 진보

---

488) *Ibid.*, p. 108.

를 확실하게 했다.[489].

이러한 교육의 진보에도 불구하고 나폴레옹의 교육정책은 실패한 것으로 평가된다. 그는 학교를 재건함으로써 프랑스혁명에 의해 찢어진 프랑스의 결합을 생각했고, 젊은이들을 화합시키려 했다. 그는 학생들을 1808년에 정의된 이상적 코뮌에 대한 봉사로 이끌 목적으로 종교에 대한 사랑, 국가에 대한 충성을 강조했다. 그는 중앙학교의 교수들과 그리고 결혼한 성직자들과 마찬가지로 망명으로부터 돌아온 성직자들과 이전의 '교수신도조합'의 회원들의 재산을 교수단에 흡수시킨 것은 바로 이러한 정신에서였다.

그러나 가톨릭 성직자들은 나폴레옹 제국에서 교육의 전권을 포기하려하지 않았다. 성직자들은 제국대학의 교수로 재직하면서 공립중학교를 신뢰하지 않았으며 아이들을 기독교 단체에 안내했다. 성직자들은 국가의 감독으로부터 해방을 기원했고, 제국대학의 훈령에 따르지 않아도 될 그들 자신의 학교를 열었다. 오랫동안 관행으로 된 그 제도가 강력하고 확고했던 만큼 성직은 조심스럽고 드러나지 않게 추진했다. 백일천하 기간은 제국대학을 두고 당국과 성직자들이 보이지 않는 대치와 열정으로 들끓었다. 왕정복고와 백일천하 기간을 포함하여 교육법이 1년에 무려 세 번이나 바뀌었다는 사실로 보아 교육계의 시행착오가 적지 않았던 것으로 풀이 된다.

---

489) *Ibid.*, p. 109.

# 제10장

# 나폴레옹 이후 프랑스 교육의 방향은?

1. 제국대학의 변화
2. 뒤뤼의 교육사상 형성과 특징
3. 나폴레옹 3세와 뒤뤼의 교육개혁

## 1. 제국대학의 변화

### 1) 나폴레옹 귀양 직후

나폴레옹이 워털루에서 영국의 넬슨에게 패배하고, 6월22일 센트 헬레나로 귀양을 가자 또 다시 제국대학에 대한 비판이 쏟아져 나왔다. 특히 1815-1816년은 제국대학에 대한 비판의 해로 되었으며, 사람들은 분열된 개인과 장래가 불확실한 공립학교들과 타협하는 시한을 역시 1815년 7월로 생각했다. 그러나 1815년 이후 1820년까지 제국대학은 불확실성 속에서 유지되었다.

제국대학은 그의 새로운 제도, 중앙집권화, 군사주의, 세제, 무종교 등 모든 것을 정리해야 했다. 나폴레옹의 백일천하 이래 찬탈자를 지지한 정치적 고발이 첨부되었다. 이제 아무도 제국과 제국대학의 제도를 부활시키려는 가능성을 더 이상 기대하지 않았다.[490] 그러나 나폴레옹에 의해 재건된 학구들은 '1815년 8월 15일 칙령'에 의해 종전대로 유지하기로 했다. 20분의 1세(vingtième)라는 소득세가 부활되었다. 공교육위원회는 제국대학총장, 제국대학평의회, 제국대학의 사무국장과 출납관의 힘을 다시 결집하면서 내무부장관의 통제아래 기능을 발휘했다. 1815년 10월 31일 아미앵, 보르도, 카오르, 클레르몽, 두애, 그르노블, 리모주, 리옹, 몽펠리에, 낭시, 님, 오를레앙, 포, 푸아시에, 랭스 등 17개의 인문대학과 브장송, 리옹, 메츠 등 3개의 이공대학이 탄압을 받았

490) *Ibid.*, p. 111.

고, 제국대학은 아주 간단히 왕립으로 되었다.[491)]

그러나 대학 내부에서는 한쪽은 자유를, 그리고 다른 한쪽은 결백과 종교를 내세우면서 적이 되어 싸웠다. 사립학교 교육 앞에서 제국대학 교육은 전면 검토되었다. 만약 콜래주와 기숙학교들을 제외시킨다면, 30-35개교의 리세들은 6,000명의 학생들을 증원받아야 했다. 그리고 1,500명의 사립학교교장들은 대학에 예속된 80,000명의 학생과 3,000-4,000명의 사립학교 교사들을 관리하게 되었다. 또한 대주교와 주교들의 감독아래 있는 300-400개의 콜래주와 1,000개의 기숙학교들을 채우고, 신학교를 증설하고, 주교들에 의해 콜래주들의 교장과 기숙학교장을 임명하며, 교사들을 임명하고, 텅 빈 리세의 교장들에게 결국 퇴임을 제의해야 했다. 대학들은 내무부장관의 감독아래 있게 하고, 공교육 중앙위원회는 폐지하는 것으로 했다.[492)]

사실 제국대학의 설립은 고등교육의 대의를 진척시키기보다 오히려 그것을 지연시키는 결과를 만들었다. 의과대학과 법과대학을 의학부와 법학부로 다시 변경하였으나 그러한 명칭의 변경과 그들의 기능에 대한 새로운 아이디어는 없었던 것으로 나타났다. 그들은 인간지식의 범주를 확대하려는 어떠한 열망도 없이 개업의들을 위한 기본훈련이전 상태에 머물러있었다.

군주제를 신봉하는 자들과 성직자들은 왕정복고 시대에 교육에 대해 교회가 담당한 역할이 크다고 생각했다. '1816년 법령'의 제30항은 프랑스 내의 모든 교육의 근간이 종교, 법에 대한 존경, 군주에 대한 사랑이라고 명시하였다. 이 법령의 다른 조항들은 대주교, 주교, 사제들에게 중요한 감찰관직을 맡겼다.

콜라르는 1817년 2월에 제국대학의 폐지를 주장했다. "제국대학은 훈

---

491) Félix Ponteil, *Histoire de l'Enseignement*, 1789-1965, pp. 158-159.
492) *Ibid.*, p. 159.

육과 교육이 국가에 속해있고 왕의 특별한 방침아래에 설립되었다. 이러한 준칙은 타파되거나 아니면 그 결과들을 존중해야 한다. 제국대학을 폐지하기 위해서 정면으로 공격해야 한다. 공교육, 그리고 그와 함께 하는 종교적, 철학적, 정치적 교리들은 사회의 일반적 이익밖에 있는 것이다. 그것들은 생필품처럼 자연히 상업에 참여할 것이다. 그것들은 직물을 생산하는 것처럼 산업에 소속되어질 것이다. 그렇지 않으면 아마도 그것들은 법률을 공권력에 주는 특권을 가져야 할 각자의 힘으로부터 독립적인 속성을 형성해야 할 것이다."[493]

콜라르는 앙브루아즈 랑뒤(Ambroise Rendu)와 재결합했다. 랑뒤는 공교육이 왕의 휘하에 두기를 지지하는 당원이며, 시의 행정관직을 모두 발령하는 사람이었다. 왜냐하면 재판소가 정의의 전권을 가지고 있거나, 군대가 공적 힘의 전권을 가지고 있는 것처럼, 교육의 전권을 그녀가 가지고 있었기 때문이었다. 제국대학과 그 밖에 학교들은 왕국과 왕가에 600-700개의 교회, 이전 성직, 이전의 대학들, 그리고 종단의 귀한 어린 양들을 선물하는 것을 영광으로 생각했다. 왕립 콜래주들은 훈련이 엄격한 사실로 그 밖의 다른 기숙학생들보다 많이 다니지 않았으나 훈련의 엄격성은 결코 늦추어 지지 않았다.

교육문제를 가지고 좌파와 우파의 싸움이 계속되었다. 1820년 베리(Berry) 공작이 암살된 후 제도에 대한 항거는 파리와 지방에서 가장 강력했다. 총장들은 그들의 능력을 의심받거나 아니면 해임되었다. 싸움이 도처에서 일어난 가운데, 자유주의가 교수단에 깊숙이 침투했다. 그것은 분명히 정부에 반대하는 입장이었다.[494] 과격 왕당파가 패권을 잡자 주교 프래시누(Monsignor Denis Frayssinous)는 제국대학의 총장과 종교부장관 및 교육부장관을 겸직했으며, 성직계의 주요 인사들은 교구목

493) *Ibid.*, p. 159.
494) *Ibid.*, p. 160.

사, 감찰관, 중등학교의 임원 즉 리세의 교장과 학감 그리고 교수로 임명하였다. 퐁테이의 말과 같이, 이 시기에 13명의 학감 중 9명이 성직자였으며, 코뮌 콜래주에서도 성직자 출신의 학장, 부학장, 교수의 수가 현저하게 증가했다.

왕정복고 시대 좀 더 상위의 교육인 대학과 학위과정에는 변화가 거의 없었다. 특수 직업학교 혹은 그랑제콜인 에콜 데 샤르트(파리의 고문서 학교)는 사서, 기록보관인, 고문서 학자를 양성하기위해 1821년 설립되었다. 또한 다음 정권하에서는 교육부장관이 되었던 역사가 프랑수아 기조, 철학자 빅토르 쿠쟁(Victor Cousin)과 같은 소르본의 특정 자유주의 교수들은 직위에서 면직되었다. 왕정복고시기동안 파리 대학과 형평을 맞추어 렌느, 스트라스부르, 툴루즈, 몽펠리에 대학을 설립하고자 하는 계획이 기조와 쿠쟁의 후원을 받아 표면화되었지만 결코 현실화되지는 못하였다.

리세는 중등교육수준으로 왕립 콜래주가 되었고, 군사훈련은 폐지되었다. 중등교육의 최고학위로 '1815년 법령'으로 만들어진, 바칼로레아는 여전히 모든 자유 직종에 취업을 하기 위한 필수조건이었다. 학생들이 자유 직종에 종사하는 것으로 예정된 것은 아니었기 때문에, 상업과 산업으로 방향이 맞춰진 실용적이고 기술적인 특수과정이 일부 중등학교에 설치되었다.[495]

### 2) '1821년 2월 27일 칙령' 에 의한 변화

'1821년 2월 27일 칙령'에 의해 교육문제 해결이 다시 시도되었다. 그 칙령은 사실 공교육헌장과 다름이 없었다. 왕립위원회의 기능, 콜래주 교육 및 대학과의 관계 등에 대해 상세히 다루었다. 학교설립 기금의

---

495) Sandra Horvath-Peterson, *Victor Duruy & French Education: Liberal Reform in the Second Empire*(Baton Rouge and London: Louisian State University Press, 1984), p. 31.

기증자들은 학교의 감독관들과 비슷했다. 지방 학교 또는 일부 사범학교의 개교는 각 학구의 소재지에 있는 왕립 콜래주의 곁에 인가하도록 했다.[496]

그 밖에 공교육은 내무장관에게 소속된 채로 남았다. 대학 총장은 왕립위원회를 주재했다. 회의주재에 두 가지 원칙이 있었는데, 하나는 총장들에게 왕정에 대한 충성이고 다른 하나는 가톨릭 신앙심을 요구하는 것이었다. 즉 미풍양속과 동시에 온화하고 엄격한 훈련, 그리고 주교들과 성직자에 대해 감사하는 마음을 가져야한다는 것이었다.

성직자들은 모든 교육과정에 비중을 두었다. 왕정을 지지하는 가톨릭 교회는 모든 지역에서 실제적인 이권을 가지고 있었다. 고문서학자(archivistes paléographes)들을 양성할 책임을 맡은 제랑도의 제의가 담긴 헌장에 의한 고등사범학교는 1821년에 설립되었다. 과격왕당파들은 평신도들과 자유교육을 억누르고자 고등사법학교를 억압했다. 다시 말해 완전히 종교에 대해 무관심한 철학과목이라고 비난받은 파리 고등사범학교는 '1822년 9월 6일 칙령'에 의해 폐교되었고 학구 사범학교(les écoles normales partielles des acdémies)로 대체되었다.[497] 학생들은 해산되었고, 일부 교수들은 다른 교육기관에 임명되었으며, 나머지는 20개월 동안 매달 50프랑을 받고 강의 없이 그대로 있었다. 퇴임할 권리를 가지고 있지 않은 교수들은 1824년 7월 1일까지 봉급을 받았다. 1826년에 이르러서야 복구되었다.

그 사이에 종종 교수들의 정직과 해임이 계속 이어졌다. 예를 들면, 무신앙으로 제명된 철학교수 보탱(Bautain)은 종단에 들어갔다. 보탱 교수 뿐만 아니라 학구장, 감찰, 학감, 감독관 등 모든 종단의 교수들이 여러 곳으로 보내졌다. 이들 중 아주 우수한 성직자가 될 수 있는 사람

---

496) M. Rendu, *Code Universitaire ou Lois, Statuts et Règlements de L'unversité Royale de France*(Paris: Chez L. Hachette, 1846), p. 10. p. 22. p. 210.

497) *Ibid.*, p. 222.

들은 교회로 보내졌다. 그러나 보탱이 『프랑스 공교육에 대해』(*De l'éducation publique en France*)에서 말한 바와 같이, 대부분의 사람들은 그들을 신뢰할 중요 직책에 갈 준비가 되어 있지 않았고, 사람들은 그들을 채울 어떤 직책도 없었다.

파리와 지방의 단과대학들은 재조직되었다. 파리 의과대학은 1822년 3월-1823년 2월 수업을 중단했다. 몇몇 교수들은 해임되었다. 파리 법과대학은 행정법, 자연법, 법학사, 정치경제 등 몇몇 강좌가 폐지되어 행정과 정치학의 중심이 결국 파괴되었다. 콜래주들은 '악덕과 비종교의 무시무시한 소굴'처럼 계속 공격을 받았다. 몇몇 총회들은 교육에 대한 새로운 헌신을 종단들에 요구했다. 학교장들은 자유주의 사상을 가졌고, 조칙(sanctions)에 복종했다. 남부에서 혁명의 성역으로 간주된 콜래주 드 소래즈(Collège de Sorèze)는 재조직되었다.[498]

대학에 있는 수많은 성직자들은 교구행정부서에 의해 공급되었다. 1822-25년 사이에 임명된 13명의 학감들 중 11명이 성직자였다. 그리고 40명의 감독관들 중 9명이 성직자였다. 1821년에 코뮌 콜래주들에서는 126명의 교장, 10명의 교감, 238명의 학장이 성직자였다. 1824년에는 309명 중 144명의 교장, 1,809명 중 109명의 학장이 성직자였다. 1827년에는 312명 중 139명의 교장, 1,588명 중 240명의 교장이 성직자였다.[499] 성직자들이 교육계의 관리직을 맡은 것은 이후에도 계속되었다.

중등신학교는 이미 '1814년 10월 5일 칙령'에 의해 대학으로부터 독립하는 것을 인정받았고, '콜래주 세미내르 collèges-séminaires'라고 하는 명칭을 얻었다. 제2단계 중등신학교가 몇 개의 도시에서 설립되었는데, 1828년 교회학교가 128개교, 중등신학교가 53개교였다. 학생들이 성직자의 의복을 착용하는 것은 2년간 중등신학과정을 이수한 후 리세의 교과

498) Félix Ponteil, *Histoire de l'Enseignement, 1789-1965,* p. 161.
499) *Ibid.*

목 수강 면제와 대학의 세금면제의 자격을 얻는 것과 동시에 의무가 되었다. 중등신학교들은 미래 성직자의 교육을 준비했다. 그 밖에 다른 학생들은 거기에서 가족 중 남자아이들을 위해 콜래주 교육이전의 학교설립이 허락되었다. 각자의 학교는 두 분야로 나누어졌는데, 그것들은 성직학교와 기숙학교였다. 그러나 교육은 같이 받았다. 예수회는 생 아쇨 Saint-Acheul, 보르도, 생트 안(Sainte-Anne), 몽모리용(Montmorillon), 포르칼키에(Forcalquier), 엑스, 돌, 비용(Billom) 등에 중등신학교가 설립되었다. 1820년 코뮌 콜래주와 중등신학교 사이에 남·여 공학의 콜래주가 20개 정도 설립되었다.

1822년 이후 교회가 중등교육을 대부분 관리했다. 물론 가톨릭교회는 왕립 콜래주와 지방자치체에 의해 지원을 받은 시립 콜래주들에 대해 상당한 영향력을 가지고 있었지만 성직에 종사하기로 예정되어있는 젊은이들을 교육시키기 위한 교회중등학교(écoles ecclésiastiques) 혹은 중등신학교(petites séminaires)로 알려진 '중등신학교'들에 대한 영향력도 가지고 있었다. 이러한 학교에 소속되어있는 많은 젊은 소년들은 성직자가 될 의도를 가지고 있지 않았지만 그들의 부모들은 자신의 자식들이 충실하게 종교교육을 받길 희망했다. 그것이 드러남에 따라, 왕정복고 초기의 법령과 법규들 특히 '1814년의 법령'은 성직학교 운영에 있어서 실질적으로 전권을 교회에 백지위임하겠다고 공표했으며, 1820년대에 이르면 이들 학교들은 전면적으로 신학교체제로 발전했고, 학생들이 3대 1보다 더 큰 비율로 증가했으며, 왕립 콜래주보다 수적으로 우세하였다. 그것은 공인된 학교만을 고려했을 때이며, 비공인 학교들을 포함한다면 5대 1이상이었다. 이로 인해 공립 중등학교에서는 심각한 사태가 벌어졌다.

1828년 과격왕당파의 힘이 잠시 손상되고 마르티냑 후작의 지휘 아래 좀 더 자유주의적인 각료회의가 자리 잡게 되자 신학교들을 제한하고자 노력했고, 특히 당시 프랑스에서 8개의 소신학교를 운영하고 있던 비공인 된 예수회교단을 제한하고자 노력했다. 예수회의 신학교들이 폐교되었고, 프랑스 전역에 걸쳐 정규 교구신학교의 학생 수를 최대 2만 명으로 제한하였다.

이러한 조치에 대해 드 코니(De Conny), 드 생트 마리(De Sainte-Marie) 등이 예수회의 강력한 옹호자들로 등장했다. 알리에(Allier) 출신 의원인 코니 후작은 프랑스에서 예수회의 자유는 라 샤르트(La Charte)가 만들어 낸 결과물들 중 하나라는 것을 조심스럽게 증명했다. 라 샤르트는 로마 가톨릭교가 국교라는 것을 인정했다. 그리고 그는 예수회에 의해 주어진 교육에 대해 대단한 찬양을 했다. 한편 니애브르(Nièvre) 출신 의원인 드 생트 마리는 예수회를 추방한 지독한 1762년의 고등법원 법령을 비난하면서 만약 예수회가 유대교 또는 이슬람교와 같은 종교였다면, 예수회가 재세례주의자 또는 소치니 학설 신봉자(sociniens)들과 같이 이교도들이었다면, 어째서 라 샤르트의 제5조에서 보호했겠느냐고 반박했다.[500] 그 밖에 르클레르크 드 보리외(Leclerc de Beaulieu), 드 레핀(De Lépine) 등의 의원들 역시 교육의 자유에 대해 찬양하는 목소리를 높였다.[501] 게다가 정부 관료들이 제한조항을 엄격하게 집행하지 않았기 때문에 장기적인 면에서는 실질적으로 거의 이루어진 것이 없었다. 따라서 법적으로는 불법적인 가톨릭 중등교육체제가 계속해서 성장했다.

초등교육에 대해, 프랑스혁명과 제1제정 때에 입었던 타격을 보상하려는 노력이 나타났다. 1816년 각 코뮌은 남자 아이들을 위해 초등학교를 유지하여야 하고, 교육비를 지급할 수 없는 사람들에게는 교육비를

500) *Les Ordonnances du 16 juin 1828*, d'après des documents inédits tirés des Archives du Vatican et des Archives nationales, par Adrien Garnier(Paris: J. De Gigord, 1929), pp. 84-87.

501) *Ibid.*, p. 88.

보조해 주어야 한다는 법안, 1819년 6월 3일 관보, 1820년 4월 4일 법안에 의하여 여자 아이들에게까지 교육을 확대하였다. 따라서 초등학교 수는 현저한 증가를 보였다. 그러나 결과적으로 법은 잘 집행되지 않았고, 체제말기에 이르면, 재정의 어려움으로 인하여 위 법령을 실행에 옮길 수 없다고 주장하는 수 천 개의 코뮌들(이는 프랑스 전체 38,000개가 넘는 코뮌의 거의 1/4에 이르는 숫자이다)이 여전히 나타났다.

법령이 통과된 1816년과 거의 동시에, 로쉬푸코 리앙쿠르 공작은 조제프 랑카스테르(Joseph Lancaster)의 『감독적 혹은 상호적 교육방법』을 프랑스어로 번역, 출간하였다. 이에 교사의 부족을 극복하기 위한 방편으로 상급생들로 하여금 하급생들을 가르치도록 하는 아이디어가 인기를 얻기 시작했고, 협력학교들이 파리와 대도시에 들어서기 시작했다. 그러나 종교적·도덕적 형식을 무시하고, '민주적'인 가르침으로 인해 학생들에게 공화주의를 맛보게 하는 경향이 많이 있다는 이유로 많은 가톨릭 성직자들에 의해서 적대시 되었다. 몇몇 적대적인 성직자들은 이 협력학교들을 심지어 위험한 프로테스탄트를 용인하는 것으로 여기기까지 하였다. 이러한 반대에도 불구하고, 협력학교들은 교사가 현저하게 증가하게 된 1840년까지 지속되었다.

왕정복고 시대에 초등교육의 발전은 가톨릭 교육 체계의 팽창이었다. 그것은 '1819년의 법령'에 의해서 가능해졌는데, 이 법령은 가톨릭 형제단원들이 이미 그들의 '교사단'으로부터 나온 복종서약에서 자격을 얻었다는 사실에 근거하여, 그들을 수료증서(*brevet de capacité*) 혹은 교사자격증 획득의 의무로부터 면제시켜준 법령이었다. 이러한 면제는 후에 교사로 헌신하게 된 여성의 종교적 계급으로까지 이 조치가 확대되자 더 위대한 결말을 가져온 이슈가 되었던 것이다.

그럼에도 불구하고 첫째, 초등교육에서 가장 문제된 것은 교사들의 자격이었다. 당시 많은 교사들이 공인된 자격증 없이 나라전체에서 값

싼 비밀학교 혹은 비공인학교에서 가르치고 있었다. 다행히 후기 왕정복고 시대와 7월 왕정 동안에는 '개신교 결사대원 *congreganist*'만 크게 증가한 것이 아니라, 독립된 '사범교육과정 *cours normaux*'과 평신도들을 위한 보통학교들이 크게 증가했다. 1832년경에는 47개의 여자사범학교(*ecoles normales d'institutrices*)가 설립될 예정으로 되어 있었다. 그러나 많은 교단들이 필요한 교사들의 대부분을 공급할 수 있다는 생각으로 어린 여성을 위한 보통학교에 대해서는 이전처럼 소홀히 했다. 사실, 첫 번째 여자사범학교는 1838년까지 개설되지 않았다. 그리고 뒤뤼가 1863년에 사무실을 열 때까지 여성을 위한 보통학교는 단지 11개교 밖에 설립되지 않았다.[502)]

둘째, 초등학교의 수는 남·여에 따라 차이가 많았다. 1830년경에는 단지 10,000개의 여학교가 있었던 반면, 남학교는 이미 1820년경에 여학교의 2.5배에 달했다. 그러나 전체 여학생의 1/3 가량이 남·여 공학에 다니고 있었다. 이와 같은 현상은 특히 생 말로와 제네바 사이를 잇는 북쪽, 즉 프랑스 북부지역에서 나타났다. 그러나 남·여 공학은 점차 쇠퇴해 갔는데, 그것은 여학생을 위한 편의시설이 매우 뒤떨어져 있었기 때문이기도 했다. 게다가 여전히 남·여차별에 대한 관념이 계속되고 있었기 때문이기도 했다.

셋째, 학생 수의 불균형이었다. 계절에 따라, 특히 겨울과 여름에 초등학교의 등교학생 수는 현저하게 차이가 났다. 도시화 된 1834년 두애 지방의 초등학생 수는 겨울에는 108,793명이었으나, 여름에는 절반으로 줄어들어 58,211명밖에 되지 않았다.[503)] 그 이유는 여름에는 농번기로 아이들이 농사일을 도와야 했기 때문이었다. 물론 이와 같은 현상은 학

---

502) Sandra Horvath-Peterson, *Victor Duruy & French Education: Liberal Reform in the Second Empire*, p. 34.

503) Pierre Pierrard, "Le curé et l'instituteur" *L'Église et L'Éducation Mille ans de tradition éducation*(Paris: L'Harmattan, 1995), p. 206.

교가 탄생된 이후 계속되어온 현상이었다. 그러나 등교 학동들의 수는 매년 달라져 1877년경에 이르면 프랑스의 공립학교의 남자 아이들의 수는 200,000명에 이르지만, 역시 5월 보다 1월은 등교하는 학생 수가 현저히 차이가 났고, 그 이유는 도로사정이 좋지 않았기 때문이었다.[504)]

### 3) 7월 왕정과 '기조 법'에 의한 변화

아놀드(Matthew Arnold)에 의하면, 7월 왕정은 그간 교육개혁에 깊은 관심을 두고 있던 주요 인물들의 후원에 의해 수립되었음으로 교육에 밝은 전망이 기대되었다. 그들은 대학 육성과 교육개혁 정신을 고취하면서 당국의 관리 하에 교육개혁을 추진하라고 촉구했다.[505)] 덕분에 1830년 7월 혁명 이후에도 대학은 유지되었다. 정부 역시 국가주도의 교육이 필요하다고 판단했다. 두 개의 과정이 계획되었는데, 하나는 몇 가지에 대해 대학의 중점적 추진이고, 다른 하나는 다양한 학사운영이었다. 한편에서는 쿠쟁과 기조, 그리고 다른 한편에서는 빌맹(Villemain)과 살방디(Salvandy)가 그러한 일들을 추진했다.[506)]

왕정복구는 혁명과 제국의 모든 흔적을 지워버리려 했지만, 재정적인 이유로 이전의 제국대학을 부활시키는 것이 불가능했고, 대학의 제도에서 실질적인 변화를 만들지 못했다. 정부는 평화적 정책을 채택하고 그의 머리에 교회를 위치시키면서 국가의 엔진으로서 나폴레옹의 교육방법을 이후의 대학에 사용할 것을 계획했다. 그러나 그것은 결코 성취되지 못했으며, 국가와 대학 사이의 신뢰도 결코 수립되지 못했다.[507)]

---

504) *Ibid.*

505) Matthew Arnod, *The Popular Education of France*(London: Longman, Green, Longman, and Robert, 1861), 49.

506) Félix Ponteil, *Histoire de l'Enseignement, 1789-1965*, p. 162.

507) *Special Reports on Educations Subjects volume 24. : Secondary and University Education*, (London: Wyman and Sons). pp. vi-Vii.

보다 자유로운 사상을 가진 '7월 왕정'의 출현은 대학을 위해 보다 유리한 기회를 약속하는 것 같았다. 독일 대학에 대해 알고 있으며, 그들의 가치를 인정하고 있던 기조와 쿠쟁은 잘 갖추어지고 지적생활의 실질적인 중심이 될 수 있는 대학을 몇 개 설립하고자했다. 그러나 그들의 제의는 전혀 지지를 받지 못했다, 왜냐하면 고등교육에서 오히려 보다 협소한 직업훈련의 개념이 여전히 부르주아의 생각을 만족시키고 있었기 때문이었다.[508]

그러나 1833년 국가체제의 초등교육이 실시되기 직전 실시한 교육실태조사는 일반 국민은 물론 교사들조차 아주 무지한 상태에 있었다는 것을 보여준다.[509] 초등교육은 7월 군주정 하에서 빠르게 성장해 갔다. '1833년 기조 법' 본문에서 특별히 중요한 것은 교수의 자유(*liberte de l'enseignement*)란 옛 원칙을 초등교육과정에서 부활시킨 것이었다. 카팽(Gilbert Caffin) 등에 의하면, 그것은 초등교육의 자유를 선언한 것이었다.[510] 따라서 초등교육에서 사교육을 공식적으로 재가하게 되었다. 이 법에 의해 800명 이상이 거주하는 모든 코뮌에서는 남학생들을 위한 초등학교를 유지하되, 초등교육에 대하여 대략적으로 요구된 커리큘럼을 따를 것과, 에콜 프리메르 쉬페리외르(*Ecoles primaires superieurs*)를 설립하여 일반 기술교육을 제공하고, 그리고 각 도에서 초등교사를 위한 일반학교를 설립함으로써 초등교육을 증진시켰다.

가브리엘 드제르(Gabriel Desert)에 의해 연구된 <대탐구>(*Grand-Quest*)에 있는 것을 제외하면, '기조 법'은 많은 코뮌들이 이미 그렇게 하고 있었다는 이유로, 남학교 수의 급작스런 증가에 대한 내용을 언급하지 않았다. 그러나 그것은 로제 타보의 마지애르 앙 가틴(Mazières-en Gâtine)

508) *Ibid.*, p. viii.

509) WIlliam Boyd, *The History of Western Education*, p. 361.

510) Pierre Pierrard, "Le curé et l'instituteur" *L'Église et L'Éducation Mille ans de tradition éducation*, p. 209.

과 같은 무지한 코뮌들로 하여금 학교를 설립하도록 압력을 가했고, '1808년 법령'에 예고된 대로 각각의 도에서 초등학교를 유지하도록 했다. '기조 법'은 국가가 초등교육에 대하여 진지하게 관여하려고 첫 번째로 시도했던 내용이었다. 따라서 그것은 19세기 프랑스 초등교육현장으로 발전하게 되었다.

또한 '기조 법'은 초등교육을 지향하는 전환점을 제공하였다. 기조에 의하면, 과거에 지배계층은 교육이 노동자와 농부들 때문에 대중계층의 교육에 집중하지 못하고 있었다고 하면서 심각한 우려를 표명하였다. 1833년까지도 이러한 우려는 계속해서 팽배하였다. 그러나 대중계층은 최소한의 교육을 받지 않는 한 효율적일 수도 없고, 신뢰할 만하지도 않으며, 성실하거나 온순한 일꾼이 되기도 어렵다는 것에 확실히 무게가 실려지고 있었다. 다시 말해, 지배계층들이 초등교육을 사회관리와 경제적 진보의 중요한 수단으로 보았던 것으로 풀이된다.

비록 일부 교육가들과 기조가 소녀교육에 '기조 법'을 적용하기 희망했지만, 1832년과 1833년 다수의 교육가들과 입법가들은 '기조 법'에 소녀교육을 포함하는 것은 교육법을 통과시키기 위한 타협적인 방편으로 생각했다. '기조 법'이 통과 된지 3년 후 입법부는 소녀들을 위한 초등교육법인 '펠레(Pelet) 법'을 승인하였는데, 이 법은 여학교의 설립을 인정하였으나 여학교들이 설립될 수 있는 조건을 규제하는 것이었다. 그러므로 분명 '펠레 법'은 실제적으로 여학교의 설립을 요구한 법이라 할 수 없었다.[511] 그럼에도 불구하고 여학교의 수는 낮은 비율로, 남학교의 수는 계속해서 높은 비율로 증가했다. 1832년 공립학교와 사립학교를 통틀어 31,420개의 학교가 있었으며, 그들 중 적어도 10,672개교는 여학교였다. 그리고 1843년에 이르면 42,551개의 학교가 있었고, 그들

511) Françoise Mayeur, *L'éducation des filles en France au XIXe siècle*(Paris: 1979), 88. cf. Sandra Horvath-Peterson, *Victor Duruy & French Education: Liberal Reform in the Second Empire*, p. 35. 재인용.

중 적어도 17,287개가 여학교였다. 다른 각도에서 보면, 1832년 38,000개 이상의 코뮌 중에 학교가 없는 코뮌은 10,400개였다. 1837년에 이르면 3,212개의 코뮌만이 학교가 없었다. 7월 군주정 동안 초등교육에서 가장 인상적인 소득은 도시에서 이루어졌다. 도시에서 숙련노동자들이 특히 교육에 관심을 가지게 되었다. 늘어가는 초등교육체제를 감독하기위해서 1835년 정부는 '초등교육 장학단'을 창설했다.512)

'기조 법' 제 3항과 4항을 통해 초등교육에 대한 교습자유원칙과 함께 가톨릭교회는 중등교육에도 그 원칙을 확장시키고자 했다. 1840년대에 이르면 전면적인 캠페인이 시작되었고, 입법부에서 법안이 통과되도록 노력하였다. 그러나 이러한 노력은 성공하지 못했는데, 그것은 입법가들이 가장 중요한 교육단계로 생각해왔던 것에 대한 통제권을 박탈하고자 하지 않았으며, 예수회가 프랑스 교육에 복귀하는 것을 두려워했기 때문이다. 많은 반성직주의적인 프랑스인들은 이미 프랑스에서 다른 종교단체들이 만연되는 것에 분노하고 있었다. 정규 중등학교와 활발하게 경쟁을 벌였던 소규모 신학교의 성장은 교육문제해결에 도움을 주지 못했다.513)

한편 '1836년 3월 22일 법령'은 성인 강좌의 개설을 권장했던 점이 특이하다. 비록 제한된 수, 또는 개강조건에 따른 금지, 또는 학급의 기능을 고려한 성인 반(classes d'adultes)의 설강이었지만 평생교육의 기원이 되었다. 성인 반을 개설하는 자는 선행증(certificat de moralité), 졸업증명서, 학구장의 특별 허가서를 갖추어야 했다. 그리고 허가신청은 지역위원회의 의견서, 학구평의위원회의 심의서, 교육계획서, 강의 일람표 등이 첨부되어야 했다. 그것은 남자의 경우는 15세 이상, 여자의 경우는 12세 이상이었고, 성별로 분반되었으며 감독관의 통제를 받았다.514) 그

512) Félix Ponteil, *Histoire de l'Enseignement*, 1789-1965, p. 206.
513) Sandra Horvath-Peterson, *Victor Duruy & French Education: Liberal Reform in the Second Empire*, p. 36.

것은 인기가 있었다. 1840년 센 에 우아즈 도의 통계에 의하면, 216개의 성인 반에 학생은 5,058명이었는데, 그 중 남자는 4,353명, 여자는 705명이며, 무상교육 2,778명, 유상 교육 2,280명이었다. 무상교육 혜택자는 도 또는 지구에서 극빈자라는 것을 보증한 사람들이었다.[515]

### 4) 2월 왕정과 '팔루 법, loi Fallloux'에 의한 변화

1848년의 혁명, 소요들, 6월 유혈의 날들이 계속됨에 따라 사람들의 태도가 극적으로 변화하였으며, 사회적 불안이 주는 위협감 때문에 볼태르주의 부르주아(Voltairian)들 조차도 교회가 교육에서 더 큰 역할을 담당해야한다고 주장하게 했다. 1840년대 보수적인 지배계층들은 특정 학교와 특정 교사들이 너무나 유토피아적인 사상을 고무시키고 있다고 생각했다. 또한 학교의 직원들과 밀접한 연계를 맺고 있던 아놀드에 따르면 그들은 범죄가 증가하고 있다는 보고에 대해 크게 우려했다. 따라서 교육체제에 변형이 필요하고, 위험스러운 사상과 교사들은 근절되어야 할 것이며, 특히 교회의 힘에 좀 더 의지함과 동시에 하위계층들을 위한 교육에 좀 더 굳건한 신앙토대가 주어질 필요가 요구되었다.[516]

그러나 1849-1850년 공화국을 선호하는 가톨릭교회는 집권당 뒤로 한 발 물러났으며, 보수반동이 다시 시작되기 전까지, 그리고 생 시몽주의자인 카르노 장관 시절에는 좀 더 온건하고 자유주의적인 세력이 교육의 변화와 개혁을 제안하였다.[517] 주목할 만한 것은 왕실 콜래주가 다시 한 번 리세가 되었고, 당시 공립학교로 그랑제콜을 설립하였으며,

514) Antoine Léon, *Histoire de L'Éducation populaire en France*(Paris: Éducation Fernand Nathan, 1983), p. 35.

515) *Ibid.*, p. 36.

516) Sandra Horvath-Peterson, *Victor Duruy & French Education: Liberal Reform in the Second Empire*, pp. 36-37.

517) Pierre Pierrard, "Le curé et l'instituteur" *L'Église et L'Éducation Mille ans de tradition éducation*, p. 209.

카르노는 초등교육을 무상·의무교육으로 실시하고자했다. 그랑제콜은 6개월 동안만 수업을 할 수 있었는데, 왜냐하면 보수주의자들과 법학부를 옹호하는 자들이 '1848년 8월 9일 법'에 의해 그랑제콜을 폐지시켰기 때문이다. 공무원을 양성해 내고자하는 특수 고등학교에 대한 구상은 이후 25년 동안 그 지지자를 계속해서 유지하였으나, 정치학자유학교(Ecole Libre des Sciences Politiques)가 설립된 1872년까지는 그 열매를 보지 못했다. 초등교육을 무상 · 의무교육으로 만들고자 하는 민주주의적인 계획은 문맹을 타파하고, 1848년 4월 선거에 등재된 보수표가 넘쳐나는 것을 막고자 하는 의도를 가지고 있었으며, 그것은 속인 초등학교 교사들을 위한 근로환경을 개선시키고자 하는 다양한 제안들을 수반하였다. 그러나 그것은 보수주의자들에 의하여 거부되었다.

제2공화정(1848-1852)에서 이루어진 교육입법의 중요한 부분은 카르노가 장관직을 떠난 이후 보수파들에 의해 만들어진 '팔루 법'이었는데, 그것은 1850년 3월 15일 입법부를 통과했다.

팔루는 1846년 맨 에 루아르에 있는 콜래주 드 세그레(Collège de Segré)의 대표로서 하원(Chambre des députés)에 들어갔다. 그는 『루이 16세』와 『성 비오 5세』(Saint Pie V) 라는 2권의 책을 출판하였을 뿐 이름이 별로 알려지지 않았다. 그러나 팔루는 1848년 12월 20일 교육부 및 종교부 장관이 되었고, 교육개혁을 위한 법을 만들었다.[518] 팔루는 교육부장관이 된 2주 후에 루이 나폴레옹에게 두 가지 보고서를 제출했다. 그 중 하나는 초등교육의 재조직을 위한 목적이었으며, 다른 하나는 '교수의 자유 liberté d'enseignement'를 위한 목적이었다. 그는 여기에서 루이 나폴레옹에게 대중의 동의가 중요하다는 것을 각인시키고자 했다. 그리고 '가르치다, 훈련시키다. instruire'와 '양육하다, 기르다. élever'가 다르지 않다는 것이었으며, '교육. education'은 지능만큼 '영혼, âme'을

518) Henry Michel, *La Loi Falloux*(Paris: Librairie Hachette et Cie, 1906), p. 1.

형성하게 하는 것이라고 했다.519)

'팔루 법'을 자세히 보면, 1848년 1월 11일 '소 팔루 법'과 3월 15일 '대 팔루 법'으로 분류되어 있다. '소 팔루 법' 8조항 중 제1조는 초등교육을 도지사의 특별 감독 하에 둔다는 것이고, 제3조는 그 지역의 특별최고위원회의 의견을 들은 후 도지사는 그 교사를 해임할 수 있으며, 제5조는 국경의 코뮌지역을 제외하고 이미 해임된 교사가 사립학교를 설립하려 할 때 취소할 수 있다는 것이 가장 중요한 내용이었다.

그리고 3월 15일 '대 팔루 법'은 중등 교육의 자유를 인정하고, 초등학교 교사의 처우를 개선하며, 임명과 해임을 그 지구의 학구장에게 주는 것이었다. 그리고 주민 800명당 하나의 여학교를 설립할 수 있게 했다.520)

라비스(Ernest Lavisse)에 의하면, '팔루 법은 "그 세기에 있었던 가장 결정적인 사건중 하나"라는 것이다. 이 '팔루 법'에 의해 과거에 거의 자치제였던 교육부는 종말을 짓고, 밀접하게 관리 받는 부서로 변화되었다. '팔루 법'에는 제국대학에 대한 언급이 되어있지 않다. 이것은 제국대학이 공식적으로 폐지되었다는 것을 의미했다. 실용적인 목적을 위해 제국대학의 기본 행정구조만 남아있었다. 16개의 지역 학구들이 폐지되고 87개의 학구들로 대체되었다.521)

또한 대학의 총장직은 폐지되었고, 차후 프랑스 교육계의 수장은 교육부장관으로 알려졌다. 대학 예산에 속하는 기부금과 건물들은 폐지되었고, 교육부의 정기 입법부에 의존해야만 했다. 한때 대학이 관리했던 공교육자문위원회는 사회적 힘의 균형을 맞추기 위해서 재건되었다. 예를 들면 제1제정하의 제국위원회로 알려진 '왕립위원회'는 공교육최고

---

519) *Ibid.*, pp. 22-23.

520) Pierre Pierrard, "Le curé et l'instituteur" *L'Église et L'Éducation Mille ans de tradition éducation*, p. 210.

521) Henry Michel, *La Loi Falloux*, p. 2.

위원회로 되었고, 28명의 멤버 중 8명만을 공교육대표에서 선출하였다. 여기에서 공교육이란 알려진 대로 대학을 의미한다. 나머지 20명은 주교와 대주교 중에서 4명, 프로테스탄트 목사 2명, 랍비 1명, 국가위원회에서 3명, 파기원(프랑스 최고 재판소)에서 3명, 프랑스 학사원에서 3명, 사립학교대표 3명으로 이루어졌다. 이와 유사한 사회적 힘의 균형이 학구평의회와 시위원회에도 적용되었다. 결국 제국대학을 파괴하는데 일조하였던 '팔루 법'은 '1830년 법령'의 제 69조항에서 약속되었던 중등교육에 있어서 '가르치는 자유'를 확립했다. 그러나 가르칠 권리는 다소 제한되었고, 보수적인 가톨릭세력은 자신들이 완전히 학교를 전적으로 관리할 수 없게 된 것에 대해 실망했다. 교사 자격증을 가진 자는 중등학교를 개교하거나 중등학교에서 가르칠 수 있었다. 그러나 국가는 바칼로레아 시험에 대한 관할권을 유지하고 있었고, 헌법, 법률, 혹은 도덕의 위반에 대해 모든 학교들을 감찰할 수 있는 권리를 가지고 있었다.

2차 교육에 대한 자유를 보장한 것을 넘어서 '팔루 법'은 2차 교육과정에 대해서 더 이상의 변화를 주지는 않았다. 전통적인 교육과정은 고스란히 남아있었고, 2차 교육에 대한 최종 학위로서, 그리고 더 이상의 고등교육기관으로 진학하기 위한 필수적인 티켓으로서의 학사학위는 계속해서 교육에 대한 핵심적인 해결의 실마리가 되는 것이었다. '팔루 법'은 보다 고등교육에 관해서는 침묵하였다. 그러나 1849년과 1850년의 입법자들이 교육의 자유를 위한 스스로의 대책을 포함하는 고등교육에 관한 조직적인 새 법을 준비할 계획을 세웠다.

초등교육에서 교육의 자유가 재확인되었고, 가르치는 일에 헌신하는 여성 종교단체의 구성원들은 다시 한 번 수료증서의 제출이 면제되었다. 종교 교육은 커리큘럼에서 가장 중요한 영역 중의 하나로 강조되었다. 초등교육에 가중된 특히 1848년 6월 이 후의 일들은 사회적인 복종을 아이들에게 주입시키고, 경제적인 조건에서의 인내를 가르치며, 종교,

가정, 그리고 다른 부르주아적 가치들을 존경하도록 주입시키는 것이었다. 간단히 말해, '국민학교'의 임무는 대중을 교화시키는 것이었다.

초등교육은 두 개의 수준으로 분류되었다. 첫 단계는 윤리와 종교교육, 읽기, 쓰기, 산술, 도량형제도(système légal des poids et mesures)를 배우는 것이었다. 그리고 두 번째 단계는 지식을 완성하는 것으로 프랑스어의 기초, 응용물리, 프랑스 역사와 지리학 개설, 농업, 산업, 위생의 기초교육, 측량, 제도, 음악, 체육을 포함했다.[522]

에콜 프리매르 쉬페리외르(초등 2단계)는 많은 보수파들이 이들 학교가 하층민들에게 비현실적인 사회적 열망을 부추긴다는 비난이 있었기 때문에 비공개적으로 폐지되었다. 좀 더 자세히 말하면, 에콜 프리매르 쉬페리외르들은 정규 초등학교들에 비하여 선택적인 커리큘럼을 운영함으로 인해 공격을 받았다. '팔루 법'은 역시 유치원(salles d'asile)과 성인들을 위한 야간학교과정의 설립을 추천하였고, 그리고 초등교육이 종교단체들에게 넘겨졌지만, 800개의 모든 코뮌이나 여자아이들에 대한 초등교육 대책을 여전히 마련하고 있지 못했다. 많은 지역에서 여학교 설립을 할 수 있었으나, 각 자치단체들 자체의 재원을 충당할 수 있을 때에만 그렇게 할 수 있도록 하였다. 결국 생활이 궁핍한 아이들에게 부분적인 보조금을 지급할 것을 재확인하였는데, 이것은 '기조 법'에 의해 이미 제도화되었던 것이었다.[523]

대학교육의 열렬한 지지자들은 논리적으로 '팔루 법'에 대하여 비난했다. 루이 리아르가 후일 말한 바와 같이, '팔루 법'의 초안을 잡은 사람들은 "공교육을 축소시키기 위하여 모든 것을 했다. 대조적으로, 사교육을 위해서는 어느 곳에서든지 특권과 의무면제 등의 혜택을 주었다." 그러나 퐁테이가 지적한 것처럼 성직자들에게 대학운영에 대한 상

---

522) *Ibid.*, p. 453. "Projet de Loi sur L'Enseignement Primaire, art. 1."

523) Sandra Horvath-Peterson, *Victor Duruy & French Education: Liberal Reform in the Second Empire*, p. 39.

당한 발언권이 주어졌음에도 불구하고, 대학이 실제로 소멸해버린 것이 아니고, 교회에 복종하게 된 것도 아니었다. 그러나 교회가 새로운 사립학교들을 소유함으로써 대학의 경쟁자가 되었다. 사립학교들은 프랑스 청년들을 위한 진정한 경쟁자가 되도록 하였고, 상반된 두 방향으로부터 유래된 두 집단이 교회를 분열시키고 분리시키려 했다. 그래서 사람들은 '팔루 법'이 19세기 프랑스에서 결정적인 사건들 중의 하나였다는 것으로 이해한다.[524)]

'팔루 법'은 정치적 반동의 끝이 아니었다. 1850년대의 권위주의적인 정권 아래에서, '팔루 법'의 보수적인 측면들은 대부분 유지되었고, 강화되었다. 나폴레옹 3세는 자신의 정치적 기반을 강화하는데 신경을 곤두세우고 있었지만, 정치적 힘을 얻기 위해 가톨릭에 특권을 부여했다. 페터슨(Sandra Horvath-Peterson)에 의하면, 그는 1852년 9월 종교 교육이 리세의 학생들에게 의무적으로 부과한 후 얼마 지나지 않아, 그의 종교 이념에 대한 공약을 공적으로 다시 확증하였다. 다음 달에 그는 보통학교 학생들에게 매일 기도회와 종교행사들에 참석하도록 요구하는 법령에 서명했다. 또한 그는 추기경들을 상원에 합류시켰고, 종교부의 예산을 증가시켰으며, 종교에 대한 금서목록을 증가시키고, 종단에 가르치는 권한을 관대하게 확대하였다. 이러한 분위기에서 종파주의적 교육은 더 만연하게 되었다. 대학평의회에 대한 성직자들의 도덕적 영향력, 새 학교를 개설하려는 종교계의 열망, 자녀들에게 도덕적·교육적 영역에서 제공해 줄 것이라고 부모들이 믿고 있었던 가톨릭교회의 이점들, 그리고 비용이 덜 드는 종단의 교사들에게 그들의 학교를 맡김으로 예산을 절감하고자 했던 지방자치체들의 기대로 인해 가톨릭 학교들은 수적으로 엄청난 증가를 보이게 되었던 것이다.[525)]

---

524) Félix Ponteil, *Histoire de l'Enseignement, 1789-1965*, pp. 244-245.

525) Sandra Horvath-Peterson, *Victor Duruy & French Education: Liberal Reform in the Second Empire*, pp. 40-41.

### 5) 포르툴에 의한 개혁

포르툴(Hypolyte Fortoul, 1811-1856)은 흔히 교양과목과 철학에 적대적이며 전제적이고 비인문주의적인 장관으로 알려져 있다. 나폴레옹 3세는 대학이 지나치게 독립적이고 근본적이고도 위험한 사상의 배양지 역할을 한다고 생각했기 때문에 대학의 해체에 대해 심각하게 고려하였다. 1851년 12월부터 나폴레옹 3세의 교육부 장관이자 종교부 장관이었던 이폴리트 포르툴은 그에게 대학과 교수들에게 일종의 멍에를 지우도록 설득하였다. 이렇게 하여 대학은 살아남게 되었고, 포르툴은 대학에 대한 그의 개인적인 통제를 강화하는 한편 교회에 대해 경의를 표하는 척하면서 은근히 무시해 버리는 정책을 취했다.

포르툴은 '팔루 법' 제 2조의 좋은 점을 살려서, 저명한 대학인들로 구성된 상원의 종신계급을 해산시키고, 그의 통제아래 있는 장학단장들로부터 선출된 사람들을 대신 채워 넣었다. 그리하여 '1854년 6월 14일 법'을 근거로, 그는 '팔루 법'에 의해 설립된 각 도의 학구장 제도를 폐지하고, 그가 직접 확실하게 통제할 수 있는 4개 혹은 5개 정도의 학부로 구성된 큰 지역 단위의 대학을 부활시켰다. 이것들은 뒤뤼가 교육부 장관이 되었을 때까지도 계속 존속했다. 그는 두 가지의 현안을 가지고 싸웠는데 하나는 대학의 질서와 재정을 확보하기 위한 것이고, 다른 하나는 점점 적대적인 가톨릭 성직자에게 대응하며 교권을 확립하는 것이었다.[526)]

포르툴은 또한 자유를 공공연히 부르짖는 대학을 일소하는 정책을 계속하였고, 이 결과 기조, 쿠쟁, 미쉴레(Jules Michelet), 에드가르 퀴네, 아담 미쉬비크, 쥘 시몽과 같은 사람들이 퇴출당했다. 고등교육기관의 헌법, 철학사 등 미심쩍은 과정들을 제거하였으며, 고등사범학교의 커

526) Claude Lelièvre et Christian Nique, *Histoire Biographique de L'Enseignement en France*, p. 196.

리큘럼을 축소시키고, 지방자치의회에서 초등교사 임명권과 자격 박탈권을 회수하였다. 포르툴이 이러한 정책상의 변화를 마칠 때까지 대학의 '바빌론 유수'도 완료되었다. 대학인이었던 루이 리아르는 이 시기를 회상하면서, 나폴레옹 3세 초기치세는 공교육에 있어서 19세기 중 최악의 시기였다고 말했다. 1852년에 쿠데타에 의해 비참한 맛을 보았고, 정권에 충성을 다할 것에 대해 맹세하기를 요구받았으며, 자신들의 앞가림이나 할 임무를 부여받은 대학의 교수들은 이제 포르툴의 억압적인 법안 아래에서 일할 수밖에 없게 되었던 것이다.527)

포르툴은 초등과 고등교육을 사실상 무시하고 중등교육에 관심을 두었다. 1852년 성직자의 요구에 대한 반응으로, 그는 중등학교의 철학과정에서 쿠쟁의 자유주의적 절충주의를 삭제하였고, 교과목을 논리로 개명하였으며, 논쟁의 여지가 없는 삼단논법에 대한 내용을 줄였다. 교육과정을 근대화하고, 그 시대의 필요에 좀 더 부응하기 위해 그는 모든 리세에서 체육과 디자인 수업을 실시하였고, 중등학교 교사들에게는 역사과목에서 근대시대에 대한 내용에 더욱더 많은 관심을 기울일 것을 명령하였으며, 기술교육에 대한 새로운 프로그램을 도입하였다. 비록 기술교육프로그램이 기업가들, 자유주의 경제학자들, 그리고 뒤마(J.-B. Dumas)와 같은 저명한 과학자들의 열정적인 지지를 받았지만, 대학으로부터 강한 반대에 부딪혔다. 대학은 대개 기술교육이 중등학교에서 존재할 여지가 없다고 생각하고 있었다. 그러므로 포르툴이 1852년 기술교육을 도입했을 때, 그것에 따르지 않으려하는 대학이 그것에 따르도록 강요해야만 했다.

1856년 포르툴이 죽었을 때, 그는 복합적인 기록과 명성을 남겼다. 그는 중앙집권화와 정치적 반동을 희생시켜 대학을 강화시켰던 것이다.

---

527) Liard, *L'enseignement supérieur en France*, II, pp.241-243. cf. Sandra Horvath-Peterson, *Victor Duruy & French Education: Liberal Reform in the Second Empire*, pp. 40-41. 재인용.

나폴레옹 3세의 지지자들은 일반적으로 그것을 만족스러워했고, 가톨릭도 아무런 불평을 하지 않았지만 대학들과 자유주의자들은 그렇지 않았다. 포르툴의 업적에 대한 긍정적인 평가에도 불구하고, 그는 19세기에 가장 경멸받는 교육부 장관으로 평가되었다.[528)]

포르툴은 프랑스 가톨릭 교회의 율법주의자였으며 국가 관리의 교육을 찬양했다.[529)] 비록 그는 교황지상권주의자도 성직자도 아니었고, 그리고 정권 초기 나폴레옹 3세가 가톨릭에게 보냈던 지지를 개인적으로 좋아하지 않았지만, 나폴레옹 3세의 희망사항에 포르툴이 협력함으로써 이제는 수적으로나 영향력에 있어서나 점차 강해져 가고 있었던 반성직주의자들로부터 그의 명예를 공고히 할 수 있었다. 사실 그들은 1848년 비교적 침묵의 시기를 경험했다. 이때에는 자유주의적 가톨릭주의가 교회와 가톨릭에서 가시화된 운동이었으며, 이것이 공화국의 성공과 연관되어있었던 듯 보였다. 그러나 1849년 이후 프랑스 군대가 이탈리아에 교황을 보호하기위해 파견되었을 때, 재생된 교황 지상론이 자유주의적 가톨릭주의를 누르기 시작하여 정권으로부터 편애를 받았을 때, 그리고 교회가 1852년 쿠데타를 수호한 듯 보였을 때, 반성직주의가 다시 한 번 고개를 들었는데, 이시기의 반성직주의는 좀 더 과격한 형태였다. 1860년대에 이르면 반성직주의는 실증론. 과학만능주의, 물질주의와 한데 얽혔다. 존 맥매너스(John McManners)가 말한 바와 같이, 새로운 평신도의 도덕성을 요구하는 반성직주의자들은 오래된 기독교 도덕의 근간을 공격하였고, 교회가 비도덕적인 교리들 이를테면, 원죄와 불관용을 가르치고 비하, 신체에 대해 무시하는 비도덕적인 행위를 하고 있다고 주장했다. 물론 반성직주의도 성직주의도 단일체였던 것은 아니었다. 그들에게는 지적 · 정치적 · 감정적인 면에서 각각 차이점을 가지고

528) Sandra Horvath-Peterson, *Victor Duruy & French Education: Liberal Reform in the Second Empire*, p. 42.

529) Joseph N. Moody, *French Education since Napoleon*, p. 67.

있었다. 사실, 일부 가톨릭들은 자신들이 교회에 충성하고 있었기 때문에 성직자를 지지하였다. 이는 정치지원자의 경우처럼 성직자적이라기보다 좀 더 가톨릭적이라고 묘사되었다. 그리고 어떤 이들은 성직자 지지를 거부했는데, 그들이 반성직적이어서가 아니라 성직자가 아니었기 때문이었다. 더욱이 대부분의 프랑스인들은 논쟁에 의해 동요되지 않았다. 그러나 정치에 관심을 가지게 된 자들은 성직주의와 반성직주의 양자에 대한 불만이 늘어가기 시작했다. 언론이 제국의 정치에 좀 더 중요한 역할을 하기 시작했을 때, 극단적인 견해들이 나타나 교육영역으로 밀려왔다. 포르툴의 후임으로 귀스타브 룰랑(Gustave Rouland)이 취임한 것은 이러한 상황에 반하는 것이었다.[530)]

### 6) 룰랑의 개혁

룰랑은 노르망디에서 자라고, 법률을 전공했으며, 온건한 가톨릭장관이었다. 하지만 그러한 배경에도 불구하고, 그는 전임자가 그러했듯이 속인교육을 지지했다. 그러나 룰랑은 포르툴과는 달리 국가교육을 좀 더 분명하게 추진했다. 왜냐하면 1850년대 초기에 퍼져있었던 혁명에 대한 위협의 소멸과 1858년 이후 외국정책에 대한 변화로 인해 교육정책이 새로운 방향전환을 할 수 있었기 때문이었다. 다시 말하면, 교회에 지나친 특권을 부여하던 시대가 끝나고 있다는 것이 명백해졌기 때문이다.

따라서 룰랑은 포르툴이 추구한 두 가지 능력별 학급 편성제도를 폐지했다. 하나는 상급반에 있는 공통과정이었는데, 1859년 파리 리세에서부터 폐지했다. 그 다음 룰랑은 의과대학에 입학하기 위한 바칼로레아를 설치하고 과학부에서 학생들을 철수 시켰고, 포르툴이 개혁한 비

---

530) Sandra Horvath-Peterson, *Victor Duruy & French Education: Liberal Reform in the Second Empire*, p. 43.

교문법과 역사의 분석적 교수 방법을 폐지했다. 이것은 무질서한 대학을 평화롭게 복고함과 동시에 옛날의 우월성으로 돌아가게 한 것이었다. 비록 룰랑이 중등교육과 관련된 대학의 요구에 복종했다하더라도, 그는 교육이 근대산업의 필요성에 도움이 되어야 한다는 것을 자각하고 있었다. 기술의 진보를 과시한 1856년 파리 박람회와 1862년 런던 박람회가 교육의 근대화를 촉구했다. 실증주의 철학과 인간성의 발전은 인류의 미래를 결정하는 중요한 요소로서 과학의 비전에 기여하고 있었다.531)

나폴레옹 3세가 오스트리아를 지배하고 이탈리아의 북부국가들을 통합하기 위해 이탈리아 공화주의자들을 선동하기로 결심한 이후, 그리고 황제권력의 정치적 기반이 자유주의자들과 공화주의자들 쪽으로 방향을 잡아야한다는 것을 명백히 파악한 후, 룰랑은 교육에 있어서 교회의 성장을 막기 위한 일련의 제안들을 고안해 내기위해 레옹 필레(Leon Pillet)를 초등교육부장으로 임명했다.

룰랑은 7월 군주정의 종말이후 초등교육에 종사하는 성직자들이 거의 3배였다는 사실에 염려하였다. 중등교육에서 가톨릭 학교들은 '팔루법' 이후 큰 성과를 거두었다. 1851년 말에 이르기까지 257개의 사립중등학교들 중 10개가 예수회 학교였다. 1860년에 제출되었지만, 1873년에 공포된 필레의 교육계획은 정부가 더 이상의 남성 교육기관을 허가해서 안 되며, 여성 교육기관의 허가를 위한 조건을 제한해야한다고 충고했으며, 시 의회의 선택의 자유를 방해하지 않고 속인학교들에게 전면적인 지원을 하고, 좀 더 엄격하게 국가기본법을 적용할 것과 종교신문 특히 루이 뵈이오(Louis Veuillot)의 <세계>(L'Univers) 신문을 탄압할 것을 권하였다. 당시 미 허가 남성 교육기관은 49개, 여성 교육기관은 250개였다. 필레의 교육계획은 대부분은 황제에 의해 최종적으로 승인

531) Joseph N. Moody, *French Education since Napoleon*, p. 69.

되었고, 이후 몇 달 동안 일부계획이 룰랑에 의해 보충되었다.[532)]

1860년 이후, 교수의 권한을 새로운 남성단체에 부여하지 않고 단지 몇몇 여성단체들에게만 부여했다. 종파학교(école confessionnelle)에 사적인 재정지원을 해 주는 행위는 엄격하게 금지되었고, 교회초등학교들로 하여금 수업료를 학교 측에서 부담토록 하여 세속학교들에 대한 경쟁력을 강화시켰으며, 지방자치체들은 종파학교들 보다는 세속 학교들에 대해 호의를 베풀도록 압력을 받았다. 1860년대 후반에 이르게 되면, 초등학교를 종단에 인정하거나 전이하는 것은 사실상 끝이 났다. 그러나 룰랑은 초등학교 제도를 포기하지 않았다. 룰랑은 비슷한 제한을 중등학교에도 확대시켰다. 그리하여 예수회는 브레스트에서 학교 경영을 금지 당했고, 기존의 학교들은 허가되지는 않은 채로 수년간 지속되었다. 게다가 룰랑은 지방자치정부들로 하여금 주교들에게 일임되었었던 콜래주에 대한 통제권을 되찾을 것을 요구하였고, 공립 중등학교들을 일부 제국리세로 바꾸면서 공립 중등학교의 혁신에 추가적인 재정지원을 퍼부었다.

내·외적으로 가톨릭교회에 대한 정책이 급격히 뒤바뀌면서 한때 제기되었던 교황권제한주의자들의 교육에 대한 비판들은 가톨릭교회로 하여금 그들의 주장이 폐기되었다는 것을 일깨워주었다. 교황권과 반교황권간의 반목은 1863년 국민투표 후에 더욱 뚜렷하게 교권파와 반교권파의 대립으로 발전되었다. 그러나 룰랑의 정책들은 대학에 좋은 일이 되었다. 폴 게르보(Paul Gerbod)가 말했던 것처럼, 이 시기는 '보상의 시대', 즉 포르툴이 대학인들에게 가했던 손해의 일부가 되돌려진 시대가 되었다.

룰랑은 교사단의 후생에 대한 관심을 지속적으로 보여주었다. 그는

---

532) Sandra Horvath-Peterson, *Victor Duruy & French Education: Liberal Reform in the Second Empire*, p. 44.

교육에 대한 가톨릭교회의 영향을 억제하려는 노력을 여러 가지로 기울였을 뿐 아니라, 학교의 필요성에 대해 정기적으로 교사들의 의견을 수렴하기까지 하였다. 무디에 의하면, 그는 특히 초등학교 교사들을 도우려고 노력했으며, 처우개선을 위해 노력했다. 그는 초등학교 교사들에게 학교, 학생, 교장에 대한 설문지를 보내 5,940통을 받았다. 그 중에 봉급에 대한 불만이 가장 많았다. 이를 반영하여 5년 이상 근무한 초등학교 교사들에게 700프랑 정도로 봉급을 올리는 성과를 얻었다. 그것은 종래에 비해 한배 반이되었으며, 제정 말기에는 100프랑으로 올려 처우개선을 하게 되었다.[533] 한편 그는 1862년 8월 26일에 발간된 <회람>에 초등학교 교사들이 학교 정규수업 후에 주임신부를 조력하도록 요구받지 않을 수 있다고 주장했다. 이제 초등학교 교사들은 더 이상 '주임신부의 만만한 하인'이 아니게 되었다. 룰랑은 1860년 초등학교 교사들의 논문 공모를 후원했다. 그는 포르툴의 기술교육 프로그램(*bifurcation*)을 어느 정도 축소하여 불만에 찬 리세의 교수들을 만족시켜 주었다.[534]

룰랑은 고등교육과정에 대해서는 대부분의 선임 장관들처럼 거의 중요하게 생각하지 않았다. 그는 법학부와 의학부를 증설하였으나 실제적으로 과거의 좋은 계획들을 부활시키는 데에는 실패하였다. 그러나 루이 파스퇴르로 하여금 고등사범학교의 특권과 더 나아가 과학적 연구라는 대의를 증진시키는데 도움을 주었다.

533) Joseph N. Moody, *French Education since Napoleon*, p. 70.
534) Sandra Horvath-Peterson, *Victor Duruy & French Education: Liberal Reform in the Second Empire*, p. 46.

## 2. 뒤뤼의 교육사상 형성과 특징

뒤뤼(Victor Duruy)는 제2제정의 정치사에서 비판적 시기에 교육부장관이 되었다. 그때 자유주의적인 야당이 입법부의 선거에서 그의 소수파를 확대하고 있었다. 또한 그때 철도망을 통해 산업증진, 상품 및 아이디어의 보급과 교육의 가치에 대한 공적 인식이 증대되고 있었다.[535) ] 그는 프랑스와 프로이센 전쟁이 진행 중인 1863-1869년 프랑스의 교육부장관을 역임했으며, 프랑수아 기조, 쥘 페리(Jules Ferry) 등과 함께 19세기 프랑스가 자랑하는 위대한 교육부장관들 중의 한 사람이었다. 장 로르(Jean Rohr)에 의하면, 뒤뤼의 동료들이나 그에 대해 감탄한 사람들은 제3공화정에서 영향력 있는 위대한 교육개혁가들 중 그가 선구자라고 했다.[536)]

자유주의 개혁가이자 프랑스 교육부장관이었던 뒤뤼를 역사가들은 19세기의 중요한 교육부장관으로서 생각했고, 그에게 찬사를 아끼지 않았다. 그들 중 앙투안 프로스트(Antoine Prost)는 뒤뤼를 프랑스 역사상 가장 훌륭한 교육부장관으로 평가했다.[537)] 그리고 브로강(Denis W. Brogan)과 당세트(Adrien Dansette)도 19세기 프랑스 사에서 뒤뤼가 가장 위대한

535) Joseph N. Moody, *French Education since Napoleon*, p. 72.

536) Jean Rohr, *Victor Dury, Ministre de Napoleon III: Essai sur La Politique de L'Instruction Publique au Temps de L'Empire Libéral*(Paris: Librairie Générale de Droit et de Jurisprudence, 1967), p. 1.

537) Sandra Horvath-Peterson, *Victor Duruy & French Education: Liberal Reform in the Second Empire*, p. xiii.

교육부장관이었다고 평가했다.[538] 이러한 뒤뤼의 교육사상은 어떻게 형성되었을까? 뒤뤼는 생트 바르브 콜래주에서 학생으로 교수들과 함께 공부하는 것을 즐거워했다. 그는 후에 그가 가장 좋아하고 존경하는 쥘 미쉘레의 지도 아래 열심히 연구했다.

뒤뤼는 항상 방학 때가 되면 서운해 하곤 했다. 왜냐하면 그것은 학문적인 삶을 사는 행복이 중단되는 기간이며, 시골집으로 돌아가 버린 학우들과 떨어져 있어야 하는 시기였기 때문이었다. 뒤뤼가 생트-바르브 콜래주를 다니는 동안 마침 7월 혁명이 터졌다. 1830년 7월 26일 밤, 뒤뤼는 군인이 될 것인가 아니면 교수직을 택할 것인가 고민하다가 그의 아버지의 명령을 어기고, 침대에서 일어나 유니폼을 입고 재건된 국민방위대에 아버지와 합류했다. 뒤뤼에 의하면, 그의 아버지의 좌우명은 '질서와 자유, ordre et liberté!'였으며, 1789년의 원리에 충직하고, 혁명과 프랑스 제국의 군사적 영광에 긍지를 가진 분이었다.[539]

정치적 소용돌이가 가라앉자, 뒤뤼는 다시 부활된 고등사범학교(Ecole Normale Supérieure)에 들어가기 위해 10월 3일에 있을 입학시험을 준비하기 시작했다. 그는 소단위 학급, 치열한 경쟁으로 불합격되리라 생각하고 군대로 갈 것을 결심했다. 그는 시험을 잘 준비하지 못했으나 합격하기에는 충분한 점수를 받았다

뒤뤼는 고등사범학교에 입학하자마자 미쉴레 선생에게 매혹되었으며, 그는 그의 '정신의 선각자, accoucheur d'esprits'가 되었다. 뒤뤼는 "미쉴레의 감동적이고, 강력하며, 정열적인 말은 나의 영혼 깊이 파고들었다"고 말했다. 그는 미쉴레를 만난 후 행복을 느꼈다. 미쉴레 역시 그를 그의 동기생 중에 가장 유망한 학생으로 생각했고, 다른 학생과 구분되는 좋은 평가를 했다. "그는 총명하고, 근면하며, 역사연구를 하기에 뛰

538) Joseph N. Moody, *French Education since Napoleon*, p. 72.

539) Ernest Lavisse, *Un Ministre Victor Duruy*(Paris: Armand Colin et Cie, Éditeur, 1895), p. 3.

어난 재능을 가졌다. 그는 발표를 명료하고 풍부하게 하기 위해 목숨 걸고 열심히 1년 동안 공부했다. 그 결과 그는 1833년 9월 20일 역사와 지리 교사자격시험에서 수석으로 합격했다.[540]

뒤뤼가 마담 미쉴레에게 쓴 편지를 보면, 스승에 대한 존경과 연민을 잊을 수가 없었을 것 같다.

> "교수님의 말은 그의 영혼 깊은 곳에서부터 나오는 떨리고, 힘이 있으며, 열정에 불타오르며, 감동적인 것이었고, 항상 그 어떤 것을 더욱 계몽하곤 했습니다. 그때 당시 교수님의 강의만으로는 그가 정통주의자인지, 오를레앙주의자인지 혹은 공화주의자인지, 가톨릭 신자인지 아니면 불가지론자인지 알 수가 없었습니다. 그의 능력 있는 성품에도 불구하고, 그의 가르침과 그와 관련된 대화에서는 그의 개인적인 면은 찾아볼 수가 없었습니다. 교수님은 당파나 어떤 교리적 원리를 고집하며 선전하는 일은 없었습니다. 그러나 교수님은 그가 믿기로 역사적인 진실이라고 여겨지는 것에 대해서는 열렬히 그것을 선전했습니다...... 역사를 생명력 있게 드러내곤 했던 것은 바로 교수님을 위해서, 또 교수님을 통해서였던 것이 분명합니다."[541]

이 편지는 1913년 10월 25일 역사가 오세(H. Hausser)가 『그랑드 르뷔』(*Grande Revue*) pp. 649-659에 실렸다. 뒤뤼에 대한 미쉴레의 영향과 관련된 자료나 그들의 관계에 대한 것은 모노(G. Monod)의 『쥘 미쉴레의 생애와 사상, 1798-1852』(파리: 샹피옹, 1923) 등에서 볼 수 있다.[542] 뒤뤼가 그의 스승과 화해하려고 노력한 흔적을 필자는 아직 발견하지 못했

---

540) *Ibid.*, p. 11.

541) Sandra Horvath-Peterson, *Victor Duruy & French Education: Liberal Reform in the Second Empire*, pp. 4-5.

542) Jean Rohr, *Victor Dury, Ministre de Napoleon III: Essai sur La Politique de L'Instruction Publique au Temps de L'Empire Libéral*, p. 3.

다. 불화의 주제가 종교관이었기 때문에 굳이 화해의 노력이 필요하지 않았을 것이다

그는 콜래주 드 랭스의 제의에 따라 3개월 학기에 역사를 가르쳤으나 인생이 지루하다는 것을 깨달았다. 그는 몇 주 후 파리로 돌아가게 해달라고 스승 미쉴레에게 편지로 간청했다. 랭스에는 탁월한 사업가들은 있었으나, 그의 지성을 자극할 만한 사람은 찾아볼 수가 없었다는 것이었다. 그는 미쉴레에게 "나는 여기 머물러 있으면서, 매달 뒤로 한 걸음씩 물러나고 있습니다." 라고 불평했다.[543]

뒤뤼가 미쉴레에게 청원 후 곧, 랭스 콜래주에서 빠져나오게 되었다. 미쉴레는 당시 고등사범학교 교수이자 국립고문서보관소의 역사학부장(chef de la section historique des Archives Nationales)이었다. 미쉴레의 청을 받은 왕은 최근 교수자격시험에서 최고 영예를 획득한 뒤뤼를 그의 두 아들, 몽팡시에(Montpensier)와 특히 오말(Aumale)의 가정교사로 고용했다. 뒤뤼는 흔쾌히 왕의 제의를 받아들이고, 같은 해 12월 31일 콜래주 드 앙리 4세의 교수직도 겸직하게 되었다.[544]

뒤뤼는 동시에 미쉴레를 보조하고 소르본에서 강의하였음으로 1인 3역을 했다. 소르본에서 뒤뤼의 강의는 역사적 이해에 초점을 맞추어 지기 보다는 오히려 인간의 진보와 과학에 있어서의 믿음을 전파하는 쪽으로 초점이 맞추어 졌다. 그는 계몽운동의  유산을 모든 이성적인 사람들과 나누었다. 당시 그가 가르친 학생이었으며 후에 그의 인생의 친구가 되었던 라비스는 다음과 같이 말했다.

> "뒤뤼는 종교적인 외경심을 가지고 과학에 대해서 말했다. 하루는, 소르본에서 한 강의가 끝날 때, 그는 과학이 인류에게 있어서

---

543) Sandra Horvath-Peterson, *Victor Duruy & French Education: Liberal Reform in the Second Empire*, p. 5.

544) Ernest Lavisse, *Un Ministre Victor Duruy*, p. 11.

'두 번째 계시'가 될 것임을 주장했다."[545]

뒤뤼는 미쉴레의 연구조교로서 파리도서관에서 매일 해야 할 일거리를 받았다. 1835년 여름 한 달 동안, 그는 역사적 자료들을 찾기 위해 미쉴레와 함께 프랑스 남서부를 여행했다. 뒤뤼는 1836년 12월에서 1837년 10월까지 다시 미쉴레를 위해 교육조교로서 봉사했음에도 불구하고, 조교로서의 연구나 학문의 동반자로서의 연구 등, 모두 돌발적으로 끝을 내야만 하는 상황에 직면하게 되었다. 로르에 의하면, 정확하게 밝혀진 자료는 없고, 다만 1인 2역의 강의와 미쉴레 연구조교의 과중한 부담에 의해 스승과 멀어진 것으로 풀이했다. 그리고 한 가지 더 생각할 수 있는 것은 결혼과 더불어 5명의 자녀양육에 의한 생활 변화에 의한 요인을 생각할 수 있다.[546] 그러나 페터슨에 의하면, 두 사람 간에 종교적인 문제에 관하여 논쟁이 붙었기 때문이라고 했다. 이유야 어떻든 그 두 사람 간의 불화는 1848년까지 다시 회복되지 않았다.

뒤뤼는 이제 저술과 출판 일로 바쁘게 되었다. 1830년대에 미쉴레의 권고에 따라 착수한 것으로 진지한 역사학자들 가운데 고대사에 흥미를 갖도록 자극한 그의 『로마의 역사』(*Histoire Romaine*)시리즈 중 첫 두 권이 1843년과 1844년 출간되었다. 뒤뤼는 이들 두 권의 책으로 학계에서 주목을 받게 되었고, 레종도네르 쉬발리 십자훈장(*croix de chevalier*)을 받고 리세 드 생 루이로부터는 1845년에 명예교수직을 얻게 되었다. 또 그해에 뒤뤼는 그의 『성경시대 이후 성인의 역사』(*Histoire sainte d'après le Bible*)를 출판했는데, 이 책은 적어도 성경을 여러 번 읽은 사람이 해설할 수 있는 내용이었다.

545) Claude Lelièvre et Christian Nique, *Histoire Biographique de L'Enseignement en France*, pp. 240-241.

546) Jean Rohr, *Victor Dury, Ministre de Napoleon III: Essai sur La Politique de L'Instruction Publique au Temps de L'Empire Libéral*, pp. 12-13.

"성경은 지혜에 있어, 그 단순성에 있어, 또 2,000년 동안 젊은 세대들에게 자양분을 공급해 주었던 점에 있어서 탁월한 책이다......하나님 자신의 역사인 성경은.....종교적인 감정을 발전시키고 자극시키지만, 또한 가정과 사회적 가치를 위한 것이기도 하다. 성경은 기도하게끔 한다. 그러나 성경은 행동을 강경하게 요구한다. 다시 말하면, 자기 이웃을 향한 자비와 국가에 대한 헌신 같은 행동들 말이다. 사실상, 하나님, 가족 그리고 조국, 이런 것들이 이 성스런 책에서 가르치는 더 위대한 주제들인 것이다."[547]

다른 무엇보다도, 정의, 평등, 그리고 다신교적 우상숭배적인 상황에서 유일신 사상을 고수한 것 등에 대한 경외심으로 가득 찬 저 유대인들의 유산인 성경은 뒤뤼에게 있어서는 전에 쓰여 진 도덕에 관한 가장 위대한 책들 중에 하나였던 것이다.

1840년대 후반은 뒤뤼에게 불운의 해였다. 1847년 9월 11일 루이 필리프의 둘째 아들 오말 공작이 알제리 총독으로 임명되면서 뒤뤼에게 알제르(Alger)의 학구장을 맡길 생각이었다. 그러나 왕립교육위원회에서 쿠쟁과 생 마르크 지라르댕의 반대로 임명되지 못했고 1849년 고등사범학교 조교수 후보자로 서류를 제출했으나 팔루 장관에 의해 거부되었다.[548]

1848년 혁명이 발생한 동안, 뒤뤼는 저서에 전념하였다. 2월 혁명은 그에게 놀랍지 않았다. 혁명은 공화주의와 민주주의를 향한 자연스러운 발전의 일부였기 때문이다. 루이 필리프와 기조는 자기만족과 정치적·경제적인 불만에 대한 무감각으로 인해 쿠데타를 촉진시켰다. 그 당시의 대부분의 교사들과는 달리 뒤뤼는 어느 편에도 서지 않았다. 그럼에

547) Sandra Horvath-Peterson, *Victor Duruy & French Education: Liberal Reform in the Second Empire*, p. 7.

548) Jean Rohr, *Victor Dury, Ministre de Napoleon III: Essai sur La Politique de L'Instruction Publique au Temps de L'Empire Libéral*, p. 12.

도 불구하고 그는 쿠데타와 동반되었던 폭력에 혼란스러워했으며, 라비스에 따르면 5·6월의 대 격변을 예언했다. 혁명가들의 유토피아적 계획은 하위계층들을 비극으로 내몰았다. '공화국 만세'라는 외침이 공화국을 실존하게 하지 못했다. 뒤뤼는 모든 다른 형태의 정부가 불가능하다는 것이 입증될 때만이 공화정이 프랑스에서 설립될 것이라고 생각했다.549)

사실 나폴레옹 3세초기에 프랑스 공교육은 정치에 너무나 의존적이었으며 정치의 희생양이었다. 물론 스테팡 디르새(Stephen d'Irsay)가 "맨처음 대학은 정치, 권력, 정부의 기구였다."고 이야기했듯이 공교육은 정치와 함께 탄생했다. 나폴레옹 3세는 대학이 정치적인 충성을 확고히 할뿐만 아니라 그들을 변화시킬 수 있는 도구로 생각했다. 1848년 대학에 참정권을 부여한 것은 좀 더 근본적인 특성으로서 대학을 정치적 도구로 만들자는 속셈이었다. 교사들은 포르툴 하에서 그러했던 것처럼 정치적 압제 혹은 정치적인 편견으로 인해 종종 고통을 받았다. 따라서 그들이 파리의 지배계층으로부터 인정받지 못할 경우, 프로그램과 개혁들은 실행될 수 없었다.

교육체제의 중앙집권화와 입장을 지킨 이익집단의 발전의 결과로 그 체제는 비교적 확고했는데, 예를 들면 룰랑은 1852년 중등학교에 기술교육프로그램을 도입시켰던 것이다. 프랑스 공교육체제는 너무나 엘리트적이었으므로 고전학 교수들은 분명히 그 프로그램에 적대적이었다.

1848년 6월의 대량학살 이후 뒤뤼는 당시 체제와 루이 외잰 카배냑(Louis-Eugène Cavaignac)장군을 지지했다. 그가 소년시절에 아버지로부터 받았던 나폴레옹지지자들의 충성심은 그가 로마사를 공부하면서 중화되었고, 이제 그는 루이 나폴레옹이라는 인물 속에서 새로운 카이사르

549) Sandra Horvath-Peterson, *Victor Duruy & French Education: Liberal Reform in the Second Empire*, p. 11.

가 등장하지는 않을까하고 두려워했다. 1860년, 그는 용감하게 이러한 자신의 우려를 황제에게 설명했다. 그동안 그는 두 번의 국민투표에서 반대표를 행사했다.[550]

1855년 2월 뒤뤼는 이전에 콜래주 드 앙리 4세였던 리세 나폴레옹의 역사 교수로 승진함으로서 결국 보상받았다.[551] 4년 후, 뒤뤼는 프로젝트 하나를 받았는데, 그것이 그를 교육부장관으로 인도했다. 1859년 알제리 총독 자크 랑동(Jacques Randon) 원수는 제롬 나폴레옹(Jerome Napoleon) 왕자로 교체되었다. 랑동은 자신이 해임된 이유가 능력이 부족한 식민행정가로 인식되었기 때문이라고 생각하고, 그것을 만회하기 위해 1852-1858년, 알제리의 행정에 대한 글을 쓸 작가를 수소문하다가 뒤뤼에게 부탁했다.[552]

뒤뤼는 자신이 애국자임에 자부심을 느껴왔기 때문에 그 제안에 기뻐했다. 뒤뤼는 이 소책자가 정치적인 뉘앙스를 띠지 않을 것이라고 랑동에게 확신시킨 후 필요한 자료를 수집하기 위해 3개월간 알제리로 갔다. 얼마 후, 비록 이전에 동의한 대로 랑동의 전 보좌관이 원작자가 되어 뒤뤼는 서운했지만, 『1852-1858 알제리 경영』(*L'Administrationde de l'Algérie, 1852-1858*)이라는 책을 발행하였다.[553]

랑동은 나폴레옹 3세에게 뒤뤼를 소개시켰는데, 그것은 뒤뤼가 교육부장관이 되는데 결정적으로 기여했다. 랑동이 1859년 전쟁장관이 된지 얼마 되지 않아 그는 황제의 책상위에 뒤뤼가 쓴 『로마사』의 필사본이 놓여있는 것을 발견했다. 랑동이 황제에게 물어보자, 나폴레옹 3세는 자신이 이 책을 읽고 감명 받았으며 저자를 만나보고 싶다고 말했다.

---

550) *Ibid.*, pp. 11-12.

551) *Ibid.*, p. 15.

552) Jean Rohr, *Victor Dury, Ministre de Napoleon III: Essai sur La Politique de L'Instruction Publique au Temps de L'Empire Libéral*, p. 17.

553) Lavisse, "Victor Duruy," p. 238. Sandra Horvath-Peterson, *Victor Duruy & French Education: Liberal Reform in the Second Empire*, p. 15. 재인용.

나폴레옹 3세는 당시 카이사르의 자서전을 쓰고 있었으므로 뒤뤼가 부가적인 정보를 제공해줄 수 있을 것이라고 생각했다. 1시간 30분 동안 뒤뤼는 황제에게 "로마에서 통치권을 획득하기 위해서는 한 남자의 가슴을 찔러야만 한다" 라는 발언을 포함하여 로마 정치에 대한 자신의 견해를 표명하였다.

나폴레옹 3세는 뒤뤼의 연구결과에 대해 매우 흡족해 하였다. 1861년에 장학실장이 공석이 되자, 나폴레옹 3세는 당시 상식적으로는 당연한 적격자로 소문난 피에르 쉐뤼엘(Pierre Chéruel)을 제치고 뒤뤼를 그 자리에 임명해야 한다고 룰랑을 설득했다. 뒤뤼는 소르본 대학의 강사이자 파리 학구의 장학사로 임명되었다. 뒤뤼는 장학사로서 새로운 역량을 발휘하면서 양심적으로 일했다. 그는 파리 학구로부터 개혁에 필요한 전체목록을 작성했고, 학구장들의 요청에 따라 초등교육에 관한 특별 보고서를 작성했다. 그의 동료들이 그의 제안대로 행동해 주기를 바랐지만, 정부부처들은 그 제안들을 무시해 버렸다. 그러나 국방부의 랑동은 뒤뤼의 생각에 흥미를 가졌고, 7월에 그에게 군사학교의 커리큘럼을 검토해 줄 것을 요청했다. 랑동은 뒤뤼의 검토결과와 보고서에 대해 매우 만족했다. 그러나 놀랍게도 룰랑은 뒤뤼가 전쟁장관을 모욕했다고 비난했다. 뒤뤼는 편지로 룰랑을 곧바로 받아치자 대립의 골은 깊어졌다.

뒤뤼는 장학사와 교수의 업무에 계속 창의적으로 열과 성을 다했다. 페터슨의 연구에 의하면, 쉐뤼엘이 단지 한 코스만 제공했던 고등사범학교에서 뒤뤼는 두 가지 코스를 제공했고, 보통은 형식적인 직책으로 여겨졌던 장학사의 직책을 맡으면서도 활발하게 잘 연구된 보고서를 완성시켰으며, 대학에서는 어느 누구도 군사학교 교육과정에 대한 뒤뤼의 개혁안을 칭찬하지 않을 수 없었을 뿐만 아니라, 동시에 뒤뤼는 신중하게 초등교육에서 역사교육과 근대 어법의 교정에 관한 탐문조사를 수행하였다.[554]

뒤뤼가 황제의 신임을 받고 있었기 때문에 룰랑은 어정쩡한 상황에 봉착했다. 1862년 2월, 그는 뒤뤼를 장학실장으로 임명하라는 압박을 느꼈고, 이 때 뒤뤼는 그 자리를 수락했다. 새로운 임무를 받고 그는 1년 동안 4개월을 지역의 학교들을 방문해야 했기 때문에, 전에 있던 고등사범학교 교사직을 포기하게 되었다. 그 대신 그는 폴리테크니크에서 역사학 강좌를 맡았다. 당시 적절한 시간조정으로 가르치는 일과 장학실장의 업무가 충돌하는 일은 없었다.[555]

뒤뤼는 이제 열렬한 개혁가로서 폴리테크니크에서 역사학 커리큘럼을 짜는데 힘을 쏟았다. 그는 우수한 학생들에게 그동안 중등 교육과정에서 가르쳐왔던 프랑스 역사의 이면에 대한 교육 대신에, 동시대 문제들을 강조해 줄 수 있는 유럽의 중대한 역사적인 문제들에 대한 교육과정을 제시했다. 그는 노르데크(Gregoire Coffinière de Nordeck) 장관에게 공직에 들어갈 젊은이들이 아는 것이 없다고 걱정했다.

> "지성을 가진 젊은이들이 여기 있습니다. 그들은 곧 공직에 들어가게 될 것입니다. 그러나 그들은 최근의 역사와 그리고 앞으로 그들이 활동적인 구성원이 되어야할 이 사회에서 일어나는 현재의 문제에 대해 아무 것도 알지 못합니다."

확실히 뒤뤼가 주장한대로, 라틴구의 기숙사나 유흥공간에서 학생들의 대화는, 그들이 무지한 채로 말했다는 것을 거의 모두 알고 있었다. 그가 제안한 교육과정은 결국 승인되었고, 철학개론에 대한 그의 첫 강의는 권위 있는 강의가 되었다. 강의는 당시 세계의 엄청난 진보에 대한 고찰과 함께 시작되었다. 뒤뤼는 그의 학생들에게 은행에 맡기게 되

---

554) Sandra Horvath-Peterson, *Victor Duruy & French Education: Liberal Reform in the Second Empire*, p. 17.

555) Claude Lelièvre et Christien Nique, *Histoire Biographique de L'Enseignement en France*, (Paris: Editions Retz, 1990), pp. 199-200.

는 저축액의 창출, 노동자계급의 부상, 교육의 진보, 종교의 자유, 공중도덕개념의 향상 등이 물질적인 소득만큼이나 중요한 것이라는 것을 가르쳤다. 그는 공중도덕의 향상을 교육의 확산 덕택으로 보았고, 1830년대에 문맹률과 범죄 사이의 상관관계에 대하여 논쟁해왔던 연구들에 몰두하지 않고, 오히려 감옥에 수감된 사람들이 가장 높은 문맹률을 보이고 있다는 것을 밝혔다. 그리고 도덕적 진보는 궁극적으로 전쟁을 사라지게 할 것이며, 더 나은 세상이 창조되면, 모든 에너지들은 학교에 초점을 맞추게 될 것이 틀림없다고 강조했다.556)

사실 뒤뤼가 공언했던 과학은 인간진보에 있어 막대한 역할을 수행했다. 그러나 그것은 교양과목에 의해 균형이 맞추어 지고 완성되어야만 했다. 그리스인들이 파르테논 신전을 건축하였을 때야 비로소 교양과목이 현실화된 것처럼, 순수과학 그 자체로는 불충분했다. 파르테논 신전의 아름다움은 과학적 정밀성에 있는 것이 아니라 경직된 과학적 원리로부터 탈피했다는 데에 있다. 진리와 아름다움은 종종 과학적 진실과 허위 간의 절충이기도 한 것이다.557)

페터슨에 의하면, 뒤뤼의 교육사상을 이해하기 위해서는 어느 한쪽이 아니라 교육과 학생을 동시에 고찰해야 한다고 했다. 만약 사람들이 확실한 교양교육을 기반으로 하고 있지 않다면, 지나치게 전문화 된 근대문화의 성장경향은 위험을 수반할 수밖에 없다는 것이었다. 예를 들어, 과학자가 과학의 목적을 이해하지 못한다면, 그는 사회에 가치 있는 공헌을 할 수 없다. 마찬가지로 논리에 있어서도 그 자체로는 위험한 것이 많다.  그에 의하면, 생각이나 믿음을 포기하느니 차라리 죽는 것이 더 낫다고 말하는 폭력적인 사람들은 그들의 생각이 정당하다는 신념에서 주장한다는 것이었다. 그들은 때때로 처참한 결과를 낳았는데, 어

556) Sandra Horvath-Peterson, *Victor Duruy & French Education: Liberal Reform in the Second Empire*, p. 18.
557) *Ibid.*, pp. 18-19.

편 이는 복음에 나타난 하나님을 믿으면서도 종교재판에서 무자비한 화형(autodafé)에 대한 존엄성, 다른 이는 인류에 대한 형제애를 강조하면서 대량학살의 논리적 필요성을 제시했다는 것이다.

뒤뤼는 인간의 삶과 교육에서 가치판단의 기준과 그 요소들을 대단히 중요하게 생각했다. "영혼에 있어서 수학자들의 연역적인 판단보다 더 중요한 작업이 있는데, 그것은 먼저 생각해 보는 것이고, 그 다음에 지적이며 도덕적인 세상, 영향력과 원인, 종말과 수단들, 예술에서 아름다움과 추함, 도덕적으로 선함과 악함, 삶과 사회, 관습과 종교, 정치적·시민적 기구들 등등에 있어서의 정당함과 부당함을 만들어 내는 요소들의 무한한 다양성에 대해 판단을 내리는 일이다."[558] 뒤뤼는 자유 사상가(libre-penseur)로 명성이 나있었던 것처럼, 저술을 통해 끊임없이 계몽의 빛을 주고, 개인적으로는 종교에 억매이지 않았다.[559]

뒤뤼는 역사 지식은 이러한 가치판단을 내리는데 있어서 필수적인 것들을 제공한다고 믿었다. 그에 의하면, 역사는 여전히 세계적인 경험으로 된 보석이다. 따라서 역사는 사상이 성숙하는 데에는 시간이 필요하고, 한 사회는 그것에 행해진 불법에 대하여 불가피하게 보완되어야 한다는 것을 보여주고 있기 때문에 역사 그 자체로서 정치적인 열정을 만족시킨다는 것이다.[560] 그리고 역사는 하나님이 우리 안에 두신 개인의 도덕성 원리를 완성시키고, 확장시키게 되는데, 그것이 인류의 양심이라는 것이다. 우리는 하나님이 우리에게 주신 지성과 도덕적 힘을 증가시킴으로 창조자 하나님께 우리의 삶에 대한 보답을 하게 되는데, 그것이 인류 공동의 일이라고 했다. 뒤뤼의 확신에 찬 강의는 학생들에게

---

558) *Ibid.*, p. 19.

559) Jean Rohr, *Victor Dury, Ministre de Napoleon III: Essai sur La Politique de L'Instruction Publique au Temps de L'Empire Libéral*, p. 24.

560) Sandra Horvath-Peterson, *Victor Duruy & French Education: Liberal Reform in the Second Empire*, p. 19.

큰 인상을 남겼으며, 강의 내용은 곧바로 출판되었다.

1862년에서 1863년 사이의 겨울 동안 파리의 폴리테크니크에서 뒤뤼가 강의하는 동안, 황제는 카이사르에 관해 계속 그에게 자문을 구했다. 뒤뤼는 성탄절을 위해 콩피에뉴(Compiègne)에서 개최되는 황실 가족의 모임에 초청을 받았지만, 그는 궁중 사회에 불편을 느껴 이를 거절했다. 12월 말 프랑스 왕정이 튈르리 궁으로 되돌아 왔을 때, 뒤뤼는 병들어 앓고 있는 황제의 비서실장인 장 프랑수아 모카르(Jean-François Mocquard)를 보좌하도록 소환되었다. 뒤뤼는 황제와의 일에 대해 비밀을 지켜야 하고, 봉사에 대해 어떠한 보상도 없을 것이라 했음에도 불구하고, 그 일이 곧 나폴레옹 3세가 카이사르 전기를 쓰는 것을 돕는 것을 의미한다는 것으로 생각하면서 황제의 제의를 기꺼이 받아들였다. 그러나 모카르는 그에게 편집해야할 공문서들만을 주었음으로, 처음부터 뒤뤼는 실망했다. 그러나 3일째 되는 날 나폴레옹 3세는 뒤뤼에게 『카이사르의 생애』(*Vie de Caesar*)의 교정본을 주었다.

뒤뤼가 『카이사르의 생애』의 서문을 정독한 후, 우리를 일깨우는 한 사건이 벌어졌다. 나폴레옹 3세는 그 책의 서문 끝에서 하느님(Providence)은 수세기가 걸릴 일을 단 몇 년 동안에 이루어 내게 하기 위해 카이사르, 샤를마뉴, 나폴레옹과 같은 사람들을 창조했다고 하였다. 뒤뤼는 황제에게 하나님에 대한 개념은 과거에 설명 불가능한 것들을 설명할 때 쓰였던 것이지만, 19세기에는 교육자들에 의해 더 이상 언급되지 않는 개념임을 일깨워줄 필요를 강하게 느꼈다. 그는 인간은 신의 노예가 아니라, 주인이라는 것을 강조했다. 그러나 황제는 생각을 바꾸지 않았으며, 원문 그대로 두기를 고집했다. 뒤뤼는 황제의 책에서 공공질서가 위협받을 때, 때때로 권력에 대한 찬탈이 필요할 때가 있다는 주장에 대해 이의를 제기하지 못했다. 다만 뒤뤼는 용기 있게 법에 대한 위반은 절대 정당하지 않으며, 쿠데타가 있었지만, 그것들을 잊으려는 노력이 필요하다고 했다.

뒤뤼는 거의 그의 의견을 굽히지 않았는데, 특히 황제 앞에서는 더욱 그러하였다. 그는 친구들에게 나는 초라한 신하에 불과하지만, 양심적인 시민으로 나의 일을 감당하고자 한다고 했다. 나폴레옹 3세는 이러한 뒤뤼를 좋아했고, 그의 독창적인 사상을 존경했으며, 그를 '교양 있는 신사'이라고 칭찬했다.

봄에 뒤뤼는 장학사로 지방학교의 순방 길에 나섰다. 4월에 로리앙(Lorient)에 도착하여 그는 그가 군사학교의 커리큘럼으로 작성해주었던 교양교육 프로그램은 여전히 시행되지 않고 있었고, 교양과목 분야는 아직 커리큘럼도 없는 것을 발견하였다. 그는 즉시 "정신의 힘을 특정 영역에 쏟기에 앞서, 교양교육을 통해 먼저 이 힘을 개발할 필요가 있습니다" 라는 내용을 담아 룰랑에게 편지로 불평을 했다. 게다가 그는 심지어는 해군장관이나 할 법한 비유까지 들어 설명했다. "교양교육을 받은 젊은이는, 항해력이 검증된, 그리고 난방로가 석탄으로 채워진 배와 같습니다. 선장은 오직 전속력으로 전진하라는 신호를 보낼 뿐인데, 그 배는 물을 가르며 신속하고도 훌륭하게 나아갈 것입니다."

쿠스탕(망쉬)에서 뒤뤼는 학생의 능력에 따른 교육을 해야 한다는 것을 발견했다. 그는 덩치는 학우들보다 2배는 크면서 라틴어와 그리스어를 가지고 절망적으로 끙끙대는 한 어린 소년을 보게 되었다. 그러나 이 소년은 농장에서 그의 아버지의 직업을 물려받기로 되어 있었다. 고전교육은 그에게 적당치 않았다. 후일 그는 기술 및 과학교육이 중등교육 과정에 필요하다는 확신을 가지게 해 준 경험을 얻고 돌아왔다.[561]

561) Duruy, Notes et Souvenirs, 1. p.167. cf. Sandra Horvath-Peterson, *Victor Duruy & French Education: Liberal Reform in the Second Empire*, p. 21.

## 3. 나폴레옹 3세와 뒤뤼의 교육개혁

'자유 제국, Empire liberal'의 도래는 다시 교육문제에 자유로운 토론 문화를 형성했다. 당시 교육문제에 대해 여론을 형성한 사람들 중 쥘 시몽(Jules Simon), 뒤뤼, 샤를 로베르(Charles Robert), 장 마세(Jean Macé) 등이 주역이었다. 이들 중 시몽은 1847년 리세 드 베르사유에서 철학교수였을 때, 이미 교회와 기조정부에 대항하여 철학과 대학을 옹호하는 글을 <자유사상>이라는 월간 철학과 문학지에 게재하는 등 공화주의자로서 교육의 자유를 주장했다.[562] 뒤뤼 또한 장 로르의 말과 같이 자유주의자로 명성을 이미 얻었고, 1863년 6월 23일 루스탕(Roustan) 장학사와 함께 물랭(Moulins)을 순방하고 있었다. 뒤뤼는 루스탕이 전해준 전보를 받아들고 홍역에 걸린 아들의 사망소식이라는 예감이 들어 불안하기 그지없었다. 그러나 루스탕의 자세한 설명을 듣고 흥분하여 식사조차 하지 못했으며, 황제의 신임에 감사, 그리고 또 감사를 드렸다. 루스탕에 의하면, "전보를 열어보는 동안 우리의 불안을 상상해 보라. 나는 그의 얼굴이 슬픔에 뒤덮여 질 것이 두려워 고개를 떨구고 있었다. 그는 편지를 읽은 후 엄숙한 얼굴이 조금도 변하지 않고 내 접시에 그 편지를 건네며 '보시오'라고 말했다. 그의 사위 샤를 글라샹(Charles Glachant)이 전해준 그 전보에는 단지 '당신은 우리 장관으로 임명되었

562) Philip A. Bertocci, *Jules Simon: Republican Anticlericalism and Cultural Politics in France, 1848-1886*(Columbia: University of Missouri Press, 1978), p. 62.

소'라고만 쓰여 있었다. 우리는 흥분하여 점심을 거의 먹지 못하였다. 그는 놀랐지만 어떤 기쁨도 표현할 수 없었다. 그는 즉시 이 새 직책이 주는 중압감에 압도되었지만, 또한 이 명예로운 직무와 황제의 신임을 깨닫는 것은 어려운 일이 아니었다. 그래서 그는 몇 시간 동안 '오, 나의 아버지, 나의 아버지'라고 반복하면서 여러 차례 감격의 눈물을 흘렸다."563)

뒤뤼가 장관에 임명된데 대해 주변사람들이 놀란 증거는 여기저기서 명백하게 드러나 있다. 후일 뒤뤼에 대해 말했던 그의 측근들 모두 나폴레옹 3세가 6월 장관으로 임명하기 전까지 뒤뤼와 그의 업무에 관해 전혀 대화가 없었다는 것이다. 일찍이 나폴레옹 3세는 뒤뤼가 장학실장이 되고 싶어 하는 것을 알고 있었다. 이전에 나폴레옹 3세는 많은 대화를 통해 뒤뤼의 사상에 익숙해 있었다. 그의 노작과 개혁에 대한 평판은 결국 황제의 관심을 끌게 되었다. 뒤뤼의 자유주의에 매료되고, 뒤뤼의 원칙에 대한 충실에 감명을 받은 나폴레옹 3세는 1863년에 교육부장관으로서 그 보다 더 적합한 인물을 찾을 수 없었다.

데지레 니자르에 따르면, 나폴레옹 3세가 뒤뤼를 좋아했던 것은 그의 '약간 공상을 곁들인 자유주의'였다. 아마도 황제는 뒤뤼에게서 일부 그 자신의 모습을 보았던 것 같다. 어쨌든 뒤뤼는 나폴레옹 3세가 믿은 인물이었으며, 1863년에 교육부 장관으로서 필요했던 사람이었다. 뒤뤼는 학문적 업적, 장학사로서의 경험, 그리고 정직한 사람이라는 평가를 받고 있었다. 곧 그의 연구는 에르네스트 라비스, 알프레 랑보, 그리고 가브리엘 모노를 감동시켰다. 쥘르 시몽이 말한 바와 같이, 확실히 뒤뤼는 신뢰성이 있는 사람으로 잘 알려져 있었다. 뒤뤼는 교수에서 장관에 이르기까지 항상 같은 것들을 생각했고, 항상 그가 생각했던 것을 말했

563) Inspector Roustan to his daughter, June 25, 1862, *le Centenaire de Victor Duruy*, 1811-1911, Cahors et Alençon, 1911, p. 18. cf. Sandra Horvath-Peterson, *Victor Duruy & French Education: Liberal Reform in the Second Empire*, p. 22. 재인용.

다. 게다가 그는 개혁자요, 자유주의자요, 자유를 주는 정권에 충성을 맹세한 사람이요, 그리고 온건한 반성직주의자였다. 그의 반성직주의는 성직자들에게 중대한 손상을 가하지 않고서도 그들에게 고통을 주기에 충분히 강한 것이었다. 확실히 그것은 공화국 세대의 단호한 반성직주의나 격렬한 반기독교운동과는 상당히 거리가 있었다.[564)]

6월 24일 뒤뤼는 파리로 돌아와 퐁텐블루로 황제를 만나러 갔다. 그는 나폴레옹 3세에게 왜 자기를 장관에 임명했냐고 묻자 그는, '다 잘 될 것이다. *Ça ira bien*'라고 간단히 대답했다.[565)] 뒤뤼는 <자서전>에서 황제는 그가 장관으로서 해야 할 일들에 대해 어떠한 지시도 내린 일이 없다고 주장했다.

빅토르 뒤뤼가 룰랑의 뒤를 이어 교육부 장관으로 임명되었을 때, 그는 오직 교육부 장관직으로만 임명받았다. 이전에 교육부 장관이 겸직한 종교부 장관은 법무부 장관인 교황권 제한주의자 피에르 바로쉬(Pierre Baroche)에게로 돌아갔다. 만약 뒤뤼를 종교부 장관까지 겸직시키려 했다면, 가톨릭 쪽으로부터 강력한 반발을 받았어야 했을 것이다. 나폴레옹 3세는 가톨릭 세력과 충돌하고 싶지 않았다. 그는 단지 교육을 새로운 정치적 현실에 맞게 재설정 하고 싶었을 뿐이다. 그의 마음속에는 제국을 자유화하겠다는 그의 약속뿐만 아니라, 1863년의 국민투표 결과에 대해 의미심장한 대응을 해야 했던 필요성도 포함되어 있었다.[566)]

뒤뤼의 교육부 장관 임명에 영향을 미쳤던 1863년의 국민투표는 제2제정의 역사에서 결정적인 전환점이 되었다. 자유주의자들과 공화주의자들은 입법부의 의석을 5석에서 17석으로까지 늘렸고, 반면 체제 반대

564) Sandra Horvath-Peterson, *Victor Duruy & French Education: Liberal Reform in the Second Empire*, p. 22.

565) Victor Duruy, Notes et Souvenir, 1, p. 192.

566) Sandra Horvath-Peterson, *Victor Duruy & French Education: Liberal Reform in the Second Empire*, p. 46.

파들은 15석을 차지하였다. 하원에 282명의 의원들이 있었던 것을 생각하면, 이러한 결과가 숫자적으로 별로 중요하지 않게 보일지 모르지만, 이것은 제국의 정책에 대해 이견을 제시하는 자들의 세력이 점점 증가하고 있다는 불길한 징조였다. 그것은 부분적으로는 여전히 선거를 조작하려는 정부의 시도가 있었기 때문이다. 게다가 이들 32명의 반체제 의원들은 모두 자신들의 추종자들을 반드시 얻고야 마는 능력 있고 유명한 사람들이었다.

샤를 세뇨보스(Charles Seignobos)는 선거결과가 나폴레옹 3세로 하여금 순간을 위한 더 이상의 정치적인 양보는 포기하고, 그 대신 사회적 개혁을 시도하여 자유주의자들과 공화주의자들을 만족시켜주는 것이 낫다는 생각을 갖게 하였다. 어쨌든 중요 정치 인사들에 대한 대대적인 물갈이가 단행되었다. 페르시니(Persigny) 공작은 선거에서 실패함으로 내무부 장관직에서 물러나야했고, 보수적인 외젠 루에(Eugène Rouher)는 참사원 의장직을 맡게 되었으며, 다양한 노선의 자유주의자들은 주요 내각에 포진하게 되었다. 아돌프 빌로(Adolphe Billault)는 국무부 장관에, 바로쉬는 종교부 및 법무부 장관에, 위대한 오를레앙파 산업주의자였던 루이 앙리 아르망 베이크(Henri-Armand Béhic)는 노동부 장관에, 뒤뤼는 교육부 장관에 각각 임명되었던 것이다. 제국에 불행하게도, 이러한 변화는 소위 집권당이라고 불리던 권위적 체제에 대해 이전의 지지자들로 하여금 정권에 대한 반대성향을 갖도록 촉발시키는 계기가 되었다.

이러한 정국에서 나폴레옹 3세는 교육에 관한한 뒤뤼가 생각했던 것을 개략적으로 생각하고 있었으며, 뒤뤼 또한 그의 희망사항들을 좋게 생각하고 있었다. 이들 두 사람이 교육정책에 뜻을 같이하는 내용은 여러 가지가 있겠으나 뒤뤼가 나폴레옹 3세에게 보낸 편지에서 엿볼 수 있다.

① 소극적이지 않으면서도 지나치게 강압적이지도 않게... 그러나 자

유로운 시대정신 속에서, 새로운 사회사상과 필요성의 광범한 흐름 속에서 대학을 관리할 것.

② 국가 활동이 활발한 모든 다른 영역, 특히 산업과 상업 분야와 보조를 맞출 수 있도록, 모든 영역에 대한 교육을 개발시킬 것.

③ 공식·비공식의 교직원회들을 포함시키되, 그것들을 괴롭히거나 탄압하지 말고, 그것들이 법에 따라 운영되도록 하되 특히 세속교육을 다시 활성화 시킬 것.[567)]

뒤뤼는 교육현장을 '순회하는 장관 circulacier'이었다. 1863-64년 노르망디, 노르, 로랜과 알사스, 프로방스와 랑그독, 바생 아키탠(Bassin Aquitain) 등의 교육기관들을 방문했다. 그리고 1864년 1월 8일 그는 예고 없이 루이 르 그랑의 철학 강의실을 순시했다. 또한 11월 18일 밤 역시 예고 없이 고등사범학교, 생트 즈네비에브 도서관, 소르본의 학예진흥협회 강의(les cours de l'Association philotechnique à Sorbonne)를 순시했다. 1865년은 우아즈 초등학교에 관심을 두었고, 미래의 에콜 노르말 드 클뤼니를 순방하고, 마송과 리옹에서 머물렀다. 1866년 특수교육제도의 변경에 헌신했고, 리세 드 마르상의 낙성식을 거행했다. 같은 해 12월 성인학교와 파리 야간학교를 순시했다. 1867년 클뤼니와 마송 그 다음 아카데미 드 두애의 부속교육기관들을 순시했다. 1868년 3월 루앙, 아브르, 캉, 그리고 6월에 믈랭(Melun)과 보배를 순시했다.[568)] 이처럼 그는 순시를 통해 교육현장의 목소리를 직접 듣고 확인한 후 교육개혁에 반영함으로써 시행착오를 최소화했던 것이다.

그러나 뒤뤼는 또 다른 걸림돌이 그를 기다리고 있었다. 그는 1864년

---

567) *Ibid.*, p. 22.

568) Jean Rohr, *Victor Dury, Ministre de Napoleon III: Essai sur La Politique de L'Instruction Publique au Temps de L'Empire Libéral*(Paris: Librairie Générale de Droit et de Jurisprudence, 1967), p. 29.

10월 7-13세에 해당하는 아이들에게 중등교육을 의무화하고 거의 무상으로 하는 교육법 안을 제시했다. 황제는 그것을 설득하도록 했다. 그러나 대다수의 정부요인들이 반대의사를 표명했는데, 첫째 뒤뤼의 교육개혁 의지에 공감 할 수 없다는 것이고, 둘째 보수주의자들과 가톨릭의 가운데서 충돌을 피하는 정치적 호기를 잃어서는 안 되겠다는 얄팍한 생각들이었다.569) 그러나 뒤뤼는 자신의 교육개혁의지를 굽히거나 늦추지 않았다. 그러면 뒤뤼가 중점적으로 추진한 교육개혁은 무엇이었나?

첫째, 그는 중앙집권화와 고도로 엘리트적 교육체제를 강화했다. 그것들은 새로운 것이 아니었으며, 그들 중 중앙집권화는 18세기에 요구된 좀 더 합리적인 교육체제와 나폴레옹 1세의 정치적 구상의 산물이었다. 그것은 제2제정기에 교육부장관이었던 이폴리트 텐(Hippolyte Taine)의 교육에 대한 시야를 넓혔으며, 프랑스 전역에 걸쳐 리세의 학생들이 모두 베르길리우스의 글을 읽게 한 것처럼 어느 면에서 통일성 있는 교육을 하는 결과를 만들었다. 그리고 중앙집권화는 각각의 수준에 따른 일련의 학교들과 교육과정을 열거한 상태 그 이상의 정치적인 것을 의미했다. 그것은 또한 장관이 학교와 교직원들에 대해 상당한 권력을 행사하였다는 것을 의미했으며, 대부분의 중요한 교육시설이 환경의 장점에 의해서 파리에 집중되어있었다는 것을 의미했다.

엘리트주의는 그 당시의 전형적인 제도였고, 누가 교육을 받아야 할지에 대한 전통적인 생각이었다. 엘리트주의의 교육체제는 특히 대중수업을 위한 학교 즉, 보통의 초등학교들과 학교 안에 초등학급과 예비학급이 있었으며, 좀 더 상위의 직업학교들이 있었던 리세와 콜래주와 같은 중등학급과 상위학급을 위한 학교들에서 나타났다. 엘리트주의는 또한 차등적인 수업료, 상위 직업학교를 위한 어려운 입학시험, 중요한

569) Claude Lelièvre et Christian Nique, *Histoire Biographique de L'Enseignement en France*, p. 200.

학술학위를 위한 엄격한 국가시험들에서 명백히 나타나 있었다.

뒤뤼는 이러한 전통적 엘리트주의 교육의 한계를 간파했으며, 1863년 7월 29일 당시 중등교육의 모순점을 비판하고 새로운 계획을 세워 교사단의 승인을 받았다.[570] 그는 중앙집권화와 엘리트주의는 결코 절대적이며 통일적으로 할 필요가 없다는 것이었다. 따라서 학교와 필수 교과과정의 예외와 변형은 19세기 전반에 걸쳐 매우 광범위하고 관대하게 다루어지도록 했다. 그리고 시립과 사립 교육기관들은 교육과정과 방법에 있어서 더욱더 많은 다양성을 제공했다. 또한 그는 재능 있는 학생들은 그들의 지적 능력으로 인해 하위과정에서 상위과정으로 월반하는 것이 가능케 했다.

1865년 초등학교에는 2,307,000명의 소년들이 있었을 뿐만이 아니라 중등학교에 140,253명의 학생들이 있었다. 그 다음단계로 대학에서 연간 약 1,800명의 학위가 수여되었다. 그랑제콜의 성과는 미흡했다. 예를 들면 교육부의 관할에 있었던 고등사범학교는 연간 30명의 학생만을 입학시켰고 반면, 전쟁부의 관할에 있었던 생 시르(St. Cyr)는 연간 약 250-300명의 학생이 입학했다. 패트릭 해리간(Patrick Harrigan)과 다른 이들이 보여주었던 바와 같이, 중등학교는 교육체제에서 사회적인 장애물이었다. 상당한 수업료, 소량의 장학금, 엄격한 고전적인 프로그램으로 인해 많은 가정들은 자신들의 아들에게 진보된 교육을 받게 할 수 없었다. 그러나 새로운 사회계층들이 나타났을 때, 즉 레옹 강베타(Léon Gambetta)가 후일 말한 '새로운 사회계층 couches nouvelles'과 노동계층의 계급의식이 발전하면서 교육체제의 엘리트주의는 점점 논쟁의 대상이 되었다.[571] 그러나 중앙집권화와 엘리트주의는 오늘날까지도 여전히 프랑스 교육의 지배적인 특징이 되고 있다.

---

570) Joseph N. Moody, *French Education since Napoleon*, p. 78.

571) Sandra Horvath-Peterson, *Victor Duruy & French Education: Liberal Reform in the Second Empire*, pp. 48-49.

둘째, 소녀들을 포함한 초등교육의 실태를 파악하고 문제점을 해결하려 했다. 대부분의 프랑스 소년들과 수적으로 상당한 증가를 보였던 프랑스 소녀들이 1860년대 말까지 대부분 초등학교에 다녔음에도 불구하고, 프랑스의 초등교육이 안고 있는 많은 근본적인 문제들이 많았다. 뒤뤼는 초등 교육에 관한 연구책임을 레옹 필레에게 맡겼다. 필레의 조사에 의하면, 비록 대중 교육이 광범위 하게 진척되었지만, 대중의 3분의 1은 여전히 글을 읽고 쓰지 못했다. 학교를 가지 못하는 아이들은 몇몇 산업도시와 남부 시골지역에서 가장 두드러지게 많았고, 서부의 보주(Vosges)는 문맹률이 불과 2%였으나, 오트 비엔(Haute-Vienne)에서는 54%가 문맹률을 보였다.[572]

초등교육은 무엇보다도 학생들의 저조한 학교 출석률, 적절한 책, 책상, 학교 건물들의 부족, 제대로 준비되어 있지 않은 교사들이 문제였다. 당시 초등교육에서 가장 큰 문제는 문맹률이었다. 1863년 프랑스에서의 문맹률은 신랑들의 경우 29%, 신부들의 경우 42%에 달하였다. 뒤뤼는 문맹률을 해결하기 위해 인구가 적은 시골지역에 마을 학교를 세우고 보조 교사라는 낮은 직위와 보수로 아이들을 가르치게 했다. 초등교육에 대한 뒤뤼의 가장 중요한 목적은 의무교육과 무상교육이었다. 그는 모든 시민들이 국민투표에서 자신들의 의무를 충실히 수행할 수 있고 경제성장에 기여할 수 있게 하는 것이었다.[573] 따라서 문맹률은 물론 지역에 따라 차이가 많은 곳도 있었지만, 글을 읽고 쓸 줄 아는 사람은 1871-1875년에 남자 75%, 여자 61%로 증가했다.[574] 그것은 바로 뒤뤼가 초등교육을 강화한 결실로 풀이된다.

---

572) Joseph N. Moody, *French Education since Napoleon*, p. 73.

573) *Ibid.*, pp. 73-74.

574) R. Grevet, *Ecole pouvoirs et Société, fin XVIIIe Siècle-1815*(Lille: Press de Charles de Gaule, 1991), p. 8. 이영림, 「17세기 후반 아동교육론」『역사학보』 164호(역사학회, 1999), p. 272.

초등교육에 관한한, 국가는 여전히 '1833년 기조 법'에서 남자 아이들에게 해 주었던 것만큼 여자 아이들에게는 많은 것을 해주지 못하고 있었다. 그리고 중등교육에 있어서는 여학생들을 위해서 아무것도 제공하지 않고 있었다. 확실히 1863년까지 입법자들은 문화적 편견이 있었다. 그런데 프랑스에는 교육에 관한한 서로 비교되는 상황이 전개되고 있었다. 그 하나는, 국가는 1830년대 후반에 있었던 선언에서 여자 아이들을 위해 고등교육 형태의 사립학교들이 존재한다는 것을 이미 인식하였지만, 그 후 최근의 성명서나 입법안, 특히 '팔루 법'에서 조차 이 문제에 관해 이상하리만큼 침묵하고 있었다. 다른 하나는, 사립학교의 속인 교사들뿐만 아니라, 심지어 보수적인 종교계까지도 소녀들을 위한 최소한의 중등교육을 수 십 년 동안 사립 기숙사 안에서 제공하고 있었는데, 정부가 소녀들을 위한 교육을 위한 특단의 조치를 취하지 않았던 것에 대한 반성을 촉구하고, 정부는 어떤 식으로든지 소녀교육을 실질적으로 장려해야만 한다는 생각을 일깨웠다.

셋째, 뒤뤼의 가장 큰 관심은 중등교육의 개혁이었다. 비록 그가 대중교육 문제에 관심을 가졌을 지라도, 당시의 사조와 같이 그가 가장 관심을 둔 것은 중등교육이었다. 당시 중등교육문제를 해결하지 못한 상태에 있었음으로 고등교육은 더욱 어려움을 겪고 있었다. 고등교육은 여전히 다양한 단과대학들과 그랑제콜 가운데에 나뉘어져 있었으며, 1850년대 이후 계속 이에 대한 조직적인 법의 제정을 통해 고등교육개혁을 시도했으나 여전히 미흡한 상태에 머물러 있었다. 따라서 고등 기관에서의 연구는 파리를 제외한 어느 곳에서도 소홀했고 심지어 무시되었다. 각 지역의 자연과학대학과 문과대학은 더 높은 단계의 학위를 따기 위해 강의에 출석할 것을 요구하지는 않았기 때문에 학위를 주는 기관에 불과했다. 역사와 같은 특정 영역에서 더 정교한 훈련을 받기를 원하는 일부 학생들은 독일로 유학의 길을 떠났다.

뒤뤼는 범국가적 차원에서 교육의 질적 개선에 필요한 대책을 강구했다. 그는 가톨릭 학교들과 효과적으로 경쟁하기 위해서 초등 및 중등과정의 세속 학교의 설립을 장려했다. 초등학교 수준의 종교적인 학교들은 빠른 성장을 보였고, 중등학교 수준에서는 1860년경 가톨릭 학교들이 공립학교들에 대하여 상당한 경쟁을 하기 시작했다. 리세와 각 지방의 콜래주에서는 커리큘럼과 교습법이 개선되었으며, 학사학위 시험이 암기위주의 시험에서 사고능력과 지식에 관한 시험으로 바뀌었다. 그리고 정부는 외국의 우수한 학교나 대학과 효과적으로 경쟁할 수 있게 하기 위해서 그랑제콜과 단과대학들을 설립하고자 했다. 폴 가뇽(Paul Gagnon)이 부연했던 것처럼 프랑스의 장래는 학생들에게 달린 것으로 보였다.[575)]

넷째, 기술과 실업교육에 역점을 두었다. 급속한 상업적·기술적·산업적 변화를 겪고 있었던 프랑스 경제에 숙련공과 직공이 필요했는데, 프랑스 교육체제는 이에 빨리 부응하지 못하였다. 1860년대 동안 은행, 금융, 철도, 전보, 운하, 광산, 제조업이 발달한 결과 프랑스의 산업생산지수가 40.4%에서 44.4%로 상승하였고, 노동력이 급속하게 팽창하고 도시화되었다. 기업인들과 산업·과학 단체의 저명인사들은 좀 더 적합하고 완벽한 기술교육프로그램을 발달시키기 위해 교육부장관과 통상부장관에게 압력을 넣었다.

그러나 프랑스의 지배계층은 공립학교에 대해 그러했던 것처럼 기술교육에도 돈을 쓰지 않았다. 학교에 대한 지방, 도, 그리고 특히 국가예산은 현저히 적었다. 사실 1863년까지 국가가 교육에 많은 돈을 투자하지 않았던 것은 하나의 전통처럼 되어 있었다.

게다가 가르치는 일은 여전히 충분히 보상을 받지 못하는 직업이었

---

575) Paul Gagnon, "The French Lesson: The Right to Culture," *Change* VII, Decemer-January, 1975-1976, p. 39. cf. Sandra Horvath-Peterson, *Victor Duruy & French Education: Liberal Reform in the Second Empire*, p. 51. 재인용.

다. 월급이 낮았는데, 초등학교 교사들에게는 겨우 생계를 유지할 정도 혹은 그 이하의 월급이 지급됐고, 상위 학교 교사들의 월급도 마찬가지였다. 승진기회는 불규칙적이고, 드물게 주어졌다. 연급은 적었고, 교사 교육은 고등사범학교를 제외한 학교에서는 불충분했다. 따라서 뒤뤼는 시대의 변화와 산업화 과정에 따른 인재육성의 시급함을 통감했으나 재정확보와 교사들의 처우개선, 그리고 모두 장기적인 투자가 요구되는 것들이었다.

다섯째, 여성을 위한 성인교육을 강화했다.[576] 뒤뤼는 당시 부모에 의해 가정에서 제공되는 교육 뿐만 아니라 종교부장관에 의해 교회에서 제공하는 교육도 빈약하며 불충분하다고 생각했다. 그것은 당시의 교육이 소녀들에게 판단력을 강화 할 수도, 이성을 형성할 수도, 정의감과 양심을 배양할 수도, 영혼과 생애를 다스릴 수 없게 가르치기 때문이라고 개탄했다.[577] 따라서 그는 1863년 장관이 되면서부터 여성교육에 관한 일을 추진했으며, 또 1866년 초 왕비에게 드린 편지에서 여성을 위한 고등교육의 부재에 대해 탄원했다.

피에르 피에라르(Pierre Pierrard)의하면, 1867과 1869년 뒤뤼에 의해 장려되어 대도시에서 설립된 여자 중등교육과정들은 여성 교육에 대한 강한 열기를 표시한 것이었다. 그리고 프랑수아즈 매외르(Françoise Mayeur)에 의하면, 뒤뤼의 영향력은 당시 입법원의 의원으로 중도공화주의자인 쥘 시몽의 1867년 3월 2일 연설에서도 나타났다. 그는 기술학교에서 여성들은 허술하고 불완전한 교육을 받는다는 것을 비판하고 그에 대한 대책을 요구했다.[578] 그러나 정부가 대중교육에 대해 겁을 내고 있었으

576) Claude Lelièvre et Christian Nique, *Histoire Biographique de L'Enseignement en France*, pp. 201-202.

577) *M. Duruy et L'Éducation des Filles : Lettre de Mgr. L'Éveque d'Orléans á un de ses collègues*(Paris: Charles Dounioll, Libraire-Éditeur, 1907), p. 21.

578) Françoise Mayeur, "L'éducation des filles de Falloux à Ferry", *L'Église et L'Éducation Mille ans de tradition éducation*(Paris: L'Harmattan, 1995), p. 240.

며, 교육에 대한 투자에 인색했기 때문에 뒤뤼와 기타 교육개혁가들의 노력은 실패했다.[579)]

한편 뒤뤼는 14-18세의 상층계급 여성들을 위한 고급형 교육계획도 수립했다. 그것은 특수교육의 모델로서 문학, 현대어, 외국어, 시, 작문, 예술, 과학적 진리의 실제적 증명 등을 강의하는 것이었다. 그리고 문학사, 제국의 역사, 영국·독일·에스파냐 근대사를 설강하여 장차 아내와 어머니가 될 학생들을 도와주는 교육을 했다.[580)] 수업료의 대부분이 교수들에게 돌아가고 시의 공직자들이 학교를 감독했으며, 어머니 또는 여자 가정교사들이 학교까지 학생을 동반해 주었다. 이들 프로그램은 대학에서 조직되었던 것이 특징인데, 일반적으로 지방의 수녀원과 기숙학교들은 교수들을 리세에서 고용했기 때문이었다.[581)]

여섯째, 대중교육과 성인교육을 발전시키는데 역점을 두었다. 물론 대중교육은 프랑스혁명 이전에도 프랑스혁명 당시에도 있었으며, 제1제정과 왕정복고 시대에도 있었다.[582)] 각 시대마다 형태가 다르지만, 뒤뤼가 추진한 초등교육과 중등교육의 대중화 즉 대중교육, 성인교육 등은 교육의 민주화에 이어 사회의 민주화에 초석이 되었다. 특히 성인교육은 1936년 문화의 민주화와 대중의 문화 창조 운동에 한 몫을 하였으며 1945년부터 체계적 교육으로 자리를 잡았다.[583)]

결론적으로 보면, 제국대학 이후의 교육정책도 상당부분은 루소와 백과전서파의 교육사상을 계승하였으며, 교회가 지배하던 이전의 교육체제를 대중적이며 국가 경영의 새로운 체제로 계속 대체하는 것이었다. 사립주도의 교육에서 공교육으로 전환한 교육체계는 국가의 단결심을

---

579) D. Anderson, *Education in France, 1848-1870*(Oxford: Clarendon Press, 1975), p.131.

580) *M. Duruy et L'Éducation des Filles : Lettre de Mgr. L'Éveque d'Orléans á un de ses collègues*, p. 8.

581) Joseph N. Moody, *French Education since Napoleon*, pp. 82-83.

582) Matthew Arnod, *The Popular Education of France*, pp. 8-60.

583) Antoine Léon, *Histoire L'Éducation Populaire en France*, p. 186.

연마하고, 계몽되고 합리적인 시민을 배출하며 자유주의와 공화주의 여론을 창출하는데 기여했다.

그러나 초등학교 학생들의 저조한 출석률, 교육의 질, 체육시설과 학문적 역량의 상태, 단과대학들과 고등교육의 역량, 교사들과 교수들의 현황 등과 같은 굵직굵직한 문제들은 여전히 풀어지지 않고 있었다. 따라서 교육개혁은 항상 미완성이며 내일을 위한 오늘의 과제로 남아있다는 교훈을 주고 있다.

# 참고문헌


송기형, 「불란서대혁명기의 언어정책」, 서울대학교대학원박사학위논문(1989)

양금희, 「죤 칼빈」『위대한 교육사상가들』I (교육과학사, 1996)

옥준필, 「프랑스 직업 바칼로레아의 최근 운영방안과 시사점」『직업개발연구』 제5권1호(한국직업능력개발원, 2002)

원윤수·류진현, 『프랑스의 고등교육』(서울대학교 출판부, 2002)

이광주, 『대학사』(민음사, 1997)

이석우, 『대학의 역사』(한길사, 1999)

이영림, 「17세기 후반 아동교육론」『역사학보』 164호, 역사학회, 1999

정동준, 『프랑스 대혁명기의 공교육 계획』(국학자료원, 2003)

한민주, 『교육과정 개혁 국제비교연구 중 프랑스의 교육과정개혁』(한국교육 개발원, 1994)

A. Ampère, *Correspondance*, tome I, lettre du 1er mars 1802

A. Aulard (ed), *Statistiques des préfets en l'an IX et l'an X*(Paris, 1807)

A. C, Kors, *Atheism in France*, 1650-1729, vol. 1(Princeton: Princeton University Press, 1990)

Albert Soboul, G. Lemarchand, M. Fogel, *Le Siècle des Lumières*, tome. 1(Paris: P. U. F., 1977)

Antoine Léon, *Histoire de L'Éducation populaire en France*(Paris: Éducation Fernand Nathan, 1983)

Antoine Léon, *Histoire de l'Enseignement en France*(Paris: Presses Universitaires de France, 1977)

*Archives Parlementaires de 1787 à 1860, recueils complete des débats législatifs et politiques des chambres françaises*, sous la direction de J. Mavidal et de E. Laurent, 1er série(1789 à 1799), tome. 52(Paris: Librairie Administrative de Paul Dupont, 1901)

Bréchillet- Jourdain(Charles-Marie-Gabriel), *Histoire de l'Université de Paris au XVII et au XVIII Siècle*(Paris, 1866), p. 376. cf. H. C. Barnard, *The French Tradition in Education*

Charles Coutel, "Pour L'Instruction Publique : Romme et Condorcet" *Annales Historique de la Révolution Française*, N° 304, avril-juin(1996, n° 2)

Charles Lemenestrel, *L'Instruction en France : date-t-elle de la Révolution?*(Paris: Librairie Honoré Champion, 1912)

Charles Rollin, *Opuscules de feu M. Rollin,* tome. 2(Paris, 1771)

Charles Schmidt, *La Réforme de l'Université Impériale en 1811*(Paris: Société Nouvelle de Librairie et d'Edition, 1905)

Claude Lelièvre et Christien Nique, *Histoire Biographique de L'Enseignement en France*, (Paris: Editions Retz, 1990)

Claude. Lelièvre, *Histoire des Institutions Scolaires(1789-1989)*(Paris: Nathn)

Condorcet, "Mémoires sur l'Instruction Publique", *Oeuvres de Condorcet*, t. 7(Paris: Firmin Didot Frères, 1847)

Condorcet, *Ecrits sur L'Instruction Publique; volume premier, Cinq Mémoires sur L'Instruction Publique*, texte présenté, annoté et commenté par Charles Coutel et Catherine Kintzler(Paris: Les Classiques De La Republique, 1989)

Condorcet, *Rapport et Projet de Décret sur L'Organisation Générale de L'Instruction Publique*, éd., par Compayré(Paris: Librairie Hachette, 1883)

Crane Brinton, *Anatomy of Revolution*(New Jersey: Prentice-Hall. Inc., 1960)

D. Anderson, *Education in France, 1848-1870*(Oxford: Clarendon Press, 1975)

Daniel Meiller 외 6, *L'ABCdaire de l'Ecole de France*(Paris: Flammarion, 1999), 김경랑 역, 『프랑스의 학교』(창해, 2000)

Discours de Fourcroy au Corps législatif (20 et 30 avril 1802)

E. and J. de Goncourt, *Histoire de la Société Française pendant la Révolution* http://www.leboucher.com/vous/accueille.html?goncourt/revolution.html-centre

gc

E. T. Bell, *Men of Mathematics*(New York: Simon and Schuster, 1937)

Emile Durkeim, The Evolution of Educational Thought, trans by Peter Collins (London: Routledge and Kegan Paul)

Ernest Lavisse, *Un Ministre Victor Duruy*(Paris: Armand Colin et Cie, Éditeur, 1895), p.3.

F. A. Aulard, *La Société des Jacobins*, t. Ⅳ(Paris: Maison Quantin, 1892)

Félix Ponteil, *Histoire de L'Enseignement en France 1789-1965*(Paris: SIREY, 1966)

François de Dainville, L'Éducation des Jésuites, XVIe-XVIIIe Siècles(Paris: Les Éditions de Minuit)

François de Salignac de la Mothe-Fénélon, *De L'Éducation des Filles*(Paris: Editions d'Aujourd'hui, 1777)

François Furet et Jacques Ozouf, *Lire et écrire: l'alphabétisatiion des française de Calvin à Jules Ferry*(Paris: Les Éditions de Minuit, 1980)

François Furet, *Savoir scientifique & Pouvoir Social: 1794 L'Ecole 1914 Polytechnique* (Paris: Presses de la Fondation national)

Françoise Mayeur, "L'éducation des filles de Falloux à Ferry", *L'Église et L'Éducation Mille ans de tradition éducation*(Paris: L'Harmattan, 1995)

Fred Graham, 김영배 역, 『건설적인 혁명가 칼빈』(생명의 말씀사, 1995)

Frederick B. Artz, *The Development of Technical Education in France*, 1500-1850 (Massachusetts: The M.I.T Press, 1966)

G. Hippeau, *L'Instruction Publique en France Pendant La Révolution*(Paris: Librairie Académique, DiDier et Cie, Librairies-Editeurs, 1881)

G. Lanson et P. Tuffrau, *Histoire de la Littérature française*(Paris: Classiques Hachette)

Gabriel Compayré, *Histoire Critique des Doctrines de L'Education en France depuis le Seizième Siècle*, tome II(Paris: Editions Hachette, 1880)

Georges Duby, Robert Mandrou, *Histoire de la Civilisation Française XVIIe-XXe Siècle*(Paris: Armand, 1976)

Georges Lefebvre, *Napoléon*(Paris: P.U.F., 1969)

Georges Weill, *Histoire de L'Enseignement Secondaire en France(1802-1920)*(Paris: Payot & Cie., 1921)

Gustave Dupont-Ferrier, *Du Collège au Lycée Louis -Le- Grand, 1568-1920*(Paris: E. De Boccard, Éditeur)

H. C. Barnard, *Education and the French Revolution*(Cambridge: University Press, 1969)

H. C. Barnard, *The French Tradition in Education: Ramus to Mme Necker de Saussure* (Cambridge: Cambridge University Press, 1970)

H. L. Bouquet, *L'Ancien Collège d'Harcourt et le Lycée Saint-Louis*(Paris: Typographie de MM. Delalain Frères, 1801)

Hebert Lüthy, *From Calvin to Rousseau: Tradition and Modernity in Socio-Political Thought from the Reformation to the French Revolution*(New York: Basic Books, Inc, 1970)

Henry Michel, *La Loi Falloux*(Paris: Librairie Hachette et Cie, 1906)

Henry Michel, *La Loi Falloux*, 4 Janvier 1849-15 Mars 1850(Paris: Librairie Hachette et Cie, 1996)

Henry Phillips, *Church and Culture in Seventeenth-Century France*(Cambridge: Cambridge University Press, 1977)

Isser Woloch, *Napoleon and Collaborators.* 차재호 옮김, 『나폴레옹의 싱크탱크들』 홍익출판사, 2001

J. M. Thompson, *French Revolution Documents*(Oxford: Oxford University Press, 1933)

J. Godechot, *Les Institutions de la France sous la Révolutin et L'Empire*(Paris: Presses Universitaires de France, 1985)

Jacques Godechot, *Les Constitutions de la France depuis 1789*(Paris : Flammarion, 1987)

Jacques Godechot, *Les Institutions de la France sous La Révolution et l'Empire*(Paris: Presses Universitaires de France, 1985)

Jean Boisset, *Histoire du Protestantisime: Que sais-je? no, 427*(Paris: P.U.F., 1970)

Jean de Viguerie, *L'Institution des Enfants : L'Education en France 16-18 Siècle* (Paris: Calmann-Lévy, 1978)

Jean Rohr, *Victor Dury, Ministre de Napoleon III: Essai sur La Politique de L'Instruction Publique au Temps de L'Empire Libéral*(Paris: Librairie Générale de Droit et de Jurisprudence, 1967)

Jean Tulard, "L'Université Napoléonienne" *Histoire de l'Administration de l'Enseignement en Fance* 1789-1981 *par* Pierre Bousquet, Roland Drago, Paul Gerbod, Claude Goyard, Jean Imbert, membre de l'Institut, Stephane Rials, Guy Thuillier, Jean Tulard(Genève: Librairie Droz, 1983)

Jeff Horn and Margaret C. Jacob, "Jean-Antoine Chaptal and the Cultural Roots of French Industrialization" *Technology and Culture*, 1998

Joseph N. Moody, *French Education since Napoleon*(Cyracuse: Syracuse University Press, 1978)

Lanzac de Laborie, "L'enseignement secondaire à Paris au début de Consulat", *Revue des études napoléoniennes*(1917)

*Les Ordonnances du 16 juin 1828*, d'après des documents inédits tirés des Archives du Vatican et des Archives nationales, par Adrien Garnier(Paris: J. De Gigord, 1929)

Louis Grimaud, *Histoire de la Liberté d'Enseignement en Frane*, tome 2(Paris: Grenoble, 1944)

Louis Réau, *L'Europe Français au Siècle des Lumières*(Paris: Editions Albin Michel, 1971)

M. Ambroise Rendu, *Système de L'Université de France ou Plan D'une Education Nationale*(Paris: La Librairie Steréotype, M.DCCC.XVI)

*M. Duruy et L'Éducation des Filles : Lettre de Mgr. L'Éveque d'Orléans á un de ses collègues*(Paris: Charles Dounioll, Libraire-Éditeur, 1907)

M. Rendu, *Code Universitaire ou Lois, Statuts et Règlements de L'unversité Royale de France*(Paris: Chez L. Hachette, 1846)

Marie-Madeleine Compère, *Du Collège au Lycée*(1500-1850)(Paris: Édition Gallimard,

1985)

Martyn Lyons, Martyn Lyons, *Napoleon Bonaparte and the Legacy of the French Revolution*(London : The Macmillan Press LTD, 1994)

Matthew Arnod, *The Popular Education of France*(London: Longman, Green, Longman, and Robert, 1861),

Maurice Bayen, *Histoire des Universités*(Paris: Presses Universitaires de France, 1973)

Maurice Gontard, *L'enseignement secondaire en France de la fin de l'Ancien Régime à la loi Falloux 1750-1850*(Aix-en-Provence, Edisud, 1994)

Michel Brèal, *Quelques Mots sur L'Instruction Publique en France*(Paris: Librairie Hachette et Cie, 1885)

*Napoléon, Pensées politiques et sociales*, éd., Adrien Dansette(Paris: Flammarion, 1969)

Norbert Alcer, *Louis de Fontanes(1757-1821): Homme de lettres et administrateur* (Frankfurt am Main: Peter Lang, 1994)

Olivier Devaux, *La Pique et la Plume*(Toulouse: Eché, 1988)

P. Adolphe Perraud, L'Oratoire de France au XVIIe et au XIXe Siècle(Paris: Charles Douniol Libraire-Éditeur, 1865)

Paul Lallemand, *Histoirede L'Éducation dans L'Ancien Oratoirede rance*(Genève: Slatkine-Megariotis Reprints, 1975)

Philip A. Bertocci, *Jules Simon: Republican Anticlericalism and Cultural Politics in France, 1848-1886*(Columbia: University of Missouri Press, 1978)

Philippe Muller, *Vive l'Ecole républicaine!*(Paris: EJL, 1999)

Pierre Bousquet, et 7 personnes, *HIstoire de l'Administration de l'Enseignement en France*, 1789-1981(Paris: Libraire Droz, 1983)

Pierre Pierrard, "Le curé et l'instituteur" *L'Église et L'Éducation Mille ans de tradition éducation*(Paris: L'Harmattan, 1995)

*Procès-Verbaux du Comité d'Instruction Publique de la Convention Nationale*, tome 1, 6, publiés et annotsé par M.J Guillaume(Paris: Imprimerie Nationale. 1907)

R .Chartier, M. M, Compère, D.Julia, *L'Éducation en France du XVIe au XVIIIe Siècle*(Paris: SEDES., 1976)

R. Grevet, *Ecole pouvoirs et Société, fin XVIIIe Siècle-1815*(Lille: Press de Charles de Gaule, 1991)

R. R. Palmer, *The Improvement of Humanity: Education and the French Revolution* (Princeton; Princeton University Press, 1985)

R. R. Palmer, *The School of the French Revolution: A documentary history of The College of Louis-Le-Grand and its director, Jean-François Champagne*(New Jersey: Princeton University Press, 1975)

R. Y. Ebid and M. Young, "New Light on the Origin of the Term 'Baccalaureata'" *Islamic Quarterly*. 18:1-2(1974)

Rapports des inspecteurs généaux, correspondances des recteurs F 17 6808 et 6809 et pour Aix A. D. des Bouches-du-Rhône.

René Grevet, *L'Avènement de L'Ecole Contemporaine En France, 1789-1835*(Pas-de Calais: Presse Universitaires de Septentrion, 2001)

*Revue des Études Napoléoniennes: Les Origines de L'Europe Nouvelle*, tome douzième, Juillet à Décembre, 1917(Paris: Librairie Félix Alcan)

Robert B. Holtman, *The Napoleonic Revolution*(New York: J. B. Lippincott Company, 1967)

Robert J. Vignery, *The French Revolution and Schools: Educational Policies of the Mountain 1792-1794*(Wisconsin: The State Historical Society of Wisconsin, 1965)

Roger Chartier, Marie-Madeleine Compère, Dominique Julia, *L'Education en Frane du XVI au XVIII* Siècle(Paris: Société d'Edition d'Enseignement Supérieur, 1976)

Sandra Horvath-Peterson, *Victor Duruy & French Education: Liberal Reform in the Second Empire*(Baton Rouge and London: Louisian State University Press, 1984)

Schwingers, "Student Education, Student Life" *History of the University in Europe*, vol. 1(Cambrige: Cambridge Univeristy Press, 1992)

*Special Reports on Educations Subjects volume 24. : Secondary and University Education*,

(London: Wyman and Sons)

Stewart, *A Documentary Survey of the French Revolution*(New York: The Macmillan Company, 1951)

Taine, *Les Origines de la France Contemporaine*, 6 vols(Paris, 1876-1894)

Vallet de Viriville, *Histoire de L'Instruction Publique en Europe et Principalement en France* (Paris: Administration du Moyen Age et la Renaissance, 1849)

Vallet de Viriville, *Histoire de L'Instruction Publique*(Paris, 1849)

Voltaire, *Dictionnaire Philosophique, t. 4*(Paris: Garnier Frères, 1879)

William Boyd and Edmund J King, *The History of Western Education*(London: Adam and Charles Black, 1974)

"Title IV. Of the order which shall be established among the members of the university of the ranks and the titles attached to the functions : Of the ranks among the functionaries" *Decree for Oragnizing the Imperial University*, March 17, 1808. Duvergier, Lois, XVI

# 찾아보기

## 법, 법령, 칙령


10분의 1세 111
11월 15일 법령 274
1791년 헌법 89
1792년 4월 5일 법령 231
1793년 7월 3일 법령 108
1793년 헌법 107, 110
1794년 11월 17일 법령 5
1795년 10월 25일 법 111, 112
1795년 2월 25일 법 111, 112, 164
1797년 11월 법령 6
1798년 9월 법 213
1802년 5월 1일 법 6, 164, 193, 224
1802년 푸르크루아 법 136
1806년 3월 17일 법령 214
1806년 5월 10일 법령 133, 136, 182
1808년 3월 14일 대학기금 법령 245
1808년 3월 17일 법령 133, 136, 174, 175, 177, 184, 217, 224, 226, 230, 231, 232, 234, 235, 240, 242, 261, 268
1808년 9월 17일 법령 238
1808년 10월 18일 법령 261
1808년 12월 11일 법령 245
1809년 5월 12일 법령 236
1809년 5월 23일 법령 236
1811년 11월 15일 법령 252, 253, 254, 270, 273, 275, 277
1813년 8월 24일 법령 254, 270
1814년 10월 5일 법령 296
1814년 10월 5일 칙령 295, 313
1814년 4월 8일 법령 289
1814년 6월 22일의 칙령 292
1814년 9월 28일 법 294
1815년 2월 17일 칙령 296
1815년 4월 8일 법령 301
1815년 8월 15일 칙령 285, 308
1818년 6월 22일의 법령 299
1821년 2월 27일 칙령 285, 311
1822년 9월 6일 칙령 312
1836년 3월 22일 법령 286, 321
1854년 6월 14일 법 328
500인의회 147, 149, 150


## ㄱ


가론 119
가롱 65

가르니에 64
가브리엘 드세르 319
가브리엘 모노 350
가브리엘 부키에 117
가톨릭 20, 45, 46, 47, 50, 59, 177, 180, 181, 231, 258, 333
가톨릭 교리 29
가톨릭 교사협회 128
가톨릭 교회 330
가톨릭교구사제회 65
가톨릭교회 78, 312
가톨릭파 16
강좌 156
개신교 45, 50, 317
개신교도 20
게루 88, 188, 260
게르하르트 불뤼허 285
견습훈련센타 221
경제사회 바칼로레아 219
계몽사상가 86, 93, 99
계몽주의 1
고대사 42
고등광업학교 71
고등교육 84, 90, 94, 100, 114, 115, 116, 119, 121, 212, 225, 329
고등교육기관 122
고등사범학교 88, 129, 130, 312, 334, 336, 340
고등전문기술교육 156
고이센 55
공공의 이성 90
공교육 3, 64, 88, 89, 94, 96, 97, 100, 101, 107, 132, 145, 149, 152, 157, 165, 166, 211, 253, 310, 341
공교육 조직법 156
공교육기관 71
공교육에 관한 논문 93
공교육에 대한 보고서 89, 106
공교육위원회 5, 89, 95, 104, 105, 108, 109, 110, 120, 129, 146
공교육제도 85
공교육최고위원회 325
공립학교 3, 5, 65, 86, 135, 146, 149, 152, 318, 320
공민증명서 122
공병·포병학교 138
공병학교 121
공안위원회 113, 123, 124, 125
공예학교 184
공타르 151, 158, 159, 209, 211, 234
공포정치 88, 104, 120
공학 84
공학기술 바칼로레아 219
공화국 90, 117, 152
공화주의 340
공화주의 교육 117
공화주의자 86, 95, 114, 126, 127, 332, 337
과학 바칼로레아 218, 219
과학교육 95, 118

과학대학 267
과학연구소 123
과학위원회 202
관찰과학 165
광업학 84
괴팅겐대학 224
교리문답 45
교리문답서 54, 55
교수단 170, 171, 173, 175, 179, 237, 261, 316
교수수도회 265
교수신도조합 306
교양과목 47, 69, 124
교양학부 25, 36, 40, 98, 116
교육개혁 1, 85, 95, 120, 136
교육개혁안 39, 89
교육방법 44
교육부 163, 323
교육의 국가적 체계를 위한 계획 113
교황 바울 3세 57
교황 바울 5세 65
교회 2, 44, 48
교회교육 48
교회의 시녀 131
교회중등학교 253, 254, 268, 295, 314
교회학교 3, 270, 313
국가교육 2, 99
국립교육연구소 127
국립도서관 120, 133
국립학교 153
국립학문연구소 157
국립학문예술협회 193
국립항공학교 124, 132
국민공회 3, 4, 85, 102, 104, 106, 107, 108, 110, 113, 114, 116, 119, 121, 123, 125, 129, 132, 145, 149, 150, 158, 159, 169, 192, 212
국민교육 64, 76, 96, 100, 113, 131, 157, 202
국민방위대 336
국민의회 3, 87, 132
국왕의 장녀 131
국유지위원 104
군병원 123
군사교육 138
군사전문학교 91, 92, 138
군사학 84
군사학교 91, 121, 125, 126, 127, 128, 130, 132
귀스타브 룰랑 331
귀아데 206
그노 드 뮈시 259
그랑제콜 144, 224, 323
그레고리우스 13세 65
그레구아르 113
그레베 74
그로티우스 42

그르노블 대학 79
그리스 41, 42
그리스도 48
그리스도교 20
그리스어 19, 23, 27, 30, 40, 84, 227, 278, 348
그리형제단 학교 273
기독교 40, 48
기독교 협회 26
기병전문학교 139
기부금 84
기숙학교 58, 139, 154, 172, 176, 187, 224, 246, 309
기술 바칼로레아 217, 218
기술교육 165, 329, 334
기술학교 161
기옴 뒤프라 58, 62
기조 270, 272, 278, 318, 319, 328, 335, 340
기조 법 286, 319, 320, 321, 326
기즈 16, 50
기초과학 91
기초의학 98

## ㄴ

나자크 149
나폴레옹 1, 4, 6, 88, 130, 133, 135, 136, 137, 138, 139, 140, 144, 145, 146, 147, 149, 152, 153, 157, 163, 165, 166, 173, 175, 177, 180, 184, 185, 188, 195, 197, 201, 211, 212, 214, 225, 227, 229, 238, 240, 242, 246, 252, 255, 262, 268, 302
나폴레옹 3세 328, 329, 330, 332, 341, 342, 343, 347, 350, 352
나폴레옹 법 232
나폴레옹시대 87
남·여 공학 98
낭시 대학 80
낭트 대학 80
낭트칙령 52, 53, 62
네덜란드 29, 32, 63, 106
네리 65
넬슨 308
노르데크 344
노엘 196, 198
농아 84
농업 및 환경기술 바칼로레아 219
누가래드 188, 260
능력별 학급 편성제도 331
능력에 의한 엘리트 교육 133
니소르 43
니오르 콜레주 51

## ㄷ

다메릴 203
다비드 126
단과대학 175, 183, 188, 189, 224, 225, 227, 228, 237, 240, 245

단과대학평의회 239, 244
당세트 335
대 제국대학 172
대 팔루 법 324
대건신학교 57
대불동맹국 149
대불전쟁 123
대중교육 133
대학개혁 43
대학교 155, 328
대학교육 40, 100
대학구 225
대학단 170
대학평의회 23, 137, 183, 188
데레노 188
데르노 260
데모스테네스 18
데스투트빌 23
데오도르 베자 48
데카르트 20, 26, 82, 265
데카르트주의 29, 70
데테르미낭스 216
데포 198
도누 112, 130, 132, 144
도누 법 5, 156, 224
도량형제도 326
도매롱 202
도미니코회 79
도서관 98
독립채산제 245
독일어 91
독트리내르 235
독트리내르회 74
돌 대학 80
동양어 84
동업조합 165, 171, 174
두애 대학 80
뒤리 286, 328, 336, 337, 338, 339, 340, 341, 342, 343, 346, 348, 350, 351, 352, 354
뒤마 329
뒤몽쉘 177
뒤무스티에 26, 27
뒤부아 그랑세 111
뒤비 59
뒤코스 144
드 레핀 315
드 보세 260
드 생트 마리 315
드 코니 315
드랑브르 242
드사르그 203
들라말 188, 260
들랑브르 196, 198, 260
디종 대학 80

## ㄹ

라 샬로태 64
라 아르프 89
라그랑주 89, 122, 129

라뮈 10, 11, 14, 16, 17, 19, 23, 24, 28, 30, 32, 36
라뮈주의 20
라보 생 에티엔 119
라부아지에 89, 122
라블래 8, 9, 24
라비스 324, 338, 341
라살 65, 71
라세패드 300
라자리스트회 74
라카날 5, 89, 97, 105, 108, 110, 112, 116, 124, 132, 144, 164
라크루아 202
라틴어 19, 27, 32, 39, 40, 83, 84, 99, 149, 200, 202, 209, 227, 229, 265, 348
라플라스 89, 129, 202
랍 72
랑동 342
랑뒤 181, 182
랑블라르디 138
랑슬로 27, 31, 38
랑주악 260
랑쥐내 109
랑테나스 105, 106
랭스 대학 80
런던 박람회 332
레오나르 부르동 108
레옹 강베타 355
레옹 필레 332, 356
레종도뇌르 140, 339
렌느 대학 80
로데레 163, 164
로마법 79, 233
로마사 42
로마제국 41
로망 292
로버트 비네리 82
로베스피에르 5, 89, 95, 104, 108, 113, 115, 138
로쉬푸코 리앙쿠르 316
로이에 콜라르 300
로제 샤르티 19
로크 17, 265
롤랭 21, 28, 29, 31, 33, 34, 35, 36, 37, 38, 39, 40, 41, 43, 82
롬 89, 105, 106, 107, 111, 119
롱쥐모 16
루스탕(Roustan) 349
루이 13세 24, 62, 66, 68
루이 14세 34, 35, 53, 62, 78, 91
루이 15세 63, 120
루이 16세 106, 113, 323
루이 18세 203, 284, 302
루이 나폴레옹 341
루이 레오 39
루이 르 그랑 62, 169, 209
루이 리아르 326, 329
루이 뵈이오 332
루이 앙리 아르망 베이크 352
루이 외잰 카배냑 341

루이 파스퇴르 334
루이 필리프 340
루터 48
루터주의 46
루터주의 학교 49
룰랑 286, 333, 344
뤼시앵 보나파르트 147, 157
르 무안 콜래주 23
르네상스 8, 19, 21, 24
르노 드 본 23
르리애브르 174
르메네스트렐 78
르바쇠르 드 라 사르트 111
르브랭 171
르장드르 111, 188, 260
르콩트 111
르클레르크 드 보리외 315
르플르티에 145
르플르티에 89, 97, 108, 113, 114, 115, 119, 132, 144
리니 260
리베나 이 타라고 214
리세 6, 107, 112, 113, 114, 139, 145, 163, 164, 169, 172, 173, 176, 179, 184, 186, 187, 189, 192, 193, 194, 197, 198, 200, 203, 206, 207, 208, 210, 211, 217, 218, 249, 252, 254, 261, 263, 268, 270, 274, 275, 276, 278, 279, 282, 309, 311, 329
리세 나폴레옹(Lycée Napoléon) 209, 342
리세 다비뇽 302
리세 드 렌느 208
리세 드 리옹 208
리세 드 마르세유 206
리세 드 베르사유 349
리세 드 생 루이 339
리세 드 스트라스부르 208, 303
리세 드 툴루즈 208
리세 보나파르트 209
리세 샤를마뉴 88, 209
리세 앙리 4세 209
리세 콩도르세 209
리세나 94
리슐리외 66
리아르 165
리오넬 조스팽 221
리옹 리세 291
리옹 아카데미 168
리페 277

## ㅁ

마담 네케르 드 소쉬르 71
마담 드 맹트농 75
마르샬 자크 랑동 342
마르티냑 314
마리 드 메디치 68
마리 테레사 129, 216
마쉬에 106
마이안 106

마자랭　27
마튀랭 코르디에　47
마틴 리온　208
말레르브　8
말레이어　124
맨체스터 백작　101
메디아　42
메디치가　46
메르메르　154
메르퀴르 신문　256, 257
메지애르　121
메트로폴리탄 신학교　169
모노　337
<모니퇴르>　162, 257, 258, 289
모르보　122
모리스 공타르　145
몽그리　93
몽주　89, 121, 137, 138, 202, 203
몽태뉴　8, 9, 16, 17
몽테스키외　21, 42
몽테스키우　293
몽펠리에 대학　79
무디　179
무상교육　117, 160, 209, 356
문과교육　161
문과대학　224, 225, 226, 227, 230, 237, 249, 263
문인공화국 신문　39
문학 바칼로레아　219
문학사　30, 83
문학석사　216
문화개혁운동　30
뮈시　181
뮈제옴　235, 237
미라보　89, 90, 93, 94
미술　84
미셸 드 로피탈　46
미쉴레　328, 337, 338, 339
민주주의　96, 340
밀란　106
밀턴　20

## ㅂ

바너드　23, 25, 28, 36, 70, 81, 157, 192, 198
바라　127
바래르　89, 113, 125, 129, 132
바르나 비트　25
바르바루　206
바르베 마르부아　148
바르베락　73
바빌로니아　42
바스티유　32
바울 5세　67
바칼로레아　189, 216, 217, 218, 226, 227, 228, 234, 236, 245, 254, 297, 311, 331
박물관　98, 130, 161, 267
박사　234, 245
발랑스 대학　80
백일천하　306

법과대학 91, 137, 212, 224, 225, 226, 232, 237, 245, 249
법인화 71
법제심의원 192, 193
법학대학 267
베네딕트 25, 28
베네딕트 수도사 28
베네딕트회 70, 171, 235
베륄 65, 66, 68
베르길리우스 18, 354
베르나르댕 드 생 피에르 129
베르디에 304
베르톨레 121, 129
베리 310
베스트팔리아 왕국 224
벨르 39
병참학교 125
보날 188, 260
보르도 대학 68, 80
보몽 부인 257
보쉬에 40, 41
보탱 312
보편교육 159
복종하는 군인 92
볼태르 21
봉인장 34
부르디옹 50
부르봉 공 45, 47
부르봉 왕가 57, 302
부르봉 왕조 290
부르주 대학 80
부르주아 49, 59, 207, 208
부르주아지 322
부속병원 91
부아시에 111
부케 15
부퀴에 89
부키에 119
부키에 법 5, 118
분배위원 104
분배의 평등 96
불관용 49
브레쉴레 주르댕 36
브로강 335
브로크리스 72
브롱니아르 203
브뤼매르 쿠데타 146
브리소 206
브장송 대학 80
블랑 모토 수도원 28
블랑키 291
비네리 108, 115
비리빌 162, 198
비알 164
비알라 127
비오 203
비트레 콜래주 51
빅토르 아메되스 69
빅토르 쿠쟁 311
빌라레 242, 260

빌라르 198
빌레 우당 67
빌맹 25, 43, 54, 318

## ㅅ

사립중등교육기관 146
사립중학교 211
사립학교 3, 145, 152, 153, 154, 176, 177, 179, 206, 207, 209, 280, 320
사범학교 129, 132, 175
사회계약 159
사회교육 97
산수 47
산악파 104, 112, 115
산업국가 133
산파학 84, 98
살롱 257
살롱 맨 17
살방디 318
상퀼로트 87
생 마르크 지라르댕 340
생 샤를 형제단 128
생 쉴피스 188
생 시몽주의자 322
생 피에르 카니시우스 55
생 피에르 푸리에 74
생시랑 29, 63
생트 바르브 콜래주 336
샤를 2세 80
샤를 5세 120
샤를 5세 79
샤를 9세 46, 50, 80
샤를 9세 62
샤를 글라샹 349
샤를 데미아 64
샤를 로베르 349
샤를 세뇨보스(Charles Seignobos) 352
샤를 임마누엘 3세 70
샤를 코팽 33
샤를 쿠텔 105
샤를 페로 59
샤를마뉴 41
샤토브리앙 178, 255, 257, 289
샵탈 6, 156, 160, 161, 168, 209
샹파뉴 64, 87, 88
샹파니 172
서강대학 57
성 루이 293
성 바르돌르미 사건 16
성 비오 5세 323
성 우르술라 수녀회 266
성 테레사 66
성 프랑수아 드 폴 회 수도사회 74
성 필립 네리 65, 66
성서 41
성인교육 98, 359
성인을 위한 보통교육 95
성직자 공민법 101
성직자 교사단 111
성체 공동체 64

성체강복식 59
세르트 242, 255
세인트헬레나 285, 308
소 팔루 법 324
소녀교육 286, 320
소르본 28, 311, 338
소르본 대학 35, 59
소크라테스 17, 18
소학교 183
속인교육 75
솔로몬의 집 92
수도사형제단 185
수도원 30, 150, 208
수력공업학교 121
수로학 84
수사학 39, 41
수업료 84
수의학 84, 98
슈미트 272
스콜라 철학 11, 18, 24
스탈 부인 256
스테팡 디르새 341
스투름(Sturm)학교 19
스트라스부르 대학 80
스트워트 98
스페인어 27
시 39
시립 콜래주 314
시립학교 160
시민교육 64
시에예스 104, 112, 118, 144
식물원 84, 98
신교도 16
신분에 의한 엘리트 133
신약성서 40
신학교 58, 139, 184, 236, 270
신학대학 137, 224, 225, 226, 231, 245, 248, 249, 263, 267
실비 25, 53
실업교육 358
실용교육 114
실학주의자 17
십일조 87, 100
십자군 전쟁 214

## ㅇ

아그레가시옹 189, 214
아노토 234
아놀드 318, 322
아담 미쉬비크 328
아데 203
아돌프 빌로 352
아랍어 124
아르노 27, 31, 38
아르미니안주의자 101
아르보가스트 105
아르츠 86
아리 203
아리스토텔레스 11, 12, 13, 17, 18, 19, 79, 202, 214
아미앵 평화조약 257

아비뇽 대학 79
아비투리엔텐에그자멘 216
아상프라츠 112
아아스 65
아우구스티누스 26, 29
아우구스티누스 교단 75
아카데미 59, 62, 84, 125, 245
아카데미 조례 52
아카데미 프랑새즈 256
아탈라에 대한 찬사 256
알랑송 콜래주 51
알퐁스 올라르 252
알프레 랑보 350
앙굴렘 협약 68
앙뒤즈 콜래주 51
앙드레 앙패르 153
앙리 2세 13, 16, 45, 80
앙리 4세 8, 22, 23, 24, 39, 40, 52, 53, 59, 62, 66, 78, 83, 120
앙리 그레구아르 108
앙부아즈 칙령 50
앙브루아즈 랑뒤 259, 310
앙시앵 레짐 30, 44, 73, 78, 81, 85, 86, 107, 111, 112, 114, 121, 123, 125, 132, 137, 138, 139, 158, 159, 161, 164, 213, 297
앙제 대학 68, 79
앙투안 레옹 25
앙투안 프로스트 335
앵스트뤽숑 119
야간학교과정 326
약학대학 137
얀세니스트 31, 32, 33, 35, 259
얀세니즘 29, 31, 34, 38, 63
어린이를 위한 보통교육 95
에뒤카숑 119
에드가르 퀴네 328
에드몽 리쉐 23
에드몽 오제 54
에라스무스 9, 19
에르네스트 라비스 350
에르상 28, 29
에메리 188, 260
에밀 64
에밀 뒤르켕 9
에스파냐 22, 106, 258
에콜 데 샤르트 311
에콜 뒤 맨 에 루아르 152
에콜 드 라 오트 마른 152
에콜 드 소래즈 206
에콜 폴리테크니크 111, 123, 138
에콜 프리매르 쉬페리외르 319, 326
에티엔 파스키에 24
에피쿠로스 202
엑스 대학 80
엘리자베스 50, 56
엘리트 4, 72, 73, 90, 94, 137, 141
엘리트 교육 72, 100, 286
엘리트주의 3, 5, 354, 355
엘바 섬 303
엥베르 176, 182, 187
여성교육 4, 140, 265, 270

여성교육기관 75
여자사범학교 317
여학교 321
역사 39, 40, 41, 84, 124, 149, 209, 221, 227, 329
연구소 84, 98, 99, 112, 113
연맹축제 89
영국 106
영어 91
예수회 22, 28, 29, 31, 33, 35, 53, 54, 58, 61, 65, 66, 69, 74, 98, 128, 171, 202, 314, 315, 321, 333
예수회 콜래주 24, 25, 61, 62
예수회 학교 26
예술대학 137
예술학교 213
오네트 옴 17
오드랭 87
오라토리앙 40
오라토리오 수도사 39
오라토리오회 22, 62, 65, 66, 69, 74, 126, 235, 259
오라토리오회 콜래주 70
오랑주 대학 79
오르테즈 콜래주 51
오를레앙 대학 79
오를레앙 콜래주 25, 26
오를레앙주의자 337
오말 338
오버헤드 246
오세 337
오스트리아 92, 100, 115, 216, 332
오주푸 148
옥스퍼드 56
올라르 151, 264, 273, 279, 280
올리비에 드보 92, 165
왕립 중등학교 241
왕립 콜래주 314
왕립교육위원회 340
왕립군사학교 71
왕립도서관 92, 120
왕립위원회 10, 311, 325
왕실 성당 68
왕정복고 306, 316
외젠 루에 352
우니게니투스 32, 33
우르슐라회 74, 153
우편권 34
웅변교수직 28
워싱턴 대통령에 대한 찬사 256
워털루 285, 308
원로원 148
위그노 16, 45, 46, 47, 50, 55
위그노 단과대학 49
위그노 총회 49
위그노 콜래주 44, 48, 53
위그노회 66
위트레흐트 조약 39, 69
윌리암 보이드 23, 25

윌리암 피트 127
육군사관학교 138, 184
윤리교육 99
음악 84
음악 무용분야기술 바칼로레아 219
응용미술 바칼로레아 219, 220
의과대학 91, 123, 124, 137, 161, 212, 224, 225, 226, 233, 237, 249
의료사회 바칼로레아 219
의무교육 323
의학교 212
의학대학 267
이과교육 161
이과대학 224, 225, 226, 229, 230, 237, 249, 263
이교도 40
이그나티우스 로욜라 22, 57
이사르 110
이슬람문화 214
이집트 42, 96
이탈리아 332
이탈리아어 27
이폴리트 텐 354
인간과 시민의 권리선언 2, 85, 107
인도 96
인문교육 131
인문대학 267
인문주의 24, 48
인문주의자 59
인성교육 39
일반의지 90
임시 고등교육 169
입법국민의회 3, 85, 88, 89, 95, 100, 101, 102, 105, 132
입법부 320, 335
입법원 149, 152, 172, 175, 181, 192, 257, 261

## ㅈ

자선 수녀단 153
자선 수도회 266
자연과학대학 137
자유 98, 105, 131
자유로운 시민 92
자유주의자 166
자코뱅 95, 138, 166
자코뱅 클럽 93
자크 가스토 65
자크 고드쇼 177
자크 미쉘 쿠페 116
장 드 비그리 30, 44
장 로르 335, 349
장 마세 349
장 방스 65
장 샤텔 61
장 자크 루소 4, 17, 38, 64, 131
장 탈팽 15
장 튈라르 240
장 프랑수아 모카르 347
장로교 56

장손네 206
장학사 199
쟁그네 257
전과정개설 콜래주 34, 63, 64
전문학교 6, 71
전술응용수학 91
전쟁과 토목위원회 121
절대왕정 78
정밀과학 165
정치적 평등 96
제1제정 315
제1통령 153, 162, 168, 192, 199, 278
제2공화정 323
제2차 공교육 교수단 174
제3공화정 335
제국대학 88, 133, 136, 137, 139, 140, 170, 176, 178, 179, 181, 182, 183, 185, 186, 189, 221, 234, 239, 242, 246, 248, 261, 263, 271, 274, 282, 295, 308, 360
제국대학평의회 184, 187, 238, 239, 241, 247, 260, 308
제국리세 87, 209, 333
제네바 46, 47, 48, 55, 317
제네바 대학 56
제도 91
제드리쯔 남작 216
제랑도 266, 312
제롬 나달 58
제헌국민의회 3, 87, 89, 93, 95, 132
제헌국민의회 88
조르주 퀴비에 196
조제프 랑카스테르 316
조제프 쉐니에 120, 132
조제핀 258
존 맥매너스 330
종교개혁 8, 44
종교교육 39, 99, 135, 149, 151, 153, 169
종교부 323
주베르 181, 261
주입식 교육 4
중등교육 2, 3, 6, 40, 63, 90, 94, 151, 160, 209, 225, 264, 280, 286, 329, 332
중등신학교 139, 269, 271, 277, 280, 313, 314
중등학교 98, 101, 113, 150, 151, 155, 164, 173, 175, 193, 195, 200, 209, 210, 224, 268
중세대학 214, 215
중세장학생 콜래주 58
중앙교육심사관 146
중앙학교 5, 6, 110, 111, 112, 122, 145, 146, 150, 151, 152, 153, 154, 156, 157, 158, 164, 165, 206, 275, 301, 306
쥐시외 188, 260

쥘 미쉴레　336
쥘 시몽　328, 349, 359
쥘 페리　267, 335
지구학교　160
지롱드파　104, 115
지리학　124
지방 교구의회　45
직업 바칼로레아　218, 221
직업교육　95, 100, 117
직업훈련과정　98
진군가　127
진정서　2, 86
집정정부　6, 138
쯔빙글리　20

## ㅊ

참사수도회　75
참사원　147, 148, 149, 157, 192
천문대　237
철학　39, 42, 59
청교도　55, 101
초등교육　2, 3, 5, 47, 115, 160, 163, 225, 264, 286, 315, 316, 319, 320, 323, 325, 332, 343
초등교육부장　332
초등학교　71, 74, 78, 101, 102, 110, 113, 116, 130, 149, 150, 151, 152, 156, 157, 172, 176, 183, 187, 193, 194, 224, 268, 297, 333, 334, 354
초월수학　201, 210
총장　187
총재정부　145, 157
최고존재　127

## ㅋ

독트리내르회　74
카르노　138, 300, 303, 322, 323
카르멜파　25
카르멜회　66
카르타고　42
카르팡테리우스　13
카바니　94
카오르 대학　78, 79
카이사르　347
카트린　46
카팽　319
칼뱅　45, 48, 49, 54, 55
칼뱅주의 학교　49
칼뱅주의자　46, 47
칼뱅파　16
캉 대학　80
캉바세래　265
케넬　32
케임브리지　56
케임브리지 대학　101
코메이우스　17
코뮌 중등학교　183, 206, 210, 211
코뮌 콜래주　246
코뮌학교　160

코어스 72
코팽 34
콜라르 285, 310
콜래주 9, 22, 25, 26, 38, 87, 111, 139, 145, 154, 163, 176, 177, 186, 187, 189, 211, 215, 245, 249, 252, 254, 269, 270, 309, 333
콜래주 님 46
콜래주 다강 69
콜래주 다르쿠르 109
콜래주 당주 68
콜래주 데 롬바르 58
콜래주 데 봉 앙팡 67
콜래주 데 카트리 나시옹 27
콜래주 도탱 69
콜래주 뒤 망스 12
콜래주 뒤 뮈제옴 184
콜래주 뒤 트레조리에 58
콜래주 드 기엔 68
콜래주 드 님 51, 52
콜래주 드 돌 301
콜래주 드 딜랭강 22
콜래주 드 랭스 338
콜래주 드 레갈리테 169
콜래주 드 로데 61
콜래주 드 루아얄 32
콜래주 드 루이 르 그랑 53, 60
콜래주 드 리옹 69
콜래주 드 메츠 49, 52, 53
콜래주 드 모리악 60
콜래주 드 몽벨리아르 52, 53
콜래주 드 베르댕 60
콜래주 드 베르제락 51
콜래주 드 베튄 69
콜래주 드 보배 30, 31, 32, 33, 34
콜래주 드 봉쿠르 13
콜래주 드 비용 60
콜래주 드 샤티옹 쉬르 르왕 46
콜래주 드 세그레 323
콜래주 드 소래즈 313
콜래주 드 스당 52, 53
콜래주 드 스투름 52
콜래주 드 아라스 69
콜래주 드 앙리 4세 342
콜래주 드 캉브래 13
콜래주 드 클레르몽 22, 53, 60, 61, 62
콜래주 드 투르 69
콜래주 드 투르농 69
콜래주 드 툴롱 61
콜래주 드 트리니티 61
콜래주 드 파미에 54
콜래주 드 프랑스 13, 14, 28, 30, 84, 88, 93, 107, 119, 120, 133, 184, 200, 201, 224, 235, 237, 267
콜래주 드 프레스레 13, 16
콜래주 드 플레시 28, 29
콜래주 루아얄 13, 19, 30, 84, 146
콜래주 루이 르 그랑 87
콜래주 체제 63
콜리니 45, 46, 47

콩데 16, 45, 47, 50
콩도르세 3, 89, 95, 96, 97, 98, 99, 105, 106, 110, 113, 119, 120, 124, 132, 135, 144, 145, 156, 157, 193
콩도르세의 보고서 88
콩뒤트 데 에콜(Conduite des Ecoles) 128
콩디악 265
콩코르다 169, 199, 257
콩타르 151
콩패르 180
쿠데타 340, 347
쿠쟁 318, 319, 328, 329, 340
쿠텔(Charles Coutel) 119
쿠페 드 루아즈 108
쿨롱브 198
퀴비에 188, 260
퀸틸리아누스 13
크레비에 31, 42
크레인 브린톤 85
크리스챤 형제단 153
크리스챤 형제학교 71
클레르몽 쉬르 보부아지 51
클로드 르리애브르 112
키케로 13, 18

## ㅌ

타타르어 124
탈레랑 3, 4, 89, 92, 94, 120, 124, 132, 144, 145, 156, 157
탈레랑의 보고서 88, 90
탈롱 12
탠(Taine) 74
터키어 124
테르미도르 104
토목공업학교 121
토목중앙학교 121
토목학교 132
통령정부 139, 144, 145, 157, 158, 159, 162, 192, 200, 210, 225
툴루즈 고등법원 61, 62
툴루즈 대학 78, 79
툴루즈 백작 79
튀랭 대학 175
튀르고 75
트렌토 종교회의 22, 55
특수전문교육 169
특수전문학교 92, 160, 212
티보 111
티보도 150

## ㅍ

파두아 대학 224
파리 62
파리 대학 10, 12, 13, 14, 19, 21, 22, 23, 25, 26, 27, 29, 30, 31, 34, 35, 36, 37, 38, 40, 63, 64, 69, 70, 78, 79, 82, 83, 84, 109, 119, 216, 235
파리 대학 콜래주 54

파리 리세 331
파리 박람회 332
파리 법과대학 313
파리 의과대학 313
파리고등법원 17, 30
파머 64, 146
파스칼 203
팔루 340
팔루 법 146, 286, 323, 324, 325, 327, 328
패트릭 해리간 355
페늘롱 42, 75, 265
페르시니(Persigny) 352
페르시아 42
페르시아어 124
페르피냥 대학 79
페스탈로찌 163
페터슨 339, 345
페테스부르크 대학 141
펠레(Pelet) 법 320
펠비제 129
평가관 186
평등 98, 105, 126, 131
평등교육 133
평생교육 286, 321
평원파 108, 118
평의원 34, 88, 189, 260
포 대학 80
포 리세 291
포르 루아얄 20, 24, 25, 27, 28, 29, 31, 70
포르 루아얄 수녀원 29, 63
포르 루아얄리스트 39, 40
포르탈리스 172
포르툴 286, 328, 329, 330, 331, 333, 334, 341
포병학교 122
폴 게르보 333
폴 메테조 65
폴리테크니크 183, 184, 203, 224, 229, 235, 237, 261, 344, 347
퐁타무송(Pont-à-Mousson) 대학 80
퐁탄 139, 144, 172, 177, 178, 202, 242, 256, 257, 258, 262, 272, 273, 278, 290, 294
퐁테이 83, 171, 182, 226, 231, 296
푀이앙 95
푸르크루아 121, 122, 123, 132, 138, 145, 152, 155, 156, 164, 165, 170, 171, 172, 173, 174, 175, 177, 179, 192, 195, 206, 209, 224, 242, 255, 258
푸샤 26
푸쉐 109
푸아시 회담 50
푸아티에 대학 80
퓌레 148
프란시스 베이컨 17
프랑수아 1세 8, 13, 14, 30, 120
프랑수아 2세 44
프랑수아 드 낭트 147
프랑수아 드 뇌프샤토 168

프랑수아 부르구앙 65
프랑수아즈 매외르 359
프랑스 문학사 43
프랑스어 20, 30, 38, 39, 40, 41, 67, 146, 160, 209, 227, 265, 316
프래시누 310
프레몬스트라텐시아 26
프로쇼 153
프로이센 92, 216
프로테스탄트 44, 45, 49, 50, 52, 73, 177, 231, 258, 316, 325
프로테스탄티즘 22
프롤레타리아 47
프롱드난 72
프리데릭 대왕 216
프리외르 드 라 코트도르 138
프리타네 드 생 시르 245
프리타네 프랑새즈 169
프톨레마이오스 202
프티토 292
플라톤 16, 18
피에르 드 베륄 61
피에르 바로쉬 351
피에르 베뤌 65
피에르 쉐뤼엘 343
피에르 피에라르 359
피우스 7세 153
필니츠 선언 92
필리페 2세 50
필리프 뮐레 164
필리프 자크 률 108

## ㅎ

학구 224, 263
학구장 137, 139, 176, 182, 183, 184, 187, 224, 227, 241, 244, 245, 260, 263, 274, 276, 312
학구평의위원회 321
학구평의회 244, 263
학사 216, 245
학점인정제 244
한국 57
항소법원 182, 261, 263
해군병원 123
해군사관학교 71, 184
행정 39
헨리 필립 73
혁명전사 112, 131, 132
혁명정부 91, 107, 116, 128
혁명정신 120
호라티우스 202
호메로스 18, 40
호텔 바칼로레아 219
홀트만 207, 258
황경국 247
회계감사위원 104
훌륭한 기독교인 38
훌륭한 시민 39
훌륭한 아버지 38
훌륭한 지도자 92
희랍어 84
히포크라테스 18